易经新说

我在美国讲易经(上)

吴怡 著

花山文艺出版社
河北·石家庄

图书在版编目（CIP）数据

易经新说：我在美国讲易经：上、下 / 吴怡著. —石家庄：花山文艺出版社，2020.9
ISBN 978-7-5511-2834-6

Ⅰ.①易… Ⅱ.①吴… Ⅲ.①《周易》—研究 Ⅳ.①B221.5

中国版本图书馆CIP数据核字（2020）第148251号

书　　名：	**易经新说**
	——我在美国讲易经（上、下）
著　　者：	吴　怡
策　　划：	张采鑫　崔正山
责任编辑：	张采鑫　李　鸥
特约编辑：	柯琳娟
责任校对：	李　鸥
装帧设计：	好天气工作室
美术编辑：	胡彤亮
出版发行：	花山文艺出版社（邮政编码：050061）
	（河北省石家庄市友谊北大街330号）
销售热线：	0311-88643221/29/31/32/26
传　　真：	0311-88643225
印　　刷：	北京天宇万达印刷有限公司
经　　销：	新华书店
开　　本：	880×1230　1/32
印　　张：	21
字　　数：	462千字
版　　次：	2020年9月第1版
	2020年9月第1次印刷
书　　号：	ISBN 978-7-5511-2834-6
定　　价：	118.00元（上下册）

（版权所有　翻印必究·印装有误　负责调换）

人生是一场游戏，《易经》就是游戏的规则。《易经》玩的就是我们的知识、智慧、经验，历史上多少人借《易经》来愚弄别人，有智慧者懂得用《易经》来修养自己。

自 序

这本书写得很偶然，也可说本来我没有计划写这本书，原因是去年应北京若道星文化中心的邀请，在网络上开授了三十次的《易经》课程，我身在美国，面对上万公里外从未见过的学生，一个人自言自语，颇觉怪异。尤其占星术和我毫无关系，他们却请我讲解这部艰深难懂的经典，也非常奇特，所以我在开场白时，便点出了这是一个奇特的"缘"。

由于不知学生们的身份，我避开了很多学术性的研究，专门从生活的运用上切入，以期引起他们的兴趣，符合他们的需要。课程完毕，我总算松了一口气。殊不知，若道星的创办人蒋颖女士深感这次课程实属难得，不能只限于部分听众，所以她便请速记把网络课程一字不漏地变成了可读的文字，希望我修饰成书，出版问世，以贡献给读者。难得她有如此的热心和关怀，所以又创造了另一个使我和国内读者相交的"缘"。

当各位阅读本书时，虽然看到的是文字，但文字背后是我口语化的讲课。有时不免"老婆心切"（禅宗语），反复叮咛，唠叨了些，在修饰时，我也明知有重复之病，但仍然不愿删去，为的是还它一个本来面目。

最后，各位须知，本书不只是我和读者两人的交流，李白诗说："举杯邀明月，对影成三人。"我们之间也有一个明月，就是三千年前的周文王。我们是"交谈成三人"，这也是一个意想不到的"缘"。至此，我不禁要停笔长叹，《易经》真是一本奇妙的书啊！

目录

第一篇 《易经》泛说

第一章 怎一个"缘"字了得	2
第二章 占星术与易占都是占	6
第三章 我和《易经》	10
第四章 我在美国的文化冲突	21
第五章 用"诚、谦"释《易》的因缘	23
第六章 参加第一次山东易学会议	25
第七章 《易经》的三要素——象、理、数	28
第八章 不要学一辈子《易经》，要用《易经》一辈子	30
第九章 会议、演讲与论文	31
第十章 《易经的处变学》一书	34
第十一章 中国哲学回头是岸	36
第十二章 影响我一生的两位老师	38

第十三章　一些重要问题和术语	41
第十四章　何谓《易经》的整体生命哲学	46
第十五章　易德十原则	52
第十六章　入《易经》的宝山	65
第十七章　读《易经》前的基本认识	67
第十八章　《易经》的结构	70
第十九章　孔子对《易经》的贡献	87
第二十章　打开《易经》之门的三把钥匙	99
第二十一章　《易经》三原则	109
第二十二章　占卜的原理	113
第二十三章　"诚、谦"二德的运用	117
第二十四章　五十根蓍草的占卜法	119
第二十五章　《易经》的应变与转化	124
第二十六章　《易经》的转化功夫	130
第二十七章　《易经》与领导学、管理学	133
第二十八章　《易经》与心理学	135

第二篇　闲谈《易经》六十四卦

乾卦（䷀）第一	142	屯卦（䷂）第三	168
坤卦（䷁）第二	152	蒙卦（䷃）第四	175

需卦（䷄）第五	181	复卦（䷗）第二十四	320
讼卦（䷅）第六	193	无妄卦（䷘）第二十五	328
师卦（䷆）第七	201	大畜卦（䷙）第二十六	334
比卦（䷇）第八	208	颐卦（䷚）第二十七	341
小畜卦（䷈）第九	215	大过卦（䷛）第二十八	348
履卦（䷉）第十	221	习坎卦（䷜）第二十九	354
泰卦（䷊）第十一	233	离卦（䷝）第三十	361
否卦（䷋）第十二	239	咸卦（䷞）第三十一	368
同人卦（䷌）第十三	244	恒卦（䷟）第三十二	374
大有卦（䷍）第十四	250	遁卦（䷠）第三十三	381
谦卦（䷎）第十五	258	大壮卦（䷡）第三十四	388
豫卦（䷏）第十六	266	晋卦（䷢）第三十五	395
随卦（䷐）第十七	272	明夷卦（䷣）第三十六	403
蛊卦（䷑）第十八	279	家人卦（䷤）第三十七	409
临卦（䷒）第十九	288	睽卦（䷥）第三十八	415
观卦（䷓）第二十	294	蹇卦（䷦）第三十九	420
噬嗑卦（䷔）第二十一	302	解卦（䷧）第四十	424
贲卦（䷕）第二十二	308	损卦（䷨）第四十一	429
剥卦（䷖）第二十三	314	益卦（䷩）第四十二	435

夬卦（☱）第四十三	440	归妹卦（☳）第五十四	513
姤卦（☰）第四十四	446	丰卦（☳）第五十五	519
萃卦（☱）第四十五	452	旅卦（☲）第五十六	524
升卦（☷）第四十六	458	巽卦（☴）第五十七	530
困卦（☱）第四十七	467	兑卦（☱）第五十八	535
井卦（☵）第四十八	475	涣卦（☴）第五十九	539
革卦（☱）第四十九	481	节卦（☵）第六十	545
鼎卦（☲）第五十	487	中孚卦（☴）第六十一	551
震卦（☳）第五十一	496	小过卦（☳）第六十二	557
艮卦（☶）第五十二	503	既济卦（☵）第六十三	563
渐卦（☴）第五十三	508	未济卦（☲）第六十四	569

第三篇　文王、孔子与《易经》

第一章　闲话周文王与《易经》	578
第二章　闲话孔子的承先启后与《易经》	605

第一篇 《易经》泛说

第一章　怎一个"缘"字了得

首先，我们来谈"缘"字。老师和学生，有所谓的师生缘。在印度佛学传入中国之前，"缘"字并没有很深的意思，常作动词，《说文解字》称"衣纯也"，也就是"沿其边而饰之也"，即衣袖的边缘，引申为依靠，比如缘树，即爬树；陶渊明的《桃花源记》中有"缘溪而行"，即靠着溪水而行，是靠的意思。

可是，当印度佛学术语"Nidāna"（因缘）进入中国之后，我们拿"缘"字去翻译，即"因缘"，这就有了哲学的味道。印度佛学讲因缘，因是原因，这个原因可能很久，甚至是前世的；可能是业，业就是缘。那么，缘可以说是现在的聚合，各种小的原因的聚合。比如地、水、火、风四大聚合了，就成了我们的身体。我们身体的缘的聚合是一种幻现。它本身不是永恒存在，是暂时的。地、水、火、风一分开的话，缘就尽了。印度佛学讲缘生缘灭，缘生跟随的就是缘灭，所以缘不是一个正面的意思，是代表空，什么都没有。但是这一术语传到中国之后，就变了。中国人的思想不一样，是要把握真实的，所以我们的缘生不一定跟随着缘灭。虽然我们的肉体是缘生，死了是缘灭，一定要死，但是我们的生可以转化，死并不代表生的结束。像《易经》就讲"生生之谓易"，它不说生灭；也就是说包括《易经》在内的中国哲学不讲生灭法。可见，"缘"字在中国转变成了正面的意思。譬如我们所讲的"姻缘""缘分"，都是正面的，不是印度佛学那种负面的意思。即使是印度佛学讲的姻缘，最多也是这一生的因缘聚合，到了下一辈子，各自分散，也许你变人，我变畜生，各自不同。但是中国人不一样，有了这一世的姻缘，还想来世再续姻缘，所以我们有七世姻缘的说法，印度佛学有七世姻缘吗？没有。还有"缘分"，我们有缘分能相聚，说明在茫茫人海中能遇见太不容易了。

就以我来说吧。我如果一直在台湾文化大学教书，那么只有文化大学的学生可以听到我的课；其他学校的学生，就没有办法到我的学校来听我的课；再加上我也很少到外面去讲课，那就更加少得可怜了。可是在1977年，我到了美国，在现在的整体学院，一教就是四十多年。很多美国的学生，写的博士论文都是关于中国哲学的题目。在美国听我课的学生，不仅有美国的学生，还有来自中国大陆和台湾地区的留学生。中国大陆和台湾地区的学生，只有他们来到美国时，才都可以听到我的课，这就是缘。再看，现在有一个占星的社团请我讲《易经》，这也是个缘，而且是很奇怪的缘。照理说，应该是哲学社团或者是国学讲堂请我去讲《易经》，反而是占星社团请我。要知道，我跟占星一点儿关系都没有，偏偏因缘聚会了，所以有了这一次跟诸位讲《易经》的缘，确实得来不易。

刚才我说"缘"在中国是正面的意思。我有一本书叫作《整体哲学与人生》，其中有一篇名为"转缘为真"，把缘转为真。印度哲学的缘是虚妄的，中国的哲学则把缘转成真实。作为中国哲学的《易经》跟缘也有关系。《易经》的六十四卦，是宇宙人生的六十四种格式和典范，实际上就是六十四种不同的缘；每卦六爻，共三百八十四爻，就是三百八十四种生活中所遇到的缘。当我们占卜时，占到的每一个爻就是我们所遇到的机缘，而每一个爻和它相对爻的呼应关系，譬如初爻与第四爻，第二爻与第五爻，第三爻与第六爻，它们的关系共分了这个缘，所以叫缘分，这个分就是分了一部分。缘不是一个人的缘，像师生，老师跟学生共分这个缘。《易经》每一卦的每一个爻，它跟上下爻的关系以及整个卦的作用，又进入了一个更复杂的整体的缘。《易经》的作者和用《易》者对种种的缘，能够面对它们、正视它们、处理它们，所以，易理就是把这些缘转为真实生活的指导的行为，即转缘为真。有些人在碰到问题时，会寻求《易经》的帮助，通俗点说是感应，其实也是缘。我们通过《易经》的解释，根据它的指示来转变我们生活中的很多问题，这就是用缘来转变，也就是转缘为真。

记得有位同学问我，她说自己听了我《易经》的三十堂课，会有什么作用？我回答说，在这三十堂课的过程中，我相信每一堂讲的东西会在同学的心中产生作用，这是缘。学了三十堂课以后，我把《易经》的种子种在了每个人的心中，每个人心中的缘就可以自己去发展，这就叫作生，也就是"生生之谓易"。我的缘，借《易经》跟同学们产生了缘分。同学们接受了这个缘分，然后他跟周遭的一切也产生了缘，这都是缘的作用，也是转缘为真。

转缘为真，转得最深入的就是禅宗。大家都知道，禅宗有所谓的"平常心是道"。何谓平常心是道？饭来吃饭，茶来喝茶，困了就眠，寒了就加衣，这就是缘，也就是日常生活。日常生活在印度佛学来讲是没有意义的，是虚妄的、是空的。但是，中国的哲学家、中国的禅师们，他们就能够把握现在的缘，把它转变为真实的、永恒的，所以一悟就是佛。那么，讲《易经》，就要转缘为真。我认为讲《易经》是一种功夫，中国哲学讲功夫，是一种修养功夫。《易经》不是算命，算命是小道。你在《易经》里面所学到的真正的功夫，是怎样把你在生活中所遇到的各种缘把握住，并转变它。把坏的转变为好的，把麻烦转变为顺利，把凶转变成吉，这是一种功夫。以上，就是我第一个要谈的"缘"字，跟诸位结了这个缘，所以我要强调转缘为真。

第二章　占星术与易占都是占

有一次，我去西安，在长安大学演讲，演讲完后，有位女士问我占星术跟《易经》有什么关系？当时我本来想讲，占星术也是占，占卜也是占；占星术所占的是宇宙中无数的星，而占卜所占的是《易经》三百八十四爻里面的星座。但一想，这话不对。我就对那位女士说，占星术是一种学问，《易经》是另外一种学问，两者没有关系。因为时间的关系，我就没有细讲了。估计她当时对这个解答也不是很满意，这里我着重提一下。

我认为，做任何一种学问，不要强调"有用"，不要只想到：我念这科有没有用？有一位念心理学的学生听了我很多课，老庄、禅宗都有听过，课后休息时，他就对我说，老师啊，老子的某个观点对心理学很有用！这样的说法，我听他讲过多次，每次都是"很有用"。这就有问题了，他是以"有用"的眼光来读老子，他理解禅宗的精神也被"用"字框住了。他用心理学来看老子，只看到老子的一小部分；他用心理学来看禅宗，也只看到禅宗要舍弃一小部分，不能全面了解。今天很多学科，譬如心理学、社会学等学科，它们都只是片面的科学。成语"坐井观天"就是如此，韩愈《原道》称："坐井而观天，曰天小者，非天小也。"一只青蛙在井里面，它一辈子所看到的天只是一个圆圆的小小的天，它只有跳出去，才能看到广阔的天。中国哲学所谈的就是宇宙人生的全部的道理。心理学只看到一部分，心理学有用，其实只抓住一部分，而遗漏了政治、伦理以及其他的修养等部分。从这个故事，我还要提一下这位学生，后来他改变了看法，再也不从"有用""没用"的角度来念老子、禅宗和《易经》了。他后来的毕业论文写的是超个人心理学与禅宗，毕业以后，在深圳他父亲留给他的一个工厂做事。他以前很喜欢心理学，后来他却告诉我，他发现自己面对很多人事问题时，用哲学的方法比用心理学的方法还有用（他还是讲"有用"）。可见，他在完全和中国哲学打成一片之后，人生都改变了。所以，我们对于学习某种学科，先要把以前的东西放在一边。也就是说，你是研究占星术的，先把占星术放在一边，不要以占星术的方法来看《易经》；你是研究心理学的，且把心理学的东西放在一边。把自己所学的放在一边，完全地投入《易经》的世界，去了解《易经》，跟《易经》打成一片。这样的话，你才能够深入了解一个大的学问。中国的学问就是大学问，不是小学问，不是肢解的，不是片面的，更不是暂时的。大学问的"大"字非常重要。

我任教的学校，英文名称为 Integral Studies。我在 1988 年的时候到了这所学校，这所学校那时才得到美国西部联合会的大学承认。我把学校称为整体学研究所，我用的是"整体学"三字。可是我发现，今天无论是中国台湾，还是大陆，他们翻译的是整合大学。可是，整合与整体不同，整合是把两个东西合起来，那不是整死人吗？整他们，使他们合，就像两个党派需要整合。现在美国教育有个问题，就是 diversity（多元化），不同种族的学生在一起，不合，要整。整了半天还是不合。而整体是先把握住这个体，把握之后，很自然地使它们相合。这个体就是道，就是精神。研究任何学问，你达不到道的境界，就不能够使它们融会贯通，两个系统就打不破。所以，要注意，我们在研究另外一种学问的时候，不只是直接地了解它的那些方法、知识而已，而是要从道里面去看它、研究它。这是通过道来融合的。

那么，占星术和《易经》，我说它们没有关系。其实，没有关系，也就是一种关系。有关系的话，就可以找出它们之间的影响、联系。没有关系的话，不能通过表面使它们整合，那么我们可以通过道来拉上关系。很多人把占星术跟《易经》这两种学问连在一起，往往只是附会而已。附会就是抓住一个术语或知识点，然后把自己的想法放进去。我们做学问，要打通两种不同学问，就要融会、会通，而不是附会。会通，只有通过道才可以。《庄子·齐物论》讲"道通为一"，要到道才能通为一，没有道的话就不能通为一。所以，我们做学问，面对两种不同的学问，不要附会，要会通。《易经》在历史上就有很多附会，譬如文王的《易经》，它本属于哲学的范畴，却被人当成占卜之术。不过，占卜还算好，它的运用是给人方便，就像佛家所说的方便法门，使人容易进去。但是，到了汉代的象数之学，就附会地把占易变成算命的占易，只有缺点而没有好处。这是附会。

《易经》在中国历史上的流变，有两条道路，一条是孔子和老子的会通的路子，这是我们所要讲的；另外一条就是占卜、象数，往往变成附会的路子。占星术，我不懂，我只听到很多朋友常常跟我讲，我是什么星座，说我是天秤座，天秤座的什么人格，有什么优点，有什么缺点。我不知道这是不是占星术。我也看到很多讲星座的名嘴在电视上说，今年是什么年，对某种星座好，一切顺利；什么什么星座之类的，好像要谨慎小心……也许占星术有一套道理，只是我不懂而已。

说到谨慎小心，我们会发现《易经》很重视这一点。《易经》六十四卦，很多爻都在讲谨慎小心；尤其是第一爻，大多数卦的初爻都在讲。我举个例，以《易经》的前十个卦来看。第一卦乾卦，初爻"潜龙勿用"，就是要谨慎小心，不要乱用。第二卦坤卦，第一爻"履霜，坚冰至"，战战兢兢、如临大敌，要小心谨慎。第三卦屯卦，初爻"利建侯"，要打好基础，即谨慎小心。蒙卦讲教育，初爻告诉我们怎么样除掉欲望，要禁足，不要乱动。需卦第一爻告诉我们要忍耐、要有恒。然后是讼卦，第一爻要我们注意别人的闲话。接下来是师卦，第一爻告诉我们，做任何事情要根据法律来做，就是谨慎小心。然后比卦，初爻也告诉我们，要靠近有道之士，就是谨慎小心。接下去是小畜卦，初爻要谨慎小心，走上有道之路。第十卦履卦，初爻即告诉我们要本着自己该做的去做，这就是谨慎小心。可见，这开始的十个卦，每个卦都有它的谨慎小心。所以，占星术里的谨慎小心，到了《易经》我们可以看到很多缘，很多事情要谨慎小心去做，这两种学问可以结合在一起。占星术走了一半要谨慎小心，接下去，另外一半是《易经》三千年来的哲学道理，告诉我们如何谨慎小心，这样一配合就是会通。这是我们做学问的一个很重要的方法，要讲会通，不要讲附会。

第三章　我和《易经》

我在美国的大学讲老庄的时候，讲的是我跟老庄的关系，讲禅宗的时候谈的是我跟佛学的关系，讲孔子的时候说我跟儒家的关系，那么现在讲《易经》就讲我跟《易经》的关系。

有些美国学生对此表示不理解，他们说，老师啊，您讲道家、儒家、又讲佛家，您到底是哪一家？这种困惑，不怪他们，因为他们把宗教区分得很具体，比如你是这一家，就不能研究另一家。我回答他们说，我是中国人，我可以百分之九十是儒家，百分之八十是道家，百分之七十是佛家。学生们就迷糊了：难道研究学问还可以像数学一样？他们认为只能是各占百分之三十，不可能是百分之九十、百分之八十、百分之七十。其实，对中国人来说，儒家、佛家、道家是整个融会在我们的心里的。现在因为我是给大家讲《易经》，所以只谈我跟《易经》的关系。我想先给大家做个介绍，你们就可以知道我讲《易经》是从哪一个观点来切入的。每个人对学问的研究都有其独特的经验和观点，这和个人对于某种学问的学习和研究经历是分不开的。我想应该先给大家做一个介绍，让大家知道我是如何跟《易经》结缘的，这样的话，大家就可以了解我讲《易经》的思路。

我从中国大陆到台湾时，大概十一二岁，那时正值抗美援朝时期，在中国大陆我有一年多的时间没有去学校，因为年纪小，不能念书反而越想念，所以到了台湾之后，我就天天去泡图书馆。那时读《老子》还很容易，因为有白话注解；《庄子》，我只能看《逍遥游》；《易经》的话，对于乾、坤两卦还记得清楚，这两卦毕竟还有一个理路可以循，至于后面的六十二卦，就很模糊了（我那时候大概是年纪小，不知道看到哪一卦就放弃了）。后来我念的学校是师范大学，读的是中文系，学的几乎都是考证方面的东西，文学方面有一点，哲学则只有一门课，教我的老师是张起钧先生，他是影响我一生的老师。哲学课上没有讲《易经》，当时我对西方哲学有兴趣，这个兴趣就是一种欲望，促使我下决心读下去。但是后来，我没有再继续了，我换了学习的方向，转到了中国哲学这条路上来。西方哲学，我也念了好几年，譬如罗素的《西方哲学史》；但我很快就发现这条路子有问题，就"逃"出来了。在这里，我要和大家说一点，就是做学问，需要深入，深入以后还要能跳出来；如果深陷其中出不来，那就是被学问给框住了。如果进去以后跳不出来，就像很多念国学的人一样，搞一辈子考据，没有思想，没有生命。《易经》也是一样，学《易经》如果专门研究汉代的象数书，你就要花个十几年或二十几年；而且你进去以后，往往出不来。所以，一门学问，无论是哪种学问，心理学也好，哲学也好，文学也好，深入进去之后要能跳脱限制、能出得来，这是一种功夫。

我后来转变到中国哲学，《易经》这门经典，我多半是自己学的。到了大学，虽然传统《易经》的注解容易理解，但是我常常反思，对那些注解心存疑问，总感觉不满意。因为有些人的注解有时是这个意思，同样的文字在另外一个地方又改变了意思，它们前后不是一致的。最好的注解，到现在我还是认为是程伊川（程颐）的《易传》和李光地的《周易折中》。汉学家卫礼贤（Richard Wilhelm 1873—1930）的德文版《易经》，根据的就是这两本书。这两本书的见解，还有理论可循，有道理可遵。大学四年之后，我念硕士班，硕士论文是《道家的精神及其流变》，那时南怀瑾教授在我们研究所开课，我的这篇论文还是他指导的，在这篇论文中，我梳理了《易经》《老子》与《庄子》的脉络，然后谈及后来的道教；我是以"位、时"这两个要点来做主轴谈《易经》《老子》和《庄子》的。硕士毕业之后，我继续读博士，写了两篇博士论文，先是写《禅与老庄》，那是国际有名的学者吴经熊博士指导的。《禅与老庄》的论文写好之后，因为当时需要用钱，我就把这部书稿出版了，卖了钱给孩子买奶粉，学校说既然已经印行，就不能当论文了。所以，我又重写第二篇论文——《〈中庸〉诚的研究》，在《中庸》中，"诚"字很重要，我就抓住一个"诚"字来研究。除了《中庸》之外，我也把《易经》当作论文里面的一个重点。当时我写到这个"诚"字，没有想到"诚"字后来对我影响那么大，成为我研究《易经》的主轴。

博士毕业之后，我就继续在文化大学的中国文化学院做哲学系主任。当时，台湾地区的哲学系不多，只有台湾大学有哲学系，因为台湾大学的前身是日据时期建立的"台北帝国大学"，所以哲学系还是以日本哲学和西方哲学的观点为主。十几年后，哲学系才开始有方东美教授教中国哲学，再没有其他中国哲学的课程，更不要说《易经》和老庄的课程了。后来我做文化大学哲学系主任时，就有意要强调中国哲学，所以我自己开老庄的课程和中国哲学史的课程，后来又开了禅宗的课程，但是我没有教《易经》，也找不到老师教授《易经》。也就是说，在四十五六年前的台湾，我们当时都说台湾是文化沙漠。也许我可以找到一个算命的或者研究象数的，但都不是学者，当然不能请他们到大学里教《易经》，在大学里讲《易经》，必须要讲出一套哲学，要根据逻辑有理性地探讨，不能只是算命而已。找不到合适的老师，我自己也不敢教。为什么不敢教？因为我对《易经》的研究还是不够，有时对于某个爻的爻辞理解，感觉还是有问题，自己都不满意。看了很多的注解，无论是象数的注解、王弼的注解还是程伊川的注解，都感觉不切实际。我自己对爻辞的理解还不能够完全地放心，怎么教学生？一旦上手教学生，那是很危险也很不负责任的，所以我不教。我开始教《易经》，大概是1973—1974年。当时，我的同班同学黄庆萱教授（现在是《易经》研究的专家），他说要跟我合作写一本《易经》的注解，要跟别人的注解不一样。当时我写得很快，差不多半年的时间就写完了《易经系辞传解义》，此时大概是1975年；而他负责注解六十四卦，直到今天，他还没有写完。

到了美国之后，我先在法界佛教大学教书，写了一本关于禅宗公案的书；1980年就到了现在的整体学研究所，开始先教《老子》《庄子》；过了几年，跟一位美国的女教授合开了《易经》的课，这门《易经》课后来出了问题。因为前半段是她教，她用的是卫礼贤的德文版《易经》；后半段是我教，我就把六十四卦的卦爻辞以中文标注，下面再写英文，根据中文，一个字、一个字地告诉学生们《易经》原文的意思。我也听她的课，发现她就同一般的美国荣格心理学家教《易经》一样。她讲述《易经》的八卦——乾、坤、坎、离、震、艮、巽、兑、离，是以卫礼贤的注解为主。她告诉学生，说乾卦是创造力，因为卫礼贤的翻译是"创造"，她要学生回去体验：什么是你的创造力？到下个星期在课堂上来说明或演示一下。好，第二个星期可热闹了。有个学生拿了他的一幅画来说明他的创造；有个学生拿一盆花——日本的插花来说明创造；还有一个学生带来一面大鼓在课堂上敲得震天响，以此来代表创造力。这就有问题了！我发现美国教授教《易经》原来是这样的教法，这是心理学的教法。这个课后来有问题，为什么？因为她是用卫礼贤的书作为参考，而我是用中文的原意，结果发现卫礼贤的翻译有问题。我用中文翻译指出卫礼贤以前的翻译问题，而她恰好把这些翻译拿来用，于是导致我跟她之间无法沟通，学生就不知所从了，所以这门课就停了。这位教授后来离开了学校，两年后我就接了这门课，一直教到现在，三十年来教了二十多次。

附录：答客问——问题就是感应

一、什么是学习《易经》最简单、最高效的方式？

我们说三易：不易、变易、简易。要注意，《易经》强调简易，《系辞传》的第一章也是强调简易简单的东西人家才能跟从，容易的东西才有功，不然你讲的人家听不懂，那有什么用？我讲句笑话，虽然是笑话，但这是事实，指出的是个真正的毛病。原台湾师范大学教育学院院长侯璠，跟我的老师张起钧教授经常在一起下围棋，一个是研究心理学的，一个是研究哲学的，两个人常常互相批评。那位侯院长讲的一句话很有意思，他说，什么是哲学？就是把一句人家听得懂的话，讲得人家听不懂。这就有点挖苦哲学了。不过，我认为这也是事实，西方哲学观念、理论，的确不是一般人能听得懂的。所以，有一年在长安大学的学术交流会上，我提出中国的哲学不要跟着西方哲学走，要回头跟心理学合作；如果跟西方哲学一样陷入观念的游戏，讲得人家听不懂，还有什么用呢？拿佛学来讲，一部《华严经》，一百多万字，经义很深奥，不是一般人能念的；所以由《华严经》发展出来的华严宗，在中国没有得到很大的发展。但是，佛经中最简单的是什么？《金刚经》和《心经》，尤其是后者，只有两百多字。《心经》和《金刚经》，人人爱念，因为简单明了，容易懂。正因为它们简单明了、容易懂，才有最高的功效，人们就可以读进去。前面我就说过，学习《易经》，第一要把《易经》和人生相结合，以你自己的经验来体悟，不要把它作为玄妙的东西放在高高的象牙塔里面；第二不要好奇，也不要把《易经》抬得太高，认为是天书，包括了一切，要持着"平常心是道"（这是禅宗的话）的心态。《易经》讲的就是日常生活的东西。前面我为什么讲缘？缘就是日常生活，你所遇到的都是缘。所以，我一直认为中国的哲学就是"简单"。《易经》讲简单，《老子》也讲简单。《老子》只有五千言，简简单单，文字也简单，整本书的偏僻字大概不超过二十个，都是日常用到的字，简易简单！《易经》也是如此，要从简单的地方着手，才能产生最高的效果。

二、整合与整体如何区别？

我再强调一下整合与整体。整体是先注意体，是全面的。以觉悟与自性为例。觉悟的英文是 enlightment，自性的英文则是 individuation，是个人的。自性是禅宗的说法，讲自性，一定要讲到禅宗的思想。而讲觉悟，就不同了。觉悟，一定是超脱的，不执着生死；一定是整体的，是全面，不是一面的，悟了以后要看看全盘，所以一定是整体的、开放的；一定是转化的，转化才有觉悟，觉悟就是一种转化。所以，要理解整体，就要先把握"体"，体就是道，然后道通万物，才能够使得万物相通，要把握住道才能通万物。把握不住道，只讲万物的话，万物千差万别，它们当然是相斥、相反，也很难整合了。可见，整合是方法，整体是本质。先要整体，然后再谈整合；只讲整合，就谈不到整体。

三、何谓三易？

接下来，说一下三易。传统的说法认为《连山》《归藏》《周易》为三易，我认为是一个传言。关于《周易》，根据司马迁《史记》所说，是周文王在羑里的监狱里把八卦变成六十四卦，即文王开始创造六十四卦。如果在文王之前没有六十四卦，又哪有《连山》《归藏》二易？前人说这两部书遗失了，说是遗失了，但没有人看见过，如何来证实呢？我们在现存的甲骨文里，只看到有牛骨占、龟甲占，没有看到《易经》这种占法，所以，在没有看到这两部书之前，我认为是无法谈的。说《连山》是天文，《归藏》是地理，这都是附会的传说，不必把时间花在这上面。

中国文化讲究的是"以经解经"，是否需要同时研读其他的书籍呢？

的确，我们读《易经》也好，读老庄也好，最主要的是看原著，这就是以经解经。至于注解，看一两部好的就够了。《老子》的注解至少有五百种，你要是全身心投入去看他们注解的差别，就要花太多时间，不值得；而《易经》的书，据《周易辞典》记载，注解的有上千部。所以，不要花时间在很多非第一流的注解上，注解不要看太多，一两本传世不朽的注解之作就够了。像《老子》，看王弼的注，就差不多了。

四、"转缘为真"的"真"是指什么？

在佛教来讲，这个"真"是指真如。真如不是释迦牟尼讲的，是大乘佛学的观念，有点儿像我们讲的道，也就是宇宙人生的真实本体。但是，印度佛学真如的体是空的，我们的"道"不是空的，道是以虚为用。这是真如和道的不同。我说的"转缘为真"的"真"不是真如。这个真，最简单的说法就是真实、实实在在。我们看到的缘是变的。缘生缘灭，印度佛学来讲就是空，而中国哲学认为不是空，道不空，是真实的。在你的一生中，有很多事情，你要学会转。中国传统哲学中，譬如儒家，常常讲天理人欲，尤其宋明儒家。他们主张要存天理、灭人欲，但是存了半天，天理不存，人欲也灭不了。存天理、灭人欲就是句空话。人欲就是缘，我们都有欲望，有欲望就有缘，所以我们把人欲一转就转到天理，天理不是另外一个问题，就在人欲里面。"真"不是另外一个存在，"真"就在缘里面。佛教常说要惜缘惜缘，缘分不易，人生难得，所以要好好把握。这就是真。那么，禅宗的茶来喝茶、饭来吃饭，不也是缘吗？饿了就要吃，渴了就要喝，这不是缘吗？喝茶吃饭，都在其中。《心经》讲"色即是空，空即是色"，色即是缘，这是佛学的话。缘中有空，空中有缘，就是"色即是空，空即是色"，这也是佛学的话，不是中国哲学。可见，真就是道，你要把它转成一个真真实实的、你可以享用的存在。

五、如果不是从做学问的角度学习《易经》，而是在生活中去用，那势必是站在"有用"的角度，那"无用"应该如何去体认呢？

如果你都拿有用、无用的眼光去看，第一是功利的；第二是暂时的、狭窄的，你看不到大用，只看到小用。一般人讲的用都是小用，不是大用。讲无用之用，讲得最好的是庄子。《庄子·人间世》："人皆知有用之用，而莫知无用之用也。"庄子认为，无用之用，是为大用。我在学校里讲"无用"，美国的学生都不太理解，他们以为，"无用"不就是没有用，还用讲吗？可见，他们对怎么用、怎么不用都搞不清楚。

以儒家为例，《论语·先进》记载，有一次，孔子跟四个学生（子路、曾晳、冉有、公西华）在聊天，要求他们各谈其志。子路就讲，给我三年时间，我可以把一个常常受到别的国家侵犯、又闹饥荒的千乘之国变得人人勇敢善战，而且懂得礼仪。冉有说，给他一个不大不小的国家去治理，可以使百姓饱暖，再延请君子来施行礼乐教化。公西华则说，自己希望在祭祀活动或者盟会中，做一个小小的赞礼人。这三个学生说的都是用，指有用。而最后一个学生曾晳，一边听师兄弟们谈着理想，一边弹着瑟。孔子就说，你也讲讲。曾晳就把瑟放到一旁，说他只喜欢在暮春三月，穿上春服，跟几个小孩、年轻人在水里洗个澡，然后在舞雩台上吹吹风，一路唱着歌走回来。孔子说"吾与点也"，我赞同曾点说的。从这段话可以看出，孔子的理想不是说要又快又好地治理国家，如三年便兵强国富，人民安居乐业。最高的理想一般来讲是看不到的，大家只看到有用，曾点谈及的好像是无用的，其实是最理想的。

再举一个例子说吧。有个小院子，我每天早上在这个院子里面散步半个小时，院子里只有一棵松树，我仰望着蓝天，心里便想我现在看到的这个天，同样是孔子在两千五百多年前看到的天，同样是周文王所看到的天，同样是很多哲学家所看到的天，都是同一个天。是不是？这就像瑞士心理学家荣格所讲的共时性，同

第一篇 《易经》泛说

时穿越了时间的轨道。被鸠摩罗什称为"中华解空第一人"的东晋僧人僧肇的《物不迁论》就说，我们要超越时空的话，孔子还在那里活着，还在传经布道，还在周游列国，还只是两千五百多年前。所以，我现在看到的天也是孔子看到的天。从这一点上来说，你可以超脱时空。可见，我在这个院子里散步，我没有想到什么用与不用，但是我可以打破时空，摆脱一切烦恼。这样的院子很多人都有啊，就算没有院子，他打开门也可以看到天呀！可是，今天我们有几个人去看看天，有几个人会想到这片天，也是两三千年前古人所看到的天？同一片天空，没有人去想。这个院子就是我们的心。在我们心里面有一个院子，有一片土地，在这个地方你是超乎"用"和"不用"的。所以，我说谈小用、谈有用，那只是把自己变小了。我们用《易经》，要能转缘为真，要能在无用处得大用。

第四章　我在美国的文化冲突

我再讲一下我在美国的经历。1977年我来到了美国万佛城，在那里租住了两年半，然后到了加州整体学院。从中国到美国，我当时带了四个孩子，后来在美国又生了一个孩子，有五个孩子，日子过得确实不容易。而且美国的社会、文化跟我们的不同，就会有文化的冲击、谋生的不易。很多像跟我同龄的人，为了生活，只好到餐馆去打工，但是我还是坚持着不去餐馆打工，继续教书。在万佛城的法界佛教大学，我们靠居士施舍的蔬菜米饭，勉强生活。

在旧金山，带着五个孩子，我开始也找不到工作，后来在研究院里只执教一门课，因为这所大学截至1980年时，才创办七八年，只有大概五十多个来自世界各国的学生。当时我们家的经济来源就靠我太太，她原来是学中文的，后来改行到银行做事，收入还好。那时候我最小的女儿只有四个月，还抱在手上，四个儿子还在上学，面对不可知的未来，我经常想：接下来该怎么办，不能长此以往吧？这些冲击和外在的不可知，其实也是缘，只是这个缘是把握不定的，可能是一个不好的缘，将来不知道会变成什么样。这时我读的《易经》起了作用，它由外在转为内在。以前读《易经》时，遇到某个解不通的句子，我现在理解了，这就是《易经》转到我内心，去帮助我安定自己、解决问题。以前所读的《易经》都是文字的解释、句子的解释。我看那些《易经》注解，都是为了要解释，想尽办法去解释它。这时我放弃了这些字句的解释，而是转入内心去找出它的意思来。读《易经》所产生的力量，可以帮助我解决问题。

这是在我人生过程当中，研究《易经》的一个很大的转变；这一转变使我对《易经》的理解有了新的变化，使我对《易经》有了新的期待和认识，也赋予我新的力量。这是一个转机，也可以说是转缘为真，把缘转为真真实实的人生的运用。在困苦的生活磨炼中，《易经》帮助了我。以前我不敢讲《易经》，因为有些字句的解释常常互相矛盾，这时我才想到用自己的思想和体验来解释。所以，在整体研究院，我第一次开了《易经》的课程。

第五章　用"诚、谦"释《易》的因缘

有一位美国学生经常听我讲的《易经》课程，他听了后感到非常的困惑，因为我讲的和别的老师所讲的不一样。后来他毕业了，拿到了心理学的博士学位，过了两年，他跑到我家来，希望我重新给他讲《易经》，一个星期一次，持续讲了八年。他看过两本翻译《易经》的书，一本是理雅各（James Legge，1815—1897，英国汉学家）的，一本是卫礼贤的，这两本都是西方汉学界最有名的《易经》翻译版本。理雅各是第一个系统研究、翻译中国古代经典的人，从1861年到1886年的二十五年间，将《四书》《五经》等中国主要典籍全部译出。但是他不是哲学家，也不是心理学家，他的翻译是纯文字的。跟理雅各同样都是传道士，卫礼贤则是懂心理学的。在这八年里，我是一个字一个字地给这位学生解释。他学到了很多，诸如中国的阴阳相和、天人合一等名词都了解一点。但是，后来我发现，如何把阴阳等知识应用在生活中，他就搞不清楚了。为了表达清楚何谓阴、何谓阳，让他容易抓住阴阳的特性，我就用两个字来表述，让他容易理解。我在讲"阳"的时候，用诚来解释；讲阴的时候，就以谦来解释。这样一来，他马上就懂了。"诚、谦"二字，美国的学生可以理解，但"阴阳"二字他们就抓不住要领，所以，我在美国讲《易经》，遇到阳爻，就告诉学生把握诚；遇到阴爻，就告诉学生把握谦。经由"诚、谦"二字，我把《易经》从外在转到内在。外在是讲阴、阳，很多人研究《易经》，就想借阴阳控制外在，控制他们的命运，从来没有人想到《易经》是内在的修养，"诚、谦"就是内在所修的二德。我把外在的《易经》转到内在修养的《易经》，是我讲《易经》的一大转变，这二十年来我都是如此。后来，我还把和这位学生讲的课编了一本书，是英文版的，书名《易理与易德》。这是我特别要强调的，我会在后续的文章里面，以"诚、谦"二字来引领大家学习《易经》的修养学。

第六章　参加第一次山东易学会议

我跟中国大陆易学界的关系，要从1988年讲起。1988年山东大学的刘大钧先生到美国来，经由学生的介绍，我们得以相识。刘先生回去之后，组织了一次国际易学研讨会。要知道，在1988年，组织一次《易经》的国际学术研讨会是很不容易的。由于自身的经济条件所限，我本来是不想参加的，好在学生把我的特殊情况告知校长，于是校长特批补助我一切费用，让我去济南参加这次学术研讨会。

参加会议的过程中，我遇到很多困难，那时中国大陆正值改革开放初期，条件有限。参会的三十多人，没有几个是真正的《易经》学者。美国去了三个，一个是在研究西方哲学的，另一个就不知道是否为学者；海峡两岸当时也没有三通，台湾地区的学者不能来。北京大学来的是陈鼓应教授，他是教庄子的，而不是教《易经》的；其他本地来开会的，有中医，有画家，还有和尚，各色人等都有。看起来，这次会议不是纯粹的易学研讨会。在这次研讨会中，很多人强调的是《易经》的预测学，可以预测未来。刘大钧先生安排我在研讨会闭幕的那一天发表大约二十分钟的讲话，我那时不知高低，就用自己的观点发表了。我讲《易经》就

第一篇　《易经》泛说

像一个十字交叉点，纵的方面，从三千年前的周代直到现在还存在；横的方面，结合了西方的、东方的，尽管政治立场不同，但是可以在一起讨论，这是《易经》的帮助。这个交叉点，我说就是心。这个心不是唯心论的心，是观念，唯物和唯心都是观念。这个心是真真实实的心，是动的心，有情感的心。有了这个心，我才会到济南；有了这个心，大家才可以坐在一起讨论。当时我只是强调这个心，还好没有麻烦。

当我回美国之后写了一篇文章，并告诉刘大钧先生，我说这样发展下去，《易经》会变成"义和团"。《易经》讲预测学，《易经》可以了解股票市场的高低，那大家岂不是只要学《易经》就可以了？的确如此，自从那一次开会之后，当时中国正好开放个体户，个人可以开店，有些人要赚钱，就以为学习《易经》可以赚钱，据说北京有"《易经》一条街"。还有人拿《易经》宣传自己算命算得很准，妖言惑众。所以，我当时就说，把《易经》看成天书，可以知道未来一切，这是"义和团"的做法，将来会激起众多科学家的反对。

这就是我第一次回国参加《易经》研讨会的情况。也就是说，从那次以后，《易经》在民间变得很流行。很多人知道了《易经》，很多人利用《易经》。当时新华社的记者来美国采访我，还要我比较一下，在中国的台湾跟大陆《易经》的研究有何不同。我回答道，在台湾地区学界研究《易经》的，着重关注《易经》的思想和生命；在大陆的好处则是像从地里挖出宝藏来一样，对《易经》知识方面的、书本方面的、考证方面的内容，有很大的贡献。结果在第二天的报纸上，我看到采访的报道，台湾部分被拿掉了，只讲到大陆。今天我还是认为，大陆的《易经》研究贡献还是着重在考据方面，不断有新东西发现。当然，这也有弊端存在，在山东大学110周年校庆时举办的《易经》研讨会上，我就说，你们都在研究考古挖掘的《易经》部分，反而忽略了地上的《易经》研究怎样处理人生问题。现在台湾地区的《易经》研究，以我个人的实际接触来看，正在失去生命力，变成一个时髦的装饰品。

第一篇 《易经》泛说

第七章 《易经》的三要素——象、理、数

《易经》有三个最基本的元素——象、理、数。"象"很简单，就是八卦中的任意两卦叠在一起，成为六十四卦中的一卦。八卦（乾☰、兑☱、离☲、震☳、巽☴、坎☵、艮☶、坤☷）中的这两个卦就是"象"，重卦如乾（䷀）、坤（䷁）、屯（䷂）、蒙（䷃）……一路下来，都是象。讲到"象"，当然离不开"理"，没有理，讲半天象有什么用？理就是卦爻辞。如果《易经》是周文王所写，那一定有道理在其中，文王则借着卦辞和爻辞去发挥其思想，所以，理就是指《易经》的文字。那么数呢？三百八十四个爻，就是数。后来出现了大衍之数，即用五十根蓍草占出一个卦来，这五十根蓍草占卜的排列就是数，所以，数多半指占卜的数。这使得最原始的《易经》变成了一本占卜的书，由象、理、数构成。在我看来，文王所写的《易经》，还是偏重于象跟理，数是后来才发展的。数的运用出现在《左传》中，里面很多占卜的例子就是明证；到了汉代，象数更复杂了，把一年十二个月的节气都放进去了，形成了汉代的象数之学。

汉代的象数之学也是一门学问，但是它离开了《易经》经文，也就是卦爻辞。汉代的很多象数学家借象数来说灾异、吉凶的预

测，这就变成了另外一种东西。这种学问我们不强调，因为它和算命之类有点相似。

我谈《易经》，象要讲，理更要谈，数这一部分也会涉及。关于数这一部分，也许大家都用蓍草占过卦，占出来以后得一个卦，显示自己问的问题在哪一个爻上，这是一种占卜，在《左传》和《国语》里常有记载，也就是说在东周初年这种方法已经在用了。我只给诸位一个示范，我没有时间去占卜，但我在美国学校里讲了一点儿占卜的方法，很多同学非常喜欢。

说到理，不得不提及王弼（226—249）。王弼很年轻，他的经验当然不够，但他是一个很有才气的人，是个天才。你看王弼注的《老子》，至今还是不朽的杰作；他注《易经》，把汉《易》撇在一边，就需要很大的勇气，至于他的注解，当然不是很完满，毕竟他是从道家的角度来注解的。在有些人的眼中，王弼的注解未免有点空洞；到了宋明理学家，比如朱熹等，他们是根据自己的经验，根据自己对儒家的理论理解去注《易经》的，甚至包括《周易折中》也是如此。尽管他们有的说法我们不采取，有的说法存疑，但那是他们智慧的、经验的结晶。

总之，我谈《易经》，象和理是主要的部分，至于数的部分，除了三百八十四个爻（每个爻的关系，如二和五、初和四、三和上，这是一种数，也是缘），其余的，我只是提到而已。

第一篇 《易经》泛说

第八章　不要学一辈子《易经》，
　　　　要用《易经》一辈子

中国近代是充满变数的时代，很多的人生经验是古代人所没有的，那怎样才能学好《易经》呢？我现在八十多岁了，从二十来岁开始教书，教了近六十年，从中国教到美国，人生的一半时间在美国。我也没什么经验，但是我跟学生讨论学术问题时，也了解到现在很多年轻人的看法。可见，经验是不用求的，每个人有每个人的经验。要怎么学习《易经》，我们没有那么多经验。因为《易经》学了之后，就要用，所以，用《易经》是一辈子的事情。

我想跟大家说，不要学一辈子《易经》。有人说他要花一辈子时间来学习《易经》，我不赞成这一点，一辈子糊里糊涂地学，没有用。有些东西，譬如钻进象数之学，你就是学个十几二十年也出不来，没有用。不要把你的人生放进去，你的人生将来自然有不同的经验，每个人都有。对每个人来讲，用《易经》都有其个人的体验，不一定说我活得比你们长，经验就比较多，有时候年轻人反而经验比我还多。

第九章　会议、演讲与论文

前面讲到我和《易经》的关系，讲得还不是很详细。这里我再介绍一下我曾经参加过的学术研讨会和发表过的论文。

2001年，我参加了在北京举办的一个中国哲学学术会议。在这个会议上，我发表的论文题目是《〈易经〉前十卦跟21世纪》，写这篇论文的起因就是当时我想到《易经》能不能现代化，能不能解决现在的问题。这种讨论方向，我不是第一个提出来的，有很多学者也写过类似的论文。我不用大家所用的方法，而是拿《易经》前面的十个卦来看是不是跟现代的问题有关。结果，我发现这十卦正可以说明21世纪的十大重要问题。在会议上讲完这十个卦之后，我还把这篇论文的文字内容、图表公开给与会学者一起讨论。可见，《易经》不单纯是三千年前的一部经书，也不只是占卜预测之书，它是我们常说的宏观视角，能看全世界和全人类的问题，以及看宇宙的问题，而不是个人的命运的问题。

2003年，我在旧金山参加了荣格研究所的一个学术讨论会，主持人是国际荣格心理学大师、荣格研究院主任约翰·比贝（John Beebe），他邀请我参加了一天的讨论会。与会的只有四位学者，最先发言的是荣格的学生，已经九十多岁了。这位老学者讲到荣格思想时，强调了《中庸》的思想。

第一篇　《易经》泛说

我讲的题目是《〈易经〉易德的十个原则》。我早就强调,《易经》的德——诚与谦,把《易经》由外在转向内心。讲象数之学,如何控制阴阳,这都是向外面去追求,忘了自己的内心修养。与会的其他两位学者,很巧,都是我的学生。有一位学生年纪比我还大,她是荣格研究院的退休教授,那时候她八十一岁,有一天跑到我任教的学校里,气喘吁吁的,上气不接下气地问我:"我想学《易经》,能不能教我?我不会开车,你能不能到我家里教?"当时我被她感动了,花了一年多时间教她《易经》,她学得非常认真,我讲的每一句话她都做笔记。大家很难想象吧,一位退休的高龄教授还对《易经》有兴趣,确实非常难得。

2009年,我写了一篇《蒙卦跟现代的六大教育问题》的文章。这篇文章,我后来放在辅仁大学举办的国际中国哲学会议上讨论过,文章很长,我在讲蒙卦时,会把文章的要点拿出来讲述。这也是我第二次证明,《易经》是跟现在的问题息息相关,而不是一个古代陈旧的东西。

2011年,山东大学110周年校庆,刘大钧先生请我去参加《周易》研讨会。会议上大家都在讨论《易经》初期的发展。我发现讲初期的发展,他们都是从考古文献来谈《易经》。当时我就讲了几句话,也许很不客气。我说,我们今天研究《易经》的学问不能完全从地里面去找,要向现实人生中去找。在美国的《易经》研究,卫礼贤的书已经跟心理学结合,这是一条新的路子,我们要走新路子。当然,考证在地下的研究也重要,但是不要把全部的精神放在那些文物上面。

那次开完会回来,学生唐荣明先生请我在北京做了一次关于

《易经》的研究方法的公开演讲。当时有一位在场的小说家给我建议，说现在很多人都讲领导学，比如老子的领导学，为大家能更容易了解《易经》，你也要写一本关于《易经》的领导学，我当时就拒绝了。我不懂领导学，我没办法写。

第十章 《易经的处变学》一书

在北京演讲完回来以后，我跟学生聊及那位小说家的建议。学生都说为什么不可以写，领导学在美国也很普遍呀。

后来我一想，古代的这些经典都是讲圣人之治，老子讲圣人之治，讲了二十多次圣人之治，圣人之治不就是 leadership（领导学、领导才能）吗？《易经》是帝王之学，不也是 leadership 吗？孔子给学生上课，也是讲学生如何辅佐君主，也是领导学。那我为什么不能写领导学，何况中国的经书都是领导学？但是，后来我不用"领导学"这个词，因为它是非常通俗的词，大家都想做别人的领导，而有的领导并不合人心。我个人认为，"领导"并不是一个受欢迎的词，所以我就改为《易经的处变学》。

为什么不用"应变学"而称"处变学"呢？因为应变学大多是外在的反应变化。你怎么反应？就是跟着外在变化走。"处变学"就不同了，讲的是你处于变化的环境下如何应付和处理这些变化，这就比"应变学"还要有更深一层的意义。但是，"处变学"怎么写呢？一卦一卦、一爻一爻去讲，很不容易。我想如果有一个主题的话，它一定要有系统；有系统，文章就好写了，于是我就建构了一个系统。这是以前研究《易经》所没有的。譬如，一个卦六爻，我把初爻和二爻放在修养方面；三爻和四爻则是由内到外，再往上还有君主，这两爻讲应变，上爻处于物极必反的处境，也是要讲应变，所以把三、四、上这三爻放在应变上；五爻是君位，是领导，要做的就是如何处理变化。这样一来，第一爻、第二爻是修养，第三爻、第四爻、第六爻讲应变，第五爻是领袖——处变的主体。这个架构确定之后，文章就好作了，这本书我花了差不多半年的时间就写好了。当然我写这部书并不是临时找资料，对于《易经》，我毕竟教了二十多年。书里面我用了老子、孔子和禅宗的思想，这都是我在美国、在中国台湾地区教书四十多年的心得和经验，所以不是临时起意。

  这本书今后大家如果读到的话，就要注意，我是把《易经》与儒家、道家、佛家的禅宗结合起来讲的。当然啦，文王他老人家哪知道有老子、孔子，更不要说禅宗了。但是儒家、道家都是从《易经》发展来的，我们现在从本源再回过头去研究它，然后再发展出来，这也是一个合理的路子。我在书中引申了很多，这是以前研究《易经》者所没有的。前人研究《易经》都是走考据的路子，即便是王弼讲道学、朱熹讲理学，他们还是没有把老子、孔子的话语引证进去。我这本书就引证了很多，作为一个易学的发展，同时也提到诸如领导学、管理学、心理学等问题。所以我这本书是整体学的《易经》处变学。这就是我这本书的写作经过。

第十一章　中国哲学回头是岸

2015年，我在澳门参加荣格心理学研讨第七次会议，并发表演讲。澳门的这次演讲，跟后来在西安的演讲主题类似。澳门会议的演讲主题是"《易经》跟荣格心理学所谓的创伤"。心理创伤，有个人的、家庭的，也有文化的、种族的及各种暴动的。当时听了与会学者的讲话，我突然想到了八国联军。我说，当八国联军打破中国的文化大门之后，中国的文化开始动摇，中国人的人心渐渐低落。自此以后，我们把西方文化抬得很高，这种伤痛对于我们每个人的心理都有后遗症。这种后遗症就是崇外媚洋，把自己的文化看得很低，把人家的看得很高。这是我国被八国联军侵略所造成的创伤。

在西安的演讲我的主题就是这个。当时我讲的这一点，引起了很多同学的讨论。除了讲述《易经》之外，我强调说，近百年来我们自我矮化，把西方看得很高，甚至把中国的哲学西方化。其实，中国的哲学和西方的哲学不搭调，完全不同。很多学习西方哲学的中国学者就喜欢用形而上、宇宙论、唯物论、唯心论来框中国哲学，受这些术语的分割，使得中国哲学精气全消、面目俱非。试看这一百年来，我们中国哲学趋向西方哲学，中国哲学家都在研究西方哲学，但研究西方哲学的这些人没有一个有很高的成就，使得他们的名字能够写在西方哲学史上。至于西方哲学家，有没有真正了解中国哲学、欣赏中国哲学的呢？几乎没有。他们大多把中国哲学当作点心、小吃，并不是非常热心、非常重视。当然，除了一个人，那就是荣格。荣格对《易经》非常赞叹，他认为《易经》是东方精神的伟大结晶。荣格对《易经》的喜爱，据澳门城市大学申荷永博士说，尤其到晚年，荣格几乎每件事情都要问《易经》。当我读西方哲学史的时候，看到那些欧洲哲学家都自以为是，因为他们定位的体系，你跟他讨论时，就要跑到他的体系里面去。尤其是黑格尔（很抱歉，我要批评黑格尔），他轻视东方心灵，认为东方的心灵是低级的，他们的文化才是绝对的观念，甚至于把中国哲学排除在哲学之外。这些哲学家们不承认中国哲学，把中国哲学当作宗教。但是，今天西方哲学没落了，心理学走了，科学不理它了，宗教也离开它了，西方哲学变成了空洞的东西，变成了观念的游戏。所以，我认为中国哲学要赶快脱离西方哲学的道路，要和西方的心理学，尤其是荣格的心理学结合，因为荣格崇拜我们。我们要拿中国哲学的修养（《易经》也是修养），来弥补西方心理学的不足，让西方心理学跟中国的哲学能够结合，走向世界的舞台。这是我过去在澳门和西安演讲的主题，从这个主题也可以看出，我为什么要强调《易经》的诚和谦，就是要这种修养哲学的《易经》能够借助西方的文化去改变他们。这就是近十几年来，我研究《易经》和中国哲学的大致走向。

第一篇 《易经》泛说

第十二章　影响我一生的两位老师

我还要谈一下几位影响我的大师。有人问我,我研究《易经》有没有师承?我说我没有什么师承。在我大学二年级的时候,我写《中国哲学史话》,是和张起钧教授合写的。为了写佛学部分,张老师介绍我认识南怀瑾老师,讨论佛学。南怀瑾老师在当时实际上是以打坐著名,佛学与禅宗这方面是他主要的研究方向,同时他也涉猎《易经》,并重视象数,但还不是汉儒的象数。我拿了博士学位后,南老师已经到香港去了,自那时起我们有四十多年没有任何联络。

真正影响我一生的有两位教授。这两位教授所影响我的不是学术渊源,而是他们的一些思想。我为什么要讲他们呢?因为看法和观念对你们有用。这两位教授,一位是张起钧教授。他是我读师范大学时的老师,以研究《老子》著名,但是他自己说,我讲道家是骗饭吃,儒家才是我的真正面目。

张老师过世前,和我的关系一直非常好,来往也比较密切,我几乎每个月都要去他家里,跟他聊天。在我大学二年级时,他开设了《老子》课程。暑假期间,我正写一篇关于中国哲学史略的文章,差不多六七万字吧。关于老子的一章写了一万多字,我看到张老师是研究老子的,就去跟张老师说,请老师给我指正。

张老师同意让我把文稿带到他宿舍。哪知道我带给他后，去看他时，他劈头一句话，就说我这篇文章毫无价值。这真是当头棒喝。我自己还认为了不起，而他却说毫无价值，为什么呢？老师说我这篇文章百分之八十在讨论老子是什么人，《老子》是在哪个时代成书，和老子的思想毫无关系，所以没有价值。他进一步说，我们现在研究老子，是要了解老子如果生在今天，面对今天的问题他会如何处理；至于老子是什么人，《老子》是哪个年代成书，这根本不是重要的问题，不要把精力都放在无聊的问题和考据的问题上。大概当时我就读的师范大学都是讲考据，所以老师这次对我的棒喝很重要，以至于改变了我以后的研究方向。当然，我并不反对考据。我们研究思想就要了解其对我们人生的意义。可见，老师的一句话、一个指示就可以影响学生。这也就是我为什么不赞成研究《易经》只讨论那些通过地下考古发掘的东西，来说明《易经》是什么样子；真正的研究方向应该是《易经》对我们的未来、对这个世界究竟有什么影响？我后来的研究方向一直秉承这个原则，这是张老师给我的启发。

影响我一生的第二位教授，是吴经熊老师。吴老师是著名法学家，是民国时期宪法的起草人之一，他在美国的法学院做过教务主任，他的著作《自然法》是学院的教科书，这是他在法律方面的造诣；他又是天主教徒，他翻译的《新约圣经》，第一句话就是"太初有道"，非常有名，这是他宗教上的贡献；在他退休之前二十多年对禅宗又产生了兴趣，著有《禅学的黄金时代》(我把它译成了中文)。大家想想看吴老师所研究的，一个是法律，一个是天主教，一个是佛学，这三者完全不搭调，完全没有关系；

但是,他能把它们凑合在一起。有一次他讲禅宗,我就说:"老师,您是天主教徒,现在讲禅宗,写关于禅宗的书,是不是有点叛教啊?"他笑了,说不是,他是为天主教多开一扇门,使信天主教的人可以从禅宗进去,就像六祖慧能一样替印度佛学多开一道门,变成中国的佛学。

讲一个例子。大约在四十五年前,我还在读研究生的时候,他来参加文化大学的华学学术会议,我在会上做记录。在一个关于宗教的小组讨论会上,与会的有天主教神父、佛教的和尚、道教人士,各种宗教人士济济一堂。吴老师是会议主席,开场白就讲了一个故事,讲得很好。他说,我们现在就像从地上往下挖,在地上有南半球、北半球,每个国家不同、距离很远,但是当我们挖到地心深处的时候就碰头了。因为地心只有一个。如果我们研究学问,研究到最高境界,不管是天主教的上帝、佛教的佛,还是儒家的圣人,都是一样的。这番话大大地启发了我,说明学问到最高阶段时可以融会贯通。吴老师是天主教徒,很虔诚地信仰天主教,坚持去教堂做礼拜,但他也喜欢禅宗,讲禅宗也不会和他的天主教信仰冲突。可见,当你的研究做到最高的境界,如找到地心的时候,你就可以贯通。不然,就是南辕北辙。做学问研究到深处,都归于一、归于同,这一点很重要。

以上就是对我影响颇深的两位教授,之所以告诉大家,就是希望大家做学问,不要着重在枝节的考据上,而是要面对现实的人生,要能够贯通所有的学问,要研究深刻,触及根本。所有学问都是一样的。

第十三章　一些重要问题和术语

下面我简单告诉大家一些关于《易经》的基本问题。

一、什么是《周易》

《周易》有两种说法。一个说法是说"周"就是普遍，因为道理是普遍性的，故《易经》是普遍性的、周流不息的。另一个说法就是周代的《易经》。我的看法就是要简化，即"周"就是周代。周流不息是一个比较抽象的观念，那是哲学的说法；而我们古代的书，尤其是最早的书，哪有用哲学的观念作为书名的呢？老子的书就叫《老子》，庄子的书就叫《庄子》，孔子及其弟子的语录结集就叫《论语》，很简单。"周易"二字在《左传》中出现了三次，在变成一本占卜之书后就流行这个名词了，差不多在东周时期就运用了。

《易经》，这是汉代的叫法，凡是称为经的，《诗经》《书经》等都是从汉代开始的，汉代的博士就讲经。《易经》变成了六经之一或者五经之一，经是汉代的名词。汉代以前，如老子和孔子那个时候，只有《周易》这个名称。在《易经》经文中，没有"易"字；学说本于孔子的"十翼"（《易传》）则讲到了"易"，这个"易"就是《易经》，没有用"周易"二字。

第一篇　《易经》泛说

二、《易经》是不是神的话、神的指示

当然不是，《易经》没有神，《易经》的背后不是神，所以《易经》不是神的话。《易经》要到东周以后才变成占卜的书，它原是一本哲学的书。《易经》如果是周文王所写，从周文王开始，它本身就是一本哲学的、智慧的书，当时还没有变成占卜之书。因为我们看到，从周文王、周公到文王的孙子成王，都还没有用《易经》占卜。所以，《易经》有两个发展路线：一是《易经》被老子拿去用，老子受到《易经》的影响很深，后来又被孔子拿去用，儒、道二家同源于《易经》，这一条路子是哲学路子，以"象""理"为主。这条路子一直走，通过汉《易》，到王弼讲易理，宋明儒家也讲易理，直到今天我们讲的易理。我讲的《易经》也是从儒、道这条路线而来，这条路子是《易经》的康庄大道。二是走向占卜，到了汉代变为象数之学，讲灾异，再后来拿来算命、预测，这是另外一条路子。这两条发展的路线，它们的好坏比较姑且不论，都源于根本的《易经》是没有问题的，《易经》本身也是哲学的智慧，所以不是神谕。如果相信神，就没有《易经》了。

三、何谓《易经》里的道

提到"道"，大家就想到老子，老子的书特别把"道"哲学化，讲得很深。但是在《易经》里面，"道"出现了四次。这四个"道"，有三个是指我们人生的路径，《易经》六十四卦就是人生的路径。另外一个，则是复卦中的"反复其道"，宇宙反复，由阴变成阳，这叫宇宙变化。所以，《易经》里的"道"字，本身是很简单的，

不是很复杂的，是宇宙人生的路子而已。

四、什么是《易经》里的德

"德"字在《易经》中共出现五次。跟道德的"德"不一样，这个"德"是指内在的德。道德的"德"是指在外在的德。"道德"二字从《老子》而来，《老子》又称《道德经》，上经第一个字是"道"，下经第二个字是"德"，本来是称为《老子》的，后来因为要称"经"了，不能称为"老子经"，所以把道德合在一起称为《道德经》。在《老子》书里面，道和德是不同的，道是道，德是德。道是宇宙的变化，德是人生的修养。但是道和德合在一起后，到现在就是纯粹的"道德"（morality），变成外在的了，和德是内在的这一点不同。我跟美国的很多心理学专业的学生讲到"道德"时，他们都皱眉头，认为这是外在的东西加在身上，压着他们，勉强他们去做。后来我就说"德"是指内在的德，《老子》《易经》就偏重于内在的德。这里我把《易经》中几个跟我们德有关的字挑出来跟大家讲一下。

第一，是"敬"字。敬是一种德，是内在的。我们常说的尊敬，是外在的，譬如别人有智慧、有学问、有文化，我们尊敬他。但是"敬"是内在的，所以我不因为别人比我高，我要敬他，即使别人地位较低，即使是一草一木，我都要存着敬的心来对待它们，因为敬是内在的一种德。

第二，是"恒"字，《论语》中孔子也引证过，即"不恒其德，或承之羞"，出自第三十二卦恒卦的第三爻。"恒"也是内在的一种德。

第一篇　《易经》泛说

第三，是"贞"字。这是《易经》的专有名词——"元亨利贞"。"贞"本来是指正道。在我写的关于《易经》的书和讲的《易经》课中，凡是在某个爻中出现了"贞"字，如果是阳爻，我就说用诚；如果是阴爻，我就说要用谦。我用"诚、谦"二字把"贞"给具体化。

第四，是"和"字，出现在《易经》的兑卦中。"和"是中国哲学里非常重要的一种德，讲阴阳相和，也是内心的和，不是外在的。

上述所讲是《易经》里面跟"德"有关的字，我先提出来，在讲具体的卦时，大家再用心体会。

第五，《易经》里面还有几个重点字，是判断语，常常会遇到，我稍微讲一下。

"吉、凶"二字是最常用的，是一个判断语，就是你做的什么事情是吉，什么事情是凶。但是在《易经》里面，吉凶并不重要，吉凶是可以改变的，吉凶只是你对所做的这些事情的判断，是结果，不是动机，也不是过程。汉代的象数派《易经》，主讲吉凶，灾异吉凶就是一个判断。占到一个卦，若是吉还好，凶就完了，但没有讲你该如何应对？只说"吉凶"二字。常常有学生占卦时占到一个爻是凶，就直皱眉头，说"完了、完了"，其实不是这样，凶也是可以改变的，所以我研究《易经》注重"处变"，要把凶改变掉。

"悔"字在《易经》中出现了很多次，有两种情况。一种是事情做了以后"有悔"，就是后悔，当然不好，即悔于后。另一种就是悔于前，你知道有悔，就不会做这件事情，这就叫"悔亡"。

所以，悔在后，就像凶一样，没办法；但是悔在前的话，知道会有悔，不去做，就不会有悔，不会有后悔的结果，便不会有凶了。

"吝"，是不好意思，有点感到羞耻。这是心理的问题。吉凶是外面的判断，吝是一种内心的羞耻。吝也可以转变，我常常把它转变为耻，转成羞耻的耻。本来吝是不好的，但是转变到耻之后，就如儒家所说的"知耻近乎勇"，反而成为一种德。

"咎"，《易经》里面常常出现"无咎"二字。"咎"是外在的责备，是外在的，不是内在的。"无咎"非常重要，做事情问心无愧就是"无咎"；尽管咎还是有，外在还是有责备，但是你问心无愧的话就不在乎了。所以，无咎是一种修养，一种功夫，比吉凶还重要。

"厉"，是代表危险。大家碰到"厉"字不要担心，凡是讲"厉"的都是外在的危机。外在的危机不要怕，可以避免，要学会怎么样做才能避免危机。"厉"是一种警惕，告诉我们自己所处的环境有危险性，要小心，要避免受到伤害。

第十四章　何谓《易经》的整体生命哲学

《易经》是一种整体生命哲学。我为什么要讲生命哲学呢？这和我在美国的经历分不开。我开始在整体学研究所（即 California Institute of Integral Studies，简称 CIIS）的时候，开始叫亚洲研究所，后改名为整体研究所。当时我也不知道什么叫整体，后来才发现整体学是从印度来的，印度圣哲阿罗频多（Sri Aurobindo，1872—1950），其哲学体系被称之为"整体吠檀多论"，他讲整体瑜伽（Integral Yoga），徒弟 Haridas Chaudhuri 写的论文叫整体哲学。他的徒弟来美国创办了亚洲研究所，后来改名整体研究所。但是很多学生毕业以后，我问他们什么叫整体学，能不能给出一个具体的解释，他们都直摇头。所以，我跟当时的校长建议，教授必须很清楚地知道整体学的性质，应该每个月开一次会去讨论整体学。校长同意我的看法，可惜两三个星期之后，他却离开了。我想也许没有人支持这种讨论会，就独自从中国哲学里面去研究整体学。

经过我的研究发现，中国的哲学完全是一种整体学，《易经》《庄子》《老子》都是整体学。如果用图形来表示整体学的话，就是等边三角形。我用等边的"道、理、用"三个观点来研究中国哲学（如图）。我稍微解释一下。由"道"到"理"，这是中国哲学家体验天道来建立"理"。朱熹说"继天立极"（《大学章句·序》），"继天"，继承天德；"立极"，立人之极，即人的标准，人的标准就是理，一套仁义道德的理。但是，"理"不是空洞的"理"，还要"用"，把它用出去。理用了之后呢，又必须扣紧"道"，要回到"道"；不然的话，"用"一旦直线发展，就有问题。

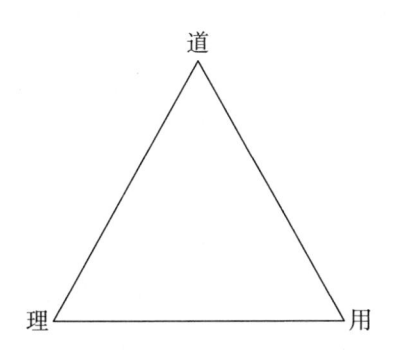

```
          道
         / \
        /   \
       /     \
      /       \
     /         \
   理 --------- 用
```

"理"在中国哲学来讲就是理气、天理。这个理也包括了理论，哲学也好、心理学也好，一切理论都在这一块。但西方很多哲学家、心理学家研究的理论，不一定能够继承天道，他们甚至不谈天道，也不知道什么是天道。他们拿到"理"马上就来用，没有回到"道"上。像科学一样，不能回归到"道"。没有这个"道"，"用"就一直发展，不知"用"到哪里去了。今天科学的毛病，就是听任科技的发展，不知道回头，也无法回头。一位神学家说，我们今天骑在"老虎"背上下不来，"老虎"就是科学。骑在科学的虎背上下不来了。譬如我们现在用手机，小孩子两岁就会玩手机，我们能把手机丢掉吗？丢不掉了。我去饭馆时，看到一个小孩子，妈妈不给他手机玩，他就一直哭，直到把手机再给他才止住哭。我们现在、将来可以制造机器人，机器人可以帮助人，减少劳工，机器人是种发明；但是机器人发展到最后，有一天会反过来消灭人类。《易经》里面的坎卦即是明证，坎就是危险，孔子给这个卦注解的一句话非常好："天险不可升也。"天设的危险不可升，我们不能超越天道。天的最高处，有一道危险的红线，我们不能越界。我们人要超越这道红线，就像人要制造人一样，是很危险的。

讲到这里，我想到了三年前退休的时候。我在学校做了一次公开的演讲，内容是我三十六年来在学校里面如何把中国哲学运用于心理学。我编了个故事，像做梦一样。美国电影《钢铁侠》讲一个人披上了科学的盔甲，可以让他上天入海，当他消灭了坏人之后，又回来把盔甲脱掉，这就是钢铁侠的故事。这部影片演了一集、二集、三集，第四集都有剧本了。我对学生们说，我编的故事，可以作为第五集，故事说制造者发现只有一个钢铁侠还不够，要多造几个，于是造了十个，不同的盔甲有不同的力量，这很精彩了。但是突然有一天控制钢铁侠的电脑发生了问题，这十个铁人不再消灭坏人，而是互相打起来，然后各不相让。科学控制失灵，制作的东西都回不到正常的轨道，怎么办呢？我开玩笑说，这两个科学家，一个是弗洛伊德，一个是荣格。他们不是讲自我（ego）吗？自我就像盔甲一样，抵御外面的侵扰，保护自己。我说，科学家荣格发现铁人回不来了，他懂得东方文化，说东方人在遇到困难的时候就请观世音菩萨来帮忙。荣格于是打电话或 e-mail 给观音菩萨，这时候菩萨却在北海度假，回不来，就说有一个好朋友，他和我一样拥有同等的法力，正在你们的上空，我现在e-mail给他，让他来帮你。荣格和观音菩萨通完话之后，天上就下来一个骑着龙的老头子。荣格就问老者尊姓大名，老者笑呵呵地回答说，你问我尊姓大名，你讲的梦就是从我那里偷来的，你用了我的梦，却不给版权费。荣格马上想到，原来是庄子啊。中国哲学里，庄子是讲梦讲得最多的，"庄周梦蝶"对不对？荣格就说，那我拜你做祖师好了。中国人爱面子，庄子说，好，你既然称我为祖师，遇到了什么难题，赶紧说来听听。荣格就说机器有问题了。庄子生气地回答说，你们还玩机器！我在两千多年前就告诉你们机器的毛病和危险了，并且讲了一个故事给荣格听：一般人用桔槔从井中汲水，一个老头子就讲要道法自然，不用机械，挖出一口水井，然后一桶一桶地从井中提水，很是费力。这时孔子的学生子贡就问，老人家，你为什么不用桔槔？老头回答说，祖师告诉我，用机器就有机心；有机心，你的心就不纯，就没有办法求道。庄子讲完故事就对荣格说，你应该知道机器的毛病，机器有机心，今天就产生了问题吧。荣格点头称是，请求庄子帮忙。庄子说，好，我帮帮你们。写了两个字给荣格。荣格喜滋滋地拿着这两个字去找弗洛伊德，研究了两三个小时，好了，所有的铁人都回来了。这两个字是什么？就是"忘我"。弗洛伊德、荣格讲自我，庄子则说要忘掉自我、超越自我。心理学家创造了自我，反而被自我所困住。我讲这个故事，就是说明西方由"理"到"用"的路径一直走下去，也不知道走向何方，因为他们没有"道"。"理"不能通"道"，直接去"用"，"用"又不能回归"道"，直走到今天出现各种危机的境地。大家都没有办法，只好请观音菩萨了。

第一篇 《易经》泛说

可见,《易经》是整体生命哲学,就像等边三角形一样,从"道"到"理"再到"用",这是中国的哲学家从体悟的道,转成理,理也包括了德,然后在人生运用上再回到道,这是一个循环。另外还有一个循环,即道本来在日常生活中,就如《易经·系辞上传》所讲的"百姓日用而不知",道不曾离开我们,一直在我们的生活里面,只是一般人不知道而已。哲学家从我们的生活里把这个道提出来,变成理或变成理论。无论是老子还是孔子,都要回归于道。这是我讲的道、理、用的两个循环,在后续的章节中我还要讲到它们的转化。

在此,我再稍微提一下第二个循环中的"用",即"百姓日用而不知"。孟子说:"盖上世尝有不葬其亲者,其亲死,则举而委之于壑。他日过之,狐狸食之,蝇蚋姑嘬之。其颡有泚,睨而不视……盖归反虆梩而掩之,掩之诚是也。"(《孟子·滕文公上》)这里是说,上古时候曾经有不安葬自己亲人的人,他的亲人死了,就把尸体扛起来丢到山沟里。后来路过那里,看见狐狸等野兽在撕食尸体,苍蝇蚊子也聚来叮咬。他的额头上就冒出了汗,斜着眼而不敢正视。于是这人就返回去拿藤蔓野草和灌木来掩埋尸体,那么,这一盖,到后来就演变成所谓的坟墓。坟墓的出现,到后来就变成了亲人死亡后所实行的礼制,即葬礼。丧葬之礼,在中国的礼制中是最重要的一部分。这个礼是回归到道的,又是一个循环。这两个循环,我称为中国整体生命,这个生命不是个人的生命,而是中国文化的生命。道、理、用,循环在中国历代文化中,使得中国的文化不断发展成长。总之,"用"就是我们的日常生活。理就是六十四卦卦辞与三百八十四爻爻辞所体现的观念,是文王所写的文字，理要通过道来用，六十四卦、三百八十四爻才产生重要的作用。如果不通过道的话，六十四卦、三百八十四爻就会变成了占卜，变成了后世的预测学，失去了《易经》的精神和生命。

第十五章　易德十原则

《易经》之德有十个原则，是我曾经在荣格心理学研究院的某次学术会议上发表的演讲题目。

第一个原则，《易经》不是神秘的。

我们讲的《易经》是基于经文部分，不谈别的。《易经》的六十四卦，都是在现象界，而不是神秘界，都是在现象界谈人生、社会与政治的问题。既然在现象界谈这些问题，就有路可寻，不是神秘的。

第二个原则，《易经》不是迷信的。

我们了解《易经》的原理，就像研究数学上的平面几何一样。平面几何有公式，一旦你了解这些公式以后，就很容易了解它的内容了。《易经》也一样，有一套公式和原理，不是迷信的。

第三个原则，《易经》不是回答你"是"或"否"，而是回答怎么做。

《易经》是有理路的，是合理的。《易经》如果告诉你 how to do（怎么做），回答"是"或"否"，就把《易经》变成了算命的占卜的东西。要知道，《易经》不是神，一切受神控制，也不是讲命运。如果你相信命运的话，就不要来找《易经》帮忙，因为你相信命运已定，还要《易经》参谋什么呢？就像有些人找命理师一样的矛盾，既然命运已定，你找他改什么命？《易经》不是算你的命运，而是告诉你如何创造自己。

为什么说《易经》是有理路的，是合理的？因为《易经》一定有个作者，不是天上掉下来的一本书。这个作者，无论是文王还是别的人，他写这本书，一定有想法，一定有路可循。每一爻一定有个原则：为什么吉，为什么凶？不是说天上掉下来，就是吉或凶，它一定有道理，后续我们在讲《易经》经文时就要讲出这些道理来。

还有，《易经》是个经验的逻辑。"逻辑"二字，实际上是西方哲学术语，A不等于非A。我们的《易经》也有一套逻辑，是经验的逻辑，是文王根据他治国五十年来的经验而写的。所以，《易经》是有它的方法可用的。譬如每个卦中的两个爻的关系，第一爻和第四爻，第二爻和第五爻，第三爻和第六爻，它们之间属于对应的关系，同时又跟上面或下面的爻都有关系。这些爻与爻之间的关系，就是我们要研究的道理，所以我认为《易经》一定有其理路，我们要找出理路来，就可以了解《易经》的话不是神秘的，不是不可知的。

第四个原则，《易经》不仅利己，而且利人、利物。

很多人用《易经》就想着是否对自己有利。实际上《易经》讲利，不是个人的小利，不是一己之利。孔子在《易经·系辞下传》里说"作《易》者其有忧患乎？"作者有忧患的意识，而且忧患不是个人的患得患失，是忧苍生、忧国家、忧人民的！所以，作《易》者的第一个前提是别人的忧患。那么，我们再看《易经》一个卦中的两爻之间的感应相合也非常重要。前面讲过，第

第一篇　《易经》泛说

一爻跟第四爻是一对，第二爻跟第五爻是一对，第三爻跟第六爻是一对。譬如，当第一爻有利的时候，它的相对的第四爻也有利；不是说第一爻有利，第四爻就没有利了。《易经》的利是互助的、互利的，不是个人的、片面的。《易经·乾卦·文言》给"利"下了一个很好的定义："利者，义之和也。"利可以达到和谐的境界，使得每个人都有利，这才是大利，也是义，是《易经》的基本精神。

第五个原则，《易经》是操之在我的。

《易经》里面有很多吉凶的断语，有的学生卜了一个卦，有凶，就垂头丧气。我告诉他，你看见凶不要怕，这个凶是可以避免的。爻辞里面虽然写着吉凶，但吉凶是有条件的，你怎么做是凶，怎么做是吉，是可以自己去改变的，即操之在我。但是，传统的《易经》注解，只解释凶的原因，譬如互相不应之类，从来不会告诉人在这一爻上如何去把凶转变掉。我讲的《易经》就要转变凶，一切操之在我。既然操之在我，《易经》就不是命定的。《易经》讲的命是天命，天命是可以发展的。天命跟命有什么不同？简单说，命运，你没有办法改变，就像一片乌云盖头，看不到上面的天空；天命则是打开了乌云看到天空，你相信天命的话，就可以转变、转化。譬如，有的人说我的命运是做老师，老师很穷，只好无可奈何地做一辈子老师；但是如果你把做老师当作天命，就爱研究怎样做一个好老师，怎样教好学生，你将会有非常大的兴趣，就可以不断地改进你自己。可见，天命是可以逐步改进的，完成你的使命；命运却是没有办法改变的。《易经》是可以改变的，六十四卦中的任何一个爻，你弄通了的话，都可以改变。

第六个原则,《易经》可以"转化"变化。

我们生活在不断的变迁中,由生到死,不断地变。变有几个特性?是平面的,是自然的,是物质的。由生到死,没有办法改变,是注定的,也无法预料的。谁知道明天的变化、明年的变化是什么?没有办法知道将来的变化。变化也是一种能量,能量就是气的变化,也是循环的,如春夏秋冬。这是一般的变。但是化不同,什么是化?化是往上升的,如孟子所说的"与天地同流"(《孟子·尽心上》)。化是指德性,不是物质的;化是可以改变、转变的。化是自主的,可以自己控制的。化是一种动力,它可以制造另一种能量,可以摆脱生死的循环。佛教讲轮回,轮回就是生死的循环。化,可以超越轮回。我们处在变当中,化能够转变我们的变化,我们学《易经》就要学到"化"。《易经》是一本转化之书,《易经》的英文翻译 change,我认为是不够的,只看得见"变",而我们是要"化",把"变"变掉。那么,化有几个特性:能转化促进你所处的环境,可以转化你的心境和态度;化是两个系统的突破,人类的系统很难突破,譬如知识系统,学文学的不了解科学,学科学的不了解文学。要打破这两个系统很难,人与人之间是个系统,你一个系统,我一个系统,这很难突破。只有浪漫的恋爱主义才会有化你心为我心,只有转化可以突破两个系统,即肉体的系统和知识的系统,达到互相了解,互相体谅。这是转化的功能。学《易经》最重要的是在变,学会转化的功夫。

第七个原则,《易经》可以训练自己。

怎么去训练自己?一个卦的六爻是六个层次的思考法则,我们普通人想一个问题,只想一个方面,站在自己的立场上考虑。

第一篇 《易经》泛说

《易经》却给我们六个不同方面的想法。六个爻都有不同的角度，我们碰到事情，就可以学会不同的思考。六十四个卦就是六十四种大环境的想法，学了《易经》之后，我们的思考就与别人不同。我们可以从相对的角度看事物，如综卦，即这个卦跟那个卦是倒置的关系，你的思考就要转过来看。像泰卦和否卦，从这边看是泰卦，是太平的；倒过来看是否卦，是挫折。可见，我们的思考要从六个爻和综卦的角度去训练。

第八个原则，《易经》可以修养德行。

德行跟道德不同，德行是内在的，就如前面我讲的"诚"和"谦"。有一位宋明理学家，他说我们看到六个爻，就要想一想，在你没有画这一爻前是什么气象？也就是说，你画了一根爻不是阳就是阴，就进入了相对的现象；没有画一个爻之前，就是诚。"诚者，天之道"（《中庸》）。《易经》都是现象阶段，有阴有阳，所以在没有阴阳之前，你要修养自己。当你在没有阴阳之前，修养你的诚之后，再进入《易经》，哪一个卦你都可以通，哪一个爻你都可以不受其影响。至于进入《易经》之后，我又把阳爻比作诚，阴爻比作谦，更是随时随地修诚德或谦德了。可见，《易经》也是德行之书。

第九个原则，学《易经》可以吸收前人的智慧。

《易经》是文王写的，假定我们这个推论成立的话，文王治国五十年的智慧经验，就通过《易经》传给了我们。《易经》后来影响老子，我们也可以吸收老子的思想；《易经》影响孔子，我们也可以吸收孔子的思想；在中国历史上有很多有智慧的学者给《易经》写注解，我们读了他们的注解，也可以吸收他们的智慧。

所以《易经》在三千多年的中国历史上，有很多有智慧的人的思想体验，我们都通过《易经》去接受。可见，学《易经》是可以吸收前人的智慧的。

第十个原则，《易经》能够发展自己的智慧。

《易经》就如电脑，每个人的电脑里记载了很多东西，可以随时拿来用。《易经》就像个人电脑一样，把你生活上的经验、遇到的问题都录在其中，需要用的时候就可以用。如果没有电脑，没有《易经》的记载，你就忘了如何用。举个例子，十几年前，美国前总统克林顿的绯闻闹得沸沸扬扬。有个检察官专门挑克林顿的绯闻中难堪的一面，写了厚厚的一本书，逼迫克林顿。当时我正在教《易经》的课程，就对学生说，我说他们逼克林顿在当时是不好的，如果逼得太过分，就会产生反效果，结果后来很多人反而同情克林顿，不喜欢那个检察官了。这就是物极必反，是《易经》中的道理。这个道理那些美国人不知道吗？他们当然知道，但是他们在做的时候，就是没有想到。商业之间的斗争也是如此，逼得人家无路可走，以为自己胜利了，就不知道物极必反的道理。但是我们读了《易经》的话，在做事情的时候就不会忘记。可见，《易经》像一部电脑，它记载了我们的生活经验、知识和智慧，我们的经验可以累积，知识可以累积，智慧也可以累积。如果我们好好利用《易经》，就可以变成个人的电脑。你手上拿着《易经》，不要想着是古人的、别人的，它就是你的，它所有的问题就是你的问题。它就是你的《易经》，不是别人的《易经》，所以我们要把《易经》变成自己的东西，像一部电脑一样，天天去用它、玩它。

附录：

一、我的宗教信仰

我虽然跟佛家结缘很深，大学二年级就开始研究佛经，但我不是佛教徒。星云大师请我去演讲，圣严法师跟我是好朋友，他们知道我的个性，没有劝我信仰佛教。我的老师吴经熊博士，是一位天主教徒，我跟他认识十几年，他从来没有跟我提到什么上帝，他也不会问，你信奉天主教吗？我常常跟学生说，如果我信仰佛教，就没有办法客观地讨论佛学的理论。也就是说，我没有特殊的宗教信仰。虽然我承认所有好的宗教都是对人心有帮助的，是正面的，但我不是宗教徒。

二、中国哲学里的修养哲学，是否可以弥补西方心理学的不足？超个人心理学是否不一样？

西方心理学，无论是弗洛伊德还是荣格，他们都偏重于心理治疗方面。它们不强调修养，也不鼓吹道德。也就是说，西方心理学缺乏内在德行的修养部分。所以，中国哲学内在德行的一些理论，正可以弥补西方心理学在这方面的不足，从而促使西方心理学从治疗病人的心理学，提高到健康的心理学。

至于超个人心理学，我任教的学校是研究超个人心理学最早也最重要的根据地。很多老师都是著名的超个人心理学专家，他们写了很多关于超个人心理学的著作，但是我跟他们聊天发现，都是从印度文化的基础上来吸收东方文化。我在学校里讲实践，他们马上就想打坐，而我们中国讲的实践是道德的实践、德行的实践。可见，所谓的超个人心理学，即使它有东方的印度文化特质，但是缺少跟中国哲学的连接，对儒家、道家只有表面的了解。在一次心理学座谈会上，他们强调要打开大门，要走出去，要跟东方的文化结合。我却觉得，他们现在并没有走上这条道路。超个人心理学要跟中国的哲学相结合，有三个要点要注意。

一是道。中国哲学讲道，西方心理学家对道的概念非常模糊，因为他们把道看作具体的事物。对于道，常常有学生说他们要追求却追不到。其实，道不是一个客观的存在，不是让你去抓的。如何让西方的心理学跟道能够结合，了解中国的道，那很不容易讲，下面我会给诸位解释。

二是气。西方心理学没有谈到气，气是中医的术语，但最早也最有系统讲"气"的是庄子。中国哲学的气是贯通全身的，气主宰了我们的命运。大环境是气，对于中国哲学来说，气是非常重要的。故西方心理学还要注意要跟中国的气能够结合沟通。

三是德。西方心理学一提到德就想到儒家。儒家有儒家的道德，有内在的根据，也重外在的关系，所以儒家的道德是外在、内在都有的。譬如仁、义、礼、智都是外在的，但孟子把它们的端点放在心里面，称为四端。道家的德是内在的修养。老子的书明明是《道德经》，但是书里面有没有讲仁、义、礼、智这些外在的道德？没有强调，是不是？老子强调的"德"是什么？就是知足、知止、知常。以身心的修养来讲，这种内在的德不是在外在一定要利人、利国家。

三、"道"是什么？它的作用是什么？

"道"是什么？说实话，这个问题我也不知道。我们中国人很聪明，说不知道就是不知道。不是我不知道，孔子也不知道，是不是？孔子说"朝闻道，夕死可矣"（《论语·里仁》），你看，早上知"道"，到了晚上死了都可以，可见"道"有多难。"道"虽不可知，但我们可以用别的方法去知道，那就是"道"的作用。从《易经》的角度来讲，"道"的作用就是"生生之谓易"。宇宙万物，一切生生的变化不穷，就是"道"的作用。我们可以从经验、从事实，从历史到今天很多的现象里面去知道"道"的轨迹，有一条路线值得我们遵循。不过我在最近几年，说道的作用是虚的，道本身也是虚的，我用整体生命的等边三角模型说明，上面的道在天上，是虚的，我们停在这里，马上就要转下来。道是一个转化的关键，虚的作用是虚掉我们的自以为是。我们研究出一套理，总以为是天下唯一的、了不起的。如果你通过道之后，就了解理不是绝对的完美，不是十足的真理，让你自己感觉谦虚。

举例来说，达尔文的进化论是理，没问题。从19世纪到今天，我们还在用弱肉强食强调斗争，这种弱肉强食的理论用出来，有问题也有危险，造成人类很多纷争。为什么？因为达尔文这套理论没有往上通过"道"，就直接拿来用，是有它的危险性的，这种理论的发展不知道将来变成什么，值得担忧。现在的科学很有用，但是用到什么程度，有什么危险，大家都不知道。所以，我强调说要通过"道"以后再来用，减少了它的危险性。毕竟有些理论是自以为了不起和独断的，科学也是独断的。虚是道的作用，可以虚掉我们自以为是的执着，然后拿来用，这才是良好的循环。孔子早就想到了这一点，在《易经·系辞下传》中，他说"精义入神，以致用也"，精义就是理，义理研究到最精妙的时候要入神，神就是道，然后才有大用。如果精义没有入神，就拿来用的话，将来就会有问题，不能大用，只能小用。这就是道的作用。

四、《易经·坎卦》称"天险不可升"，那么天险到了什么程度？

古代的天险，我们今天不一定认为是天险。譬如我们要开刀动手术，这是破坏肢体，当时认为是天险。我们今天的科学突破了这个难关，已经不再是天险了。今天的天险，譬如克隆人，这是很危险的事，我们没有把握，不知道将来会变成什么情况。这种险是不是可以突破？在我看来，不管将来是否突破，人是否可以制造出来，但是宗教还是会限制它，因为我们控制不住。将来会变成什么局面？说不定这些克隆人会把我们这些肉体人全部消灭掉。按照《易经》的道理——"生生之谓易"，它能够生生，不断地发展，这就是天道。天险就是破坏了天道的生生，不像医学上的解剖开刀，还是为了这个人生，还是为了我们能够生存，所以没有违背生生的原则。如果今天的科学破坏了生生的原则，破坏了宇宙天道生生的原则，那就是天险。

五、如果我们对"道"不太清楚的话，怎么知道"理"是不是来自"道"？

我认为虽然没有办法去了解道的本体是什么，但是道的作用我们可以用。道的作用虚掉了我们的执着。大家不要以为绝对完美的事才是美的，一定要留一个空间。今天有很多人做生意、搞企业，他们的管理学即使最完美、最好，但是也要注意，就是天有不可预测性，需要留空间和余地。人的智慧虽然设计了很多对策，但是人算不如天算，这是天的不可以预测性。你不要去了解天是什么，你要了解天的不可预测。这也就是我为什么一直强调道是虚的，虚掉自以为是，然后再去用。道不是真理，西方无论是哲学、科学、宗教，都讲真理，视同上帝；但是中国哲学说没有真理，宇宙之上没有一个真理。所以，道的不可测性是虚的作用，你只有了解虚的作用之后，才可以真正地用。

如果你要问什么是道？估计没有一位哲学家愿意告诉你。什么是道？老子怎么说？讲得很模糊，"恍兮惚兮"，不可知。这不是故弄神秘，因为老子不是让你去务虚，而是要你去虚心。

六、现在的理是不是升到了道，再回到用？

人生的用，是不是暂时或片面的，对人类的宏观是否有益，这都是我们的判断。如果用只是暂时的、片面的，不能说没有用，那只是小用，不是大用。老子说"有之以为利，无之以为用"，"有"是有利的，有很多东西是我们看得见的"有"，如文明的创造、社会的繁荣等。一座城市那么多高楼大厦，大家都看得见，就是有。但是，老子讲无，要我们把握无，不要看有的一面。所以，老子讲无为，道也就在无里面。譬如说这座房子建得很漂亮，房子本身是有，但是里面的空间是无。我们的用，是用"无"，而不是用"有"。一座城市，如果都是建筑物，我们看到的是"有"，但是缺少了空间。空间是无，道的虚要有空间。我们现在都是在受达尔文的影响，都是要斗争，人与人之间近距离的厮杀，没有空间。当我们给人家一个空间时，这个空间同时也是自己的。逼得人家无路可走，同时也断了自己的路。我们今天缺少空间，我在不久前看到一个辩论节目，主题一个是中国传统的文化，一个是狼性的文化。大家大概知道狼性的文化，今天的商业文化就是狼性，你吃我，我吃你。这就是依从达尔文的为生存而斗争理论，不给人家留空间。我们是要懂得无，要懂得空间，要懂得给人距离。这是无的用法，这是道的作用。道是虚，道的运用就是要给人家空间。

至于我们今天流行的理是否合乎道，也要看哪一种理是能给人家空间的。如果那种理是让我们有空间，使人与人之间都能谦让，这就是合道之理。我还记得十几年前，有一个公司的求职面谈会上，很多人在外面等，一位年轻的女孩子把位置让给年纪大的人，老板看到这个女孩子就说，你这样谦让不是我们所需要的，如果讲谦让，我们公司就完了。这在当时引起两方面的看法：我们应不应该谦让？如果这种理论否定谦让，强调狼性的文化——商业之间要互相竞争、拼死拼活，将来就不可收拾。所以，我们自己要学会判断，讲谦虚，给人家路走，不要只想到独占。这种理就是通过了道的。

第一篇　《易经》泛说

七、通过学习《易经》会有哪些有效的方式增长内在的定力？

这在《易经》的每个卦里面都有。我先用很简单的两个字——天命——来说明。你懂得天命就是定力，你懂得诚就有定力。以我自己为例，我读的是师范大学，毕业后是要当老师的。那时我就知道自己的志趣是做老师，虽然我不懂"天命"二字，但我知道我的天命是做老师，我一辈子都是做老师。所以，当我把做老师作为自己的天命后，内心就很安定，遇到任何困难和挫折，甚至到了美国受到文化的冲击，我都没有放弃，一切的磨难和挫折我都不在乎，这就是定力。你把自己的最后的目的、最高的理想定了之后，有这种天命感，自然就会有定力。

第十六章　入《易经》的宝山

《易经》就像宝山，进入宝山之前，我们要了解其概要。进入《易经》宝山的，大概有三种人。

第一种人是自己掌握了很多知识。比如中医师到宝山，专门去找药材；植物学者到宝山，则是专门挑那些特别的植物。这是一种人，因为他们具备了某方面的知识，到宝山里面自然去挖他们认为比较重要的东西。

第二种人就像学哲学的。老子讲无为，庄子讲无用，禅宗讲无心，先把所有的观念意识放在一边，然后进入《易经》的宝山。这时候看任何东西，都是有意义的！没有专注在一个特别的问题上。我就是在这点上想起了苏东坡的《前赤壁赋》，苏东坡受老庄和禅宗的影响颇深，他在《前赤壁赋》中说："苟非吾之所有，虽一毫而莫取，惟江上之清风，与山间之明月，耳得之而为声，目遇之而成色，取之无禁，用之不竭，是造物者之无尽藏也。"《易经》就像"无尽藏"，一个没有存着成见的人去念《易经》，随时随地都可以看到《易经》的新东西。这是第二种人，是我要强调的。

第三种人他们想到宝山里面去挖金银财宝。他们进去以后东挖西挖，结果挖不到，空手而回。很多人念《易经》，想到自己可以去帮人算命，可以预测未来。他们都是先存主见，自然看不到《易经》的全貌。我讲《易经》的概论，就是要先打掉你们的观念意识，以一颗纯粹的心去看《易经》所讲的道理。

第十七章　读《易经》前的基本认识

读《易经》必须要有个基本的认识，也就是心理准备。我认为有四点要说明一下。

第一点，忧患意识。孔子在《易经·系辞下传》里面写得清清楚楚："《易》之兴也，其于中古乎？作《易》者，其有忧患乎？"这种忧患意识是中国哲学的精神。在西方心理学上，不讲忧患。孟子说"生于忧患，死于安乐"（《孟子·告子下》），强调忧患。有忧患精神，我们的思想才深刻。成语"殷忧启圣"，意即深切的忧才能启圣。但是要注意，忧患不是个人的忧愁，而是为天下苍生忧。孟子又说"君子有终身之忧，而无一朝之患"（《孟子·离娄下》），一朝之患是每天的患得患失，这是个人的，不是我们强调的忧患意识。忧患是一辈子的，是为人类、为国家。所以作《易》者既然有这种忧患意识来写这本书，我们也需要有这种忧患意识去感应。

我曾写了一篇关于七情转化的文章。《中庸》说"喜怒哀乐之未发，谓之中；发而皆中节，谓之和"，如何"发而皆中节"，没有详细的解释，所以我写了这篇两万多字的文章，来说明我们如何转化七情（喜、怒、哀、乐、惧、爱、恶）。哀是忧，忧有个人的忧,有为国家、为人民的忧。个人的忧是暂时的、片面的、痛苦的,所以个人的忧会变成忧郁症,郁结在心里化不掉。所以我们要转化忧,把个人的忧转化成为国家、为人民、为人类的忧。曹操有一首很有名的诗,即《短歌行》:"对酒当歌,人生几何!譬如朝露,去日苦多。慨当以慷,忧思难忘。何以解忧?唯有杜康。青青子衿,悠悠我心。但为君故,沉吟至今。呦呦鹿鸣,食野之苹。我有嘉宾,鼓瑟吹笙。明明如月,何时可掇?忧从中来,不可断绝。越陌度阡,枉用相存。契阔谈䜩,心念旧恩。月明星稀,乌鹊南飞。绕树三匝,何枝可依?山不厌高,海不厌深。周公吐哺,天下归心。"这首诗前面的忧,是忧生命苦短,属于个人的忧。但是后面的忧改变了,是忧从心起,是"周公吐哺,天下归心"。这个忧是大目标,是要救人类的。曹操想救人类于水火中,这个忧就不是个人的忧愁。你看,同一首诗,两个"忧"字的境界完全不同。忧必须转化,忧的转化我是从《易经》里面得到的。你占到一爻是凶的,要能够把凶转成吉,就如把个人的忧转成为天下的忧。先天下之忧而忧,后天下之乐而乐。这是我要强调的第一点,要有忧患的精神,才能跟《易经》的作者产生感应。

第二点,智慧重于占卜,占卜只是方法。无论我们用五十根蓍草,还是用三个铜板,算出了一个卦,得到某一个爻是我们所问问题的答案,都只是方法。借这个方法进入《易经》以后,我们要看《易经》的原文,如卦爻辞,看《易经》告诉我们应该如何做。我们所看到的才是《易经》的智慧。什么叫智慧?智慧就是知识加上德行。《易经》三百八十四爻告诉我们如何理解问题,怎么做才能得到吉。我们读《易经》,得到了知识的运用和德行的修养,这是我们的目的;而不是靠占卜,占卜只是手段,它本身不是智慧。虽然我们不反对占卜,但是我们要强调它只是方法,而不是智慧本身,不是解决问题的方法。

第三点,我们要了解《易经》有三条路子。一条是孔子的儒家路子,第二条是老子的道家路子,第三条是用《易》者个人的路子。今天我们研究《易经》,因为《易经》影响老子,影响孔子,所以我们要还原老子和孔子这两条路子。老子的思想非常高明,我们借老子这条路子进入《易经》;孔子念《易经》韦编三绝,他晚而喜《易》,写了"十翼"(《易传》),我们也可以借孔子这条路子读《易经》。先贤的路子可以借,但是,还有一条路是个人的,即知识、经验、智慧。每个人掌握的知识不同,每个人得到的经验不同,每个人拥有的智慧不同,因此每个人体悟《易经》的程度也不同。可见,我们进入《易经》有三条路,我们要读儒家,要读老庄,最后还要把自己所学的东西拿来体验、发挥。这三条是我们进入《易经》最重要的路子,是三条通路或者出路。

第四点,我们研究《易经》要重视诚元之气。一是所谓的气,是指《易经》从八卦重叠而成,八卦就是八种气的运行。由八卦的气通过宇宙万物,所以我们要把握气。二是诚,诚就是人的德。三是元,元就是人的理想。也就是说,我们读《易经》要能够发挥自己内在的诚元之气。如果你能够充实自己的诚元之气,不一定要用占卜,而是从每一卦、每一爻去研究,只要诚元的运用就够了。

总之,读《易经》之前,可以用以上四点作为心理上的认识和准备。

第一篇 《易经》泛说

第十八章 《易经》的结构

关于《易经》的结构，我们把它分成四部分。

第一部分是八卦系统。

八卦只有符号，没有文字。传说伏羲画八卦，我们不知道，只知道八卦发展得很早。八卦——乾、坤、坎、离、巽、兑、震、艮，最早是自然的现象，分别代表天、地、水、火、风、泽、雷、山。八卦代表这些自然的现象，也许是游牧民族用八卦作记号，即古代所谓的结绳而治。结绳而治有两个意思，一个是结网捕鱼、捕兽，一个是文字。很多学者认为，用八卦在绳子上打结来表达文字，本身没有哲学意义。到了后来，用八卦代表观念意识，如乾是生命力，是强健的；坤是凝聚力，是柔软的！这种解释是哲学的解释，这是后人附加的，不是八卦本身的意思。八卦中的艮是山，坎是水，山水就是象，是最早的《易经》，是占卜用的《易》，还没有讲到易理。

《左传》里面用《易经》占卜，只就八卦的象来说，没有用易理来解释。最早讲易理的应该是王弼，王弼说乾卦是强劲，坤卦是柔顺，震卦是惊惧（这是从震卦代表雷而来），巽卦是申，即颁布命令，坎卦是危险，离卦是附丽，艮卦是休止，兑卦是快乐。这是用哲学意义来解释八卦。王弼之后的宋明理学家代表的是儒家，虽然不一定跟着王弼的道家路线走，但是他们也用了这种易理，用了很多王弼的解释，然后加上自己的看法。今天我讲的《易经》，采用的就是这些原理。这就像学数学，我们先了解公式、公理。原来的八卦里面没有后来加进去的内容和解释，我给大家讲的《易经》就是用了八卦的象和王弼的理，还有术来通过占卜去得到一个卦，术就是数。象、理、数，这是三个基本要素。

第二部分是文王演六十四卦。

六十四卦是文王所系的辞，这是《易经》的经文部分。八卦是符号，六十四卦就是《易经》的哲学部分。这六十四卦，虽然后来是用蓍草来占卜（蓍草的占卜是《周易》的特色），但在周代以前，我们从很多龟甲文字里面看不到蓍草占卜，只看到用龟甲牛骨来占卜。龟甲占卜和蓍草占卜有什么不同？差不多。周公和成王以前还是用龟甲占卜的。到了西周末年，才用蓍草占卜。龟甲比较难得，因为你占一件事就得用一副龟甲，但蓍草可以再利用，而且蓍草比较容易得到。龟甲占卜很神秘，要依据龟甲上的裂痕，从裂痕的形状判断吉凶，比较神秘，也容易走向迷信。虽然《易经》本身有神秘性，蓍草占卜也很神秘，但是这种神秘背后是理性的。龟甲很简单，因为看龟甲上的裂纹就可以读出来。但是《易经》很复杂，要看三百八十四爻每个爻之间互相的变化。用龟甲占卜，只限于龟甲的裂痕。《易经》的三百八十四爻的解释就是智慧，可以用自己的经验去解释。爻的文字，古代无论是王弼，还是宋明理学家，他们都是用智慧去体验、解释。那么，今天我的解释也是根据个人的经验，当然可能并不是文王所想的。因为我们现在的时代不同，遇到的问题也不同。但它可以扩充，可以发展，这就是《易经》和龟甲文字的不同，我们也可以说周代《易经》的占卜，是古代占卜的革命，是一种新的发展。

《周易》就是周代的《易经》，司马迁《史记》里面写得清清楚楚："其囚羑里，盖益易之八卦为六十四卦。"也就是说，文王在牢狱里面，演八卦为六十四卦。文王在牢狱里面演六十四卦，这是有合理性的。两年前我写过一篇文章，特别强调《易经》的作者是文王。这不是考证，我不喜欢考证，是用推理的方法来进行说明。文王怎么在牢狱里面写《易经》，这是一个大问题，所以我要特别把文王和《易经》的关系作详细的分析，因为这是源头。这个源头弄不清楚，我们以后就会走错方向。

在中国传统中，我们说圣王，即尧、舜、禹、汤、文、武、周公。虽然在《尚书》中，我们能看到关于他们的几篇文章，但这些都是后代的儒家所描写的。尽管尧、舜很伟大，大禹治水的功绩同样伟大，商汤革命也很伟大，但是他们没有留给我们足够的可以考证的文献，以便于我们了解他们的思想。只有文王不同，他有《易经》，《易经》是有整个思想系统发展的。司马迁的《史记》很清楚地写了文王的德治，说他"礼下贤者，日中不暇食以待士，士以此多归之"（《周本纪》），又"阴修德行善，诸侯多叛纣而往归西伯"（《殷本纪》），譬如文王开放自己的灵园，与民同乐。这一点你看看汉高祖，萧何建议汉高祖开放上林苑，让百姓可以进去采摘果子和打猎，汉高祖大怒曰："相国多受贾人财物，乃为请吾苑！"（《史记·萧相国世家》）汉高祖认为萧何收取了商人的贿赂，向民众讨好，乃下令把相国交给廷尉府，下狱关押。这一比较，就可以看出文王有多开放。文王封国旁边有些小国凡有野心的，他都征伐。在《易经》里面，用了"征伐"的"征"字，有时候不能征，有时候可以征。当他征伐这些小国的时候，小国的人民夹道欢迎文王，把自己的君主绑来交给文王。这就是孟子所说的"人民箪食壶浆以迎王师"。仁者无敌，文王做到了。可见，文王的以德治国。

文王在牢狱里面待了七年，也不算短。以前的监牢里面尽是稻草铺的垫子，当他一根一根拿起稻草，突然发现，把三根稻草放在一起，可以得出卦象。那时他已知道八卦，但是八卦怎么用呢？它们只是古代的文字。有一次，他很偶然地把八卦重叠组合起来，这一重叠就变成了六十四卦。这一点也不稀奇，因为这是很自然的数目，不会变成六十三卦，也不会变成六十五卦，绝对是六十四卦。八八六十四，这是一定的。更为重要的是，文王重叠八卦变成六十四卦之后，并没有搁置不管，而是排一个次序。和八卦简单的次序不同，排成六十四卦的次序，是个大文章。哪一卦在前，哪一卦第二，哪一卦第三，把它们排成六十四卦次，还要给每个卦命名，这是更大的学问了。取卦名，自然跟六爻有关系，每个卦的名字又和前后的卦有关系。单就这一点来讲，文王在这七年牢狱时光中，定名八卦，然后重卦，并排成一定的次序，我认为已是一个非常大的工程。这是把宇宙和人生结合。文王的确是用了很多智慧，他的经历和巧思，还有他的感应力、灵感，都加进去，成为一个独一无二的伟大工程。排好次序之后，每卦的六个爻还要写上文字，告诉人们这六个爻在做什么。比如乾卦是天道，那么六个爻和天是什么关系？第四卦是蒙卦，讲教育的，那么六个爻跟教育有什么关系？每个爻的互相的关系和卦名的关系，这又是一套大学问，都不是很简单的事情。我教《易经》已经二三十年，最近每一次教，我都情不自禁地跟学生说，真是了不起。文王想到这一点，现在我们有时候没有想到，有时候很多问题被我们忽略了，但是他想到了，非常佩服。

文王的六十四卦的取名是从天象推到人事，他在牢狱里面对着窗口，观天象，然后又返回在心中沉想，不知要经过多少个白天和夜晚，他的意识和他的潜意识，他的心智和他的精神力，互相交流、融会而产生一股力量，使他偶然间突破困境。他就像顿悟一样发现了真谛。可见，他不是花几天的工夫就起了六十四卦的名字，而是今天突破一个卦名，过几天又突破另一个卦名，有时候今天想的过几天也许改了名。总之，这是整个宇宙人生与社会的交感、影响及发展的大工程。这样做，不像古希腊哲学家，只是用眼观天，要找出天的宇宙的真理，作为中国哲人的文王，没有醉心于抽象的思想。他的这套演绎有内心深层的需求，是文王演《易》和整部《易经》成熟的心理过程。如果西方的心理学家是用什么潜意识来分析，那么中国的哲学家不是用潜意识，而是用忧患意识。

这种忧患意识，在文王心中产生如此巨大的精神力量，灌注在他演示的六十四个卦象中。他发现六十四个卦象不只是一些符号而已，而是六十四种有生命的气流灌入了他的心中，和他的心相冲、相感、相遇、相通而相融。这种作用不知在他的心中盘旋了多久，然后再加上他个人心中的智慧，去加以分析、解释。所以，六十四卦乃是文王通过他的忧患意识和精神自励而形成的整个的生命体。至于他如何完成《易经》，仍然有时间的次序。在我个人看来，他至少在狱中完成了六十四个卦名和次序，这两者一定是同时完成的。卦辞和爻辞，他可能完成了一部分或者大部分。后来的继承者，有的人说周公写爻辞，文王写卦辞。我认为不能这样分开。因为写了卦辞以后，一定要写每个爻的关系，所以在文王手中，卦辞、爻辞是写了一部分的，至于多少我不知道。要知道，中国的古书经过历史的演变，都有修改、增订，不是一成不变的。也就是说，我们今天读的《易经》不完全是文王所写的，有后人增加和修改的部分。就像《老子》五千言也是如此。这本书文王写了，放在那里，慢慢琢磨。根据他五十年来的治国经验，慢慢修改。在这个过程中，他也许会和儿子周公讨论，周公也会增删。那时《易经》还是一本哲学书，还没有变成占卜之书。据说，武王的儿子成王有一次跟楚王讨论的时候，就是用的龟甲占卜。如果他的祖父辈写的这本书是占卜的书，他为什么不用，还要用龟甲占卜？可见，在成王的时候还没有用《易经》占卜。直到后来，我们鉴于史书如《左传》里面有很多易占的例子，到孔子时代大概一两百年，《易经》变成了占卜之书。为什么会变成占卜的书？理由很简单，因为古代的那些君王，哪有时间和智慧去研习六十四卦、三百八十四爻？《易经》变成占卜之书之后，他们只要占卜得出某一卦、某一爻，然后由占卜官告诉他怎么做。这种操作就简单了。大概是为了方便这些后代的君主可以用《易经》，所以《易经》变成占卜的书。变成占卜的书，有它的好处，容易吸引人，但是失去了《易经》本来的精神。《左传》中提及的十几次占卜，都是很简单地把《易经》的卦记下来，而没有讨论道理，没有说明为什么如此。可见，只告诉你凶吉，让

第一篇 《易经》泛说

你去照做，《易经》本身的作用就被忽略了。

　　我们要为文王正名，还《易经》一个本来面目，就要突破占卜的迷雾，把面纱打开，来看看《易经》的真面目。我们要知道《易经》是中国最高的智慧，关系到怎样治理国家、怎样建设心理、怎样修养德行等。最近这几年，我发现《易经》这部书的哲学理论，有时候比《老子》还要深刻。老子从《易经》里面得到启发，并把很多东西拿来运用；还有，老子讲无为、讲无事只是一种运用，而《易经》可以借六十四卦触及生活的各个方面。《易经》也比孔子的思想要深刻，孔子的伟大是因为他是第一个开展私人教学的老师。《论语》记载了他跟学生的很多对答，他的教训可以流传千古，这是他伟大的地方，但是孔子读《易经》韦编三绝，可见孔子对《易经》的推崇。

　　我讲那么多，就是要把《易经》还给文王。也许很多人认为《易经》是天书，从天上掉下来的，已经是书，一定有一个作者。作者一定是人，不是神。想想看，从周代到孔子之前，哪个人的智慧和经验，能够写《易经》这本书？没有。一个只讲占卜的人，怎么可能写出这样一本书，触及社会政治等各个方面？如果真的有这个人，历史不会留下空白，不会不提到他。在历史中，我没有发现有这么一个人可以写得出《易经》，所以我们说《易经》是文王所写，因为他治国五十年，他那么强调德行，把国家治理得那么好，只有他才有资格写出《易经》这样的书来，《易经》不是天书。那么奇怪了，为什么孔子在《易经·系辞传》里面只暗示《易经》成书于商纣时期，也就是商纣把文王关在监牢里那段时间，而没有直接说《易经》是文王写的？因为这部当时已经变成占卜的书，以占卜的书来讲，如果说是文王所写，那有什么了不起？既然不是神，所以孔子只说是圣人所作，没有写出具体的人来。因为具体的人就太落实了，为了保持《易经》的一点儿神秘感，所以只说圣人而不说文王了。

第三部分是孔子与"十翼"。

"十翼"即《易传》，不是《易经》本身，是孔子和他的学生所写。实际上只写了七篇，为什么称十呢？因为《易经》分上下经，这七篇中，有的篇也分上下卷，等于是两个翼，所以合起来称为"十翼"，其实只有七篇文章。在这七篇文章里面，《彖传》有上下，什么叫上下？就是上下两卷。为什么有上下两卷？就如《老子》也分道篇和德篇。因为在孔子时代的书是用竹简编的，竹简卷起来，如果太多的话不好卷，所以分成两卷。

《彖传》是解释卦辞的。六十四卦每一个卦都有《彖传》，比如乾卦，卦辞只有四个字：元亨利贞。那么，《彖传》就是解释什么叫元，什么叫亨，什么叫利，什么叫贞。《象传》有大小《象传》，《大象传》是解释八卦中的那两个卦合在一起的原因，以及代表什么。《大象传》把天道转到人生德行方面来用，只有短短的几个字，非常重要，是第一流的作品。《小象传》是注解每个爻的爻辞，是孔子和他的学生写的。每个爻都有爻辞，爻辞是文王所写，《小象传》就根据文王的爻辞，加以解释。《小象传》并没有什么了不起的深意。

《系辞传》也有上下部分。《系辞传》是第一流的哲学作品。在后续的章节中，我会把《系辞传》的精神给大家详细分析。《系辞传》是单独的文章，没有像《彖传》《象传》一样，在六十四

第一篇 《易经》泛说

卦的卦爻辞里面。《系辞传》思想非常深刻，把《易经》哲学理论化，讲阴阳的系统。很多学者，不一定会对六十四卦的每一个卦都深入研究，但一定会在《系辞传》里面了解一些哲学的精神。

《文言传》只有两篇短文章，分别附在乾、坤两卦里面。乾卦有乾《文言》，坤卦有坤《文言》，其他六十二卦没有《文言》，这是因为乾坤二卦很重要。《文言》是把乾坤的道理和德行的修养加以发挥，所以《文言》多半讲德行。

《序卦》也是短文章，解释六十四卦的次序，如为什么乾后有坤，坤后有屯，一个卦一个卦来解释它的次序与作用。《序卦》，老实说并没有高深的哲学理论，只是一个研究。我常和学生开玩笑说，《序卦》就是博士论文，研究生写的东西，不是很深刻。

《说卦》，分析的不是六十四卦，而是八卦，专门解释八卦的作用性能，也附带一些占卜的道理。

《杂卦》，是拿两个卦相比较来研究，我认为不是一个很深的哲学理论，就是一个研究的文章，不是体悟道的文章。因为司马迁说，孔子写了这七篇文章，称为十翼，但是后世不少学者都怀疑不是孔子写的。而我认为其中有孔子的思想，不是孔子一个人所写，比较可靠的说法是孔子和学生甚至后代的一些儒家共同的作品。这个说法比较可靠，但是主要的思想当然是孔子的。因为孔子自己没有写东西，只有《春秋》。《论语》也不是孔子写的，《孟子》里面引用很多孔子的话，在《论语》里面却没有，《中庸》里面也有孔子的话，所以孔子教导学生的话，被学生记载在各个方面。《易经》是孔子用来教导学生的，尤其在孔子晚年。孔子的晚年大家都知道，差不多六十八岁才回到鲁国，那时跟孔子在一起的学生都不是早期的学生,所以我们一般说子夏传《易》。

那么现在我们要讨论一个大问题了:孔子与《易经》的关系。

民国以来,很多学者疑古,认为孔子和《易经》没有关系;有的人甚至认为《论语》都是人生伦理中一些比较切实的东西,不谈天道。所以很多人就拿《论语》做标准,因为孔子不谈天道,现在《易经》讲天道,甚至有占卜的东西,他们认为都不是孔子的思想。那么这只是一派,不足为训。

孔子是否和《易经》有关呢?孔子和《易经》有非常深切的关系。因为在《论语》中,我们可以找出两三条例证。一是孔子说:"加我数年,五十以学《易》,可以无大过矣。"(《论语·述而》)这是孔子的话,写得清清楚楚——"五十以学《易》",有的学者偏偏说孔子没有读过《易经》,这里的"易"字也改成"亦"字,说孔子五十以学,亦可以无大过。"易"字不见了,说孔子没有读经。这是后人故意编造的!二是孔子说:"南人有言曰:'人而无恒,不可以作巫医。'善夫!'不恒其德,或承之羞。'子曰:'不占而已矣。'"(《论语·子路》)这里孔子明明引证了《易经》恒卦第三爻"不恒其德,或承之羞"。可见,从孔子引证的话可以证明孔子和《易经》有关系。前人多半是这样去证明的,这样的证明我认为还是太呆板、太拘泥,就这两点还是不够的。最近我写了一篇文章,讨论从孔子一辈子的研究过程中来看《易经》在孔子生命历程当中的作用。

孔子在《论语·为政篇》讲"吾十有五而志于学,三十而立,四十而不惑",我们先从这三点来看孔子跟《易经》有没有关系。十五志于学,是学礼;三十而立,孔子认为他三十岁的时候,有成就了，站得住了；四十而不惑，孔子认为他研究礼乐都不惑，或者自己不受外面的影响。就这三方面来讲，孔子和《易经》没有关系，而且孔子还有点骄傲。

孔子曾问礼于老子，一般考证说是孔子当时大概四十五六岁。这次问礼，是他的学生南宫敬叔一手促成的，对孔子来说是一个很大的转变。这件事情记载在《史记》里面，他们辞行时，老子送他们说："子所言者，其人与骨皆已朽矣，独其言在耳。且君子得其时则驾，不得其时则蓬累而行。吾闻之，良贾深藏若虚，君子盛德容貌若愚。去子之骄气与多欲，态色与淫志，是皆无益于子之身。吾所以告子，若是而已。"这话说得合乎情理，孔子认为自己"三十而立，四十而不惑"，那不是骄傲的表现吗？老子认为礼不是在外在的礼节和典章制度，而是内心的。孔子的内心还没有化，故被老子批评；但是对于这件事情，孔子的学生都不提，不愿被人知道夫子被老子批评。

司马迁是儒家，他的记载当然可靠，而且在《孔子家语》里面也有相似的记载。我们可以想象孔子到周王城去问礼，绝对不止一两个月，至少一两年，孔子一定是跟老子谈了一段时间，一次访问至少有两三小时，不会说只有十几分钟。这时候老子是周代的守藏室之史，是掌管藏书室的史官，当然知道所有的经典。孔子到了周王朝的都城，当然要到国家图书馆去见老子，然后要去看看有什么藏书。我虽没有证据，但可以合理地推测，我猜想那时老子给孔子的书就是《易经》，因为《易经》是只有史官才有，为官府收藏，民间没有。老子当然看过这部书，而且《道德经》受《易经》的影响也很深。所以，我认为老子把这部书交给孔子，

易经新说

孔子回来以后，从五十岁开始，就和《易经》有了密切的关系。

第四部分说的是孔子心中的大过。

孔子拿到《易经》后，回到鲁国，接下来就进入了其政治生涯的高峰期。孔子很忙，事务非常繁杂，没有时间好好读《易经》，这是我们可以理解的。孔子在鲁国做了司寇，后摄行相事，上任七天就杀了少正卯，这件事情在《论语》与《孟子》里面都没有记载。孔子直系的这些学生大概都不谈孔子杀少正卯这件事情，可见这件事情在学生的眼中并不怎么光彩，所以才不会提。但在《荀子》书里面提到了，荀子是影响到法家的，所以提到了这件事。《孔子家语》也提了少正卯一事。可见，少正卯事件不是正统的孔子的学生所愿意提的。这件事情在孔子心里面也有疙瘩，这个疙瘩前人都没有发觉。最近我研究《易经》时特别注意孔子颇值得玩味的"加我数年，五十以学《易》，可以无大过矣"这句话，然后看到了他引证恒卦九三爻"不恒其德，或承之羞"，这是《论语》里面记载的。

不只是前人，现在的学者看到孔子说"加我数年，五十以学《易》"，都在研究孔子到底是什么时候学《易》的？有的人说五十岁学《易》，有的人说"加我数年"可能是四十六七岁，都去考证什么时候。我认为这样的考证走偏了，什么时候学《易经》并不重要，重要的是"无大过"。以前我讲这句话，就强调孔子一下子抓住了《易经》，可以帮助他做任何事情都能避免大过。人生的小过不能避免，每个人都有一些小过，孔子也有小过，但是《易经》可以使我们无大过。这是孔子研究《易经》的精神所在。以前我是这样强调的，最近我发现不是那么简单，因为我

第一篇 《易经》泛说

最近读到了荣格对《易经》的推崇。荣格用占卜来了解《易经》，占卜就相当于荣格的梦，也相当于荣格的潜意识。也就是说，荣格从梦、潜意识这两方面，借占卜走入《易经》。一提到潜意识，我突然想到孔子有没有潜意识，"无大过"就是孔子的潜意识，因为孔子和学生对谈时没有明确表露出来（也许和有些学生提过，可能学生为了夫子的形象不愿意提）。孔子为什么说"无大过"？可见他心里有大过。这正是所谓的"此地无银三百两"，他心里一定有大过，才会讲这样的话。何谓"加我数年"？讲这句话，孔子当时当然不是五十岁，也不是五十五岁，而是七十岁左右回想以前的事，才说如果在五十岁的时候就好好研究《易经》，再加数年。大家算算看，五十岁加几年，不是五十四五岁吗？这个时候，孔子潜意识中想到自己犯了一个大过，就是斩杀少正卯。当时孔子是鲁司寇、摄相，"朝七日而诛少正卯"，以法家来讲，当然没有错的。在他斩少正卯的时候，作为大弟子之一的子贡，是一个聪明人，非常懂得商业心理，平常也不会像子路一样冒犯孔子，老是给孔子难堪，但是在这件事上子贡出面冒犯了孔子。子贡说："夫少正卯，鲁之闻人也，今夫子为政，而始诛之，或者为失乎？"（《孔子家语·始诛》）这样的质疑不像他那么聪明的人能讲出来的。当然《孔子家语》中，也记载了孔子回应他的话："……天下有大恶者五，而窃盗不与焉。一曰心逆而险，二曰行僻而坚，三曰言伪而辩，四曰记丑而博，五曰顺非而泽，此五者有一于人，则不免君子之诛，而少正卯皆兼有之。其居处足以撮徒成党，其谈说足以饰褒荣众，其强御足以反是独立，此乃人之奸雄者也，不可以不除。夫殷汤诛尹谐、文王诛潘正、周公诛管蔡、太公诛华士、管仲诛付乙、子产诛史何，是此七子，皆异世而同诛者，以七子异世而同恶，故不可赦也。《诗》云'忧心悄悄，愠于群小'，小人成群，斯足忧矣。"这段话说明，孔子斩杀少正卯，大抵是聚徒惑众、言论偏激之故。

其实《孔子家语》记载的这些理由不够充足，我们来分析这件事。主要是孔子为摄相，上任七天就斩少正卯，有点仓促。这一点，子贡看出来了。以前孔子访问老子的时候，老子就批评他，说他有骄态、淫志。老子一眼就看出孔子的毛病。孔子做鲁司寇的时候，还有一个学生专门找孔子麻烦，就是子路。子路比孔子小九岁，两人像朋友一样。子路就批评孔子说，夫子啊，我听说圣人得了福禄不喜，失败亦不忧，为什么您做了司寇这么高兴？孔子回答说，我处在高位，才能有力量为人民服务。这话讲得很好听。但是从子路的怀疑和子贡的批评来看，孔子这三年的政治生涯高峰期，没有按照以前和学生强调的德治治国，而是用法治。这是孔子心里面的一大过失。所以，他说假定我在五十岁的时候学了《易经》，加了数年，到五十四岁时就不会犯大的错误。

至于跟这句话相关的"不恒其德，或承之羞"，一般人都没有了解它的相关性。恒卦九三爻这句话，就是批评。以前是讲德治，现在突然用法治，就是不能贯彻以德化人的思想，就会有羞辱之事跟着来了。孔子上任七日就斩杀少正卯即是如此，鲁国的很多大夫对此不寒而栗。谁也不知道孔子以什么罪名把少正卯杀掉了，自然引起很多人的反对。因此，孔子才被这些反对势力挤出了鲁国的政坛，可以想象，孔子当时内心的愤愤不平和沉重的无奈之感。就这件事情来讲，我们还可以拿老子思想来印证，这时老子还没有出关写书。老子退休的时候，正好是孔子周游列国之时。

《老子》第六十章说："治大国，若烹小鲜。"治大国就像对小鱼一样，不能动刀去砍，而是要温和地、慢慢地清烹。也就是说，作为司寇兼摄相事，不能随意动刀马上杀人。老子接着说："以道莅天下，其鬼不神。"鬼就是反动势力，使得这些坏人产生不了力量，并不是他们没有力量，而是你不伤他们，他们也不把你当作敌人。就像你如果去一个新公司做经理，一开始时说要大肆改革，裁多少人，那么这个公司里面大概所有的下属都会集体反对你。所以当你接了这个任务之后，要表示绝对不会裁员，所有的工作照旧，那么他们就安心了。可见孔子斩少正卯一事，导致很多人心理上产生恐惧，他才被迫离开鲁国。我们上面讲的恒卦，第一爻就说"浚恒，凶"，一开始挖得很深，水流就很急。开始的时候一定渐进，不能太快；一快的话就不能长久，要渐进，才有持续性。

再看孔子的周游列国，他以天命为目标。孔子的天命有两个，一个是政治的，为了得到君主的赏识来服务人群。所以，他到每个国家去都希望君主能赏识并任用他，这样他才能够帮助君主治理国家。这是他一生的终极目标。他的天命，就是天给他的使命，天给他的责任。另一个是他后来不得已的周游列国，因为他在政治上是失意的；但是政治天命转变为教育天命，在教育方面他是成功的。孔子周游列国的第一站就是卫国，他理想的国家也是卫国，十四年的周游中，他去了卫国五次，他一直期盼得到卫灵公的赏识。他和弟子第一次到卫国的时候，在马车上看到卫国很繁荣，冉有就问夫子，卫国那么富，我们要怎么办？孔子说，富是指国家富有，富有不是使君主富，要使人民富有。至于说富有了之后怎么办？要教育人民。一个是"富之"，一个是"教之"，"富之"是政治方面的，怎么辅佐君主，使人民生活改善，建成所谓的小康社会。富了之后怎么办呢？要教育他们，教育是文化的工作。所以，这两个方面一个是政治的，一个是教育文化的。在政治上是富之，孔子没有得到君主的任用，这条路走不通。于是孔子走另外一条路——教育，在这方面，孔子创下了千秋万世的功业。

孔子五十知天命，实际上是他周游列国五十五岁以后开始知天命，到了六十而耳顺，就和《易经》有关了。什么叫耳顺？就是耳朵打开来，听别人的话。这跟逆耳相反，逆耳则是人家的批评不听，自以为是。孔子在周游列国的时候，受到很多人的批评，政客的批评，隐士的批评，他都是打开耳朵来听；但是耳顺不代表心顺，耳顺是第一个关口，打开耳朵听进别人的话，你的心还是可以判断的。这个耳顺我还可以找到《易经》的根据，《孔子家语》记载，有一次孔子读《易经》，读到损卦。孔子对损的解释，就是损掉自以为是，损掉自我的骄傲。以前老子批评孔子，就是批评他的骄傲。孔子读了《易经》的损卦后，就悟了，知道要损掉自傲。他说："自贤者，天下之善言不得闻于耳矣。"（《孔子家语·六本》）自以为是贤人的人，自以为是，自以为了不起，别人的批评和忠告就听不到。可见，孔子认为人家的批评能够入耳，就是耳顺，这明显受到《易经》的影响。

孔子在六十八岁时回到鲁国，年纪已经很大，虽然孔子是

第一篇 《易经》泛说

七十三岁过世的，但是从他七十岁开始，儿子孔鲤、学生颜回、子路纷纷过世，他心里非常难过。孔子自己学《易经》，我认为是五十来岁到六十八九岁这段时间，司马迁在《史记》中记载"孔子晚而喜《易》"。这是孔子和《易经》的关系。

第十九章　孔子对《易经》的贡献

孔子对《易经》的贡献有三。

第一点，转占卜为天道。

一本书如果纯粹是讲占卜，它只告诉你那是神的意思，吉凶的判断都是天意，它不会告诉你吉凶背后的主宰。孔子告诉我们，吉凶背后的主宰不是神，他为我们打开天窗，看到上面的蓝天，即天道。孔子讲的天道就替我们打开了天窗，让我们看到《易经》背后不是神，完全是道的演变、道的转化。如何理解呢？我引用两段话来证明，大家就可以看出《易经》背后是什么。

一个是从乾卦来引证。乾是讲天道，先看乾卦的《彖传》："大哉乾元，万物资始，乃统天。云行雨施，品物流形。大明终始，六位时成，时乘六龙以御天。乾道变化，各正性命。保合太和，乃利贞。首出庶物，万国咸宁。"这是对乾卦卦辞的解释。一开始说，乾元是万物的开始，不是神造万物。"大明终始"，注意，"大"字出现了！"始"是开始。任何事物开始都是小的，如婴儿是小的，然后才会长成大人；种子是小的，慢慢才会长出一个大的植物。"始"和"大"同属于"元"，不是开始的时候就大，而是有大的因素在里面，这样就会变大。一粒种子开始虽然很小，但种子有潜能，将来会变成大树。这是一个自然律。任何事物都是由小变大，大就在小的种子里面，可以慢慢变大。道当然有很多作用，我只讲两个特质，一个是给外部空间，一个是使得万物由小变大。这两个特质相互为用，当万物由小变大，一定有空间才会变。所以，小草有小草的空间，它可以长出小草那么高；大树有大树的空间，它将来会变成一棵大树那么大。如果说道生万物的话，它必须要给万物生长的空间。如果没有空间，万物就不能生长，这个空间非常重要。《易经》就是阴阳要互相给空间。这是后话，我以后再讲。人也是一样。我们每个人都有发展空间，即天命，我们的命是天给的，也就是发展的空间。接下来就是"六位时成"，"六"就是六个爻有时间的发展，即六龙，这六个阳爻是"乾道变化，各正性命"。"乾道变化"就是天道的变化，给我们命，即我们的肉体的命；给我们性，即我们的性情，如"天命之谓性"。我们要"保合太和"，宇宙的太和，和谐就利贞，然后万物和谐。这一段话就是讲天道。天道是使万物由始变大，天道是给万物以性命，让万物都有其发展的空间。老实说，今天我们很多人常常把自己的空间堵死了，每个人其实都可以发展。智慧不同，才能不同，都可以发展，但是很多人，甚至很多聪明人都把自己的发展空间堵死了。譬如妒忌、欲望等，有些人妒忌别人，想堵住别人发展的空间，结果堵了别人，也堵死了自己。

另一个是从坤卦来引证，坤是讲地道。坤卦的卦辞比较长，将来我们具体讲坤卦时再说。现在先看坤卦的《彖传》："至哉坤元，万物资生，乃顺承天。坤厚载物，德合无疆。含弘光大，品物咸亨。牝马地类，行地无疆。柔顺利贞，君子攸行。先迷失道，后顺得常。西南得朋，乃与类行；东北丧朋，乃终有庆。安贞之吉，应地无疆。"坤是"万物资生",就是发育万物。坤是一种孕育力,是指坤顺着天道。"坤厚载物,德合无疆",是指坤给万物以空间。可见,道的两个作用都在乾、坤里面,乾是讲万物从始到终,由小变大。坤就是空间,给万物生存所需。接着"含弘光大"这是地的性能,大地可以包含万物,地的空间大,有什么东西埋在地下,它从来不拒绝,它是无尽藏的。我们学地道,应有宽大包容之心。这是孔子为《易经》开了天窗,让我们看到《易经》背后不是神,而是生物的天道、含容的地道。

第二点,转天道为人道。

如果我们只讲天道,只讲地道,那和我们人有什么关系呢?你把天道讲得天花乱坠,有什么用?和人没有发生关联。道的伟大就是它通过人来完成自己,即我们常说的天人合一,天道和人道结合起来,能够变成人道,天道才有用。十翼中,有《大象传》和《小象传》,《大象传》是混在六十四卦里面,是解释两个八卦叠在一起产生作用。这个象就是八卦的象,八卦是天道、自然。乾卦的六根阳爻是两个乾合在一起的。这两个乾合在一起,得到的象是什么?孔子说:"天行健,君子以自强不息。"六根纯阳之爻,是天行健,是天道的运行,是生生不息。看到这个天道,我们要想到人生,把天道运用于人生就是"君子以自强不息"。

可见《大象传》是由天道来谈人生的道德、政治问题的。再看坤卦的六根阴爻,是两个坤合在一起,指的是地道。"地势坤,君子以厚德载物",这句话常常被引用,地是厚的,能够载万物。你不要看地是空间无限,但是它可以载宇宙万物。乾、坤《大象传》,我把它们看成两种德,一个是诚,一个是谦;"自强不息"

第一篇 《易经》泛说

就是诚,"厚德载物"就是谦。地多么谦虚,它在我们的脚下,但是它可以承载万物。孔子的《大象传》就是把天地的宇宙之道转到人生,使我们由人生的实践以证天道。

第三点,建立《易经》的哲学理论。

孔子建立《易经》的哲学理论主要体现在《系辞传》里,分上下篇。《系辞传》可以说是中国哲学非常重要的篇章。很多学者不一定读六十四卦的经文,但大多数会读《系辞传》,借此就可以了解《易经》的思想结构和哲学精神。所以《系辞传》是为《易经》建立的一套哲学理论。我认为《系辞传》有三个特点要阐明。

第一个是生生之德。《系辞上传》称"生生之谓易",第一个"生"是指天道的生万物,天道给万物生命;第二个"生"是指人继续发展了天道,把我们的生命再加以发展。《易经》的哲学是生生的哲学。但是有生必有死,有人会问,为什么有死?在《易经》的哲学里面,死不是生的结束,是生的转折。我们平常讲生命,都是讲一段的生命,人的身体有生有死,是一段生命,但《易经》讲的是自然的无穷的生命,所以是生生不息的生命,不是一段的生命。我很喜欢的清朝诗人龚自珍,他有两句有名的诗:"落红不是无情物,化作春泥更护花。"落下来的花,是不是死掉了?是无情之物?不是,它化成了春泥,又产生了生机,滋养了新的花。新的花开了,所以落花的死是一个转折。宇宙的发展是生生不已的。这一点庄子早就看出来了,因为庄子不讲生死,而是讲死生,死生生死;庄子还讲宇宙大化,大化就是生生不已。庄子认为,人死了以后,肉体化为泥土,滋养其他的东西,又继续发展。可见，人的生命只是一段的，而宇宙是无穷的、生生的。就天道来讲，它给万物以生命，不是一个东西的生命，而是给万物能够生生发展的潜能。比如我们吃的米，几千年前，人类懂得种稻谷，稻谷去壳变成米，这米吃掉了就没有了。但是稻谷有生生的潜能，所以我们把谷粒种下去，又有新的稻谷收获，去壳变成新的米。这样的米才不断地生，到今天我们还是有米吃，不是吃掉就没有了。所以，天道给万物那种发展的潜能，而不是指一个东西的生命。

《系辞下传》称"天地之大德曰生"，这个"德"是指人的德性。现在我们要把个人的德回归到天道里面去，说天道就像德一样是生生的。那么大家要注意，我们中国哲学所讲的宇宙，就是天地。中国哲学是天地的哲学，《系辞传》讲的是天地的哲学。中国哲学就从天地这种生生的发展里面去体证的，和西方的宇宙论不同，西方的宇宙论只是谈物质的变化，也是研究时空的一些抽象问题。但中国的宇宙论是讲天地之间生生的发展，这也是中国哲学的特质。

第二个是感通之道。《易经》是感应的哲学。我先说明一下"感应"二字，"感"和"应"不同，"感"是我们有知有情去感万物，是主动的，"应"被感的客体能反应，我们常说的反应，"应"是在外面，是被动的，也可能是无知的。在《世说新语》中，记载了两个人物，一个是殷浩，魏晋时期的清谈玄学家；一个是慧远大师，净土宗的创始人，也是陶渊明的朋友。他们在一起清谈，殷浩问慧远，《易经》以何为体？慧远说，《易》以感为体。慧远不是易学家，我不知道他对《易经》的研究有多深，但他的回答是有问题的。殷浩接着问，既然《易经》是以感为体，"铜山西崩，灵钟东应，便是《易》耶"？慧远笑而不答。慧远的不答，也许是他知道《易》以感为体并不恰当。那么，《易》的本体是什么？《系辞上传》称"《易》无思也，无为也"，没有思想，没有念头，没有目标，没有作为，是"寂然不动"，没有欲望，这是它的本体。"感而遂通天下之故"，有了感，就有阴阳，所以整本《易经》是感应的。慧远的回答，如果说《易经》以感为体还好，但是《易》不是感，是"无思也，无为也"。我们个人的心本来是无思无为的，你有一个念头动了，要去问《易经》，占卜也好，别的方法也好，一打开《易经》，就进入一个卦，碰到每个爻，不是阴就是阳，就是有感应了。

"无思无为"很重要，在《系辞传》中只有这一句话，前人研究《易经》往往因为只是一句话，就忽略了它。"无思无为"是《易经》的本体，我们再举个例子说明。《易经》这本书摆在那里，六十四卦摆在那里，你说它有思有为吗？没有。当你一占卜一打开书，就有思有为了，你的问题就和六十四卦有感应了。《易经》本身放在那里，是无思无为的，所以要懂得"无思无为"是本体。

什么是感？感是内心的，感是主动的，感是有情的。什么是应？应是外在的、有意的，是被动的、自然的，如自然界共鸣。这种感应是以天地为主体，天地万物每样东西都有感应，只是我们看不见。六十四卦的每个卦中的两个八卦，都是在感应，每个爻都在感应。天地为主体的感应，是以生生为本质而发展的。感应是注重转化的功能，如阴阳感应之后要能转化，而不是摆在那儿不动了。它一定要转化，互相吸收、互相融合，所以感应之道在转化。

感应是道衍生万物的开始。老子说"道生一，一生二"，生二之后就感应，才能生万物。《易经》感应的哲学目标就是求和。很多人研究《易经》常常是用阴阳对立，我很反对"对立"二字，阴阳互相需要、互相融合，不是对立的，是以和为主体的。《易经》是文王写的，三千年后的我们通过占卜进入了这三百八十四爻中，那么就和每个爻产生了感应。荣格为什么强调占卜？因为占卜也是一条路子。我不是讲迷信，占卜确实是一条路子，我们利用这条路子可以进入《易经》本身。《易经》本身就是哲学的理论和人生的体验，我们和作者文王产生了感应。我们也许会想，我们在三千年后，可以想象文王在哪里，但文王在三千年前，会知道有今天吗？所以，我在西安演讲的时候，提到了荣格。当荣格占卜进入某一个卦的某一个爻时，就打破了空间和时间的间隔，与文王面对面。文王告诉他，处在那个爻辞的环境下，如何去做应对。我开玩笑说，文王也许已经知道在两三千年后还有一位德国小伙子，要问一个问题，那个问题就是鼎卦的第二爻（因为荣格为了写一篇序文，怕别人批评，不敢写，后来就占问得出鼎卦第二爻）。文王当然不可能知道有那么个德国小伙子问这个问题，但是文王把理写在那里，就可以和荣格的问题产生感应。文王和荣格是通过理、通过占卜会面了，这是感应。这就是《易经》之所以是感应之书，是可以打破时空的间隔的。

假如没有包含六十四卦、三百八十四爻的《易经》，我们有没有感应？有。因为宇宙人生就是一个感应的网，我们每做一些

第一篇 《易经》泛说

事情，就会碰到这个网。进了网，这个网就是六爻阴阳刚柔网。即使我们没有《易经》，也会被阴阳刚柔网的很多发展原则所影响，虽然我们不自知，但仍然在感应之中。《系辞传》讲感应，讲了很多，如"一阴一阳之谓道，继之者善也，成之者性也"。"继之者"就是阴阳能够相继。如果阴阳不能相继就没有用，正如孤阴不生，独阳也不会发展。说阴阳，必须"和"才能够继续，才能够生万物。"继之者善也"，不是道德的善，而是生生不已的善。"成之者性也"，在我们身体里面成就的就是性。这是《易经》的一套阴阳相合，中国哲学讲性善，也是从阴阳相合而来，跟天主教的原罪是不一样的。

那么"应"从哪里来？譬如说吧，我住在金门公园，每天早上要穿过公园去学校。在我穿过金门公园的时候，看到了美丽的花。此时我有"感"，感花之美，但是花有没有应？没有，因为花不知道。那么我的感花之美，马上得到美的"应"。"应"不是花有知觉的"应"，而是我的感里面就有"应"。就像我们在空谷里面大喊一声，空谷回音，这是应。也就是说，"应"已在感之中，我们占卜的"感"，也许"应"也随着在其中，不必等待文王为我们给出答案。

前面所说的殷浩和慧远的物质共鸣也是一种感应，但这种感应不是《易经》所强调的。《易经》讲的是由我们进去的感应，不是两个东西的共鸣的感应。当我们一动占卜的时候，我们已经进去了。六十四卦是无思无为的，它只是在那里，不是有意念的，也不是有知的，但是我们进去之后就会受到感应。这里，我要强调，很多人常常把感应跟反应混在一起。反应和感应不同，举个例子，当我的家搬到另外一个地方时，每天需要开车二十多分钟到学校，要经过高速公路，我开车时看外面的东西反应要快，不然的话就有危险。那边车子来了，我马上有反应，反应的是动作，不是感应。说我在金门公园，那是感应到花草之美。我和金门公园的自然之美打成一片，"感应"是你进去了，融合成一体，是一个美的境界。"反应"是自我防备的功能。那不是《易经》讲的"感应"。

第三，《易经》的"易"有三个意思。"易（𧿹）"字在文字学上来说，是一个四脚蛇。你看它有一个头连着身体。这个四脚蛇，因为身上的颜色一天变化很多，所以拿来说明《易经》的变化。"易"有三义，一是变易，一是简易，一是不易。变易是指我们的现象界，是我们生活的一切，就在你附近。因为它讲的道，就是我们眼前看到的宇宙万物的变迁，一切变化如《系辞下传》所说的"变动不居，周流六虚"，六虚就是六个爻，六个爻本是虚位以待的。还有"上下无常"，"无常"两个字，孔夫子早就在用了，后来用作讲佛家的无常。"刚柔相易"是指阴阳二爻，没有一个不变的东西，所以这是讲变易。

《易经》原本只有两个意思，一个是变易，一个是简易。至于"不易"则是后来的学者加上去的。有没有"不易"？《易经》是变动的哲学，"不易"不是停着不变，而是说它的变动的永恒性。所以，我要强调一个"恒"字，变动着，生生不息，就是不易，变动的随时来看就是变。什么东西能够永恒？一定是循环的，直线的发展不能永恒。春夏秋冬，一直循环，如果一直冷下去，这个世界就坏掉了。不会一直冷下去的，来年又回春。所以，唯其循环才能永恒，才能够造成宇宙大化。我们要注意，听到"不易"的时候，不要把它当成不变，要当作有无穷发展的趋势。就时间来讲，如果把它分割掉，有空间的分隔，12小时、24小时，都在变。但是从无始无终的角度来看，时间是不变的。如果时间是无始无终的话，它就在那里，没有动过。我们以为时间是有动的，那是空间把时间分割掉了，不是时间的真实。

关于"简易"，中国哲学的方法是简易的，不是繁杂的，简易才能实行。西方的哲学非常繁杂，印度的佛学也非常繁杂，到了中国后，就变成简易。中国的禅宗简易到不立文字。老子的《道德经》只有五千言，非常简易，孔子的《论语》也很简易。孔子在《系辞传》开篇就说："乾以易知，坤以简能。易则易知，简则易从。易知则有亲，易从则有功。"

我们读中国哲学，要把繁杂的变成简单化。当我在讲《道德经》的第一章时，就告诉学生不要把老子的"道，可道，非常道"看得太高深太玄妙，常道就在我们生活当中。你看《易经》的变化就始于阴阳的相生。举例来说，我们要了解电，我们要读物理学，但是怎么用电很简单，三岁小孩子都会用开关，是吧？开关可以控制电，多简单！简易的阴阳两爻的变化，以法家的韩非子来说，讲得很到位。他说："二柄者，刑、德也。何谓刑德？曰：杀戮之谓刑，庆赏之谓德。为人臣者畏诛罚而利庆赏，故人主自用其刑德，则群臣畏其威而归其利矣。"（《韩非子·二柄第七》）也就是说，君主治理人民要把握住两个柄，一个赏，一个罚，如果能控制赏罚，就可以控制人民。赏，要重赏；罚，要重罚。像清军入关，大清帝国的君主就用了这两个柄。一个是高压政策，一个是怀柔政策。文字狱是高压政策。拿很多钱去鼓励读书人编撰《四库全书》，读书人没有时间去想革命，把所有的智慧都用在那些书的编撰上，这就是怀柔政策。说穿了，二柄的赏罚不也是阴阳的运用吗？但是《易经》讲阴阳是相和的、是利用的。《易经》讲的原理仍然是很简单的，我们要正面地运用阴阳是控制外面的事物，所以我才把阴阳转成诚、谦两德，把它转到内心，作为内在的道德修养，这是我个人的看法，但是很多人学《易经》是想控制别人或者控制自己的未来，这是不对的。诚、谦是很容易修的德行，都在自己心里面。不要你牺牲自己，相反，还在德行修养上完成了自己。

《易经》后来变成占卜书之后，这本书就在占卜的领域里面发展了，反而忽略了文王写《易经》的本意。孔子抓住了这个精神，从《系辞上传·第十一章》和《系辞下传·第二章》里面的话就可以得知。《易经》是"开物成务"，即打开物质的门，造成了事务。事务包括政治伦理，即所谓周公的制礼作乐，还有整个文化事业。在孔子看来，《易经》一方面是"开物成务"，物质文明的发展；一方面是精神文明的开展——"冒天下之道，如斯而已"。"冒"是什么意思？传统解释为掩盖、盖住，就像帽子一样涵盖，而我认为是显明的意思。对于"道"，我们看不见、抓不着，正由于"开物成务"，把道显明在物质的发明和精神的开展上。

在"成务"这方面，我们都知道《易经》为文王所作，对中国文化各方面的影响都很深，但是在"开物"这方面，我们后人却忽略了。在《系辞下传·第二章》谈到《易经》跟我们日常生活的物质文明有关，比如黄帝的"垂衣裳而天下治"，"垂衣裳"

就是奠定了天下制度，这是文明的开始。中国文明开始就是衣衫制度，然后又谈到神农怎样发明锄头，教人民耕种。接下去，从《易经》的卦里面知道我们怎样发明舟车，各种的发明在这章里面都和《易经》的卦发生了关系。从某一个卦来看这种发明，当然有时候有点附会；但是我们要注意这种"开物"的精神，在以后的中国并没有接着走下去。在孔子看来，《易经》是有这方面的作用的，只是我们后人忽略了，《易经》就变成了占卜之书。这一点我认为是很重要的。

第二十章　打开《易经》之门的三把钥匙

要打开《易经》的门走进去，就要运用好《易经》的三把钥匙。

第一把钥匙是知位。

《系辞上传·第一章》开始就说"天尊地卑，乾坤定矣。卑高以陈，贵贱位矣。""天尊地卑"，天高地低，"卑"即低，不是卑微的意思；"乾坤定也"，乾是天道，坤是地道，说明《易经》的哲学是天地的哲学。为什么说"卑高以陈"呢？因为我们在低的地方看上面是高的。大家在画一个卦的六爻时也要注意，一定是从最低的第一爻往上画，然后是第二爻，不要从上面往下画。先画第一爻，然后是第二爻、第三爻……"卑高以陈，贵贱位矣"，贵贱的位置出来了。知位，就是知道高低的位置。六爻就是六个位，第一爻、第二爻代表地，第三爻、第四爻代表人，第五爻、第六爻代表天，由地、由人到天，位置很重要。像用五十根蓍草占问，占出某一卦、某一爻，位置确定了，你的问题就有了答案。这个位置很重要，也常常会变。比如，现在我是老师，你们是学生，下课以后回去，你们又是父亲或者某个单位的领导，位置变了。所以，你要占问，就是问你的位置在哪里，确定位置以后，才知道应该如何应对。在美国时，有很多从中国来的留学生，他们学《易经》的时候，常常会问卦，一般是问自己的前途。"问前途"是一个非常模糊的概念，每个人都有他的前途，但是要问前途就要先确定自己当时在什么位置。比如说你大学毕业后找了一个工作，你的问题便和这个工作有关；你在美国攻读硕士、博士学位，你的位置就在硕士、博士学位上；你现在是哪一个系、哪个研究所，你的前途就是在研究所里要怎么发展。可见，要先确定位置，然后再确定怎么做，位置非常重要。

接下来再看，"动静有常，刚柔断矣"，动静有其常理，在这个位置上要怎么动，还是不动，有其道理。常就是理，刚就是阳，柔就是阴。《易经》最早是讲刚柔，在《系辞传》里讲阴阳，阴阳、刚柔是同一概念。不过，刚柔一般指行为上的动作，也就是说有了刚柔不同的动作了。再看，"方以类聚，物以群分"，吉凶出来了。"方"有两个意思，一是方正，方正就是理；一是方向，我们走的方向以类聚，不同类，就有不同的方向、不同的理。假定我们用君子小人为例，君子有君子的理和方向；小人有小人的理和方向。这个时候就有了吉凶，走上小人的路子会凶，走上君子的路子就吉。"物以群分"，"物"你可以比作动物，羊会入羊群，狼会入狼群，都是以群分。"物"也包括人，如物欲就是人欲。实际上，"物以群分"就是"人以群分"，也就是小人君子，他们的方向不同，所以有吉凶。小人的路子专以利为利，甚至为了利己去害人，这个路子当然凶；君子的路子，则想到的是别人，给别人空间，自己也有空间，这样就吉。可见，位置也包括了方向，有了方向，就会有吉凶。

一个卦的六爻，位置不同。由于爻位的不同，用在人事上是人与人之间的关系，父父、子子、君君、臣臣，这是关系。这种关系就是我们讲的"名位"。关于这两个字，老子就讲过"始制有名"，君主要控制他给臣子的名位；控制名位在孔子来说就是正名，即正名位。《论语》讲"正名"那段话千古传诵。大概是在孔子六十四岁时，周游列国途中，又回到了卫国。这时卫灵公已死，太子蒯聩（后来的卫庄公）逃亡。蒯聩因为和卫灵公的夫人南子不和，想杀掉南子，结果事败，逃离他国。卫灵公一死，南子就把君位交给了公子辄（蒯聩之子），是为卫出公，即位时只有十岁。而蒯聩在逃亡的日子里，一心想谋得君位，他的姐姐也与人谋立蒯聩为卫君。孔子在这个时候去了卫国，大弟子子路已经做了卫国权臣孔悝的家臣。《论语·子路》记载了这样一段话：子路曰："卫君待子而为政，子将奚先？"子曰："必也正名乎！"子路曰："有是哉，子之迂也！奚其正？"子曰："野哉由也！君子于其所不知，盖阙如也。名不正，则言不顺；言不顺，则事不成；事不成，则礼乐不兴；礼乐不兴，则刑罚不中；刑罚不中，则民无所措手足。故君子名之必可言也，言之必可行也。君子于其言，无所苟而已矣。"子路问孔子，如果卫出公请孔子出山，最重要的事情是做什么？孔子说"必也正名乎"。子路当然维护卫出公，拒绝卫庄公回国即位。这里，孔子讲正名，很显然是认为父子不能相争，父父、子子，子要让父，所以孔子认为卫出公的做法是"名不正"，故卫出公请孔子来主持朝政，孔子拒绝过。孔子认为"名不正"，但子路是一介武夫，对卫出公是死忠，反而认为老师迂腐。孔子就"正名"一事回答了一大段话，这段话大家耳熟能详。孔子对当时的朝政，只想到父父、子子、君君、臣臣的伦理

第一篇 《易经》泛说

关系，没有想到政治上的名位问题，希望靠正名来改变"礼乐不兴"的社会弊端。我在高中的时候就读了胡适先生所著的《中国上古史纲》。这本书老实说，在哲学界的评价不高。但是有一点影响了我，至今还印象深刻，因为胡适先生在提到孔子的"正名"时，就说孔子的"正名"是从《易经》的位而来。我认为胡适很聪明。但是他后来为了打倒孔家店，又告诉荣格说《易经》完全是一种没有价值的筮术，这种说法太过偏激，好在他把孔子的"正名"连到《易经》的位上，倒是很重要。

文王的知位，后来影响儿子周公制礼作乐，他也讲君君、臣臣、父父、子子的关系。所以孔子讲"事不成，则礼乐不兴"，讲的就是礼乐。这是《易经》影响到周公和孔子。由此可见，知位在《易经》里面虽然表现在爻位上，但在人生应用方面很广，中国的礼乐、政治都强调知位。知位才能把握理的发展，所以说位置非常重要。

第二把钥匙是识时。

位不是死的，是要变的。如果执着于一个位置上不变的话，就完蛋了。就像初爻到二爻，二爻到三爻，它是向上发展的。位变就是时间变，即第二把钥匙——识时。最简单的就是春夏秋冬这四时，这是自然的变化。从爻来讲，初爻到二爻、三爻就是时间。对人生来讲，就是时机和机会。了解《易经》的时之后，要怎么做？我认为有三点。

第一要顺时。顺着时间变化，譬如顺着春夏秋冬去变化，这就是老子所谓的"道法自然"，道是自然的、顺时的。

第二要创造时间，创造时势。我给美国学生读卫礼贤的《易经》译著时发现,卫礼贤常常提到要等待时机。我告诉学生,这是错的,不要等待时机,时机不是等待就会来的,而是要创造时机。比如一个刚读研究生一年级的学生,说要等待毕业,怎么等待?是读了两年、三年以后就毕业吗?非也。应该在这段时间好好读书,选修很多课程,这就是在创造时机。到了两三年以后才能毕业,所以要创造。时机不会来,要创造,我们常常说的英雄创造时势,就是如此。

关于这个问题,我常用孔子的一个故事来说明。孔子周游列国,在政治上没有发展,不能得君行道,只好教教书。最后一次回到卫国的时候,他又不愿意从政,认为名不正言不顺。这时候齐国要打鲁国,孔子和弟子们讨论说鲁国是祖国,应该想办法帮助鲁国,子路很勇敢地表示要回鲁国,去帮他们打仗。孔子说不行,你太冲动。孔子和学生商量以后就选了子贡。这段故事在司马迁的《史记·仲尼弟子列传》中写得很详细。

(子贡)至齐,说田常曰:"君之伐鲁过矣。夫鲁,难伐之国,其城薄以卑,其地狭以泄,其君愚而不仁,大臣伪而无用,其士民又恶甲兵之事,此不可与战。君不如伐吴。夫吴,城高以厚,地广以深,甲坚以新,士选以饱,重器精兵尽在其中,又使明大夫守之,此易伐也。"田常忿然作色曰:"子之所难,人之所易;子之所易,人之所难。而以教常,何也?"子贡曰:"臣闻之,忧在内者攻强,忧在外者攻弱。今君忧在内。吾闻君三封而三不成者,大臣有不听者也。今君破鲁以广齐,战胜以骄主,破国以尊臣,而君之功不与焉,则交日疏于主。是君上骄主心，下恣群臣，求以成大事，难矣。夫上骄则恣，臣骄则争，是君上与主有卻，下与大臣交争也。如此，则君之立于齐危矣。故曰不如伐吴。伐吴不胜，民人外死，大臣内空，是君上无强臣之敌，下无民人之过，孤主制齐者唯君也。"田常曰："善。虽然，吾兵业已加鲁矣，去而之吴，大臣疑我，奈何？"子贡曰："君按兵无伐，臣请往使吴王，令之救鲁而伐齐，君因以兵迎之。"田常许之，使子贡南见吴王。

说曰："臣闻之，王者不绝世，霸者无强敌，千钧之重加铢两而移。今以万乘之齐而私千乘之鲁，与吴争强，窃为王危之。且夫救鲁，显名也；伐齐，大利也。以抚泗上诸侯，诛暴齐以服强晋，利莫大焉。名存亡鲁，实困强齐。智者不疑也。"吴王曰："善。虽然，吾尝与越战，栖之会稽。越王苦身养士，有报我心。子待我伐越而听子。"子贡曰："越之劲不过鲁，吴之强不过齐，王置齐而伐越，则齐已平鲁矣。且王方以存亡继绝为名，夫伐小越而畏强齐，非勇也。夫勇者不避难，仁者不穷约，智者不失时，王者不绝世，以立其义。今存越示诸侯以仁，救鲁伐齐，威加晋国，诸侯必相率而朝吴，霸业成矣。且王必恶越，臣请东见越王，令出兵以从，此实空越，名从诸侯以伐也。"吴王大说，乃使子贡之越。

越王除道郊迎，身御至舍而问曰："此蛮夷之国，大夫何以俨然辱而临之？"子贡曰："今者吾说吴王以救鲁伐齐，其志欲之而畏越，曰'待我伐越乃可'。如此，破越必矣。且夫无报人之志而令人疑之，拙也；有报人之志，使人知之，殆也；事未发而先闻，危也。三者举事之大患。"句践顿首再拜曰："孤尝不料力，乃与吴战，困于会稽，痛入于骨髓，日夜焦唇干舌，徒欲与吴王接踵而死，孤之愿也。"遂问子贡。子贡曰："吴王为人猛暴，群臣不堪；国家敝以数战，士卒弗忍；百姓怨上，大臣内变；子胥以谏死，太宰嚭用事，顺君之过以安其私：是残国之治也。今王诚发士卒佐之徼其志，重宝以说其心，卑辞以尊其礼，其伐齐必也。彼战不胜，王之福矣。战胜，必以兵临晋，臣请北见晋君，令共攻之，弱吴必矣。其锐兵尽于齐，重甲困于晋，而王制其敝，此灭吴必矣。"越王大说，许诺。送子贡金百镒，剑一，良矛二。子贡不受，遂行。

报吴王曰："臣敬以大王之言告越王，越王大恐，曰：'孤不幸，少失先人，内不自量，抵罪于吴，军败身辱，栖于会稽，国为虚莽，赖大王之赐，使得奉俎豆而修祭祀，死不敢忘，何谋之敢虑！'"后五日，越使大夫种顿首言于吴王曰："东海役臣孤句践使者臣种，敢修下吏问于左右。今窃闻大王将兴大义，诛强救弱，困暴齐而抚周室，请悉起境内士卒三千人，孤请自被坚执锐，以先受矢石。因越贱臣种奉先人藏器，甲二十领，铁屈卢之矛，步光之剑，以贺军吏。"吴王大说，以告子贡曰："越王欲身从寡人伐齐，可乎？"子贡曰："不可。夫空人之国，悉人之众，又从其君，不义。君受其币，许其师，而辞其君。"吴王许诺，乃谢越王。于是吴王乃遂发九郡兵伐齐。

子贡因去之晋，谓晋君曰："臣闻之，虑不先定不可以应卒，兵不先辨不可以胜敌。今夫齐与吴将战，彼战而不胜，越乱之必矣；与齐战而胜，必以其兵临晋。"晋君大恐，曰："为之奈何？"子贡曰："修兵休卒以待之。"晋君许诺。

子贡去而之鲁。吴王果与齐人战于艾陵，大破齐师，获七将军之兵而不归，果以兵临晋，与晋人相遇黄池之上。吴晋争强。晋人击之，大败吴师。越王闻之，涉江袭吴，去城七里而军。吴王闻之，去晋而归，与越战于五湖。三战不胜，城门不守，越遂围王宫，杀夫差而戮其相。破吴三年，东向而霸。

故子贡一出，存鲁，乱齐，破吴，强晋而霸越。子贡一使，使势相破，十年之中，五国各有变。

子贡能言善道，非常聪明。孔子懂得军事布局，懂得外交政策，你们不要认为孔子只会讲经书。孔子和子贡商量，如何一步一步走，先让子贡到齐国去。齐国掌权的是田常，非常跋扈，就是他主张要攻打鲁国。子贡先见的人是田常。他说，齐国打鲁国没有什么效用，鲁国很弱，不堪一击，很快就可以打下来，而且打下来，你也没有什么战功，那些战功都是其他大臣的，不如跟吴国打。吴国是强国，一打胜，吴国就称霸了。田常说，吴国没有攻打我国，师出无名，我怎么打？子贡说，没有关系，我去劝吴国来打你。大家看，子贡是不是在创造时势？子贡跑到吴国，告诉吴国国君说，现在齐国要攻打鲁国，齐国和吴国势力均衡，一旦齐国打下鲁国以后，势力就不均衡了，吴国就多了一个强大的对手，吴国正好可以借这个机会，帮助鲁国抵抗齐国。吴国国王夫差一听，觉得有道理，但是他担心越国会乘虚而入。子贡说，没关系，我去劝劝越王句践，让他派军队给你，让越国空虚。句践听取了子贡的建议，给吴王送了很多粮草，派了军队来，甚至还表示自己愿意为马前卒。子贡就告诉吴王，不要让越王亲自来了，这不太好，吴国的势力已经够强了，有了越国的粮草和武器支持足矣。吴王听了子贡的话之后就率领军队浩浩荡荡地来打齐国。这时，子贡又跑到晋国，告诉晋国国君，现在吴国要跟齐国打，你也赶快准备。

结果可想而知，子贡是渔翁得利，挑起了三个强权国家的争斗场面。吴国把齐国打败了，吴王正得意时，晋国也插一脚进来，吴国只好又跟晋国开战。在鲁国和晋国的联合攻击下，吴国打了败仗，损兵折将，谁料雪上加霜，越王句践乘虚而入，攻打吴国，击败吴军，后又攻入吴国都城，吴国灭亡，吴王夫差自杀。你看，子贡只是一个文弱的书生，他游说诸侯国国君，救了鲁国，弱了齐国，灭了吴国，保全了越国。可见，子贡一人创造了情势，改变了历史。同时，孔子的弟子冉求向鲁哀公说这次鲁国得救完全是孔子的功劳，鲁哀公才特别把孔子请回去，不然孔子离开鲁国时愤愤不平，再加上十四年的流亡生活，怎么好意思回去呢？没有人请他回去，他和子贡创造时势，让鲁哀公把他请回去做国师。这是一个创造时势最佳的例子。

好，这是第二点。那第三点呢？是要知道抉择。前面提到，在卫国子路要帮孔悝，孔子认为子路做得不对，因为父子相争，名不正，所以要慎重选择。后来子路就是在政争中被对手剁成肉酱。虽然孔子早就知道子路会因为勇强而死于政争，但事情发生了，对此，孔子还是非常痛心。所以，要把握好自己的位置，抉择不正确,你死守的位置就是错误的。位跟时是息息相关的,所以怎么抉择、如何抉择很重要。

第三把钥匙就是"研几"。

"几"字在《易经》经文里面用了一次,在《系辞传》中则用了很多次。这个"几"是在事情发动之前的,是阴阳开始的时候,是吉凶还没有产生的时候。"研几"就是研判如何抓住每爻变化的理;"研几"就是智慧,要判断抉择,该怎么做。《系辞下传》称"知几其神乎",这个"神"字要注意了,我们一般把"神"当神明、神仙、鬼神,这里的"神"则是变化莫测的意思,在变化之前你还没有看清楚的就是"神"。"神以知来",我们能神通,知道未来的事情。但是怎么知道未来的事情?"知以藏往",从已知的经验了解未来的变化,所以这是神秘的。未知,超越了我们的知,称为神。这个神是我们的智慧会达到的境界。我们从小的事情而知道未来的发展,知道微妙的地方,这就是几。几是智慧,你没有智慧就不能运用。

我们看看"几"字在《系辞传》中怎么讲的?《系辞上传》称《易》与天地准,故能弥纶天地之道",《易经》的道理就是弥漫天地,涵盖天地之道。《易经》"仰以观于天文,俯以察于地理,是故知幽明之故",天文就是天象,"知幽明"就是知道阴阳的原因。"原始反终",开始的时候,就知道将来的结果,"故知死生之说",这就是几,就是处变的智慧。

可见,我们研究《易经》、运用《易经》,要位、时、几兼顾,一起抓住。从科学的角度来讲,位就是三度空间,时就是四度空间,几就是五度空间,这五度就是我们的精神和智慧。

易经新说

108

第二十一章 《易经》三原则

《易经》有三个基本的原则。

第一个原则以和为真。

《易经》讲阴阳相合，即宇宙是大和——大和谐。宇宙万物的生生不息，就是和。中国哲学是以和为正。中国哲学和西方哲学不一样，西方哲学说要研究宇宙人生的真理，但中国人对真理没有兴趣。外在的真理和我们有什么关系？我们是以"和"为真理。比如说社会的真理、家庭的真理，有没有社会的真理，有没有家庭的真理，没有。以家庭为例，家庭有什么真理？家庭以和为贵，夫妻相和，父母儿女相和谐，就是家庭的真理，家庭没有另外一个真理。西方的哲学讲真理就是要想从人以外去追求一个客观的真理，所以他们才会讲上帝。中国的哲学里，外面没有一个客观的真理放在那里让我们追求。这个真理就是在内心的和谐。所以《易经》整个就是一个"和"字，"和"字影响整个中国哲学。我们讲天道，不是说人之外有一个天在那里，有一个道在那里。道存在于万物，存在于我们的人心。这个"和"是中国哲学，也是《易经》的第一个基本原则。

第二个原则是以义为利。

《易经·乾卦·文言传》称"乾始，能以美利利天下，不言所利，大矣哉"，讲的是大利。大利是什么？"利者，义之和也"（《易经·乾卦·文言传》），定义下得非常精要。这个"义"字我们现在常常指正义，把"义"变成了一个客观的标准，即所谓的公理正义。其实，"义"本身是适宜的宜，义者，宜也。义对每个人都是适合的，不是对你一个人有利，是对大家都有利，大家都有利就是义。所以我们不要只想着自己的利。对我个人有利，损人利己也不在乎，这不是《易经》讲的利。《易经》讲的是利己利人，两方面都受利。以义为利，儒家有义利之辨，变成了迂腐的儒家。《论语·里仁》称"君子喻于义，小人喻于利"，君子，什么事情都以义为考量，就是考量对别人是否有利。小人只讲小利。诸位注意，后来把小人看作没有德行的人。其实在《易经》里面，小人只是一般的人，古代老百姓都自称小人，而称为官者为大人，到后来小人才变成败德之人。如果一般的人做事情以利益为目的，这也没有错。他们不能做大事业，为了利益，为了全家的生计，做点小利事情，有什么错？所以义利之辨分得太清楚，这是错误的。利中有义，义中有利。《易经》的利就是义，是该不该做。我们占出某一个爻，无论是吉凶，都告诉你如何去做，对自己有利，对别人有利。这才是《易经》的教训。

第三个原则是以诚代占。

《系辞下传》称"知几其神乎"，知道任何事情发展到最微妙的时候，就有神的作用。孔子接着说"君子上交不谄，下交不渎"，和神有什么关系？和上面的人交朋友，上面的人有钱有势，你不要谄媚；和下面的人做朋友，不要轻视他，所以上对下都要一致。都要一致，这就是诚。你把握诚，就有神的作用。这个神是"几"，就是"动之微","几"是动的开始。这个思想后来被老子拿去用了,老子的无为就是在事情发展的开端,把它解决了,就不会导致后来变成大问题,即老子说的"为之于未有,治之于未乱",还没有乱的时候,先把它治理好,将来就不需要动刀动斧地大肆改革,这就是知几,也是一种智慧。

在孔子的话里,"知几"落实下来就是一个"诚"字。"诚"字,在春秋时候很少用到,《论语》里面出现过一两次,《老子》里面也只用了一次,都不是哲学意涵的"诚"字。只是到了《孟子》《庄子》,还有《中庸》,才出现很多次,变成哲学上很重要的字,也是中国哲学修养发展方面很重要的字。《易经》讲的诚,则是另外一个字——"孚",这个字的出现频率比较多。"孚"字,上面看像鸡爪,下面是儿子的子,是鸡蛋,即母鸡孵蛋,用它的爪子抱着蛋,大概二十几天,母鸡就会孵出小鸡。小鸡在蛋壳里面长成,向壳上敲一下,母鸡听到声音就把壳啄破,小鸡就出来了。母鸡听到小鸡在里面敲,有一个专用字,即啐。这个字和禅宗的一个故事有关。

有一次,有人问禅宗的云门大师,老师和学生之间的关系,云门回答说是"啐啄之机"。也就是说,学生成熟的时候,像小鸡一样在里面啐,禅师在外面啄,两人相碰,就悟了。如果学生没有成熟,禅师无论怎样教他都没有用。就像母鸡,如果里面的小鸡没有长成,它在外面啄破蛋壳,小鸡反而死掉了。这也说明母鸡有信心,知道蛋壳里面有它的孩子,它有耐心在壳外面花二十几天工夫等待。所以,诚和信是一体两面。《易经》的"孚"字我们常会碰到,诚是内在的,信是外在的。整个《易经》就是讲诚信，没有诚，你占卜没有用。要占卜，就要有诚。不能说先有成见，想得到什么答案，一旦答案和自己的意思不符合，就再占一次，希望得到和自己意思相合的答案，这就是有成见。《易经》的"孚"字我们都用"诚"字来解释，因为孚不常用，是《易经》里面的一个专用字，故以诚代占。《易经》里面有"未占有孚"一语，"未占"就是不要占，"有孚"即有诚。有诚就不需要占。孔子在《论语》里面说"不占而已矣"，你要是能够恒，能够诚，就不必占。占卜是一个方法。你有诚，通过占卜，然后到了某一个爻，才有感应，没有诚怎么会有感应？所以，这是一个基本原则，要有诚。

第二十二章　占卜的原理

占卜虽然很神秘，但占卜的原则就像数学的原理，你懂得这个原理，再去看书，就会觉得很容易、很简单。占卜的原理虽然简单，但是在整个的《易经》应用上，都是不离这些原理的。后人把《易经》搞得很复杂，我不采取很复杂的方法，因为这些原理是从孔子的《系辞传》里面拿出来的，不是我创造的。孔子的《系辞传》，前贤朱熹等都把它混在《易经》里面，跟《易经》不可分。没有《系辞传》，就没有这些原理，我们当然无法读《易经》。古代的皇帝占了一卦，由太史去解释，他自己不懂，只是把自己的命运交给占卜官。所以现在我给大家讲这些原理，将来诸位去读《易经》，就会知道《易经》非常有理性和逻辑性，绝不是神秘不可知的。

先看第一个原理，六爻的特性。一个卦的六个爻就像六个人一样，每个人都有他的人格和特性。初爻是开始，作用在潜，潜就是潜伏，还没有表现。如乾卦初爻就是"潜龙勿用"。二爻多誉，为什么多誉？在整个《易经》里面，第二爻多半是代表君子和修养。三爻多凶，这一爻是内卦的最上一爻，上面的三个爻组成外卦。四爻则多惧，战战兢兢。五爻有功劳，多事功。上爻则最危险，大家一看就知道，物极必反，高处不胜寒，危险。这是六爻各自位置的特性。这个特性不是百分之百的,但在《易经》的应用上可以说是百分之八十。毕竟还有很多定义掺合起来运用,和其他爻的关系也会变,不完全只是这个特性。

再看第二个原理,六爻的感应。每个爻和每个爻之间都有感应的关系。《易经》的感应不仅是我们进入以后和这个爻的感应,还有这个爻和其他的爻之间也有感应,所以《易经》本身是一个感应体,是整体的感应。当我们通过占卜进去以后,就进入了一个感应网。

感应的原则第一点:当位与不当位。这个常常出现在爻的《小象传》中,当位则吉,不当位就不好。什么叫当位不当位?六个爻以单双数划分,一、三、五,代表阳;二、四、六,代表阴。也就是说,一、三、五爻的本质是代表阳的位,二、四、六爻代表阴的位。当你占到一个卦,如果第一爻不是阳爻,而是阴爻,那就和它代表的阳的特性不同,所以位不当,同理,三爻、五爻也是阴爻的话,也是不当位的。相反的,如果都是阳爻,则当位。二、四、六爻如为阴爻,则当位,否则不当位。

第二点:相应和不相应。把六个爻分成三对,第一爻和第四爻是一对,第二爻和第五爻是一对,第三爻和第六爻是一对。在这三对里面,如果第一爻是阳爻,第四爻是阴爻,一阴一阳相应,这就叫相和。如果这两个爻全是阳或全是阴,则不相应,也不相和。其余的二爻和五爻、三爻和六爻的相应、不相应,也是同样的道理。

第三点:内外卦。一卦六爻,下三爻称内卦,上三爻为外卦。内卦多半是代表心里的想法、内在的东西、家庭的问题;外卦是代表社会、国家和外名的行为。好，现在我解释一下前面所说的第三爻多凶的缘故。因为它从内卦到了外卦。第三爻在内卦的最高点，由内到外，当然有凶险。对内来讲，心里怎么想都没关系。到了外面，你的言行就受限制，动辄有危险。文字写下来，话讲出来，都要战战兢兢，要小心，否则就凶。这在心理学上就是一个转变，内外的转变，我们要小心。

第四点：三才。把六个爻三分，下面两爻代表地位，当中两爻代表人位，上面两爻是天位。这就是天、地、人三才。我认为，才就是才能，天、地、人都有其才能，天道有天道的能，在生万物；地道有地道的能，在养万物；人道有人道的能，人在天地之间维系了天地的变化。人很重要，人在地上也可以升入天中，所以人是维系天、地、人三才的主轴。

第五点：二五相应。二、五两爻的相应，宋明理学家，像朱熹和程颐，特别强调二、五两爻。第二爻，代表君子，也代表一般的臣子；第五爻代表君主。第二爻居内卦之中，第五爻则据外卦之中，所以这两爻各为内外卦的中心。如果这两爻能够相应相和，全卦多半很好。这两爻如果不相应、不相和，全卦定有缺陷。所以，他们认为看《易经》的卦，首先要看二、五爻。

第六点：乘和比。什么叫乘？这是指两个相近的爻，如第一和第二，或者第二和第三。两个相近的爻中，上面是阴，下面是阳，譬如第二爻是阴，第一爻是阳，以"乘"来讲，是阴盖了阳，阴是代表暗，遮盖了阳，多半是不好的；相反，阳在上面，阴在下面，多半比较好，因为阳比较开放，是光亮。这就叫乘，也是一个原则。将来我们讲两个爻之间的关系时会用到"乘"字。还有一个"比",比和乘是相关的,乘是上面坐下面,比是从下面往上面相比。比和乘是一样的。如果比下面是阴,上面是阳,就好,因为它靠阳;相反的,上面是阴,下面是阳,阳被阴遮盖,多半不好。这也是一个原则。

由上可见,《易经》就是用这些原则,然后再加上八卦的性能,整个《易经》的原理就在这里了,多么简单啊!

第二十三章 "诚、谦"二德的运用

《易经》有两个基本的德,一个是诚,一个是谦。我曾经写过一部英文作品,就是用诚和谦来解释阳爻和阴爻。有学生问我这两个字那么简单,怎么用呢?举个例子,《易经》第六十一卦中孚卦,中孚就是内在的孚。孚就是诚,是内在的诚,但如何把内在的诚运用出来呢?

第一,诚必须通乎天道。天道是生生不已的,所以我们修诚也必须生生不已,即所谓的"自强不息"。

第二,直道而行。直道就是专一,诚者专一,诚无二心。在孔子思想里,直是一个德。

第三,纯净心念,没有邪念。诚在你心里面,只要没有杂念、没有欲望,还是诚。说纯净其心,在《系辞传》中称"洗心",洗掉心的杂念。

第四,把握原则。诚一定要根据原则,在中国哲学中就是理。

第五,以德感人。常言道"精诚所至,金石为开"。诚是一种气,诚元之气,这种气能够感化人,是以德感人。

第六,择善而固执。我们要把握善的行为,不要三心二意,要始终如一地走下去。

第七，以敬待人对事。

第八，要有自信心。

综括这些诚的运用，可以看出和儒家心性修养有很大的关系。

接着我们讲"谦"字。《易经》第十五卦是谦卦，谦不是我们普通所谓的礼貌、谦让，在《易经》中，它是一种德，是能解决问题的。在运用上，有以下的做法：

第一，效法地道的生养万物。

第二，间接地解决问题。

第三，遮盖你的才能和光芒。

第四，知止可以不殆

第五，开放自己。

第六，不要执着。

第七，无为而为。

其实这七点归结起来，全是老子的思想，由此可知老子是由"谦"的运用把《易经》的思想完全表现了出来。

第二十四章　五十根蓍草的占卜法

关于占卜，依我个人看来，在占卜前需有四点心理准备。第一，切忌急功近利。不要为了自己不善的私利去占卜。《左传》里面记载，有个将军造反前卜了个卦，是坤卦的第五爻——"黄裳，元吉"，很好的一爻。太傅告诉他意义之后讲了一句话，我认为这句话很重要，他说"易不占险"，《易》不是拿来占卜去做危险的事情的。什么叫危险的事情？如碰到大川，是危险。《易经》告诉我们怎样克服，这也是《易经》的教训，但是如果说去做某事危险，就是说不正当的危险。像这个反叛，是不正当的危险，不应该去占卜，即使那位将军得到"黄裳，元吉"的答案，太傅却告诉他，黄是中正，裳是谦卑，元是善，三者你都违反了，焉能得吉？所以，不正当的危险的事情，《易经》不会告诉你。第二，要没有成见，不要先有了成见，先有了答案，然后再问《易经》。占了一次，答案和你要求的不一样，然后再占一次。这是你没有诚意。有的人常有这种毛病，我有个亲戚常常问我们问题，问了结果，我们给他意见他不采取，因为他早就有成见，他问这个问题就是希望你的答案和他所要求的相合，他就是要求证，不是真正要听取别人的意见。所以，这种人有成见，不要问占卜。第三，心神合一。心就是意识，占卜中有意识提出问题；神就是精神，意识跟精神合一。这一点将来我们有机会再谈。第四，要懂得玩味所占之辞。《系辞上传》称"君子居则观其象而玩其辞，动则观其变而玩其占"，得到爻辞，你要以玩的心态去品读它。这不是开玩笑的"玩"，而是玩味的"玩"，不断地体味它。中国人用"玩"字用得很好，比如我说朋友到我家来玩玩，"玩玩"实际上就是聊聊天，如果说到我家来谈什么事情就显得太严肃了。"玩玩"，没有目的，交流一下情感而已。但是玩味不同。举个例子，美国的学生喝咖啡，我就对他们说，喝咖啡与我们中国人的喝茶不同。泡了咖啡，几口就喝掉了；我们喝茶，泡了一次，还有第二次，都是在慢慢地体味，玩味它的味道。所以，通过《易经》的占卜得到的那些爻辞，我们要以玩味的心态去慢慢欣赏，不要急功近利。以上四点就是在占卜之前，大家应该有的心理准备，要有这种认识。

好，现在我们就演练五十根蓍草的占卜法。五十根蓍草（或其他东西）摆放在一起，先拿一根出来，放在前面，这一根代表太极，永远不要动。要操作的就是剩下的四十九根。接着，这四十九根任意分成两堆，然后从右边的一堆拿一根放在旁边。为什么拿起一根？为什么分成两堆？这里有个说法，即两堆代表天地，拿起来的一根代表人，也就是天、地、人。一根拿出去以后，然后再在左边的这一堆里面数，四根、四根……数到最后，剩下的，不管是一二三四根，都和先前拿起的那一根放在一起。然后，右边同样地数四根、四根……把剩下的和前面一边的放在一起。那么，这三起加起来，数目不是九就是五，这是一定的。如果不是九或五的话，你就弄错了，一定少拿或多拿了一根。这是第一次。然后放在一边的先不要理。现在把剩下的又合在一起，这一堆的数目一定是四十四或四十，把这一堆任意分成两堆，按第一次的操作方法，从右边拿一根放在左手边，然后左边四根、四根地数，剩下的放在左手边下面，右边这一堆也是四根、四根地数，剩下的放在左手边下面，那么这左手边的加起来不是八就是四，否则的话你一定算错。这是第二次。八跟四先放在一边，不管它了，把剩下的再一次合在一起，那么这个数目不是四十，就是三十六或三十二，把它再任意分成两堆，再从右边拿一根放在左手边，然后在左边四根、四根地数，剩下的放在左手边下面，右边再四根、四根地数，剩下的放在左手边下面，那么总数加起来不是八就是四。这是正确的，否则就算错了。这是第三次。剩下的数目，这一堆不是三十六就是三十二、二十八或二十四，一定是这些数目，只有这四种可能性。把这四种可能性的数目除以四，就得到六、七、八、九这四个数目。如果你得到的是九，就是老阳。九是由一三五或三三三合起来，是纯阳，九是数的最高，会变。六是老阴，由二二二合起来，是纯阴，所以也会变。其他有阳有阴，八是少阴，七是少阳，是不会变的。现在，你得到了第一根爻，就在下面画爻的符号，从下往上画。九的话，画个方框，表示老阳；是八的话，就画阴爻 **- -**；是七的话，就画一根阳爻 **—**；是六的话打个叉，表明是老阴。经过第一次演练，得到了第一根爻，然后又回头，把所有的合在一起——四十九根，然后再分，再做一遍，得到第二根爻；再合在一起——四十九根，重复上次的动作，得到第三个爻；然后是第四爻、第五爻、第六爻，得到

第一篇 《易经》泛说

六根爻。这六根爻就是一个卦。我们称这个卦为原来的卦。为什么？因为老阳、老阴会变。如果这个卦里面有一根老阳，老阳就会变成另外一个卦里面的阴爻；如果是老阴的话，就会变成阳爻。所以得到第二个卦，我们称为变卦。经过六爻的占卜，我们就得出两个卦来，一个原卦，一个变卦。

很多人为了方便，不用五十根蓍草，而用三枚铜钱来占卜。用三枚铜钱，操作很简单。假定一面是三，另一面是二，三枚铜钱一起丢，出来的结果可能是三三三或三三二、三二二、二二二，就这四种数目。三三三等于九，是老阳，三三二是少阴八，三二二是少阳七，二二二是六，是老阴。丢第一次就出第一个爻，丢六次就出六个爻。这种操作很简单，很快就得到六根爻。

现在你们手上得出了两个卦，你知道原卦是哪一卦？变卦是哪一卦？这是占卜的一部分。找出两个卦以后，我们的问题又在哪一个爻上，一定要把你的问题设定在某一个爻或某两个爻上。这是有一套方法的。《左传》里已经用到这个方法。这个方法，后来朱熹在他的《周易启蒙》一书提到过。我认为这是个正统的规则。一般人没有列在他的书里面，所以很多人不知道。

那我们现在看看。假定原卦是一根老阳或者老阴，那么这一根爻到了变卦就变了。你的答案在哪里？就在原卦那根变的爻。这是主要的答案，当然不是唯一的，还要看看其他的信息。

假定两根爻变，我们问题的答案在哪里？原卦两变爻就是问题的答案，在这两个爻上，上一爻是主要的，下面的爻是次要的。

假定三根爻变，我们问题的答案在哪里？在该两卦的卦辞。

易经新说

什么是卦辞？我要说明一下。每一个卦，最前面有几个字或者几句话，是代表整个卦的总纲。比如乾卦，"元亨利贞"四个字就是卦辞。每个爻的解释叫爻辞。一个卦只有一个卦辞。如果三根爻变，我们的问题答案在这两个卦的卦辞上。那么四个爻变，我们的答案在哪里？就在变卦的这两个不变的爻。四根爻都变了，我们要看这两个不变爻，以下面那根为主，上面那根是次要的。五根爻变，我们的问题答案在该变卦的那根不变的爻上。

如果是六根爻变，六个爻，没有七没有八，不是九就是六。只有三种情形。一是乾卦六爻都是老阳，变成全阴的坤卦；二是阴爻的坤卦，变成全是阳爻的乾卦；还有一种情形，就是里面混杂老阴、老阳的。那么看看我们问题答案在哪里？如果乾卦变成坤卦，我们要看乾卦的"用九"。什么叫用九？乾卦在六爻之后，多加了一个爻辞，叫作"用九"，乾卦的用九"见群龙无首，吉"，就是爻辞，答案就在这里。如果是坤变成乾，要看坤卦的"用六"。整部《易经》只有乾卦有"用九"、坤卦有"用六"，其他的卦都没有。这是很特殊的。假定它是混杂的老阴、老阳，我们要看变卦的卦辞。

最后，如果占到六个爻都不变，没有老阴，没有老阳，那不会变了，所以只有一个卦，这很简单，六爻皆不变的话，就只看这个卦的卦辞。好，这是第二部分。

第二十五章 《易经》的应变与转化

《易经》讲应变。应变是面对宇宙人生的变化,那么怎样把握和处理呢?转化是应变的一种功夫。这种功夫以前没有特别强调。现在我先讲这个应变。

我写的《易经的处变学》,也是应变学,但是我不用"应变"二字,我们处在变化当中怎么来应变?我把一个卦的六个爻,按照不同的功能来分析它们应变的方法。凡是初爻,多半是讲修养,修养你的德行,修养你的诚或谦。第二爻,只有修养还不够,因为第二爻是在地上,除了修养,还要增加自己的知识。到了地面上,怎样应付外在的变化,所以德与知同样重要。第三爻,诸位知道,多凶。因为第三爻由内到外,外面的环境变了,所以常常碰到凶险之事。这个时候,要讲应变的能力。

到了第四爻,由于它靠近第五爻,第五爻是君主之位,第四爻就是大臣之位,靠近了君主,下面又有三爻往上冲,它都要对付。所以,第四爻也要讲应变的功夫,对上对下都是如此。要赢得上面君主的信任,又要能够结合下面的力量,把它们转给君主。

第五爻且先搁下,看第六爻。关于第六爻,很多研究者就说物极必反，多半是负面的意思。的确，很多卦的第六爻，爻辞都是负面的（当然也有正面的）。到了第六爻，因为处在天位，所以第六爻要有大方向，顺天命的大方向。再看第五爻，是领导，是君主，第五爻才是真正处变的。以上是《易经》的应变思想，如何应变，除了传统的初爻与四爻、二爻与五爻、三爻与上爻的相应相和之外，我特别提出一种转化的功夫。

我在台湾教哲学课的时候，根本就不讲"转化"两字，也不用这两个字，几乎很少甚至不懂转化。到了美国之后，由于我的学生很多是学荣格心理学的，他们常常问到"转化"，我才特别注意"转化"二字。在中国哲学里，也没有"转化"二字合在一起的，我们只有一个"化"字，转化是从英文翻译过来的。庄子讲化，孟子讲化，但都是向上的"大而化之"，现在我们把"化"放下来，讲转化。

首先，我们讲什么是转？我们由生到死，这是命运。从生到死的过程中，我们遇到很多困难和挫折，这是注定的。我们称之为命运。但是在由生到死的这条道路上，我们可以转变它。"转"有两个意思，一是转向。你如果照着这个路子走，凶，危险，必须转向。研究《易经》要知道转向。我们前面讲过，"方以类聚，物以群分"，小人走小人的路，君子走君子的路，方向走对了，就可以趋吉避凶。二是转掉意义。由生到死是每个人必经的途径。大家都会死，但是死的意义不同，有的轻于鸿毛，有的重于泰山。所以，我们可以把意义转掉。转向不是逃避，人都有生老病死，释迦牟尼在做太子的时候看到生老病死，他开始时逃避，到深山里去修长生不老的方法，苦修了六年，修不出来，差点饿死，后来在菩提树下开悟。悟了以后，他又回到人间，不在山上修长生不老了，转变了生老病死的意义。开始的时候是逃避，意义就转了。"转"是一种功夫。"化"字在中国哲学里用得很多，像庄子有自化、物化、神化，孟子有"大而化之之谓圣"，《系辞传》有"神而化之"！"化"字可以说是中国哲学的灵魂。大化就是自然，我们人怎么参与自然大化？人的生命最多一百年，很有限。但是在庄子看来，我们怎么把它"化"掉，与自然同化、同流，在宇宙之间常在，这就是一种功夫。

心理学的学生说荣格特别强调转化，于是我问他们，荣格怎么讲转化？他们也讲不出所以然来。荣格的意思大约指我们有一个自我，怎么把自我变成一个大我，这需要智慧，这是一种转化。但是如何去转化自我，他们都在观念上谈。因为西方的哲学和心理学，不重视修养功夫，只有中国哲学的修养才讲到转化功夫。对于转化，我曾写过好几篇文章，我还有一本书叫作《生命的转化》，里面有一篇文章讲到中国整体生命哲学转化的方法。另外一篇文章我特别讲转化的意义。我说转化的特质，有以下几个要点。

第一，转化是气化。庄子以为，宇宙万物是一气的变化。转化就像机器的转动，气就是油，没有油就转不动，对不对？气就是使我们能够转动的一个气化。庄子讲气化，讲心斋、坐忘，他说我们要把精神集中，不要听之于耳，要听之于心，还说到最后不要听之于心，而要听之于气。也就是说，我们的心要专注于气，气是虚的。所以我说气化，是气的转化。气是没有欲望的，但是它可以跟宇宙万物一起变化，这就是庄子讲的天则。那么孟子也有讲到气，孟子讲浩然之气，浩然之气就是精神的蓬勃，也是把我们人生的欲望转掉，是一种精神的、无限的、光明的作用，和天地同流。

第二，转化是一种德化。这个德就是诚。《中庸》里面讲"至诚如神"，诚能够变化万物。德与天地同流，孟子讲"君子所过者化"，即君子所经过的地方，能够化万物，教化人民，化育万物，转化要有德。我之所以讲西方心理学家即使讲转化两个字，他们也没有抓住转化的精神，因为他们都不是强调德。

第三，转化是一种神化。精神的变化就是一个虚。神如果实在地化，就不是神了。那就是意识，那就是欲望。虚才能转化，虚才有空间，转化需要神化，《系辞传》讲了很多次"神而化之"。

第四，转化是一种修养、涵养功夫。我们做学问要讲功夫，修养也要讲功夫。功夫到底是什么东西？这是西方人抓不住的，西方人只讲方法，他们不讲功夫。我们中国哲学实际上很少讲方法。但是宋明理学家有一次讲到方法，还进行了一次讨论，那就是朱熹跟陆象山在鹅湖的会谈，大概花了两三天的时间。讨论方法，朱熹的方法是研究，陆象山的方法是易简，讲德。一个是知识的研究，一个是修养德行，两个人各说各的，没有结论。但是，我以为朱熹虽然强调研究的方法，但是他也有功夫。我很欣赏他的一首诗："昨夜江边春水生，艨艟巨舰一毛轻。向来枉费推移力，此日中流自在行。"（《活水亭观书有感二首·其二》）以前功夫不到，就像巨舰一样推不动，但是水一涨，自然推动就不费功夫，功夫到了很自在，功夫不到，方法错误，你再去研究，你进去就出不来。我们生活上有很多例子。比如学骑自行车，开始的时候，

第一篇 《易经》泛说

车把就是抓不住，硬硬的，后来学会了，车把就很自然地掌握了，甚至可以两手不扶车把。可见，功夫到了自然很轻松。再说学游泳，我以前还不会游的时候看人家游泳，在水里面游动很令人羡慕。后来学会了踩水，就很自然。到美国后，我差不多几十年没有游泳，但是到游泳池里我还是不会忘，不会说几十年后就忘了怎么游，所以这也是功夫！转化是一种功夫。当你的功夫真正到的时候，转化是很自然的。很多学生学老子、学禅宗，要无欲，他们告诉我好难。人要无欲，人要减低欲望，就是很困难，但这是功夫不到，你功夫到了便很自然了，自然会知足、知止，就像开车一样，自然知道什么时候轻刹，什么时候重刹，很自然。

以前我介绍过我的整体生命哲学的等边三角形道理和作用。首先有几个特质，即"用"到"理"，"理"到"用"，这是两个不同的系统。第一，转化需要打破系统，我们人往往是在系统里，强调自己的看法，强调自己的存在，而否认别人。科学家不了解文学家，文学家不了解科学家，每个学家都以他们的理论为最高，互不往来，互相轻视，所以打破系统并不容易。我和别人也是两个系统，要打破我和别人的系统不容易，如说换我心为你心，谈何容易！像爱情要到深入的程度才能换我心为你心。所以，打破系统不容易。要转化，我认为必须打破系统。第二，要向上提升。理或理论一定要向上到道的层次。如果只在理或理论的范围，那么很多学术都是门户之见。比如唯物、唯心就是门户之见，都以自己为独尊，它们不能向上发展以入道，所以理必须向上提升，转化的化就是向上化于道。第三，进入以后，不能停留在道上。因为道的位置是空虚，所以又要回到人生来解决问题。这一圈回到人生就是一个转化，必须由"我"经过"理"，经过"道"再回到"我"。这时候自我也好，大我也好，真我也好，佛也好，圣也好，都只是一个东西。这一个东西就是"你"，是你的生命的转化。在我的三角形里面，这样一个圆圈的发展，我认为是一个转化的作用。

第一篇 《易经》泛说

第二十六章 《易经》的转化功夫

我现在讲转化,把它用在《易经》六十四卦里面三百八十四爻每个爻的关系上,这可以说是我对研究《易经》的一个新方法。什么叫《易经》的转化?大家可以参照我画的表和图来理解。

《易经》的一卦六个爻,依照我的处变学观点,第一爻是修德,第二爻是修德与知识,第三爻则变了。因为第三爻是从内到外,要转变了,所以是一个很重要的转变的爻。我现在把第三爻画出来,且假设几种情形。

第一种情形,如右图。第三爻是阳,下面两个是阴,上面两个是阳。阳爻讲诚,阴爻讲谦。那么第三爻是阳爻,我说讲诚。第三爻该怎么处变呢?它要转化。传统的《易经》都把阴阳当作相对的,阴消阳,阳消阴,好像阳可以灭掉阴,阴可以灭掉阳。这是常用的方法。近代人说阴阳相和,阴阳感应,多半是指第一爻跟第四爻、第二爻跟第五爻、第三爻跟第六爻,一阴一阳相和。我认为相和不够,要转化。也就是说第三爻阳要转化,要把下面两个阴柔的爻转化到它身体里面,使它的阳不会过刚。当然,第三爻和下面的爻本身要刚柔相合,然后才行,再往上面发展,上面的是外卦。这是一种情形。

第二种情形（如右图），如果三根都是阳（即内卦是乾），那么第三爻下面两爻都是阳，则阳刚过盛。在《易经》里面，第三爻这种现象就容易骄傲，容易自以为是。所以这个爻要警惕、要谦虚。这是第二种情形。

第三种情形（如右图），下面三根是阴，第四爻是阳，作为君主的第五爻可能是阴或阳。那么第四爻是大臣，但是大臣面临的君主，不管是阳还是阴，第四爻作为阳爻，它有一个转化，要转化下面三根阴爻，来帮助上面的君主。这种情形将来我们在《易经》里会遇到很多，所以第四爻不要把下面的三阴当作自己的势力，要把它们转化来辅助第五爻的君王。这就是第四爻的转化，要能够转化群众。下面三个爻的群众，它能够转化群众的力量给上面的君主。

第四种情形（如右图），第四爻是阳，下面三个爻也是阳。大家看，是不是阳太盛，第四要作为大臣，下面三根阳爻跟着它，不免有功高震主之患。所以它要非常谦虚而有技巧地把这些力量转给上面的君主。不管上面是阳或者阴，第四爻都要非常谦虚，不谦虚，就遭忌，可能会像汉代的韩信一样被杀。

再看第六爻。如果六根爻中，最上面是阳爻，则阳刚过盛，所以乾卦第六爻称"亢龙有悔"，所以要谦虚，这是这个阳爻的转化功夫。

我们再看"谦"，即阴爻的转化功夫。我们也是以第三爻为主来看，假定第一种情形，下面两个是阳，上面一个是阴，那么第三爻的阴如 ☳，它要能够转化阳爻，不然的话就会被阳爻吃掉，故它要有功夫。它虽然阴柔，但不是说柔把刚克掉，而是以柔来转化刚。用它的柔来转化下面两根阳，变成它虽然柔，但里面有阳，有阳刚之气。

第二种情形☷，内卦都是阴，第三根阴爻就阴气过盛。阴气过盛的第三爻，也是犯了骄傲的毛病，所以它又非常谨慎、谦虚，不要以为下面两个都是自己的同类，就忘形了。

第三种情形☳，第四爻是阴爻，下面三根都是阳爻，无论上面的君主是阴爻还是阳爻，这个阴爻都要能够转化下面三根阳爻，把它们柔化，然后增强自己的才能以被上面的君主所用，不然，这三个阳爻冲过来，自己也被冲倒了。所以，这种情形下的第四爻要有能转化下面三根阳爻的功夫。

第四种情形☷，即第四爻是阴爻，下面三根也是阴爻，因为阴气过盛，所以第四爻的大臣要把下面三根阴爻的柔转化掉，要非常谦虚，不能偕同下面三阴和它一起直逼君主。

第五种情形☰，六根爻下面五根都是阳爻，只有上面那根是阴爻。这样的话，这根阴爻要对付下面五根阳爻，力量很弱，所以它转化的方法，是要谦虚，要往下走，不能再高高在上。

以上五种情形，以第三爻和第四爻的应变方法为主，阳转化阴，阴转化阳，是讲这种功夫。这也就是我在前人的规则之外加上去的方法，这也就是我那本《易经处变学》的一个很主要的方法。

第二十七章 《易经》与领导学、管理学

领导学、管理学不是我要讲的主要内容,但是《易经》六爻里面有非常重要的方法可以告诉我们。

比如,在领导、管理学方面需要什么样的德行与奠定基础就是第一爻,第一爻修德,就是基础。无论是领导学,还是管理学,基础在两个字,一个是诚,一个是谦。这两德才是作为管理者或领导者非常重要的修养;没有这两德,上面的空架子会掉下来。

第二爻,除了德之外还要扩充知识。比如,要建立一个公司,你就要有足够的相关知识基础。除了知识之外,要有这方面的自信和了解。也就是说,第二爻除了德之外,以知为主。

第三爻,从内卦到了外卦,常常是我们在事业上有点小成就,要考虑在事业有所成的时候,如何继续发展。在后续的章节,我们在第三爻上会讨论得很多,暂且不讲。但是我用庄子的一句话,说一说第三爻的转变之道,庄子说:"道隐于小成。"在第三爻,如果你小有成就,就志得意满,以为自己了不起,就不能见大道。所以,到了第三爻,以为自己了不起、有成就,就不能冲破鸿沟,继续到外面的第四爻、第五爻去发展。所以,我们切记第三爻应有的作为,作为一个领导者或管理者,都不要以为自己了不起。

第四爻多半是一个大臣之位,在今天来说就是企业的总经理,

上面还有董事长。作为一个总经理，如何带领职员？一方面要应付高级的领导——董事长，即第五爻；另一方面还要训练、培养中低层管理员和普通职员，所以他要有这个本事，上下都能够应付。第四爻是很重要的，它代表领导，但不是最高的领导，是第二级的领导。

接着第五爻是君主，最高的领导，君主如何用人，他要懂得用第四爻，就要相信他。也就是说，相信别人之后还要做到被人相信。所以，相信有两个意思，你能相信人，同时也能够被人相信。诚信对于第五爻君主来说，是非常重要的。我们常常讲九五之尊，九就是老阳，阳就是诚。

最后再看最上面的第六爻。第六爻是当你事业发展到最高峰的时候，你如何能守成。这不容易，打天下容易，守天下难！所以在《易经》里面最后一个卦叫作未济，第六十三卦是既济卦，"既济"就是完成了，但是后面是"未济"，"未济"就是表示一种开放的境界。各位你不要以为达到最高，就志得意满，事业发展到最后就会有转变。第六爻正面的意思是指天道，负面的意思是指物极必反。我们讲天道，就要注意天有不可预测性。很多人非常聪明，事业有成，就认为自己可以把握一切。但是天有不可预测性，有个例外，让你没有办法预测，所以要守成，不要自以为是，不要像第三爻，以为自己是最高的，应该要开放，懂得转型。譬如当你在商业上达到一个高峰时，还要开辟另外一个转型的事业。所以，第六爻尤其要懂得转化，转化要能转知成德，转知成智慧的智。一个最高的领导者，他不要再以他的知去衡量一切，要把知转成德，要把知转成智慧。

易经新说

第二十八章 《易经》与心理学

《易经》与心理学是一个较为重要的问题。大家都知道，卫礼贤翻译的《易经》是非常有名的一本书。这本书打开了《易经》在西方的天下，西方人之所以一直对《易经》有兴趣，多半由于这本书的功劳。几乎每一个荣格心理学的医生人手一本，把它当作"圣经"。当然了，卫礼贤是一个传道士，在他的翻译过程中，在他的生命里面，《易经》就像他的"圣经"一样。很多荣格的心理学家，不一定是天主教徒，但是他们也把《易经》当作圣经。

我在讲课的时候，一直拿第三爻来比喻西方心理学的自我。因为心理学的学生，他们都知道弗洛伊德心理学中的 ego（自我），ego 是一个最重要的术语。我曾经在讲《易经》时，突然想到，如果第三爻是自我的话，那么其他五爻与人格有什么关系？后来我就把其他的五爻与人的关系进行了研究。

初爻就是"肉体我"。以西方心理学来讲，潜意识也包含在肉体里面，我们没有办法知道。潜意识有负面的和正面的。孟子认为人的本性有良知良能。在第一爻上，我把潜意识本性放在一个平台上，这是我给西方心理学的建议，希望他们潜意识里面不要专门挑那些病态的东西去找病的根源。假定我们用潜意识这个词，中国的潜意识其中也有非常好的东西。方东美教授曾说，中国哲学不讲潜意识，而是讲超意识（在西方心理学中，没有超意识这个词），我们的道德、我们的良知都是超意识。

第二爻叫作"意识我"。人有七情六欲，一切的感情、欲望、情绪，都在我们的意识里面。第三爻由内到外，我以为就是西方心理学的"自我"。西方心理学的弗洛伊德和荣格都把"自我"当作一个面具，面具套在我们脸上来抵御外在的一切。"自我"是心理学家创造的一个名词，本来没有，他们创造了面具，让我们戴上去作为防御。就像第三爻，第三爻是由内到外，外面的刺激、外面的变化逼迫第三爻跟外面打仗，以保卫自我。第三爻，我说它很骄傲，自以为是，都是 ego 的毛病——自我中心。我不是研究心理学的，我的一个浅见是西方的心理学大概只走到这第三根爻。第三根爻的自我，却是他们的麻烦制造者，如《易经》上所说的。

第四爻我为什么称它为"无我"？因为第四爻为大臣之位，就要"无我"，才能真正地把自身的整个精神投注于国家和君主。《易经》损卦上爻称"得臣无家"，不以自己的家为家，而是以国家、以君主为家，所以大臣要有"无我"的思想。但是，这里的"无我"，除了《易经》的无我思想，就是佛学的"无"。佛学在这个层次上讲的，是西方心理学没有达到的地方。我以前提到的超个人心理学研究者，他们研究印度哲学，讲打坐到无我的境界，打坐忘我，但是他们没有更进一步。他们也讲"大我"，还是讲"我"。

第五爻是"大我"。"大我"是什么？"大我"就是全国家、全人类，不以自我为中心。"大我"是人类的大我，而不是指个人的大我，所以他们没有进入"大我"的境界。超个人心理学还只是走到"无我"的打坐的方法。

第六爻是"真我"。那么讲到"真我",却没有一个"我"在那里。"真我"就是道,"真我"就是精神,就是佛性,就是自信。"真我"不是高高在上,它又回到下面,跟意识、肉体打成一片,还是在我们的心里面。这是我把这六个爻用"我"来加以分析。

第二篇 闲谈《易经》六十四卦

在讲六十四卦之前，我要先说明从哪几个方面去讲六十四卦。我有我个人的经验、知识和心得，大家可以知道我讲《易经》的特点：第一，我是用"诚、谦"两德来诠释、转化、代替阴阳的性能。第二，我是把转化用在《易经》上，我讲转化，是每两爻之间的转化，如第三爻是应变的关键，它怎么转化下面的两根爻往上走，还有第四爻如何转化下面的三根爻，这就是爻与爻之间的转化。传统的《易经》注解，好像不太注意两根爻之间的感应和转化。第三，我是拿老庄、儒家或偶尔用禅宗的思想来发挥运用六十四卦三百八十四爻的原始的《易经》。我说发挥运用，比如王弼的《周易注》，他只是用老子的思想，程颐、朱熹则是运用儒家的思想，他们都提到道德这些名词，但都没有引证老庄、儒家的话来证明、发挥《易经》的思想。第四，我强调《易经》的人生运用，不讲考证。很多的《易经》注解，只是讲考证，只考证这句话是什么意思，为什么凶，为什么吉，讲得最多的是这些；而我讲的是运用，就是要如何把凶转成吉，不然你学《易经》干什么？学《易经》就是为了要趋吉避凶，要知道怎么做，不是让《易经》来判断你，把你判死了。

　　看卦的次序外，先要看卦名，因为卦名代表了整个卦的意思。

第二要看六根爻由两个卦组成，下面三爻是内卦，上面三爻是外卦。这是八卦。这两个八卦合在一起，因为八卦是八种气，两个卦相叠就是二气相交而产生变化。由内卦外卦的作用，来看为什么取名？第三要看卦辞，卦辞是一卦的总纲，它说明了一卦的性能和精神。第四再看爻。程颐等易学家常常要看第二爻和第五爻，如果二爻和五爻，一阴一阳能相应，这个卦多半好。如果不相应，两爻都是阳或都是阴，就有缺陷、有问题。第二爻是在内卦的当中，第五爻是在外卦的当中，都是一个中心思想。接下去，我们从第一爻往上。由下往上看每根爻的性能，我们就要了解如何把前面的一些原则运用在六根爻的解释上，所以这六根爻的爻辞，无论是吉凶、悔吝，还是无咎，都有它的道理。

乾卦（☰）第一

我们先看乾卦。"乾"字，左边当中是太阳，上面跟下面代表草丛、树丛，太阳进了树丛里面，把树丛里面的气蒸发出来；"乾"字右边就是个"气"字，气往上升。所以，"乾"的本义就是阳光入草丛使得气往上升。乾不是一物，是纯阳之气往上升。接着，我们看看组成乾卦的两个重叠的卦，内卦是乾，外卦也是乾，纯阳，阳气太盛。乾卦的纯阳，以及后面的坤卦纯阴，在现象界是没有的。现象界的任何东西都有阳有阴，没有纯阳，也没有纯阴。所以乾、坤两卦是一个抽象的观念，下面的六十二卦，才是现象界，这两个卦不在现象界。

☰ 乾。元亨利贞。

乾卦的卦辞是"元亨利贞"。

我们先看"元"字，篆字为"兀"，上面就是一个人的头，下面是脚，所以元就是首，如"元首"。元也是开始，还有大的意思。但开始多半是小，跟大怎么合在一起用，这两个关系怎么会放在一起呢？我认为在开始的时候，有大的发展潜能的种子，在开始的时候就种下了大的潜能。就像一粒种子，开始是很小的，但是种子里面就有潜能，将来可以变成大树或大的东西。所以，"始"与"大"可以合在一起，这个观念后来我就用在《老子》书上的道。我认为老子的道本身不可知，"道"的作用有两个，一是道的作用由小变大，任何东西都是由小变大，这是宇宙发展的一种规律。二是任何东西都有空间，空间由小变大。这是我对老子思想"道"的一个定义。这个定义，后来我发现《易经》的原则就是由小变大。这就是"元"的意思。

接着看"亨"字。"亨"的最早字形是祭祀的模式，有祭祀的意思。现在我们讲亨通，如生意亨通，为什么讲亨通？因为祭祀是一种交流。祭天是跟天交流，祭万物则跟万物交流，所以"亨"是通天、通万物。这个"亨"字就解释为亨通。"通"在《庄子》中是非常重要的。大通是大道的作用，庄子说"道通为一"（《庄子·齐物论》），宇宙现象不同，但是道使它们相通为一体。以前我们讲气，元是气的开始，"亨"则是气的通达万物，上下相通。

再看"利"字。"利"字右边一把刀，左边一个禾，万物秋天长成，用刀把它们收割下来就有利。但是，这个"利"不是个人的利，而是大家相和的利。

最后看"贞"字。"贞"原始的字是一个鼎。鼎有两种，一种小一点儿的是煮饭用；一种是大的鼎，代表国家，传说夏禹铸九鼎，象征九州，也是全国。鼎是代表重的意思，所以也代表本性，即正道。我们讲贞节，也就是要讲正道。

"元、亨、利、贞"四字，为乾卦的卦辞，也是乾卦的四个德，四种特性。这四个字的重要性不仅仅在乾卦，其他卦也有，如坤

第二篇 闲谈《易经》六十四卦

卦也有这四个字。其他卦，有时候三个字、两个字或一个字。这四个字可以看出一个卦的特性，所以称为天道的四德。在这里我要说明一下，在四个字里面，"元、亨、利"三字，百分之百是好的，你碰到元、碰到亨、碰到利，都是正面的。而"贞"有时候吉，有时候不吉。因为贞是个人的本性，在爻里面有"贞"字，是阳爻，我认为贞是"诚"；是阴爻，我认为贞是"谦"。这个贞是个别性，个别性要看你当时如何去做。有时候诚到过分的话，就变成固执了；谦过分了，又太软弱。所以，"贞"在《易经》里面有好有坏，要看该爻的处境而定。看完卦辞，我们接下来就看爻辞。

初九。潜龙勿用。

《易经》要看位和时，乾卦初爻"潜龙"就是位，因为这根爻在最下面，下面两根是地，中间两根是人，上面两根是天，第一爻的位在地下，所以说"潜"。"勿用"代表时机、时间不到，不能用。解释很简单，但是我们要去了解应该如何做。不是说我看这一爻不能用了，便回去睡觉，什么都不做了，不是。这个潜，功夫下得非常深。潜是深的意思，不是隐居、躲起来的意思。"龙"字出现了，"龙"字在《易经》中，只有乾卦用了四次，坤卦用了一次。龙是纯阳之物，所以纯阳的乾就是龙。龙在中国是一个象征的动物，它象征什么？象征一种创造力、生命力。龙有四个现象，它的脸是马脸。我们看马脸，看它的牙齿，牙齿代表生命力，代表身体好不好，像古埃及奴隶主买奴隶就看牙齿。龙的两个角是鹿角，我们知道鹿角是大补的，有营养的，当然有生命力。龙的身体是蛇，蛇会蜕皮，又换新的，也是生命力。龙的爪子是鸡爪，乡下老太婆去城里买鸡，看看鸡爪，就知道是老鸡还是小鸡，她就看鸡爪，也是代表生命力。"潜龙"，潜是一种功夫，潜得深，所以孔子讲潜德，修养的功夫。"勿用"，最简单的解释就是你还不能用，时机不到。这种解释太简单了，我在这个地方要加以发挥，我是从老子和禅宗来发挥的。"勿用"，就是不要想到用，因为你在修德或者修诚的时候，不要求有用。有人说，独善其身，不如兼济天下。真正的修养，也不要只想兼济天下，只要想着你的修德；想到兼济天下，也许你只是为了名。所以，"勿用"是指你不要讲用，一个德如果一想到用，这个德就不是真正的德，因为你把自己放在利用的观念、好名的观念上了。所以在这一爻上，我们的功夫就是修德，什么都不要想。

九二。见龙在田，利见大人。

到第二爻了，我们前面讲到，一、三、五是阳，二、四、六是阴。当位不当位这些原则，我们都可以拿来用的。第二爻应该是阴爻，现在是阳爻，位不当。乾卦虽然是天道，但是也有位当不当的问题。这说明全阳是有遗憾的，不是绝对的完满，也有缺陷。因为第二爻和第五爻是阳爻，第一爻、第四爻也是阳爻，都不相应，所以第一爻"勿用"，第二爻"见龙在田"。"见龙在田"的"见"字，同"现"，龙现出来，在地上了。这个句子是个条件句，二、五都是阳爻，不能够相应，所以有条件，什么条件？

"利见大人"，见大人则吉。这当然不是说一定可以碰到大人，而是说在这个爻上要碰到大人才吉。就像一个学生，初爻时还在念书，到二爻就毕业了，拿到了博士学位，出来工作的时候，他要见大人，要是碰到个好老板、好领导则吉；要是碰到坏老板，那就糟糕了。

九三。君子终日乾乾，夕惕若，厉，无咎。

到了第三爻，凡是在《易经》里面，如果内卦是三根阳爻，阳刚太盛，有骄傲的毛病。第三爻多半有骄傲的毛病，你看看他的位置，爻辞说"君子"，因为这个是人位，第三、第四位置在人位，"君子终日乾乾"，在两个乾当中。内卦是乾，外卦是乾，在两根很刚强的乾阳当中，阳气太盛，"终日乾乾，夕惕若，厉"，每天晚上警惕，好像遇到危险。这个厉，是一种病，字形如一种古代的大爬虫吃人。"厉"字在《易经》里面都代表危险。这种危险都是外在的，不是你做错了事，是外在的危险，每天晚上都要警惕，好像面临危险。危险在哪里？由第三爻到第四爻，是内卦、外卦之间的一条鸿沟，很容易掉下去，走不出来。"无咎"两字在《易经》里面出现很多次，而且比吉凶还重要。咎就是外在的过错、外在的责备。无咎是一个判断语，吉凶是结果，无咎是要下功夫的。怎样做到无咎？"夕惕"。要注意，乾卦纯阳，所以它白天是纯阳，为什么一到晚上要警惕？就是告诉我们需要阴柔，如果能够由阴警惕，碰到危机的时候，就无咎。这暗示纯阳太刚，要阴柔。所以这一爻是说不要骄傲，要谦虚。

九四。或跃在渊。

现在到九四，跑到外面了。九四在古代的政治上都是代表大臣。因为九五是君主，九四是大臣，这时候"或跃在渊"，心有疑虑，是否跳过去。其实在第三爻上，有时候也有疑虑。第四爻有疑虑，怎么办？我的处变学讲第三爻应变，第四爻也讲应变，然后到了第六爻也讲应变，这三爻都是讲应变。"或跃"，为什么要跳出去，因为是鸿沟吗？这条鸿沟要是跳不过去，就掉下去了。"渊"字有两种含义，一种就是内外卦之间的一条鸿沟。另外一个就是我强调的下面三根爻，渊很深。我认为如果翻成英文，是on、in、from，from是从渊、"或跃"从渊里面跳出去。为什么这么解释，等一下我再告诉诸位。这说明要从渊里面跳出，而且到了九四，还要跃，不要回头，回头就完了，一失足成千古恨。所以《易经》的六根爻一直往上走，没有回头路，注意啊，没有回头路！没有说第四爻回到第三爻的。古代有的注解说进退都可以，我认为只有进没有退，《易经》没有退路。如果讲退的话，最多也是停在那里，暂时不走。要么进要么不走，没有说再回来，千万记住没有回头路。所以是跃过去，也就是要向上跳，要往上去帮助君主，不要老是想着自己，老是想到你的家人，想到你个人。我们说"或跃在渊"是龙马精神，阳爻代表马，这里代表龙，是龙马精神，"或跃在渊，无咎"。这里的"无咎"我还要解释一下，无咎的反面是有咎，"或跃在渊"就无咎。因为第四爻和第一爻，两个都是阳爻，不相应。那么第三爻和第六爻都是阳爻，所以由于不相应是有咎的，但是这么做就可以无咎，无咎就是避免过错，避免责备。可见，无咎非常重要，以《易经》的方法来说，就是要做到无咎，不要有过错。这就是孔子讲的"无大过"，无大过就无大咎。

九五。飞龙在天，利见大人。

再看九五。九五之尊"飞龙在天"，第五爻和第六爻都是天位。"利见大人"，这还是条件句，因为五和二都是阳，如果这个大人是指的二爻，第二爻是诚，是有德之人。所以君主治理国家能够碰到有德的人，碰到好的臣子。这说明，他一个人在天上没有用，飞来飞去，下无援助，就是孤家寡人一个。所以"利见大人"是条件句。

上九。亢龙有悔。

到了上九，阳刚太盛，全是阳，"亢龙有悔"。"亢"字有两个意思，即高和傲；"有悔"即后悔，正是物极必反。飞得太高，没有援助。九三是阳爻，上九是阳爻，阳阳不应，故"亢龙有悔"。

用九。见群龙无首，吉。

好，六根爻讲完。最后一个"用九"。整个六十四卦里面只有乾卦有"用九"、坤卦有"用六"，九代表老阳。为什么九代表阳？因为《易经》里面每个爻都会变，所以"用九"是老阳，指出它的会变。这个地方"用九",就是怎样用这个阳。也就是说,把六根阳爻合在一起就是一根。这一根九如何用在其他的六十二卦里面呢?六十二卦中,每卦有阴有阳,那要如何用阳爻?所以"用九"是告诉我们如何用:"见群龙无首,吉。""群龙无首",不是说六个龙头都被砍掉,"首"是首领的意思,这六条龙都能够和谐相处,而没有一条出来表示自己是领导。这话讲的是什么意思呢?即要用阳爻的时候,不要过分强调其阳刚,要强调谦虚。阴阳两爻相遇的时候,阳要谦虚,阴要谦虚,这样阴阳才相和。如果阳骄傲刚强,便不能相和,所以这里的意思就是要谦虚,不要逞强,不要以为自己是领导就了不起。

现在我就把六根爻做一简单的纲要:
第一爻,要默默地修养德行。
第二爻,亲近有道有德之人。
第三爻,要知道反省。
第四爻,勇往直前。
第五爻,要懂得用人。
第六爻,要谦虚、要知止。

初爻潜修,修养的修。二爻我们用儒家的"就有道"来说,迁就有道顺着有道之人有原则有道。第三爻,知惕,要知道警惕反省,警惕。第四爻,要一往直前,或者是以退为攻,以退为进。第五爻,用人的君主懂得用人。第六爻,知道谦虚。其实你在别的地方都可以用到,不一定说谈到政治问题,不一定谈到九五至

第二篇 闲谈《易经》六十四卦

尊的问题，任何地方你都可以用。

乾卦，我们可以看到，它是由初九、九二、九三、九四、九五、上九、用九组成，除了《易经》的经文部分，还有"《彖》曰"，就是《彖传》，接着就是《象传》。《大象传》是描写一个卦里面内卦、外卦重叠起来的作用。如乾卦的《象》曰："天行健，君子以自强不息。"接下去是《文言传》，只有乾、坤两卦有《文言》，文言就比较复杂一点，算是两篇文章吧。《文言》里面又把六根爻重复解释一下，同时把每个爻的爻辞又解释一下。在这个地方我稍微强调一下，《文言》一开始就是对"元亨利贞"四字的解释。

"元者，善之长也"，这个"善"要注意了，不是善恶之善，不是道德的善恶，也不是相对性的善，而是生机。善就是生，正如《系辞传》所说的"一阴一阳之谓道，继之者善也"，一阴一阳相和，然后是善。可见，善实际的意思就是生。"生生之谓易"，第一个"生"是天的生长万物，第二个"生"是人的辅助发展。

"亨者，嘉之会也"，"亨"是沟通、是祭祀，"嘉"是美的意思。我们知道中国古代有"吉、凶、军、宾、嘉"五礼。"吉"是讲祭祀，"凶"是讲死亡和葬礼，"军"指整顿军队，"宾"是接待外宾，"嘉"就是婚礼等。故我们现在的结婚典礼是嘉礼，不是吉礼，吉礼是祭祀用的。嘉就是美，"嘉之会"，即美之会，会就是沟通，人与人之间的沟通，人与天之间的沟通。"利者，义之和也"，前面讲过，此处就不多说了。"贞者，事之干也"，贞就是正道，前面也讲过的。

再看《文言传》说的九二："闲邪存其诚。""诚"字出现了！

易经新说
150

"诚"字是孔子在《易经》的注解里面出现的，后来《中庸》里面就讲诚。这个注解很好，"闲"就是关起来，把邪关掉，不让邪进入你的心，就是"诚"。程颐的《易程传》对此进行了发挥，说诚不是去抓、去实践就能出现的，诚是内心的，只要你把邪关掉，就是诚。说白了，没有邪就是诚。再看"善世而不伐"，你在世上做好事情，但不居功。下面就重要了："德博而化"，"化"字出现了。你的道德普遍于万物，而化就是化万物，转化万物，使万物都得到你的德的转化。"诚"字很重要，"化"字更精彩。

接下来看最后一段，"亢龙有悔"。为什么"亢龙有悔"，怎样才能做到不"亢"？"知进而不知退"，只知道进不知道退就是"亢"。"亢"是骄傲，一直往前走不知道退。"知存而不知亡"，知生而不知死。还有"知得而不知丧"。这三句话也影响到后来的道家思想，其实老子思想就是"以退为进"。老子讲"进道若退"，往前进的道好像退一样。这三句话在我们的修养功夫上也很重要。"知存而不知亡"，让我想起有一次在讲述老子的课上，学生问到我的存在主义。存在主义是西方现代主义里面一个很重要的学派，讲个人的存在，但是他们就怕死亡。存在主义的哲学家就说：死了，什么都没有了。死亡是人类终极的悲哀，他们不知死，只知道存在而不知死。所以，我告诉同学们，中国伟大的哲学家，像庄子，都是了解死而不怕死的。只有西方哲学的存在主义学派，把死看得很大。这就是存在主义的"知存而不知亡"。这就是孔子的《文言传》对乾卦注解的几个要点，我提出来给大家作为参考，其他的就不一一细说了。

坤卦（☷）第二

现在我们要进入坤卦了。先看"坤"字。篆体"𦥑"，左边是土，右边象征我们的肋骨，肋骨代表身体。我们的身体站在土上，坤就是地的意思。坤字是《易经》的特别用字，只有《易经》才有。坤卦六爻，是八卦的两个坤卦重叠在一起，是全阴。全阴也是一个理想的境界。我们在现象界任何东西都有阴有阳，没有全阴的，这是一个抽象的观念。

坤。元亨，利牝马之贞。君子有攸往，先迷后得主，利。西南得朋，东北丧朋。安贞，吉。

现在我们看坤卦卦辞，卦辞比乾卦复杂，乾卦只有四个字："元亨利贞。"坤也有这四个字，因为天重要，地也重要，没有地，天的作用也产生不了。坤卦虽有"元亨利贞"四字，但是有条件。

"元"是一样的，是开始，坤也是万物的开始；亨，沟通，坤是地，坤是谦虚，善于沟通。这样看来，坤卦的"元、亨"两字和乾卦的没有什么差别，但是"利"就有差别，有条件了。什么是坤的利？"牝马之贞"，牝马就是母马、雌马。我们都知道龙是代表纯阳，马也是代表阳。卦辞所说的马，是母马，因为是坤卦，所以说是"牝马之贞"。"贞"字，前面已讲过，它是跟着它的性质而来的，是柔弱，也是谦虚，即要像雌马一样谦虚柔弱。据有些学者的说法，在北方，如果有一群马，雄马跑在前面，雌马都是跟在后面，即雌马代表顺。雄马，是乾，代表健，往前走。坤就跟着乾，是加上条件。柔顺是它的贞道和本性。接着，"君子有攸往"，君子有所往。如果要往前走的话，会怎么样呢？重点来了："先迷后得主，利。""先迷"，开始的时候迷惑，也许走错路。后来找到她的主人，才利。这个主人是什么？就是乾，就是阳。为什么先迷呢？我打个比喻，实际上不是比喻，而是事实。什么叫阴阳？我们说向着阳光谓之阳，背着阳光谓之阴。现在，在地底下的气，因为是背阳，没有太阳所照，所以凝结在那里，到了冬天很冷的时候，便冻住了。可是春天来了，春雷一声，把阳气打入地下，阳气跟本来凝结的阴气就相碰相遇，阴阳相和，然后就促使种子发芽往上冒出来了，所以说"春雷一声，大地回春"。也就是说，"先迷"，是指阴气在地底下，是迷的、暗的，后来因为阳气来了，使得阴气顺着阳气往上走，是"后得主，利"。这里绕了一个弯子，诸位注意，这是非常重要的弯子。我在讲"谦"字时，诸位记不记得，我讲到了"曲成"，即绕弯子而有成就。中国哲学真正的功夫在"曲成"，而不是"直成"。"曲成"非常重要，老子思想的高妙，就在于此。大家都好强，表现在外面，他要柔弱，遮盖光芒；大家都是有为，他要无为，这就是"曲成"。"诚"字，在《中庸》里面讲道："唯天下至诚，为能尽其性；能尽其性，则能尽人之性；能尽人之性，则能尽物之性；能尽物之性，则可以赞天地之化育；可以赞天地之化育，则可以与天地参矣。其次致曲。曲能有诚，诚则形，形则著，著则明，明则动，动则变，变则化。唯天下至诚为能化。"至诚"之后是"致曲"，即曲成。诚要去曲，绕个弯子才是真正表达你的诚意。有时候正面解决不了问题，你要绕个弯子解决。绕弯子，是中国哲学的功夫。你看孔子说很多话就是绕弯子，如《论语·卫灵公》中孔子曰："其恕乎！己所不欲，勿施于人。""己所不欲"，绕过自己；再绕过去，"勿施于人"。什么是仁道的仁？"己立"，绕个弯子；"立人"，从自己又绕到别人。多么好的弯子！可见，"先迷后得"这四个字诸位要注意，是很重要的。

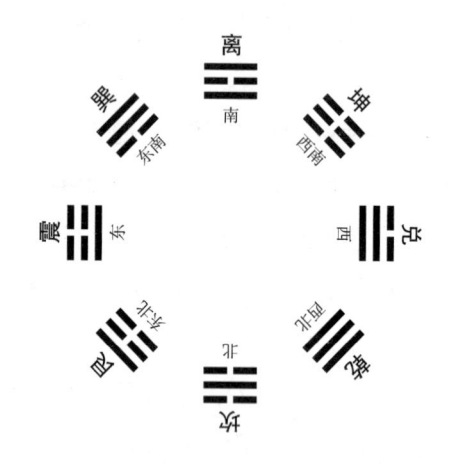

"西南得朋，东北丧朋"，一般占卜的书都讲方位，在后天八卦中（如图），西南属于阴卦，东北属于阳卦。所以占卜上就是要往西南去，那里有朋友的帮助，到东北去就难免会碰到敌人。这是占卜的说法。但是，我认为文王写《易经》的时候，不是用在占卜上。文王的侯国在西南，今陕西一带，侯国的东北是商纣的天下，到了东北去，他反而被关在监牢里面，所以，文王告诉自己，西南是我的地盘，我要好好在西南发展。那时候文王还没有发动革命，他在西南好好培养势力，教育人民，联合一些邻国诸侯，所以"西南"是他的朋友。不能到东北去，到东北就会失去朋友。这很显然是文王描写他自己的情景。从坤卦的卦辞里面，我们可以抓住几个精神，第一个精神，即"元亨利贞"是一样的，但是要柔弱，像雌马一样柔弱。第二个精神，是先有波折、有困难，但是要找出并跟从一个原则，当你迷失的时候，抓住这个原则，你就有救，就可以有利。这是卦辞告诉我们的两个重点。最后是"安贞，吉"，安于你的"贞"，坤卦的贞就是谦虚、柔和，安于你的谦虚、柔和，不要好强斗狠，就会吉。卦辞已写得很清楚了。

初六。履霜，坚冰至。

坤卦的第二爻和第五爻都是阴爻，也不相和，就像乾卦一样，两个都是阳，所以不是绝对完美的，是有遗憾的，是有迷惑的。这是二五并不相应的道理。

现在看初六。初六本来应该是阳爻，现在是阴爻，所以位不当。"履霜"，因为刚开始就是阴爻，上面有五根阴爻压住它，就像冬天刚刚开始打霜一样。但是在打霜的时候，你就要知道"坚冰至"，即前面的路途有困难，不是那么顺利。初爻在地下，一打霜之后，马上就变成冰了，所以要谨慎小心。

六二。直方大，不习无不利。

"六二"这一爻很特别，也非常好。特别在哪里？它是坤卦的主爻。乾卦的主爻在九五，九五君位，我们常讲九五之尊，那是天。坤是地，这一爻在地上，所以是坤卦的主爻，但是六五还是君主。在《易经》里面，凡是第五爻，原则上都是领导、君主，但是每一卦有每一卦特殊的、重要的一爻。第二爻就是坤卦特殊的爻，代表了坤卦的性质。六五不代表坤卦的性质，只代表君主。以前我也提过，六十四卦里面第五爻大多代表君位，第二爻代表修德之君子，代表充实你的知识和德行。六二讲的就是地之德，有三个字来描写地。首先地是"直"，地是直的，不是圆的。其次地是"方"，古人认为天圆地方。第三地是"大"，我们常说大地。直、方、大，是地的特色。从德行来讲，直就是无邪，无邪谓之直，"诚"就是直道而行；方是方正；大是宽广，地大了就宽广，大也代表开放，地是开放的。初步看来，这三个德也是乾的德，阳是直道，阳是方正，阳是伟大，所以地之德也有阳的特色。如果我们以男性女性来看，把阴爻看作女性，阳爻看作男性，有时候是会误解的。尤其现代社会，男女分得不是那么清楚。但有时候我们在表达过程中，不要太严格区分；也就是说，女性之德需要男性的德，柔中有刚。地的直方大是男性之德，也可以拿来用在女性之德上，这也是非常有深意的。我们不要以为古代的女性都是那么柔弱的，像林黛玉一样。

"不习"，"习（習）"字本来是练习，上面是羽毛，小鸟学飞的时候，下面是白色的，挥动它的羽翅练习飞翔。所以，习就是小鸟练习飞翔。后来我们说的练习，也不是一下子就会了，是要一直练下去的，就像学骑自行车一样，先是摔，摔了再练，也就是表现出不断地习。为什么说"不习无不利"呢？这里的"习"

字有负面的意思。抱歉，我又以女性为例来讲，这是传统的说法。我不知道心理学上是否如此研究，男女有点差别，男性是大而化之，女性有时候心里想得就比较多，心里有问题时，她会想了又想。"习"就是在心里面想，有时候有点儿犹豫不决。那么这一爻就是告诉我们不要想，要直、方、大，要学阳刚之气，这样的话就无不利。不要想得太多，就像孔子说的"再，斯可矣"（《论语·公冶长》)，不要想得太多，要顺其自然。"不习"就是顺其自然，"直、方、大"是自然的，即地是直、是方、是大，是自然的。所以，第二爻也是代表自然的意思。

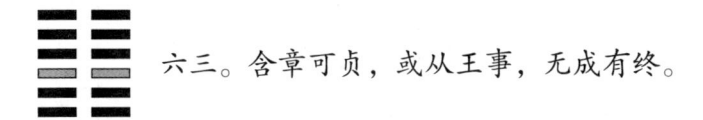

六三。含章可贞，或从王事，无成有终。

看第三爻。我们前面讲过，如果内卦是坤，下面两个阴，第三个是阴，这是阴气太盛，第三爻多半是凶。阳气太盛，是阳刚太骄。阴气太盛，也表现出阴虚、阴骄，是阴气的骄，也是一种骄傲。还有，六三阴居阳位，位置不当，跟上六也不相应，整体环境当然不好。故爻辞说"含章可贞"。"章"就是文采，要包含你的文采，不要表现你的文采。"章"从哪里来？这一爻在两阴爻之上，结合了两个阴爻，气势汹汹地往上走，冲击上面的大臣和君主。所以这一爻要包含你的文采，不要显露，才是你的"贞"。阴爻假如说是女性，"贞"就是女性的谦虚之德。"或从王事"，"或"字常常出现在第三爻、第四爻，也就是说由内卦到外卦转折的时候，心里有时候会有疑惑，自己要不要跳出去。"或从王事"，是指你要出去替君王做事。替君王做事要怎么样呢？

"无成有终"。这句话好像是个判断语，你没有成就，但有好结果。表面上看来，你没有成就，因为卦辞说"先迷"，先迷就是你的光彩被遮盖了，我们要从深处看。一般传统的解释只讲在这一爻上你没有成就，结果还好，因为"含章"掩盖了你的光彩。

但是，我们在这一爻上要怎么做？当然不是说等在那里"无成"。关于"无成"，我是从老子的角度来解释的。"无成"就是不要想有成就，要掩盖你的光芒，不要只想着我要做这个事情，要有伟大的成就，要成功。不要想着成功，不要想着成就，这样才会"有终"——有结果。要想有成就的话，就有危险。"无成"是一种功夫，你做任何事情，不要把有用、没有用作为第一个考虑的前提，不要想我有没有成就，要自然。老子讲的"无为"就是如此，我的注解里面有好几个意思，但是最重要的是两个：第一，做任何事情不要想着为什么，要自然；第二，不要有欲望，不要有私利。这是"无为"二字最重要、最简单的解释。"无为"就是"无成"，不要想着成就。

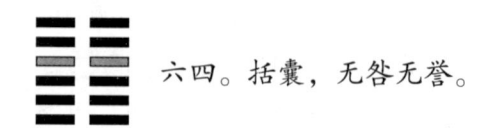

六四。括囊，无咎无誉。

六四已到外面，在外卦了。"括囊"，"囊"就是口袋。要束紧你的口袋，口袋里藏的东西不要打开让人家看到。这一爻是大臣之位，也是秘书。第五爻是君主、领导，所以这一爻是秘书。一个做秘书的人，最重要的就是守口如瓶。"括囊"，"囊"也是比喻嘴巴，嘴风把紧，不要泄露秘密。如果做秘书的人想表示自己的能干，他把"我知道我们的领导要怎么样"这样的话讲出去，就有危险、麻烦。扎紧你的口袋、闭起你的嘴巴之后，结果是"无誉"。没有人赞美你，你也不能表现出你知道什么。但是也"无咎"，没有赞美，也没有过错。说一句玩笑话，有赞美就有过错。我在台湾上课时，班上也有很多女生，我跟她们开玩笑说，你们不要表现得太能干，男生表面上赞美你好能干、很聪明，心里却在说这个女生我不敢要。所以有誉就有咎。

我曾经在我的书里引用了孟子的一段话，这几句话是我读高中时，老师讲孟子的时候特别强调的，对我的印象很深刻。《孟子·离娄上》有"不虞之誉，有求全之毁"一语，"虞"就是想，"不虞之誉"即想不到的赞美。其实你没有那么好，人家却赞美你，你还要去求全，欣然接受，这反而会毁了你。你没有这个能耐，人家却夸奖你，过分夸奖你，你接受了，你就以为自己有这个才能，所以有求全之毁。《老子·第十三章》说"宠辱若惊"，辱是耻辱，宠是人家宠爱你，宠辱都要使你受惊。辱来了，当然要惊，为什么人家羞辱我？人家来宠你，也要注意，不一定是好事，说不定他有一定的目的。记得在台湾的时候，因为我喜欢写文章，有个杂志的编辑突然就跑到家里跟我聊天，赞美我，说我的文章写得非常好，然后结果就是要我替他的杂志写一篇稿子。宠与辱在老子看来，是相关的，宠后马上就是辱。我记得《韩非子·说难》中有这样的记载："昔者弥子瑕有宠于卫君……异日，与君游于果园，食桃而甘，不尽，以其半啖君。君曰：'爱我哉！忘其口味，以啖寡人。'及弥子色衰爱弛，得罪于君，君曰：'是固尝矫驾吾车，又尝啖我以余桃。'故弥子之行未变于初也，而以前之所以见贤而后获罪者，爱憎之变也。"你看，前面是宠，后面是辱，可见宠和辱是相生的。

可见，第四爻的"无咎无誉"，要做到确实不简单。"无咎"是无后悔之事，"无誉"就是没有别人可以利用你、赞美你的事，这样的话你才可以超然，才会摆脱很多麻烦。"无咎无誉"是一种功夫。第四爻是大臣的功夫，要懂得"无咎无誉"，不要贪誉，不要贪图君主赏识你、赞美你，谁又知道过一段时间这种赞美会不会变成耻辱？

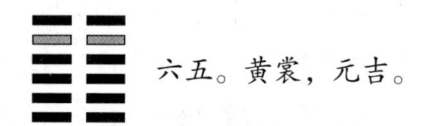

六五。黄裳，元吉。

到了六五君主之位了。君主是阴爻，假如说这是女性，或者君主比较软弱、柔弱的。他要怎样处理呢？"黄裳，元吉"。先简单解释，"黄"是颜色，为什么用黄？因为坤是地。地的颜色是黄的，我们的黄土高原是不是黄色？所以黄是中下之色。我们中国人喜欢的是红色。"裳"是下一截衣服。这个君主虽然穿着龙袍，很显耀，但是外面披一件黄色的裳，表示他的谦虚、卑下，像地一样。中国历史上，大家都知道君主穿黄袍，应该是很高了。但恰恰相反，君主穿黄袍不是表示高，而是表示他谦虚、低下。和尚也是穿黄色的，也是表示他低下的意思。"黄裳"，遮盖了他的光明，遮盖了他的高大。"元吉"，我要把"元"和"吉"分开来看，很多注解把"元吉"当成大吉，说"元"就是大，把大当作形容词，我认为不恰当。"元"不是形容词，"元"是"元亨利贞"开始时候的心态，"元"是善之长也，是生生的发展。这个"元"是指君主能维护万物的生生之善。

上六。龙战于野，其血玄黄。

"龙战于野，其血玄黄"，卫礼贤的翻译认为，龙是复数的龙——dragons，好像是两条龙在打仗。其实，这里没有两条龙，上六不是龙，阴柔不是龙，只有纯阳才是龙。龙出现在乾卦，不能出现在坤卦里面。其他六十二卦根本没有"龙"字。那么这里的龙是指什么？这里仍然是指乾卦的龙，但和他战斗的上六，不是真龙，而是上六自以为是龙。前面说"先迷后得主"，现在它不是"得主"，而是"先迷后打主"，跟主人打仗了，这一打就掉到野外去了，就像棒球一样，球打出去了。本来在天上，现在掉到地下，流血了。血有玄有黄，玄是天的颜色，黄是地的颜色，两种颜色相混，表示天地都破裂了。这是负面的意思，跟前面的"亢龙有悔"一样。

用六。利永贞。

最后看用六。怎么样用阴爻？在其他的卦里面怎么用？一根阴爻怎么用？"利永贞"，利于永远的贞，永远地把握阴爻的贞道。阴爻的贞道就是谦虚或者柔顺，永远把握谦柔的德性，不要好强，不要斗狠。

坤卦六爻讲完了，也和乾卦一样，我做一个总纲说明如下，将来我也会就每个卦给大家一个总纲，说明这六爻的性能。

第一爻，知艰，要谨慎小心。

第二爻，心地坦然，不要犹豫不决。

第三爻，包含你的文采，不求有成就。

第四爻，守口如瓶，自认无知。

第五爻，要谦逊，自处卑下。

第六爻，要求和谐，不要好强斗狠。

接下来看看孔子所作的《彖传》《象传》和《文言》。坤卦的《彖传》《象传》前文我提过，此处值得一提的是《文言》，其中有几句话很重要。《文言》一开始就说"坤，至柔而动也刚"，虽然坤卦是柔（不是软弱），动起来的时候也很刚。也就是说，坤顺着乾而走，也得了乾刚的一面。

接着"至静而德方"，方是方正，代表有智慧。《系辞上传》称"卦之德，方以知"，方就是规矩，方正。卦不是方的吗？一卦六个爻，方方的。"卦之德"是方的，但是有智。《系辞上传》接着说"蓍之德，圆而神"，蓍草有神通，可用作占卜，有感应。为什么讲圆呢？方和圆有什么不同？"方"一定是作为规矩，可以测量；"圆"是在滚动，只有一点会碰到地，不会整个碰地，可以一直走，无所不通，这是精神的作用。

《文言》继续说："后得主而有常。"先迷，后来得到主，得到原则以后，合乎常道。接着"含万物而化光"，"化"字来了。它能够包含万物而转化万物，"而化光"，万物都有光彩。我在《易经的处变学》一书中，讲坤卦的地道时讲了七点，最后一点很重要，就叫"转化"。地能转化，"先迷后得"就是转化。你把什么东西丢在地里面，它都能够帮你转化出有用的东西，转化成生命的东西。所以，我在特别强调大家都知道的石油，本来石油是化石，有些东西死后埋在地下变成化石，能够把化石转出石油来。这种化腐朽为神奇的功能，是地的特质，也是我们讲转化的作用。

附录：

一、问："西南得朋，东北丧朋"，这句话怎么考虑？

答：老子讲过一句话："鱼不可脱于渊。"鱼是在水底的，不能离开水底到水面上来，到水面上来就被人抓走了。这个水底是它的"渊"，也就是它的"西南"，是它的好地方。我举一个例子，也许各位就清楚了。比如我跟心理学的学者辩论，哲学是我的"西南"，心理学是他的范围。在辩论技巧当中，我要时时把握住哲学的特点，不要到他的心理学范围去辩论。你到了他的范围中，不懂得心理学，那不是肯定被打吗？所以，时时刻刻要把辩论的主题拉到哲学的范围中来。这就是"西南"，不要到"东北"去。这样一讲，你们大概就知道，也就是说你在某方面的特长不要放弃，投身到另外一个不是你特长所在的地方，一定会输。

二、问："直方大"是德，"不习"是自然无为，就是不用做太多事、说太多话吗？

答："不习"，不是说不要做太多事，太多当然不行。要做事，不是说不做事。无为也是一种为，要注意，不是不为。用无为的方法为，事还是要做。当然了，不要说太多的话是可以的，"多言数穷"，事是一定要做的。

三、问："或从王事"，要做事是要韬光养晦吗？

答：韬光养晦就是道家的，变成有事了。坤卦不是讲韬光养晦，事是要做的，但是在做事情的过程中，不要把成就看得太高、太重要。要放开心去做，成败之事不理。如果你们对《庄子》有兴趣，就会发现《人间世》这篇完全是在讲心理学，其中有一个故事：

叶公子高将使于齐，问于仲尼曰："王使诸梁也甚重。齐之待使者，盖将甚敬而不急。匹夫犹未可动，而况诸侯乎！吾甚栗之。子尝语诸梁也曰：'凡事若小若大，寡不道以欢成。事若不成，则必有人道之患；事若成，则必有阴阳之患。若成若不成而后无患者，唯有德者能之。'吾食也执粗而不臧，爨无欲清之人。今吾朝受命而夕饮冰，我其内热与！吾未至乎事之情，而既有阴阳之患矣；事若不成，必有人道之患，是两也。为人臣者不足以任之，子其有以语我来！"仲尼曰："天下有大戒二：其一，命也；其一，义也。子之爱亲，命也，不可解于心；臣之事君，义也，无适而非君也，无所逃于天地之间，是之谓大戒。是以夫事其亲者，不择地而安之，孝之至也；夫事其君者，不择事而安之，忠之盛也。自事其心者，哀乐不易施乎前，知其不可奈何而安之若命，德之至也。为人臣子者，固有所不得已，行事之情而忘其身，何暇至于悦生而恶死！夫子其行可矣……故法言曰：'无迁令，无劝成。过度益也。'迁令劝成殆事。美成在久，恶成不及改，可不慎与！且夫乘物以游心，托不得已以养中，至矣。何作为报也！莫若为致命，此其难者。"

这位大臣早上接到君主的命令，晚上就拼命喝冰水，这是内热，心理上的内热，即焦虑。于是他请教孔子（《庄子》书里面的孔子所言多半是庄子的话）。孔子有一句话说，要办一件差事，不要想到成就，因为你想到成就，就会讨好君主，就会离开你的正题，事情就办不成，事情就有问题了。所以，你要照你该做的事情去做，不要想到成败，把成败得失放在一边，不是韬光养晦，而是不计较成败、不考虑成败地去做。

四、问：何谓黄、裳、元三美？

就坤卦来讲，黄、裳和元是分开的。黄、裳就是你有才能，要掩盖，不要夸耀，不要表现。黄、裳就是掩盖。"元"，在心理学上，我称之为动机。元是开始，动机要善、要正确，所以"黄、裳、元"也可以用另外一种方法来说明。也就是说，你到了很高的位置，要掩盖，不要以为自己很高。很多主管，假定是女性的主管，她手下都是男性，这就很不好处理。所以她要"黄、裳、元"，掩盖她的才能，要相信手下，让他们工作起来很轻松愉快。如果你高高在上，认为他们没有能力，一点儿小事都做不好，下面的人就有抵触情绪了：我们都无能，你有能力你做。这就是"飞龙在天"，不能"利见大人"，得不到下属的辅佐。

我再说一下"上、中、下"三美，上美就是天道之善，黄是中色，内在的美，内在的动机。裳，是下一级，下美，比如说一个主管，能够得到下面的人的拥戴，这叫下美。假如说一个大臣得到君主的赏识，属于上美。他自己很诚信的话，就是中美。

屯卦（☳）第三

第三卦屯卦，卦象有阴有阳了。先看"屯"字，它是一个会意字，上面的一横是地，下面是小草。小草要穿过地面长出来，地面很硬，要很用力才可以钻出来，确实不易。屯，开始时有困难，要用力。所以屯的意思，是开始有困难，不是永远有困难，这个困难是可以打破的。困难的卦在《易经》里面有好几个，如困卦、蹇卦等。《易经》要解决的就是困难的问题。为什么要在乾、坤之后就讲屯——开始的困难？我们就要看屯卦是怎么回事了。

屯卦，内卦是震，震就是雷，雷代表动，一根阳爻上面两根阴爻，一根阳爻触动，是雷。春雷一声，触动万物。外卦是坎，代表水，还代表危险。我就从这两个卦象来说明它的理。传统来说，外卦是水，只是水开始是云气，也就是水气，后来变成雨落下来。现代哲学家熊十力先生曾经讲过，天上面的云积累很厚，下面是震，就是雷。雷迅发之力，就是生命力的发挥。也就是说，上面是云，下面是雷，雷很快使得云产生生命力。什么是生命力？就是下雨之后，万物都得到滋养而生发。这是从正面来看。因为乾坤一合，阳动了，万物就产生了。另外《易经》的每个卦有时候不只有一个象征，有时候有两个象征，甚至三个象征。第二个象征，即下面的震是动，动就是走进去，上面是危险，动于危险，进入了危险。所以，我说这个卦的开始是困难，有危机。乾坤两个一合，就产生了万物，从那时起万象丛生，随处都有危险。古代还是大恐龙的世界，什么东西都有危险。这是两个卦合在一起之后，给我们的一个象征。

屯。元亨利贞，勿用有攸往，利建侯。

屯卦卦辞，"元亨利贞"四个字又出现了。这说明屯卦代表万物发动的时候，是"元亨利贞"的。"元"是开始；"亨"是亨通，气周流；"利"，利于万物生长；"贞"，每个事物都有它的道。可见，一个卦里面有"元亨利贞"四个字，多半是非常好、非常重要的卦。

"勿用有攸往"，"有攸往"就是有所往，不要有所往，也就是不要乱动。就这个卦象来讲，为什么不要乱动？因为内卦是动，外卦是危险，代表外面有危险，不要乱动。那怎么办？

"利建侯"，利于在这个时候建立诸侯。这就像武王灭纣以后，分封他们的子弟、亲戚到各个侯国。据历史记载，当时分封了一千多个诸侯，因为都是亲戚，一定会拥护他们，足以巩固王权。可见，"利建侯"，就是打好根基，先不乱动；根基打好，才能动。

初九。磐桓，利居贞，利建侯。

"磐桓"，磐是大石头，桓是大树木。乾坤天地、阴阳一合，就有了万物，先有的是大石头和大树木，筚路蓝缕，不易走通，所以要披荆斩棘，以免挡了道。这时，前面的路不好走，所以"利居贞",要停在你的位置上,把握你的"贞"。这个"贞"是什么样的?初爻是阳爻,位正,所以"贞"代表诚。我在前文强调过,凡是阳爻的贞,要把握诚。"利建侯",和卦辞是一样的。那么,现在大家可以看出来了,卦辞"利建侯",初爻也有"利建侯",可见卦辞和初爻相同。这个卦里面,初爻是主爻,它开始发动,就是要打好基础。比如你要建立一桩事业,前面当然有困难,你就要把基础打好,比如找好你的盟友来共同打拼。

六二。屯如邅如,乘马班如,匪寇婚媾。女子贞不字,十年乃字。

二爻和五爻位当而应,万物产生了,有生命力了,所以很好。六二"屯如",屯是这个卦的名字,表示走得慢。"邅如",就是盘旋不进。这个时候不能进,因为还不到开始发展的时间。"乘马班如","乘"字来了,"乘"是说两根爻,上面是阴,下面是阳,阴乘阳不好,阳乘阴才好。现在六二是阴,初九是阳,阴乘阳,所以"班如",马不能走。"班"就是成群的马跑回来。"匪寇婚媾",意思为不是强盗,而是你的婚姻关系。这是个成语,在《易经》里面出现了好几次,多半在第二爻和第五爻,第一爻与第四爻也有。二爻、五爻,有婚姻的关系,因为它们相应。讲君臣的话,二爻是臣子,五爻是君主;讲婚姻关系的话,二爻是女子,五爻是男子。"匪寇",先以为是寇,后来发现不是寇,而是你的新郎。大家应该知道,古代有抢婚的现象,结婚就是抢婚。"婚"本来的字是"昏",晚上男方敲敲打打地,像强盗一样,跑来把女子抢过去,这是抢婚;但是不要怕,那不是强盗来抢,而是新郎来抢。也就是说，第二爻和第五爻，一阴一阳可以交配，婚姻关系很好，它们相合。但是，这一相合不是马上的，"屯"表示走得慢，所以说"女子贞不字"。"女子贞"，女子要把握她的贞道，六二是"贞"；"不字"，不嫁。为什么"字"是嫁人的意思？因为根据古代的礼，女子到订婚的时候，父母亲才给她取字，前面都是叫小名，所以"字"是代表定了亲，可以出嫁。当然，这一爻的婚媾不是马上就娶，毕竟六二和九五之间还有两个阴爻挡着，没有那么快的。"十年乃字"，"十年"只是形容时间久，不一定是十年，九年、八年都可以，只是表示要等待一段时间。古代的婚嫁要等时间，第五十四卦归妹卦就是讲结婚的卦，婚嫁一定要通过礼节和过程，要做媒的，还要送聘礼、定日期，一定是经过好几道手续过程才能够结婚，不是说想嫁马上就可以嫁的。尤其这一卦，要等，要耐心地等。

六三。即鹿无虞，惟入于林中，君子几，不如舍。往吝。

"即鹿"，追那个鹿。"鹿"就代表你追求的东西和要达到的目的。我们现在叫逐鹿中原，就是从《易经》来的，"即鹿"就是逐鹿。鹿跑到山林里面去，你要往里面追，说不定会有危险。"无虞"，即没有虞的指导。"虞"有两个意思：一是动词，思考的意思；一是古代专门管山林的官员，他懂得山林的一切，所以管山林。如果你到了山林里面逐鹿，没有管山林的官做向导，"惟入于林中"，"惟"就是空空的，跑到山林里迷失了，非但看不到鹿，自己也变成鹿被野兽所追。"惟入于林中"，有危险。危险在哪里？屯卦上卦是坎，坎代表危险，进入坎卦，自然危险。所以，"君子几，不如舍"，"几"在《易经》经文中用了一次，就在这里。君子知道几（消息），知道原因，不如放弃，没有向导，擅自入山林里是危险的，不如停下来。"往吝"，如果还一味地前往，想追到鹿，见财忘义，就会有后悔的事情发生。这是古代的情况，这句话拿到今天来讲，也非常适合。今天我们对山林过度砍伐，很多地方山林都被砍光了，生态遭到了破坏。"虞"就是专家，我们一定要听从专家的建议去开发山林，不能乱砍滥伐，这才是对环境和资源的保护。

六四。乘马班如。求婚媾，往吉，无不利。

六四是大臣之位，又是"乘马班如"，这次乘的是六三，但两个阴爻却不是很好的乘，"班如"也不能进。"求婚媾，往吉"，这里又一个婚媾。第四爻和第一爻是一对。他们有婚姻关系，第四爻的婚姻关系是第一爻，所以要"求婚媾，往吉"。这是什么意思呢？《易经》的象，我们要从理上去了解它。我认为，"求婚媾"是要得到初九，初九跟六四正好相应，一阳一阴，这样的婚媾是好的，就像二、五的婚媾也是好的一样。这个卦里面，一四、二五，都是一阴一阳相和。大臣如果能得到初九的婚姻关系，自然是很好的，毕竟他得到了贤内助。他有一个好太太，帮他打理家庭事务，不需要花太多时间去想家庭的琐事，能够一心一意地辅佐君主。要注意，六四和九五，这两个爻之间的关系很重要。如果六四是阴爻，九五是阳爻，百分之百是很好的辅助，大臣柔软，君主刚强，以柔软来辅佐刚强，是很好的搭配。可见，六四一方面要得到初爻这个贤内助，然后全心全意地帮助君主，得到君主的赏识和信任，更好地治理国家。"往吉"，他往上走，是吉，就"无不利"了。

九五。屯其膏，小贞吉，大贞凶。

九五这一爻很特别。"屯其膏"，因为是阳爻，"膏"就是点灯的油膏、油脂，也代表财物。五爻要"屯其膏"，为什么呢？因为这个卦好比一个国家开始经营的时候，尽管国库里面有一点儿积蓄，但是不要大用，也不能乱用，毕竟库存还不足。所以，"小贞吉"，对小事情，把握你的诚，则吉；"大贞凶"，做大动作，则凶。也就是说，九五只能做小事情，不能做大事情，因为国家的财力有限，不能大量建设。库存有限，大量建设的话就有危险。像秦始皇，建阿房宫，又建万里长城，花了多少民脂民膏，结果自然凶。汉高祖，得天下后，其子汉文帝，用道家无为而治的思想，做小事情，因为汉初时因秦末战争和楚汉之争，弄得民穷财尽，民不聊生，没有经济来源大肆建设，只好采用老子的休养生息，故小事吉，不能做大事。在这里，我要说明一下，"贞"字有吉也有凶，就要看它在这个爻上怎么做。"元、亨、利"三个字绝对是好的，只有贞要看这个爻的作用。如果是阳爻所代表的诚，但是固执成见、刚愎自用，那么也有毛病。如果是阴爻，本来谦是好的，但是过分柔弱，反而变成退让，也是不好的。所以"贞"字是要看在这个爻里面如何用，有吉与凶的不同判断。

上六。乘马班如，泣血涟如。

上六和六三都是阴爻，不相和；然后上六是阴，下面是阳，乘也不好。故"乘马班如"，不能走，只好回头。"泣血涟如"，凡是阴爻，不是流眼泪就是流血，血也好，泪也好，水也好，还有鱼也好，都是阴爻的一个象征。流血了，流眼泪了，表示不好，危险。

最后我把总纲给诸位稍微介绍一下。
第一爻，建立基础，如同伴、知识等。
第二爻，要能忍耐，不乱动。
第三爻，要尊敬专家。
第四爻，要有内助。
第五爻，限于小事，不要大动作。
第六爻，不要过度，要知止。

另外，从屯卦中，我们也可以看看我所谓的转化功夫。第一爻修德。第二爻扩充知识。第三爻如果没有向导，就会迷失，不能走，怎么做呢？我用转化来讲，第三爻要把第一爻的阳转化到它之中，有阳刚之气。初爻打好的基础，第三爻要回头，将初爻的基础转化进去。第四爻和初爻是一对，也要初爻的基础，才可以往上走。这两爻都要靠初爻的基础。到第六爻，它是乘，阴乘阳不好，怎么转化？它下面的九五是阳爻，它不要乘阳，要能转化九五之阳，所以它要回返九五。这种转化很重要，这三根应变爻都要懂转化。

蒙卦（䷃）第四

蒙卦是第四卦，"蒙"字，上面是杂草，当屯卦的草长出来，盖满了大地，就是蒙蔽，引申为蒙昧，再引申就是无知。这个"蒙"，会蒙住眼睛，蒙住脸，看不清，所以我们常常说蒙蔽、蒙昧。这是负面的意思。往往一个卦，从象来讲是负面的意思，如何去做却是正面的意思，正负两面都有。蒙的正面意思就是我们要如何把杂草除掉，"筚路蓝缕，以启山林"（《左传·宣公十二年》）。这个卦讲的是教育。蒙是无知，教育就是要教大家有知。你想想，如果《易经》是占卜的书，便不会从第四卦就开始讲教育，这不是普通的占卜书，也不是普通的占卜者能写得出来的，把教育看得这么重要。所以我推理，文王治理国家四十多年，感到教育对治国非常重要，所以将这个教育的卦放在第四位。蒙卦内卦坎，是水，外卦为艮，是山。水是危险，山是止，止其险，这就是教育的功能；没有教育，你会走到危险的地方。教育的功能就是帮助我们刹车，远离危险。这是从负面的、危险的意思来看；正面来看，山上有水，就是泉水。"出山泉水清"，刚刚从山里出来的泉水是很清的，流下去就变浑浊了。这就是说小孩子的本性是纯良的，后来受到外界环境的影响而变化，欲望、杂念、欺骗等都来了。这就是童蒙，指儿童本性如泉水一样很清，这是正面的意思。正负面都在一个卦里，都是教育的问题，教育才能发挥它纯良的本性。

䷃ 蒙。亨。匪我求童蒙，童蒙求我。初筮告，再三渎，渎则不告。利贞。

卦辞第一个字就是"亨"。前面三个卦都有"元亨利贞"，这个卦只讲了"亨"。"亨"就是沟通，教育就是沟通，老师和学生互相了解。"亨"是非常重要的，怎么沟通呢？"匪我求童蒙"，"匪"即非，不是"我求童蒙"，而是"童蒙求我"，不是老师找学生来教，而是学生有困难来找老师。老师拼命找学生来教，学生不听，要知道教育不是强迫的，教育是学生有问题来求解，请老师帮他点破迷津。这是教育的功能。假定是占卜，第一次你问问题，也就是学生第一次问问题，你告诉了他，然后学生一再问同样的问题，学生心里有他自己的看法，再三地问，那就是"初筮告，再三渎，渎则不告"。这句话就是说，你有诚意我才告诉你，你来刁难老师，我不告诉你。第二爻就是老师本身，老师是教育的中心。这一爻是主爻，卦辞里面的贞就是第二爻的阳爻，是诚。所以卦辞讲了那么多，最后落到两个字，一个是"亨"，一个是"诚"。沟通，要有诚意。人与人的关系，离不开诚意。

蒙卦第二、五这两个爻，位不当，但是相应。《易经》里，位当而应当然好，但是二、五两爻位不当而应，反而比位当而应更好。为什么呢？我的看法是，第二爻是君子，第五爻是君主。君主位不当的话，君主是阴，第二爻是阳，君主谦虚地向下面第二爻学习，去求人才，尊重人才，反而好的比较多。这就是照理说位当而应是好的，但是二、五这两个爻位不当，而"应"反而更好，因为君主谦虚。蒙卦，不是完全好，因为有遮蔽、无知，所以需要教育。

初六。发蒙，利用刑人，用说桎梏，以往吝。

初爻位不当，是阴爻。"发蒙""启蒙"二词就从此而来，初六是刚开始，象征小孩子启蒙。"利用刑人，用说桎梏，以往吝"，"说"字在古文里，有时是悦，有时是脱，这里是用来脱掉桎梏——脚镣手铐。为什么启蒙？启蒙就是教育那些无知的小孩子，要用一点点刑罚，如竹子做的篾条打手心，用作处罚，这个处罚不是为了处罚，而是为了解脱学生的无知，把"脚镣手铐"拿掉。因为是第一爻，一开始，代表脚。脚上有铁链，行不得，不能走，所以要拿掉，让学生可以走。这是古代的主张，教育要有一点点合理性的处罚。

九二。包蒙吉，纳妇吉，子克家。

第二爻是最重要的了，因为是老师，是主爻。这里讲的是"包蒙吉，纳妇吉，子克家"。包是指上面那层包含了下面的，为什么要包？因为要使下面的不要走太快，慢慢走。包还有包容的意思，都是上面对下面的包容。在《易经》里出现好几次的包，包下面的蒙，蒙指初六。所以老师对下面那个无知的幼童要包容。"纳妇"，就是娶老婆，是婚姻的关系，有时是二爻和五爻，一阴一阳；或者是一爻和四爻，都有婚姻的关系。也就是说，二爻的老师接纳了君主，指导君主，收君主为学生。"纳妇"就是沟通，就如婚姻关系就是沟通一样。如果卦讲家庭，第五爻就是父亲，第二爻就是儿子。"子克家"，就是儿子当家。父亲年迈昏庸了，儿子要当家。以上讲的三点非常重要。

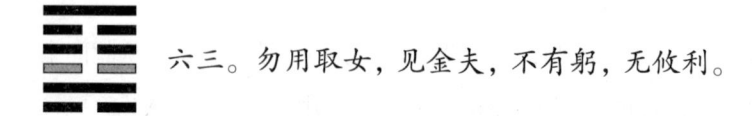

六三。勿用取女，见金夫，不有躬，无攸利。

六三，我们说过一般是不好的。由内到外，凶也。这一爻是阴爻，代表女性。爻辞说"勿用取女"，这样的女性，不要娶，娶了倒霉。"见金夫"，因为这样的女性看到有钱人，"不有躬"，即失身，保不住自己。就关系来讲，六三和上九应该是阴阳相应，所以他们是夫妻关系或者是男女的关系。为什么六三是男女关系不好呢？从卦上来讲，因为六三是阴爻，乘六二之阳。上面阴下面阳，乘的原则是不好。六三不听老师指点，看到有钱人巴不得嫁了。今天的社会这样的女性也很多。嫁给有钱人是不错，也无可厚非。碰到有钱人也难得，但问题是"不有躬"，保不住自己。为了有钱人失去了自己，失去了原则。朱熹的《周易折中》在蒙卦六三上就举了一个例子，即鲁秋胡调戏女子，但朱熹没有讲明白，将原来的事实颠倒了。这是一部戏剧，是以汉代班昭《列女传》里的故事为底本，说是一个女子跟鲁秋胡结婚不到几天，鲁秋胡就去了京城做官了，五年以后衣锦回乡，路上看到一个女子在采桑叶，鲁秋胡就跟这个女子说，你采桑很辛苦，不如跟我，我是大官。女子就批评他说，你做官是你的事，我采桑很快乐，这是我的生活，你即便很有钱，我也不愿意。鲁秋胡还算好，被拒绝后就离开了，也没死缠烂打。不料回家后发现，自己在路上调戏的女子原来就是自己的太太。现在把这个故事放到这里就是一个很好的例子。"金夫"是有钱人，事实上太太是拒绝了，如果不拒绝，结果可想而知。现在我们站在这个女人的视角来分析，看到有钱人如何抉择呢？还是用我的转化观念。六三要转化，向下，转化九二（老师）的教训。老师代表原则，代表理义，所以她如果有原则，就知道拒绝，否则便"不有躬"，就失身了。这在乎六三的选择，如果背弃了九二老师的教训，见利忘义，失身了，就完了。这个故事用在这里，很有戏剧性。

六四。困蒙，吝。

六四也是应变的，到了外卦，成了"困蒙"。也就是说大环境不利，受环境影响，是"困蒙"。所以，环境非常重要，孟母三迁，就是怕孟子受环境影响，困在里面。这就是阴爻，所以不免有羞耻。

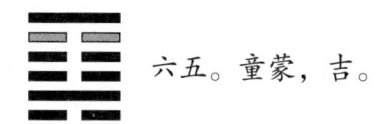

六五。童蒙，吉。

到了六五，君主的位置，却说"童蒙"。"童"字本应该出现在初六，但出现在了君主的位置。也就是说君主虽然高高在上，但应该把自己当小孩子，知道自己的无知。我们知道古代的臣子都坐在君主南面，君主在北面，君主只有在面对老师的时候是坐在南面的，面对老师要谦虚，要自认为是无知的小孩子，向九二学习。

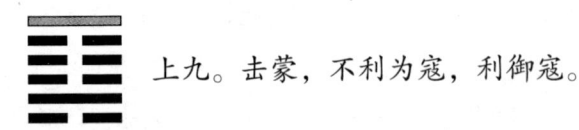

䷃　上九。击蒙，不利为寇，利御寇。

上九，发展到极点，启蒙不行了，只有"击蒙"。开始时，启蒙还可以，到了最后"蒙"得那么深，而且这一爻不是小孩子，是大人了，小惩罚没用，要痛击，要重打，打破他的愚昧。下面的话，讲教育的功能非常好。成年人的教育，"不利为寇"，教育不是用来帮助我们做强盗，而今天的教育就是在帮助我们争斗，像强盗一样，如争权夺利，教育的目的是帮助你防范外面那些不好的东西进入内心，使人心不受外界坏事情的影响。这是教育的功能，所以卦象是止其险。

最后我总结一下六爻。

第一爻，克己，就如颜回问孔子"何为仁"，孔子说"克己复礼"。

第二爻，要有诚，对人多宽容。

第三爻，把握原则。

第四爻，注意大环境。

第五爻，要虚心对人对物。

第六爻，严防外邪进入你的内心。

这就是蒙卦六爻的简单总结，也是蒙卦本身的意思。

需卦（䷄）第五

"需"字，上面是雨，下面的"而"象征我们的胡子。雨水下来，沾湿了胡子。"需"字，如果加上三点水，就是濡，打湿的意思。也就是说我们的"心"太干了，需要雨水来润湿。"濡"就是指德，濡其德就是说要用德来润湿我们。

从六爻来看，需卦上面是坎，下面是乾。坎是水，乾是天。水天需，水在天上，变雨水一定会下来。在古代，雨水非常重要，最重要的祭祀就是祈雨的礼。乾是往上走，坎是危险，也就是进入危险。这好像是相反的意思，雨水下来应该是正面的意思，濡湿我们的身体，也让种子可以生长；但进入危险则是负面的。需在蒙之后，蒙是有知，我们有了教育，就有了知；有了知之后，我们追求需要，在追求需要的过程中时时会遇到危险，故要克服困难和危险，去得到我们需要的。禅宗的达摩祖师有句话说"有求皆苦，无求乃乐"，有求就有危险，从卦象我们可以看出来。需是需求，要能够等待，不是马上可以得到的。所以等待是一种艺术，能等待，也是一种艺术。所以，需有需求、等待的意思。

需。有孚，光亨，贞吉，利涉大川。

卦辞的"有孚"，就是有诚。《易经》里的诚就是孚，所以在《易经》里碰到这个字，我都是两种解释，一个诚，一个信。对内有诚，对外有信。"光亨"，光是光明，亨是沟通。卦象有危险，要沟通了解，才能克服危险。需求有危险，因为坎是危险，所以要亨，要沟通了解。这个卦的主爻是九五，为阳爻。要把握你的正道，修养你的诚，要以诚信来追求，不要有邪心。有孚，有亨，有贞，有吉，没有就会凶。"利涉大川"，坎是水，就是川，可以克服困难，可以通过危险。因为有上面三个条件——孚、亨、贞，可以"利涉大川"，所以卦辞说的是这三个字，要克服困难和危险。

初九。需于郊，利用恒，无咎。

"需"是等待达到目的和需要。"需于郊"，郊外，是远的地方。"利用恒"，要利用和把握"恒"字，才会"无咎"。恒是一种德，怎样才有恒，怎样才是有恒之德。我在《易经处变学》中提了四点，现在把它们拿出来讲：第一，开始是从微小的事发展；第二，要逐渐地，一点一点地，慢慢来，不能快，一快就不恒了；第三，要有原则，没有原则就见异思迁了；第四，要有好的目标。

九二。需于沙，小有言，终吉。

"需于沙"，离水近了一些。"小有言"，就是稍微有人讲闲话，有人批评你。为什么这一爻有这个现象，因为爻位不当，它居阴位却是阳爻，有位置缺陷，所以"小有言"。但是，下面是阳爻，上面的九三也是，三个阳爻走在一起，君子要走在一起，不是独行，结合在一起才能改变社会。第二爻就能结合上面和下面的两个阳爻，"终吉"，最终还是吉的。

九三。需于泥，致寇至。

"需于泥"，更靠近水了。沙地还可以走，泥地就有陷进去的危险了。三爻阳刚太甚，骄傲，危险在即。"寇"，就是外面的危机，是自己招致的，因为骄傲导致。阳气太强，所以第三爻多半会出现"致寇至"。每次讲到这里，我常常对学心理学的学生讲，《易经》的第三爻是心理学讲的"自我"，由内到外，麻烦自取。

六四。需于血，出自穴。

第四爻是外卦坎卦的第一爻，已经有了危险。"需于血"，流血了。"血"字多半出现在阴爻，有血的象。"出自穴"，从穴里面出来。我前面提到过，以前读《易经》有些地方我读不通，但我会看注解，各种注解好像都没有给我一个满意的答案，所以在

第二篇　闲谈《易经》六十四卦

中国台湾地区我不敢教《易经》，没有自信怎么教学生？来美国之后，我就如同到了外卦。有时候受不同文化的冲击，语言的困难，人事的无知，各种外来的问题都压着我，就像坎卦。坎就是挖了一个地洞掉进去，但为什么说出穴呢？从卦象上来讲，有些解释说六四位当，是阴爻，位当，和初九一阴一阳是相应的，所以可以跳出穴。这是从卦象上解释，但我还是不满意。有一天我找到了答案，今天就和大家讲一下。1989年2月11日，我写了三页文字，是对这一爻的新体会。我过去在美国教书时，因为讲英文，所以我只简单解释这个意思。但是对你们，我改变了想法，所以我想把这三页文字的要点告诉给大家：

清早，我还在床上，还没起来，脑袋一片空白，无所待，也无所需，忽然我的思路集中到昨天未完成的那卦——需卦，对于该卦的六四爻"出自穴"，虽从各种注解中可以选择一种最好的来解释，但每当我解释完后，都未能完全满意。以前我的解释是，进入了危险，有出血的象征，但是六四和初九是位置当、相应，如果六四听初九的话，应该有出险的可能。但为什么一面有出血、流血的象征，一面又可以跳出危险？这不是很矛盾吗？我始终觉得这个道理没有完全明白。

就坎卦来说，是洞穴的象征；六四是阴爻，有流血的象征，但六四正是这个坎——外卦的第一爻，应该是入险，坎是危险，坎卦的第一爻应该是进入危险，为什么说出险？好像有点矛盾，值得我深思。当我正为这个问题苦思时，突然冒出一个念头，苦思，就是苦待。这个念头，就像禅宗的顿

易经新说

悟，使我得到一线的旭光，转出了一片新的天地。于是我把念头放松，从《易经》)提了出来，想到自己。想到自己从中国台湾地区到美国来，在台湾，我就像内卦的乾，三根都是阳爻，一切都不错，系主任做了好几年。可是，渡海来美国，我是为了等待，是需，希望有更大的成就，更是为了我的孩子有更好的学习机会，我有四个儿子。可是我这一冲刺，却出了血，这很有趣。我们当时从台湾地区来美的留学生，会自嘲，说留学是"流血"，因为到了美国很苦。那时候台湾地区很穷，在我大学毕业时，很多同学能到美国来已经不错了，还是坐轮船，不是坐飞机。所以，那时说到美国来是"流血"。文化的震荡，语言的困难，一切都需要从头来，这显然是入了险，出了血。但这一转变，对等待来说是必然的，天下没有张口就来的饮食，必须要工作，必须要牺牲，必须要冒险。出血，是等待有了危险，也是有了转机。因为这是接近成功的大挑战，这是禅宗说的悟前的苦功夫，即所谓"大死一番，再活现成"。出血、流血，固然不好，却是有血有肉见真章。前面的等待，前面三个爻，待于郊，待于沙，待于泥，都是等待。而出血，是真刀真枪刺入了心。注意，第四爻是代表心，刺入了心，所以有锥心之痛，才有刻骨之思，才有出危险的可能。

我们知道坎的第一爻，有两种可能，一种是进入危险，一种是超越危险。在象的错觉上，好像从外卦坎的初爻到坎的二爻，是进入了坎的当中，也就是进入了危险当中，其实不然。坎的中爻有两个解释，一个是在危险当中，但最危的地方也是最安全的地方，所以在六十四卦中，凡是有坎卦的卦，坎的当中的那一爻，几乎都是吉利的。另一种解释，坎的中爻，正象征通过了危险而达到目的。因为坎卦，无论在内卦还是外卦，它的中爻都是在这一卦的当中，如果是在内卦的话，这一爻是第二爻，坎在外卦则是第五爻，都是在当中，是好的，是中正之爻。所以本卦六四的象，意谓有超越危险的本领，同时它也得到初九的帮助，因为六四是阴爻。再就等待和需要来说，等待到最紧要的关头，也是最危险，因为紧要的关头才是成败的所决，有出血的代价，才有成功的可能。从这些体念，让我更深深地觉得，易象、易理颇值得深玩。文王所系的字固然是就他的体念所写的，我们不应该泥于文字，但文王之辞，是就象所系，都有落实和空灵的两层意思。正因为如此，才没有把我们的路挡死，可以让我们凭自己的智力、智慧和经验去理解，正如真正中国的禅师，从来不会给学生说破，都是让学生自己去悟。拿这个洞穴的穴来说，可以解作穴居的房子，也可以解为陷人的坑和危险的信号，究竟如何去解，见仁见智，知浅者见浅，知深者见深。

我曾说过，进入了六十四卦，三百八十四根爻，就是进入了现象界。而现象界的一切，是落实的、具体的，一是一，二是二，但中国哲学寓形而上于现象，中国哲学是把形而上放到现象里的，西方是形而上和现象分开的，中国是形而上和现象打成一片。这一点，大家一定要注意。因此在中国哲学的范畴，现象界中依然有形而上的天地。《易经》的卦辞，便提供给我们这一天地。我们虽然进入了现象界，却不要泥于现象。由于现象是变化的，因此《易经》的形而上之道也是变化中的不变，也是活泼的。这与西方的形而上不同，西方的形而上讲 being, being is being, 非常权威，非常固定的。西方的形而上学是抽象的，抽象得不容我们体验，《易经》的形而上则不然。虽然在《易》卦之前，是无私、无为的境界，是超脱现象的，可是却可以休养，进入了现象之后，仍然可以以自己不同的智慧、经验，做形而上的鸟瞰，反观以突破形而上的障碍。比如，你占出某一爻，爻辞告诉我们，这是凶，或者有悔，这是爻象，是现象，但是我们可以凭着自己的智慧从这险象中转出来，这就是形而上天地中，有回旋性，也就是可转化性。所以，易理的形而上是活的，是抽象又具体的，是无思又有感应的。

我对《易经》的理解，也就是说，并非百分之百都解得通，仍有百分之五的地方，我自己也有疑问，我可以选择《易经》中最好的来解释，但自己仍然感觉不满意。就是这百分之五的地方，我每次读《易经》，每年教《易经》，都会有新的看法。这不只是说我对《易经》的创意，而是说我的看法、我自己的思想经验，与《易经》产生了激荡与回应，而把我的思想中许多东西释放出来。这百分之五的问题，是易象中最危险的地方，也就是最重要的地方，是我们的模式。为什么讲了蒙卦之后，要讲需，需就是教人如何求需，教人如何"濡"，濡染你的德性，教育是百年的工作，等待之重要可见一斑。

第二篇　闲谈《易经》六十四卦

讲完这篇文字的要点之后，我又写了几条对需卦的看法。我说本卦主要的意思，在等待，但等待并非空等，而是有所需。"需"在身体上就是物质，在心灵上就是精神。"需"，并不是浅薄的、低劣的需要，而是能濡染我们的精神，修养我们的德行。第二，在等待中，内卦三根爻，说明了充实而有光辉，可见等待并非痴痴地等，而是内部有充实而完成的意思。第三，本卦的等待，并非坐在那里等，而是要一步步走着等。这是我当时写下的感想。现在回过头说我自己，我自己到了美国来，就是第四爻。前面三根都是阳，就是我在中国台湾地区时很好，拿了博士，做了系主任，也写了好几本书，这三根爻很充实了。但为什么到了第四爻有这个转变？有学生问我，为什么到美国来，在台湾不是很好吗？很多人知道你，买你的书，到美国来，在一个小研究所讲课，一个班只有十几个，甚至五六个学生听你的课，没有人知道你，为什么不回去？我就回答了，你们看过我那篇文章——《易经与孔子》，如果我现在还在台湾，四十年了，我在台湾的发展，还是一个模型的发展，只是一个走学术的路子，我对《易经》如果有注解的话，也就是把考据加上儒家的注解，加以融合。就像我那位很有名的同学，四十五年来写《易经》的注解写到现在，大概也快完成了，他是旁征博引，这是他的研究方法。如果我还在台湾，走学术的路子，这就是一条规定好的路子。不然我还有一条路，年轻时我在大学写了两本散文集——《人与路》《人与桥》，当时在报纸上发表，影响挺大。这两本书讲哲学与人的生命，很多中学老师买去做中学生的教材。这是因为我在师范大学文学系，所以可以往哲学、文学的方向去发展。如果在台湾，我不走学术的路，我还可以走文学的路，那我可能要改行，这是一个转变。这个转变出来，是不是我要再写一本散文集呢？我不敢讲。因为我那两本书，是大学二三年级时写的，那时很有灵感，现在我再看，觉得自己写不出来了，因为我现在的思维是一板一眼，很有逻辑，不像那时候意气风发、很有激情。所以这条路走不走得通，还是个问题。我在台湾，只有这两条路子。

到了美国来则不然，到了美国后我开辟了另一条路，因为我在整体学研究所，所里几乎都是心理学的系，我的学生大半是心理学的学生，虽然我教老庄、禅宗，教中国哲学史，教《易经》，但是这些心理学的学生，会提出很多问题，逼着我去反思，把中国哲学和心理学结合在一起。这条路对我来说是新路子，在台湾我很多研究哲学的朋友也都没有走过这个路子。因为在台湾，哲学和心理学这两个学科是互不往来的，甚至互相批评；心理学的学者批评哲学没有用，说谈那些观念的游戏没有用；哲学学者则批评心理学太肤浅。现在很多搞哲学的，尤其是西方哲学，讲的东西人家听不懂。这不仅是我们中国的心理学家的批评，在西方也有很多文学家挖苦研究哲学的人。我记得有个例子，是谁说的我忘了，说哲学就是这些学者把眼睛蒙起来，在一个黑暗的、没有猫的房间里，去抓一只猫。这话很切实。因为西方哲学一开始就是研究宇宙人生的真理。但两三千年来，你看西方的哲学，有没有研究出一个真理来？没有。他们都在讲认识论，讲研究方法。就像捕鱼，他们拼命在织网，把网织得很漂亮，有金丝银丝，却忘了捕鱼本身。知识论很丰富，忘了真理。这是西方哲学的毛病。中国哲学近百年来，就走西方哲学的路子，把中国哲学也讲得让人家听不懂。到美国来，我受到了挑战，出血，心理学的学生听了我讲的中国哲学史课程，就抓住我要问我问题，我就反思，因为我认为这些学生的问题很重要，我只有返回去看中国哲学是怎么解决这些问题的。所以我最近写了几本书，《哲学与人生》《整体哲学与人生》，都是将中国哲学和心理学放到一起讲的。在这条路的一开始，我跟那些学生说，西方哲学是 thinking，在脑子里面想；而中国哲学是 thinking in your mind，是在心里面想，是温暖的。这是我当时的看法。二三十年以来，我逐步走上了这条路，后来写了一本《心与我——整体生命心理学》。如果在台湾，我不知道整体学是什么，我也不会了解心理学，更不要说知道整体生命心理学，也不会用转化，因为在台湾我从没有用过转化，虽然庄子讲化，但没有"转化"这两个字，而现在我给诸位讲课，讲应变学，就是把"转化"二字拿来应用。这种看法，这种做法，在台湾根本没有，不可能走上这条路的。这就是说到了六四，我进入了危险，文化的冲击，语言的困境，各种问题，使我出了血，出了血就有了亲身的体验。以前的《易经》在台湾都是文字的，我要找《易经》的注解，都是文字的。到了美国，这套东西要被迫丢掉，逼着我从自己的体验里面去找到答案。所以，流血。后来我又想到，流血的重要，当然不是流血而死了，"出自穴"，从危险的地方跑出来，流血。我们一般人知道，身上长个疖子，要把它划破，将脓血挤掉——流血是一种治疗方法。这就是我对六四这一爻的看法，是我的个人体验。我把《易经》回归到内心，《易经》不是一个外在的解释、外在的考证，而是活泼泼的心上的功夫。

九五。需于酒食，贞吉。

现在看九五。"需于酒食"，酒食是象征，代表目的，是说等待、需求达到了目的。"贞"，把握正道，即诚。九五是诚，把握你的诚。达到目的之后，还要把握诚，利用你已经达到的东西，以诚待之。

上六。入于穴，有不速之客三人来，敬之终吉。

上六是坎卦的最高处，也是最危险的。"入于穴"，坎卦就是穴，是陷阱，是坑，掉进去了怎么办？"有不速之客三人来"，这三个人指什么呢？如果从象来讲，就是前面的三个爻——初爻、二爻、三爻。这三根爻来了，"不速之客"来了，怎么对付它？以敬来对付它。"敬"字在儒家的体系里很重要。《论语》里孔子一再强调"敬其事"，做任何事，要存诚敬之心，诚和敬是可以相通而用的。我曾在我的书里写过一个故事，是关于程伊川（程颐）的。有一天他在船上，突然大风来了，船颠簸得很厉害，别人都非常恐慌，只有程伊川在那里打坐，后来别人问他为什么这样镇定，他说打坐时，心里存了一个"敬"字。我讲过，宋明理学的打坐，不像禅宗所说的"无我"，理学家只存两个字：一个是"诚"，一个是"敬"。诚是对自己来讲，敬是对外面来讲，就像需卦九五得到了酒食，跟别人共享。敬是敬酒，达到需求后要跟人共享，才会"终吉"。举例来说，你创办的事业，到了这一爻，

第二篇 闲谈《易经》六十四卦

需求最高，也就是事业达到了最高峰，赚了很多钱，这时你要敬之，要把你所满足的需求、所得到的东西，跟人共享，不要一个人独享，利己的同时，也要利他。不要独善其身，而要兼善天下，这就是敬的意思。

最后，我做一下总结，不一定是讲需求，而是这一卦可以用的各方面。

第一爻，要有恒心。

第二爻，要有耐心。

第三爻，不要自己陷进去，掉到泥沼里。

第四爻，要面对险，去解决，不要逃避。

第五爻，把握正道。

第六爻，要与人共享。

这是需的六个做法。大家追求需，你有你的需求，我有我的需求，需求达不到平衡就有冲突，于是便有了讼。

讼卦（☰☵）第六

"讼"字，言之于公，是在公众的地方讲话，把问题公开，所以是诉讼、打官司。讼卦内卦是坎，外卦是乾，和前面的需卦互为综卦，需卦是乾在下、坎在上，讼卦则是坎在下、乾在上。六十四卦里面，有八个卦是自综，譬如乾、坤二卦，倒过来还是乾、坤。这八个卦，上下倒过来还是同一个卦，可以和下一卦两两之间互变，阳变阴、阴变阳，成为对方。除了乾、坤之外，还有颐卦、大过卦、坎卦、离卦、中孚卦、小过卦六卦。

倒过来的卦，有时候和前面的卦意思相连。像前面的需卦讲得不到满足，就要打官司，要诉讼。为什么这六根爻有讼的象征呢？上卦乾，天，是往上走；下卦坎，水是往下流，天和水不相和，阳和阴不相遇，背道而驰，意见不同，自然会起官司。这是一个象。另外一个象则是里面的坎是危险，外面的乾表现很强硬，这就是争斗打官司的象征。外强内险，这也是打官司的原因。

这两个卦叠起来，产生讼。讼一般来说是官司诉讼。孔子对官司一事就有看法，他说："听讼，吾犹人也。"（《论语·颜渊》）意思是说，听别人的官司诉讼，我和别人没什么差别。但孔子接着说："必也，使无讼乎？"重要的是，使大家不要有诉讼，不要有官司。所以孔子强调用道德来解决问题，不要由法庭来解决。

孔子自认为，他断案不会比法庭庭长高明多少，他的高明是以道德来解决问题。可见，讼不是一个好事情，是负面的。那文王为什么写讼呢？文王后来做了周朝的君主，旁边的小国家遇到什么争执都跑去找文王仲裁，让文王来替他们解决。《史记·周本纪》记载："西伯阴行善，诸侯皆来决平。于是虞、芮之人有狱不能决，乃如周。入界，耕者皆让畔，民俗皆让长。虞、芮之人未见西伯，皆惭，相谓曰：'吾所争，周人所耻，何往为，祇取辱耳。'遂还，俱让而去。诸侯闻之，曰'西伯盖受命之君'。"从这个记载可以看出，当时文王会帮周围的小国家解决"讼"的问题。

讼卦除了官司，也可以引申为意见不合，这个范围就比较广了。夫妻之间意见不合，也是讼，不一定是要到法院打离婚官司。现在有些电视节目帮家庭解决婚姻问题，也是讼。再往大一点说，讼是我们的观念、意识，即所谓的意识形态，这个就非常广了，宗教、国族的意识形态都属于讼。

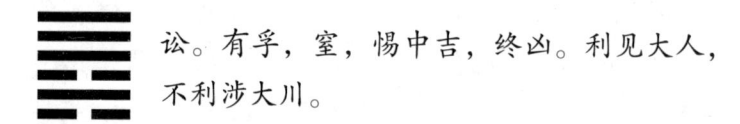

讼。有孚，窒，惕中吉，终凶。利见大人，不利涉大川。

卦辞第一个就是"有孚"，要有诚意。这一卦里没有"元亨利贞"的任何一字，可想而知，这一卦不是完美的，是有缺陷的，是不得已的。所以，第一要有诚。但是"孚"这个诚，被窒息了，才有讼。"惕中吉"，"中"是指内心，就卦来讲，第二爻是内卦之中，第五爻是外卦之中，这两根爻都是阳爻，都代表诚。第二爻的诚，也许是指诉讼者的诚，自己要有诚；第五爻的诚，是指法官，主事者的诚。诚一方面是内心，同时也是要求法官执法要诚。内心如诚，则吉。"终凶"，如果一直坚持诉讼到最后，有凶。"利见大人"，大人就是九五，如果碰到一个好的法官、好的执法者，以诚待人，以诚来宣判，则利。"不利涉大川"，内卦是坎，代表大川，有危险，不利于去冒险。

初六。不永所事，小有言，终吉。

初六是阴爻，位不当，所以有讼。"不永所事"，所做的那些事，遭受阻碍，受到了人家的破坏，不能永远坚持。"小有言"，就是有别人的批评，有不同的意见和看法。"小"就是稍微，稍微有别人的闲话、批评、抗议。这是诉讼的开始。为什么"终吉"呢？是从象来说的，因为初六和九四，一阴一阳，虽然位不对，但有感应，故吉。

也就是说，一开始的时候，碰到意见不同的人对你批评，没有关系，不要看得太重，意见不同，对你来说也是一种反省的机会。我在讲"应变"时提到，当你开始听到逆耳之言，首先要去了解他为什么批评；第二要反省自己，是不是正如他批评的有错误，这就是诚；第三，你要采纳那些善意的批评而懂得转化。所以，这一爻，讲的就是意见不同、小争执，没有关系，反而能让你们互相更加了解。夫妻间从来没有争执，反而是问题。我讲一个真实的例子，我以前上学的大学，有一个文学系的女老师，非常有才华，会讲话，她的先生是体育系的教授，什么都顺着她。后来这位女老师要离婚，理由是，他什么都顺着她，生活没有趣味。可见，生活中有一点小摩擦没有关系，初爻开始时有点儿小问题，也有作用。孔子在这一卦的《象传》就说"君子以作事谋始"，做一件事，要在开始的时候计划，即使"小有言"，也不要紧。开始解决一些小问题，后面就不会有大问题。老子也说"治之于未乱，为之于未有"，在还没有乱的时候去治理，也就是说这一爻还没有到乱，只是"小有言"，稍有点批评的声音、不同的看法，在这个时候你要抓住机会，去反省和改善，最终还是吉的。

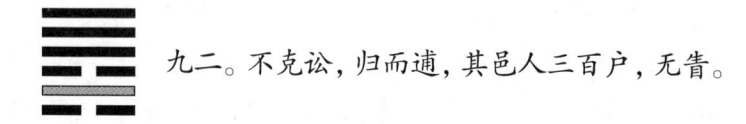

九二。不克讼，归而逋，其邑人三百户，无眚。

第二爻"不克讼"，"克"就是胜。诉讼不能胜利，不能把握，怎么办呢？"归而逋"，"逋"就是避开，即离开诉讼，不要再打官司了。知道官司不会赢，"其邑人三百户"，回去后跟同村的三百户人和谐相处，不要去争斗。从象上说，上卦的三根阳爻，就是三百户。"无眚"，"眚"大概只有《易经》用到，是生于眼睛的病，不是青光眼等眼病，而是指你的看法的病。也就是说，你戴着有色眼镜，内在有偏见、邪念。这个字是《易经》专用字，在佛教里就是执着，不要有内在的偏见和执着。这是九二。初爻讲"惕中"，这个中就是九二，因为它是内卦之中。

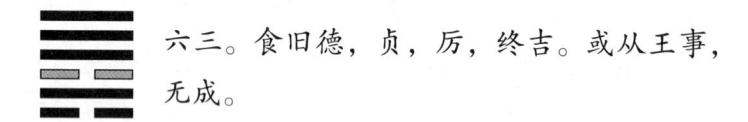

六三。食旧德，贞，厉，终吉。或从王事，无成。

六三多半是不好的，况且还在坎卦的上面，危险之上。"食旧德"，"食"是保养，保养你的"旧德"。"旧"是固有，"旧德"是固有的道德。这个固有道德是所谓的忠、孝、仁、义、信

易经新说

吗？不是。现在我用转化的方法来阐述，这是前人所没有的。旧是指前面的，在一个卦里，上面的是新，是未来的，下面的是旧的，是已经过的，这是《易经》的惯例。这里的"旧"，我认为就是指九二，指要培养九二的诚德。"贞"，是诚，"贞厉"，把握诚德于危险，最终还是吉的。为什么吉？因为六三和上九阴阳相和，自然吉。"或从王事"，"或"字常常出现在第三爻和第四爻，因为是讲转变的，有点儿疑虑是否能转得出去。"或从王事"，从事于君主交给你的事情。"无成"，是指没有成就。传统的解释说到这一爻，都说没有成就。但是我后来仔细一想，前面一爻是旧德，有诚，还是吉，为什么到这里就没有成就了，是不是有些矛盾呢？只判断说没有成就是不够的，这也许是我受到道家和禅宗的影响，我觉得"无成"应该是不要想着成就，即从事君主交给你的任务不要想一定要有成就。"无成"也是一种功夫，功夫是关于如何去做。如何去做才是更重要的，而不是去下判断。《易经》不是用来给我们下判断的，为什么不要求成？这里面有深刻的意思。我在坤卦一章提到过《庄子·人间世》中关于公子高的故事，有一天君主给他一个政令，他就很焦虑，晚上只能拼命喝冰水降压。如果任务不成功，君主会处罚；如果成功了，这个焦虑也损伤了身体。无论成与不成，接了君主的任务，就有痛苦烦恼。于是他就去问孔子。孔子对公子高说，你要实实在在地去面对这个任务，不要想速成，也不要想有成就，一旦想有成就，就会在君主面前有太多溢美之词，添枝加叶，偏离正题。也就是说，求成，就生得失之心，做事情就会不公正，就会想方设法讨好君主。所以，要关注事情本身，要"无成"，不要想有成就。从这个故事，我们可以看出这一爻上"无成"的另一层新意了。

九四。不克讼，复即命，渝，安贞，吉。

九四"不克讼"，和第二爻一样，没有胜算，怎么办？"复即命"，回到自己，"即"就是顺，顺从天命。有时候打官司，要把结果交给天命，顺天命而行。生死由命，富贵在天。"渝"是返回来，不要去争，返回自己。"安贞"，把握九四之诚，就吉。因为九四和初六这一对是相应的，所以是吉。

九五。讼，元吉。

"九五"是主爻，对于诉讼来说，是指法官，一般来讲是指君主。"元"是开始时的想法，没有掺杂后天的想法。在心理学上，我说元是动机，即要有客观的观念。法官如果秉持着诚，有客观的判断，就吉；否则就不好了。

上九。或锡之鞶带，终朝三褫之。

"或锡之鞶带"，"或"，也许的意思，也许你打官司打胜了；"锡之鞶带"，"鞶带"是指君王的赏赐，这里是诉讼得到利益。但是"终朝三褫之"，这种由诉讼得到的利益，终要在一天之内就会被拿掉，不能够把握。也就是说，靠诉讼得的钱财和荣誉会得之而失。诉讼不是好东西。这是古代人对诉讼的看法，就整个诉讼看法来讲，在诉讼当中你要反省，要了解自己，要顺应天命来走。即使有所得，也不要得意忘形，不要想下次还要靠诉讼来谋取利益。这是整个诉讼给我们的教训。诉讼是不得已的，为了争取自己的利益，但是能免则免，不要信赖它、依靠它。诉讼在不得已的时候，要借法律来保护弱者，在当今社会，诉讼是免不了的，但仍然可以避、尽量免。孔子说"必也，使无讼乎"，不是要大家不去诉讼，而是用德来解决诉讼的问题，让大家可以不用去诉讼，诉讼越少越好。

最后我们总结一下这六爻所谈的问题，占到这一卦，也许你不一定是要打官司，而是问某一问题。我们的总结是泛论。

第一爻，不必对小事情太执着，要借此多反省。

第二爻，要知道返回内心去求和谐。

第三爻，以德为原则。

第四爻，安于天命。

第五爻，把握中正，处事客观。

第六爻，不要以利益为主，不要只想着利，去争短暂之利。

这里我依旧要讲讲转化。一般我们说转化、应变多半是在第三爻、第四爻、第六爻。第三爻多半是不好的，讼卦第三爻是阴爻，当然不好，第三爻上面的三根阳爻很强，它如何对付上面的三个阳爻？"食旧德"，要吸收下面的九二的阳，柔中有刚，然后再往上走。这就是转化。我的转化多半是指第三爻可以转化下面两爻的力量，变成自己的力量，然后向上走。对第四爻来说，则是转化下面三个爻的力量,向上帮助君主。第六爻就要懂得物极必反,顺从天命。总之,我讲转化就是要大家不被凶、咎、悔、吝给吓到,不要被它们给判死了,碰到这些字眼,要懂得如何去转化它们,化凶为吉,化咎为无咎,化悔为无悔。所以,懂得转化,对每根爻都可以加以利用,这样就可以用《易经》,而不是被《易经》所判。

师卦（☷）第七

师卦，是讲军事的。"师"字，本代表人群聚集，在军事上，就是军队。为什么这个卦从象上会变成师呢？上面是坤，地；下面是坎，是水。水是险，地是顺，危险渗透出来了，上面没有阳刚阻拦，所以凶险之事就发展出来了。同时，这个卦里，只有九二是阳爻，其他是五个阴爻，可以这样说，九二是将军、总司令，只有这个是主爻。

师。贞，丈人吉，无咎。

卦辞没有"元亨利"，但是有贞，贞是把握正道。说明讲军事要把握正道。"丈人"是指大人、将军，经验丰富的老人。这是三年前我的解释。后来我意识到，对文王来说，"丈人"指的是姜太公，姜太公七十遇文王。那时姜太公在河边钓鱼，遇到文王，文王发现他深通谋略，拜他为太师，成为当时的周国军事统帅。他是一个老人，又不是行伍出身，也不是写了很多兵法著作的人，让他做统帅，军队里年轻的将军们会不服，所以文王特别写了这个卦。这个卦并不是讲兵法的，整个卦都在强调老人可以做总司令，年轻人不要抢功，这不就是在为姜太公做背书吗？"丈人吉，无咎"，前文都吉了，为什么还要说无咎，多此一举？无咎就是没有麻烦。因为军队本来是有咎的，战争不是好事，但是用一个丈人来做统帅，就无咎了。"吉，无咎"这三个字，又重复出现在九二上，卦辞和爻辞相同。卦辞是卦的总纲，主爻也是卦的总纲。九二就是师卦的总纲，所以"吉，无咎"也出现了。

初六。师出以律，否臧，凶。

初六位不当，也不能相应，不好。"师"指军队，老子说得很清楚："兵者，不祥之器也。"所以爻辞最后有个"凶"字。用兵要有纪律，"师出以律"，要用纪律来限制它，因为"师"如猛虎野兽，所以要以律来限制它。"否臧，凶"，"否"是不，"臧"是好，纪律不好，就限制不了野兽，当然凶。

九二。在师中，吉，无咎，王三锡命。

九二"在师中"，说明只有这一爻是阳爻，所以是统帅。"丈人"，这个老者在军队中，是"吉，无咎"。"王三锡命"，君王三次给他金牌，这是文王告诉其他将领，我一再给他金牌，给他命令，让他来带队。所谓"将在外，军令有所不受"，我完全信任他，把军队交付给这位老军师。这里没有讲战略，只说君王相信他。

六三。师或舆尸，凶。

六三为下卦坎的最上一爻，危险——第三爻都不好。师，就是师卦。"师或舆尸"，舆是轿子，轿子抬了尸体。当然，军队里没有轿子，只有兵车。如果是普通士兵死了，当时就埋了。古代打仗，一死就是几万人，一般就地掩埋。只有将军阵亡，才可能用车子拉回去。这是预示战败，马革裹尸而回。还有一种意思，古代祭祀的时候，尤其是祭祀祖宗的时候，将小孩子安坐神台上，代表祖宗来受祭。这个小孩子不是祖宗，但是在祭祀过程中把他当作祖宗，也就是我们常说的"尸位"。成语"尸位素餐"，就是空占着职位而不做事，白吃饭。从这个角度来说的话，原本不是这个小孩的位置，但把他摆在这里，象征祖宗，来拜他；六三说的就是年轻的将军不该统帅，统帅应该是九二，如姜太公，你要抢那个位置，就凶。一个军队里不该有两个统帅，这就是文王告诉这些年轻军官，我现在任命姜子牙做统帅，你们这些年轻人要服从他，不要抢功，否则凶。六三，位不正，和上六又不相应，所以凶。

六四。师左次，无咎。

前面三爻内部安定了，有纪律，有好的统帅，年轻人老老实实不抢功，六四则"师左次，无咎"。六四和初六不相应，位虽然对，但不相应，故六四陷入阴当中，下面有一个阴，上面有两个阴，被包围在阴当中，前途不看好，没有光明。"左次"，在古代，一般来说左边比较高贵，但是在军队里相反，因为战争不是什么好事情，左边反而低，右边反而高，故"左次"的"左"是低，"次"是次要，合在一起就是说，停留在那里不要发动。这一爻说的就是不要一味地进攻，要有守。懂得守，懂得"左次"，才能进攻，这样才无咎。《易经》讲退不是说从四爻退到三爻，没有这样的退，退是指停留，要懂得留守，才会无咎。

六五。田有禽，利执言，无咎。长子帅师，弟子舆尸，贞凶。

讲第五爻和第六爻之前，我先谈一下我最近一些新的想法。《易经》是一本奇怪的书，每每重读它，就会有新的感应。你对它的每一爻，现在的看法和过几天的感应会不同。这种感应，不是灵感，灵感是突然而发，有很多创造性，《易经》的感应，除了《易经》这本书，还跟自己的经验、知识、智慧的不同，而产生感应。这个感应来自心，我将心分为四个层次：一个是肉体的心，一个是意识的心，一个是知识、心智、智慧的心，一个是精神的心。这四个心是一个综合体，这种感应可以触发你这四个心里的某一个感觉，比如你过去读的哲学，是心智，也可以说心神的感应。所以说对，《易经》的感应，来自这四个心。

为什么我突然对这两爻有新的感应？我讲一件事，美国很多学生写论文的时候，我都告诉他们，结论很重要。可能他们把精力都放在前面，结论很草率，两三页就写完，最多就是把前面的内容简单重述一下。这种结论很弱。我这次的感应，有两个结论，一个是小结论，一个是大结论。就《易经》来讲，小结论，比如师卦，从第一爻开始到第六爻，第六爻是一个小结论，即每个卦从第一爻到第六爻，是一个终结。第六爻这个小结论，为什么大家都说多半不好？因为一条路走到最后就是物极必反。乾卦"亢龙有悔"，坤卦"龙战于野"，阳太盛或阴太盛，都会物极必反。但是，很多人忽略了《易经》的第六爻也有正面的意义，因为第六爻在天位，代表天道、天命。从第一爻发展到第六爻，可能有两个结论：一个是负面的物极必反；一个是正面的顺从天命。就师卦来讲，第六爻"大君有命"，"命"是天命，"开国承家"，用兵之后成功，安定下来，要整顿国家了。这是个小结论。为什么我要说大结论呢？我说的大结论是一谈师卦，就把目标、最后的结论放进去了，最后的结论就影响六根爻的发展，也就是说，最后一爻提出了目标，提出了这个卦最重要的精神。比如蒙卦最后一爻告诉我们，知识、教育，是"不利为寇，利御寇"，这是蒙卦总的精神。需卦最后一爻告诉我们，达到个人的需要还不够，还要将个人需求的满足与他人分享，这是一个大目标。师卦的大目标，到最后一爻的时候，我突然和《大学》的修身、齐家、治国、平天下联系起来了。你看，有天命，奉天命而行，然后"开国"就是治国，"承家"就是齐家，这是师卦用兵之后得到的结论。很多人看到师卦就想到，文王是在讲兵法，像《孙子兵法》也好，《吴起兵法》也好，但诸位看看，师卦六爻前面的四爻，第一爻讲法律，没有讲兵法。第二爻讲将军要有经验，得到皇上的欣赏，这不是兵法。第三爻，年轻的将领好战，不要用他们做领导，这不是兵法。只有第四爻可以勉强用在兵法上。第三爻到第四爻，有一个很好的例子，《三国演义》有一段诸葛亮挥泪斩马谡的故事，第三爻就是马谡，被诸葛亮斩掉的马谡，第四爻就是诸葛亮派马谡去守街亭。诸葛亮知道马谡就像第三爻里说的冲动不牢靠，他是精通兵法的，马谡也是实有其人的，不是《三国演义》捏造的，在《三国志》里面，马谡做过太守，诸葛亮用了他做前锋，守街亭。诸葛亮就怕他冲动，告诉他一定要守。这就是"左次"，"左次"就是守，不能攻，甚至怕他做不到，让他立下军令状，做不到就要处斩，结果还是没用，他还是很冲动。所以，这一条可以用在兵法上。

那么，到了第五爻。"田有禽"，"田"就是代表国家、国土，有禽兽跑进来了，就是有敌人侵入我们的国土。"利执言"，就是指我们抵御入侵者，发动战争，要师出有名。君王发动战争要师出有名，这样才会无咎，否则，好战必咎。这一爻还是强调第二爻，"长子帅师"，"长子"就是第二爻，有经验的，在文王来说就是姜太公，"帅师"，可以做军队领袖。"弟子"，年轻的小伙子做将军，好战，如果"舆尸"，想代替统帅的话，就会有凶。

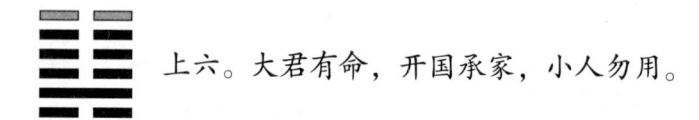

上六。大君有命，开国承家，小人勿用。

第六爻没有讲战争，而是讲天命，讲开国，讲承家，还有小人勿用。对于这一爻，我突然想到了政治哲学。师卦的大结论就是政治哲学，是为了"开国承家"，前面的五个爻，讲的不是兵法，而是军事哲学，在政治哲学下面的军事哲学。军事哲学和兵法不同，兵法只管打仗如何取胜，军事哲学则有一套律法，重用人才，懂得守。第六爻的思想，影响到了老子。老子说"进道若退"，老子讲柔弱，讲不争，强调争者是死之徒。这个大前提是政治哲学里面的军事哲学，可见，这个卦不是讲兵法，是讲政治哲学里的军事哲学。诸葛亮的《出师表》称"鞠躬尽瘁，死而后已"，这是诸葛亮的天命思想，是写给阿斗的，"亲小人，远贤臣，此后汉所以倾颓也"，是政治哲学。师卦，是讲军事哲学，但是以政治为前提，军事是为了政治，军事不是为了打仗。直到到了后来的战国时期，兵家产生了，都以强兵、霸权为主，根本没有政治哲学。所以，《易经》之可贵在于把握了最高的前提，以政治哲学来谈军事哲学。

最后，说一下这个卦的总纲。
第一爻，要知道规矩，先立好规矩。
第二爻，要强调中正之德。
第三爻，要知位，守本分。
第四爻，要知止，能守。
第五爻，名正言顺。
第六爻，顺天命而行。

这是六爻简单的总结。师卦是齐家治国，那平天下的在哪一卦？平天下就在下一卦——比卦。

比卦（䷇）第八

"比"字是两个人或团队靠在一起,有三个意思。第一个意思是比邻而居,互相依靠;第二个意思是,跟某一个东西相比,比如《论语·里仁》所说的"义之与比",拿义做标准去比;第三个意思是辅助,我比君主,就是我辅助君主。

比卦卦象,上外卦是水（坎）,内卦是地（坤）。水和地是分不开的,水不能飘起来,一定是靠近地的,水和地就如同比邻而居的关系。这个卦,只有一根阳爻,为师卦的综卦,师卦是第二爻为阳爻,比卦是第五爻。第二爻是将军,在低的位置,但是很重要;第五爻是君主,九五至尊,当然也是很重要的位置。比卦五根阴爻,都是要"比"君主这根阳爻。说到"比",也是《易经》的一个规则。比和乘,互相为用。"乘",我们讲过,阴乘阳不好,阳乘阴比较好。两根爻之间的关系,上面的叫乘,下面的叫比。就这个卦来讲,五根阴爻都要靠近这根阳爻,比于阳爻或者辅助阳爻。比卦《象传》称："先王以建万国,亲诸侯。"孔子很厉害,抓住了精髓,一下子就看出比卦讲的是平天下。"建万国,亲诸侯",就是指武王平定商纣之后,分封了一千多个诸侯,由中央派出去的诸侯,都是他的亲戚或信任的人,进一步巩固了王权。"建万国,亲诸侯",就是一个平天下的基本方法,孔子抓住了，所以说比卦讲的是平天下的道理。

比。吉。原筮，元永贞，无咎。不宁方来，后夫凶。

卦辞讲"吉"。"原筮"，"原"就是研究、推敲；"筮"本来是占卜，当动词用，就是抉择、选择。推敲你对某件事情的抉择，要能够"元永贞"。"元"就是动机，做任何事情要问问动机善不善，永远把握正道。正道从哪里来，这个卦的主爻——九五。九五是阳爻，贞是指阳爻的诚。一个人要把握诚，不是人家有钱你就靠拢，要有诚意，这样才会无咎。"不宁方来"，"不宁"是指什么？阴爻的不宁。阳爻是实，阴爻是虚，在阴爻上就不安定，赶快去靠近九五，以得到安定。"方来"就是赶快去。这五根阴爻都要赶快去靠近阳爻，辅助君主。"后夫凶"，跑慢了，考虑太多，就凶。"后夫凶"是指第六爻，因为超过了第五爻，阴乘阳，骄傲了，不能靠近阳爻，所以凶。

初六。有孚比之，无咎。有孚盈缶，终来有他吉。

现在看第一爻。第一爻本来应该是阳爻，但位不正，和第四爻又不应，当然不好。"有孚比之"，强调要有诚，才能无咎。第一句强调了"诚"，后面又强调诚——"有孚盈缶"。"缶"就是瓦罐，代表心里要有诚。"终来有他吉"，这句话很有意思。"终"就是最后，最后来了什么呢？"有他吉"，即另外一个吉。这是什么意思？我要说明一下，比是指两根爻相比，所以初爻和第二爻相比，第二爻和第三爻相比，第三爻和第四爻相比，第四爻和第五爻相比，两爻关系相比，这是比的通律。在这个卦里，由于九五是阳爻，是君主，所以它下面的四根阴爻都要和九五相比，但初爻不容易跳过去和九五相比，所以它先要和第二爻相比，比邻而居，所以"有孚比之"，就是比的第二爻。为什么有他吉呢？因为初爻比了第二爻之后，第二爻和第五爻相应，第二爻是吉，所以是初爻和第二爻相比得到第二爻的吉。这不是它自己的吉，是通过第二爻得到的吉。我们常玩笑会说，有些男士娶的太太有"旺夫运"，所以不是这个男士的吉，而是太太的吉，太太有帮夫运，这就是"有他吉"。大家都知道，春秋时期，齐国大乱，有两个公子逃到国外，一个是公子纠，一个是公子小白。管仲和鲍叔牙是好朋友，管仲帮公子纠，鲍叔牙帮公子小白，后来两个人看谁能够得到齐国的位子。管仲射了公子小白一箭，正好射在皮带上，公子小白就装死，管仲以为他死了，就告诉公子纠，说公子小白死了，我们可以慢慢走，结果公子小白抢先回到了齐国即位，成为齐桓公。管仲后来成为囚犯，公子小白当然恨他，怎能放过他？鲍叔牙力保管仲，齐桓公信任鲍叔牙，鲍叔牙就是比卦第二爻，齐桓公就是第五爻，他们两个的相应，结果管仲就借了鲍叔牙的推荐，不仅免了死罪，还被封相。这是一个很好的"有他吉"的例子。有一个真的好朋友帮助你，好朋友的好处会给你带来了好运。所以我认为作者用的"他"字非常好，你了解他们的关系，就知道为什么"有他"，是另外一个方向得到的吉，而不是直接由你自己而来的吉。所以，比很重要。"贤臣择君而侍，良禽择木而栖"，有时候择君而侍要通过朋友，才能得到君主的

易经新说

赏识。这就是初爻比于六二。

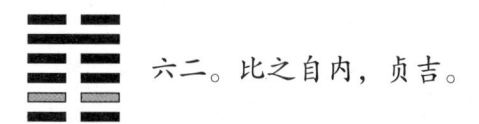

六二。比之自内，贞吉。

六二"比之自内"，"内"就是内卦，也可以代表心。跟上面的相比，要从心而比，把握自己的贞。贞是什么？因为六二是阴爻，所以要谦虚，则吉。

六三。比之匪人。

六三又是负面的。"比之匪人"，要比，结果没有人相比。六三和上六都是阴，不相应，六三位又不正，又在几个阴爻当中，所以"比之匪人"。我们常说，"所嫁非人，所侍非人"，找错人了，找不到人，当然不好。这是负面的意思。但是，我们要关注的是，如何将它转化为正面的意思。如果你看到这爻，就想"比之匪人"，所嫁非人，所侍非人，不是完蛋了吗？不，我们要学会转化。这一爻怎么转化？根据转化的道理，第三爻居内卦最上面，有阴虚、阴骄之病，所以要谦虚。它要跟第五爻相应的话，就要通过上面的第四爻，如果第四爻是好的大臣，也像管仲的朋友鲍叔牙那样，通过鲍叔牙而跟齐桓公相应。第三爻必须上去，通过第四爻和第五爻"比"，因为第四爻和第五爻是最好的一对，一阴一阳，是最好的"比"。在《易经》中，"比"的例子，几乎都用在第四爻和第五爻的关系上，第四爻阴，第五爻阳，"比"得最好。所以三爻必须要通过第四爻。假如第四爻是不好的大臣，那怎么办？

就像孔子到卫国去，要得到卫灵公的赏识，大臣弥子瑕等都是小人，就跟子路说，如果孔子来靠拢我，我保证他位到公卿。孔子自然不愿意，因为第四爻的大臣不好，他就放弃了。所以，第三爻如果碰到第四爻不是好的大臣，没有办法跟第五爻相比，那它只有跟上六求援，虽然它跟上六两个都是阴，不相应，但是上六在天道，有天命，所以它必须寄托在天命。正如孔子所讲"获罪于天，无所祷也"，也只有顺天命了。

六四。外比之，贞吉。

第四爻"外比之"，这一爻是"比"君主的，是最好的"比"。但要把握自己的贞，即把握阴爻的谦虚。君主是很有才能的，臣子虽然有才干，但要用谦虚来得到君主的赏识，才会吉。

九五。显比，王用三驱，失前禽，邑人不诫，吉。

九五是所有阴爻相比的领导、领袖，是君主，其他的爻都跟着它，正如《大象传》孔子讲的"建万国，亲诸侯"，建立了万国，让诸侯来亲近你。爻辞里面，有三个建议。第一个是"显比"，"显"就是光明，显出来了，你要显出来喜欢的，让其他的臣子能够相比。"显"也是开放，不要把心关起来。我常常跟同学们谈到这一爻，今天父母和子女的关系，如果子女很好，想孝顺父母，但是父母很固执，子女没有办法跟他们交流。所以，作为父母的要开放，不要只是指责子女不孝，要想方设法让儿女们对父母孝顺。

易经新说
212

"显"就是要开放,不要关起心扉,固执己见。第二"王用三驱,失前禽",是讲商汤革了夏桀的命。商汤做王的时候,出去打猎。古代君主打猎,要把所有的动物都围起来,然后再去打猎。商汤打猎时说,要网开三面,即"三驱","驱"就是逃,让这些禽兽有三面可以逃,不要网得死死的。当时的诸侯知道商汤打猎是这样的习惯,他爱惜动物,当然也爱惜百姓,这是一种仁慈的表现。所以,君主要仁爱臣子才能够亲近他。第三,"邑人不诫",古代君王出去巡查的时候,都要警告这些居民留在屋里,不准出来,怕他们行刺杀,但好的君主,不会把人民关在房间里。他出访的时候,跟人民交流,这才是与民同乐。就像文王的时候,开了一个灵园,他让所有的百姓都到园里钓鱼、娱乐,大家同享。有上述三个条件,人家才会和你相"比",结果就吉;不然,你封锁了自己,人家没法跟你相"比"。所以做君主的,也需要别人能跟他亲近。

上六。比之无首,凶。

上六"比之无首",卦辞讲的"后夫"就是指这一阴爻跑到阳爻上面了,下不来了,自以为高,结果"无首"。本来,阴爻就要以九五为首,现在它上面"无首",当然凶。朱熹的注解讲,这一爻以阴乘阳,跟第三爻又不相应,所以从位置来看,跑过了头,结果凶。后来我想,如果你占到这一爻,怎么办?因为这根爻凶,难道要坐以待毙?在一般的占卜来说,只告诉你这根爻的凶。而我的观念是要去寻求转变、转化,要去想假如在这个爻上该怎么办？怎么处理以避免凶？我认为有两点，第一，这一爻是阴爻，乘于阳，就转化来讲，要向下转化阳爻，即要回头以九五为首。爻辞说没有"首"，那就以九五为首。第二，上面有没有东西？有"天"。那就以天命为依归，天命就是它的"首"。由此看来，"比之无首"，我们可以改为"比之有首，吉"，回头是岸是"首"，以天命为首，都是吉。所以，我们学《易经》，要能够变通，能转化，不要死守文字。

最后，还是给比卦六爻做一个简单的总结：
初爻，比要有诚，做任何事情基本上要有诚。
二爻，要选择有道之人相比相处。
三爻，要远离小人。
四爻，以谦虚为上。
五爻，开放自己。
六爻，顺天命而行。

小畜卦（䷈）第九

小畜卦，为什么有个"小"？在《易经》里面，大指阳，小指阴。小畜卦只有一根阴爻，五根阳爻。这一根阴爻是小，它要对付五根阳爻，所以这个卦的意思就是这一根阴爻要如何处理和转化这五根阳爻。在它下面三根阳爻向上出击，上面又有两根阳爻压顶，它在当中，人臣之位，要怎么处理？这是小畜卦要告诉我们的。

看看六根爻的象，下面是乾，代表天；上面是巽，代表风。风天小畜，风在天上吹，把云都吹走了，没有雨。文王拿这个卦来警惕自己，告诉自己，现在还是小畜的时候，不能有大动作，要慢慢地培养实力，因为天上的雨还没有来。

小畜。亨。密云不雨，自我西郊。

卦辞首先是"亨"，即沟通、了解。卦中唯一的阴爻如何去对付那五根阳爻，要有沟通的能力，没有沟通的能力就不能处理强阳。要彻底了解这五根阳爻的性能，才能够把握它们。"密云不雨"，有云没有雨，为什么呢？时间未到。因为上面是风，没有雨。"自我西郊"，这更清楚了，文王在西边。故"密云不雨，自我西郊"，是指文王的国家还在"密云不雨"，文王没有革命，一直在充实国力，每年都到岐山去向上天祷告，到了武王时才发动伐纣战争。"自我西郊"，我们也知道，文王在陕西，是我国的西部地区，西北风吹过来是没有雨的，不像东南，东南沿海的风会带来雨。这是卦辞，告诉我们，小畜就是还在等待时机，好好培植实力。这个卦的第二爻和第五爻，两个都是阳爻，不相应，就是说小畜的时机还没到。

初九。复自道，何其咎？吉。

初九，一阳初始，"复自道，何其咎？吉"。阳恢复起来，"自道"指自己的路子，这个"道"不是老子那抽象的"道"。在《易经》里面"道"字用了三次，是指自己的路子，回到自己的路子。"阳"回来了，如果走对了路子，"何其咎？"没有什么咎，结果是吉。

九二。牵复，吉。

第二爻也是阳爻，和第一爻一样，它们要一同走。如果阳爻代表君子，君子要联合起来。"牵"，就是牵手，牵住初爻。牵住初爻一起往上走。牵有勉强、用力的意思，用力走上恢复之道，结果是吉。

九三。舆说辐，夫妻反目。

第三爻，又是老毛病了，阳气过剩。凡是下卦三根爻都为阳，第三爻都代表阳气过剩，容易骄傲、自以为是。"说"同"脱"，就像车子的轮轴脱掉了，不能动了。另外，下面三根爻是阳，第四爻是阴，阴阳不能相和，就如"夫妻反目"，不能齐心合力。

六四。有孚，血去，惕出，无咎。

六四这个唯一的阴爻，自然是主爻，是负责转化的重要位置。它跟九五相配，阴阳相和，是最好的比。爻辞说"有孚，血去"，血去掉了，血来自阴爻。"血去"就是流血。"惕出"，是要警惕了。为什么要警惕？因为这根爻在众阳之中，要对付五根阳爻可不容易。下面三根阳爻向上冲，它难道不引起警惕，不去处理和这五根阳爻的关系吗？所以要警惕，战战兢兢。如果它放松，就麻烦了。在这根爻上，就要用到我说过的转化。阴爻要能转化下面的三根阳爻，不能去对抗，因为对抗不过的，下面的三个爻都是人才，一根阴爻怎么跟它们干仗？只能用柔和的力量去转化，将这三根阳爻的力量转化为自己的力量。这三根阳爻听从之后，要记住不要拿它们当自己的团队，要将它们的力量转化给上面的九五。这一点非常重要，如果不能转化给九五，第四爻就会功高震主。这里的九五是一个强势的君主，像刘邦一样。所以，第四爻的转化就是自己没有私心，不要结党徇私，虽然把三根阳爻的力量转化了，但还是让给九五好了。所以六四的转化，下面三阳的力量到了九五和上九，这就成为巨大的力量。小畜也变成"及时雨"了。可见，六四要小心翼翼，要懂得转化，这是一个非常难的技巧。《易经》里有很多六四和九五的例子，这时的六四必须要有非常大的功夫去应变和转化，不然就像对付九五之尊的刘邦之流，萧何哪有那么好的功夫呢？

九五。有孚挛如，富以其邻。

九五是阳爻，"有孚"，有诚。"挛如"，挛就是手，手结成拳头一样，把人家都拉进来，把所有的阳爻都能够拉过来。下面的三个阳爻经过六四的转化，都变成九五的力量，就要有诚。因为九五是阳爻，代表有诚。这里我还要强调，将来我们会碰到的，在第四爻上的诚，多半是对君主要有诚，赢得君主的信任；而第五爻的"诚"不是对第四爻来讲的，是对所有的爻来讲，是对人民的。"富以其邻"，阳代表富有，它的富有"以其邻"，邻居是六四，即它的富有来自好的大臣——六四，因为六四结合了下面三个阳爻的力量给了九五。

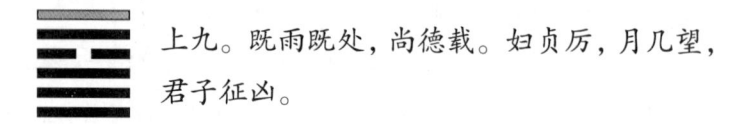

上九。既雨既处，尚德载。妇贞厉，月几望，君子征凶。

上九是小畜的最高点，畜养已经到了收获的时期，已经有雨了——"既雨既处"。上九是阳爻，巽是风，"密云不雨"，如果上面这根阳爻要变成阴爻、变成水，水就是雨。所以这根阳爻如果能够得到六四的阴往上转化，就有雨了，就有位置所处了，就能安居了。"尚德载"，"德载"是指阴，尤其是坤。"坤厚载物"，像坤卦一样，能载万物。"妇贞"，像妇女的正道，能够阴柔。"厉"，有危险，大环境有危险。因为畜道已成，就要发动攻势了，到武王以后就要革命了，大环境是有危险的。所以，刚刚畜道小成，还要把握谦虚。"月几望"，"几"就是几乎，"望"就是圆，差不多圆，就是还没有圆，圆就代表成了。差不多圆，表示谦虚，表示柔弱，圆则缺，也就是快要满还未满的时候。"君子征凶"，因为小畜还不能打仗，不能发动攻势。卦是小畜，还不是大圆满，还是要等待时机，此时不能争，要重视内在的修养，不能轻举妄动。

后来我把这个卦用在我们的心念意识上，用打坐来做个比喻吧。初爻是念头刚刚一动，"复自道"，马上拉回正道。有一次王阳明和学生们在庙里打坐，打坐完回到家之后，王阳明生怕学生误会他的打坐和佛教的打坐一样。于是他写了一封信给学生说，我们的打坐是儒家的打坐，不是佛家的，当我们静坐的时候，念头刚产生时很容易将它们转掉。念头就是欲望，打坐的时候，欲望和念头一产生就要很快把它们消除掉。到第二爻，"牵"，已经动念的时候，要以诚敬来限制它，要牵制，就是控制它。到第三爻，念头已经发出来了，很难停止，"夫妻反目"。念头已经动了就不容易拿掉了，所以功夫要在念头刚刚动时限制，而不是在已经动了以后。第四爻，对你的念头要以诚来止欲，停止它。第五爻，念头欲望发展到外面，要以诚来化掉，转化掉。这是我们借王阳明从儒家打坐的念头发生的角度来看小畜。

下面我们再看"畜"这个字，有两层意思。第一个是止，停止它，就像第四爻对下面三爻，一方面要能限制它们，因为三根阳爻力量太强了，也许是欲望太强了，所以第四爻的止欲，要控制它；第二个是积蓄的"积"，要培养它，将力量转化为好的力量。

像驯兽一样，要先去止，能控制它，然后转化其力量为我们所用。所以，"畜"，有停止和培养两重意思。一方面去限制；一方面去将它的力量培养出来。我们人的念头和欲望也是一样，欲望不是完全坏的，要加以限制，限制之后还要加以培养。这是小畜的运用，也是转化的功夫。

最后，讲一下简单的结论。

第一爻，要能够自反，自己反省，复于道。

第二爻，要勉励，要加以努力，加以功夫。

第三爻，不要太过强硬。

第四爻，以诚待上，让上面的人相信。

第五爻，以诚待人，以诚接物。

第六爻，要像地德一样柔和与柔软。

履卦(☱☰)第十

履就是踩，穿着鞋子走过，走过必留痕迹。履卦六爻，下面三爻为兑，是泽；上面三爻是乾，代表天。为小畜卦的综卦。小畜卦第四爻是阴，现在倒过来变成履卦第三爻是阴，也是主爻；同样的，也是一根阴爻对付其他五根阳爻。天在上，泽在下，一上一下，分得很清楚。传统上都把履卦当作"礼"，也就是尊卑、上下皆分明，清清楚楚。这个卦里面，阴爻是第三爻，第三爻又是麻烦制造者，是危险的，它变成主爻，跟小畜卦第四爻是主爻是不同的。小畜卦第四爻为主爻，是大臣，它有功能可以转化。但履卦第三爻本身就有危险，看看它怎么处理这五根阳爻。

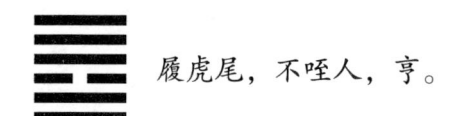

履虎尾，不咥人，亨。

"履虎尾"，第三爻这个阴爻踩到老虎尾巴，上面三根阳爻代表的乾就是"老虎"。踩着老虎的尾巴，老虎回头就咬你，但是卦辞说"不咥人"，老虎不咬人，为什么呢？因为后面的"亨"，"亨"就是沟通，了解了，就知道怎么对付这五根阳爻。这是一个功夫，只有"亨"，才可以使你不被老虎咬；即便踩到老虎的尾巴，进入危险的地方，也不会伤害到你。要亨通，要了解，有没有这种可能？有！古代的礼，就是让我们彼此有分界，彼此不伤害。荀子就讲，人不能没有欲，有欲会有纷争，又会乱，那就得知道自己要的和别人要的，不会互相伤害，所以礼很重要。我们现在常常讲，马路如虎口。我们现在开车在高速公路上，都是几十公里的速度在开，非常快，弄不好就会撞车，但我们还能很安全地开车，因为我们知道它的限制，大家都遵守规则，就没有危险。所以，亨很重要。第二爻和第五爻都是阳爻，强阳，不能相应，不是完全好的，才会踩老虎尾巴。

初九。素履，往无咎。

"素履"，"素"字很重要，就是本色，本来的颜色。《中庸》讲"素其位而行，不愿乎其外。素富贵行乎富贵，素贫贱行乎贫贱"，要顺着自己的位而走，在什么位就做该做这个位上的事情，就是"素"。"履"就是践履，能够素本于自己的位而行，就"无咎"，"素"是中国很重要的一种德。这样走，就无咎。

九二。履道坦坦，幽人贞吉。

九二"履道坦坦"，阳爻是平，是坦，很开放，很清楚，走的路子很坦荡。"幽人"，幽就是幽静，是无欲，不是隐士，而是无欲之人，因为九二是"诚"，诚代表无欲。它和初爻都是德行，也是修养的功夫。一个"素"，一个"坦"，让我们受用不尽。

六三。眇能视，跛能履，履虎尾，咥人凶，武人为于大君。

六三就是麻烦的制造者，又是主爻，阴乘两根阳，表示骄傲、自以为是。"眇能视"，只有一只眼睛，还以为能像两只眼睛一样看得很清楚。"跛能履"，只有一只脚还以为能够行得好，自以为是。"履虎尾"，这样的人就会踩到老虎的尾巴。"咥人凶"，老虎就咬你。这一爻踩了老虎尾巴，上面三根爻就是"老虎"。为什么踩了老虎尾巴老虎会咬你？因为"武人为于大君"，军人以为自己是大君主，军人只知道军队的事，让他作为国君，这个军人以为自己了不起，故很多军人变成君主后都会犯错。我们想想师卦里的年轻小伙子，一冲动，就想夺了老长官的位子。所以，这一爻负面的意思是告诉我们不要自以为是，因为该爻是阴爻，要对付五根阳爻，需要非常谦虚。但是相反，他非但不谦虚，还以为自己是君主，以为自己了不起。虽然是主爻，但不是君主，君主是第五爻，所以老虎要咬你。

九四。履虎尾，愬愬，终吉。

上卦三根阳爻是老虎，第四爻也在老虎尾巴上，也是"履虎尾"，但"愬愬，终吉"。"愬愬"就是很小心。"愬"本来是指北方很冷的天气，《木兰辞》说"朔气传金柝"，指很冷很冷的气穿透了自己的盔甲。在很冷的气之下人会发抖，就是说你要小心谨慎，战战兢兢，最后才会吉。"终吉"，是说开始的时候并不吉，但是你能够谨慎小心，才吉。

九五。夬履，贞厉。

"夬履"，"夬"就是快，也是决，很快地下决断。说明这个爻非常刚强。九五是刚强，正好在两个阳爻当中。刚强有两个意思，正面的是刚毅，负面的是刚愎。正面的刚毅是决断快，负面的则是虽决断快，但决断错了，即刚愎自用。爻本身是阳，为诚，不是做坏事情。这点使我想起了《老残游记》里的一段故事，讲清官杀人。我们常说清官应该是救人的，怎么会杀人呢？他说这个官是很清廉，不贪污，但是他在判案子的时候智慧不够，判错了，反而杀人。就是这个爻。本身初衷是好的，但是决断错了。所以爻辞说，要把握诚和危险，有危险。对这个问题，我在我的书里写过，刚愎自用是负面的，刚毅是正面的。我对这个事情的判断要快，但我怎么知道我的决断是不是对的？是不是刚愎自用呢？所以说，要刚毅，但避免刚愎自用。这个转化有四个要点。这四个要点，我是从老子哲学里拿来的。第一，决断快，但是要知难，要小心，不要大意。第二，决断得快，推行要一步一步来，要慢，这样决断错了，也有时间修正。第三，不要逞强，不要以为自己什么都知道，就像这个卦里第三爻里讲的，"眇能视，跛能履"，不要自以为是，自以为知。第四，就是"贞"字，要把握诚。有这四点，或许可以让你的决断虽然刚毅，但不会走到刚愎自用的错误道路上去。

上九。视履考祥，其旋元吉。

上九，到最高了。"视履考祥"，要看看你过去的履历，看看你过去所做的，"考"就是思考、反省，反省你以前做过的事情，哪些是对的，哪些不对，要反省。"其旋"，要懂得转，不要一意孤行，从反省中、从过去的行为中知道转化，"元吉"，才会回到你本来的善，才会有吉。第六爻就是懂得反省，你以前的履历，就是你的参考借鉴。很多人的履历写一大篇，怎么好怎么好，从来不看自己过去做的事情里面，哪些不对，哪些需要反省。

最后讲一下履卦的总结：
第一爻，把握"素"德，要重视朴实的本分。
第二爻，要平淡坦然。
第三爻，不要自以为是。
第四爻，小心谨慎。
第五爻，以柔德自处。
第六爻，知所反省。

这是六根爻的简单概括。履卦，传统就是讲"礼"，现在我用转化的方法来讲。主爻是第三爻，唯一的阴爻。但是，这根阴爻是负面的，不像前面小畜卦的第四爻阴爻是正面的，因为第三爻多半都是负面的。现在假定你占到这根爻，怎么办？"眇能视，跛能履"，踩着老虎尾巴，被咬了一口，凶。我们要怎么转凶，怎么样不去踩到老虎尾巴，或者踩到了老虎尾巴，老虎也不去咬你？我认为，我们学《易经》，要学会怎么去应变转化。这一爻的下面是阳爻，阴乘阳不好，现在讲转化，要将它转化成好的，所以这根阴爻要怎么把下面两根阳爻的刚毅转到它身上，使它不要太柔弱，就要转化。还有，第三爻要将下面两根爻的力量，转化给上面的第四爻、第五爻，第四爻是大臣，第五爻是君主，所以他不要以为他是领袖，转化了下面两个力量就占为己有，因为上面三根阳爻是老虎，要把力量转给上面三根阳爻。这是第三爻的转化。到了第四爻，虽然踩着老虎尾巴，但只要小心，就不会被咬，还是会吉。因为这是阳爻，阳爻都是刚毅的。我认为，第四爻的小心来自第三爻，所以要转化第三爻的柔来给自己，然后再向上发展，处理和君主的关系时比较柔和。不然，第四爻和第五爻都是阳，大臣刚毅，君主也刚强，强对强，怎么会好？第四爻的小心，来自第三爻的柔，这就是转化，传统的解释是不会讲这个的。

三年前，我从整体学研究所退休，做了一次面对全校师生的公开演讲，我的题目是《三十六年，我怎么把中国哲学运用在心理学上》。讲到结论的时候，我说，心理学在西方很强，尤其在我们学校也很强，但中国哲学很弱。心理学家都以为中国没有心理学，他们强调西方的心理学。我说，中国有心理学，他们都笑笑，不理睬。在这样的情境下，我就把履卦提出来。我说，今天我的心情以履卦来比，我就是在第三爻上，是阴，上面三个阳爻是西方心理学，很强，那应该怎样把中国哲学用到西方心理学上呢？他们听了都很不高兴，说我们的心理学很好啊，为什么要把中国哲学掺和进来？我当时的处境就很"危险"，西方心理学是"老虎"，我踩着老虎尾巴。我说我不怕，我有中国哲学的基础，中国哲学的基础就是下面两根阳爻，我要把中国哲学的优点用到西方心理学上。如果中国哲学没有优点，如果中国哲学没法解决西方心理学的问题，就没有办法说用中国哲学去调和或者补助西方的心理学。在长安大学荣格心理学会议上我就讲了，中国哲学是修养的心理学，这是它的特殊之处；西方心理学不讲修养，中国哲学的修养心理学可以弥补西方心理学的不足。中国哲学的修养心理学就是履卦下面的两根阳爻。在美国的心理学学生常常问我很多问题，我就结合了很多同学的问题，来研究中国哲学是不是可以弥补西方心理学的不足，既踩着他们的老虎尾巴，但是又不能让他们咬我。所以，占到这一卦这一爻的时候，要懂得转化，不然就会被老虎咬死。

附录:《易经》前十卦与 21 世纪

从乾卦到履卦是十个卦,我在 21 世纪开始的那一年,到北京参加中国哲学会议,会上我发表了一篇文章,就是"《易经》的前十个卦和 21 世纪(的关系)"。我在这十个卦里面就要证明,《易经》虽然是三千多年前的东西,但是可以应用在今天,而且可以解决 21 世纪的十大问题。现在我就简单地讲一下。

第一卦乾卦,乾是天道,要敬天。20 世纪就是科学的霸道主义,认为人能征服天,故宗教没落,哲学没落;现在我们 21 世纪,我认为,哲学和宗教都要被重视,至少要和科学三足鼎立。我之所以要强调乾卦的天命、天道,就是要我们了解自己的智慧力量的不足,天有不可预测性,我们做任何事都不要做到尽头,任何事都要知道,人算不如天算,留一个空间给天,知道有不可预测性。这是我们 21 世纪要讲的天道,也是乾卦的重要性。

第二卦坤卦。很多学者知道,21 世纪的地球很可贵,说要爱地球,但爱地球是不够的。坤是地道,讲地道是要效法地,地含育万物,培养万物,来供给我们生存的资源。历史学家汤恩比曾说,今天的我们所有的资源,都来自地下,因为天是空空的,天上的东西我们没有办法利用;但是地下的资源有限,人类的欲望无穷,用人类无穷的欲望消耗地下的资源,总有一天会穷尽的。

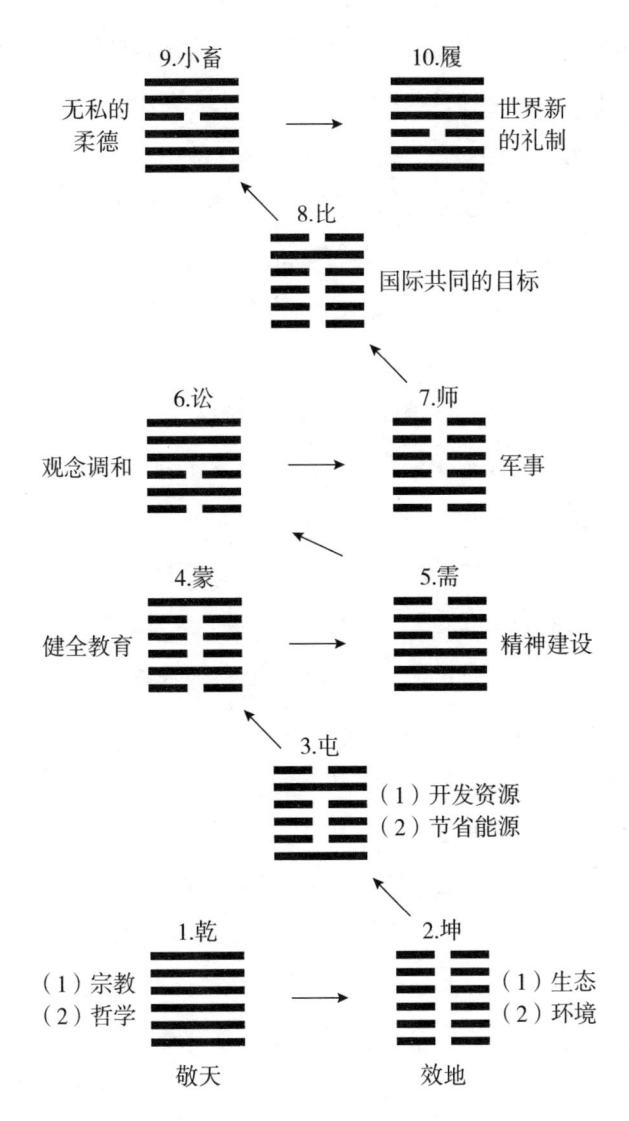

```
                9.小畜                    10.履
    无私的   ▬▬▬▬▬      →       ▬▬▬▬▬    世界新
     柔德   ▬▬▬▬▬              ▬▬ ▬▬    的礼制
          ▬▬ ▬▬              ▬▬▬▬▬
          ▬▬▬▬▬              ▬▬▬▬▬
          ▬▬▬▬▬              ▬▬▬▬▬
          ▬▬▬▬▬              ▬▬▬▬▬
             ↑
                    8.比
                  ▬▬ ▬▬
                  ▬▬ ▬▬      国际共同的目标
                  ▬▬ ▬▬
                  ▬▬ ▬▬
                  ▬▬▬▬▬
                  ▬▬ ▬▬
                     ↑
          6.讼                  7.师
         ▬▬▬▬▬                ▬▬ ▬▬
    观念调和 ▬▬▬▬▬      →       ▬▬ ▬▬    军事
         ▬▬▬▬▬                ▬▬▬▬▬
         ▬▬ ▬▬                ▬▬ ▬▬
         ▬▬▬▬▬                ▬▬ ▬▬
         ▬▬ ▬▬                ▬▬ ▬▬
             ↑
          4.蒙                  5.需
         ▬▬▬▬▬                ▬▬ ▬▬
    健全教育 ▬▬ ▬▬      →       ▬▬▬▬▬    精神建设
         ▬▬ ▬▬                ▬▬ ▬▬
         ▬▬ ▬▬                ▬▬▬▬▬
         ▬▬▬▬▬                ▬▬▬▬▬
         ▬▬ ▬▬                ▬▬▬▬▬
             ↑
                    3.屯
                  ▬▬ ▬▬
                  ▬▬▬▬▬      (1)开发资源
                  ▬▬ ▬▬      (2)节省能源
                  ▬▬ ▬▬
                  ▬▬ ▬▬
                  ▬▬▬▬▬
                     ↑
          1.乾                  2.坤
         ▬▬▬▬▬                ▬▬ ▬▬
    (1)宗教 ▬▬▬▬▬      →       ▬▬ ▬▬    (1)生态
    (2)哲学 ▬▬▬▬▬              ▬▬ ▬▬    (2)环境
         ▬▬▬▬▬                ▬▬ ▬▬
         ▬▬▬▬▬                ▬▬ ▬▬
         ▬▬▬▬▬                ▬▬ ▬▬
          敬天                   效地
```

所以，今天我们要效法地的能够产生万物，地是有可靠性的，天是有不可预测性的，我们要给地留空间。古人都很重视地，靠地吃饭，地是可靠的。所以，我说在21世纪讲坤，就是讲生态学、讲环保，这也是21世纪的一大问题——生态和环保。

第三卦是屯卦，就是刚刚开始的时候怎么开发资源，要入山林，要有向导，如何去追求你的目标。故屯卦第一是开发资源，第二是节省能源。以21世纪来讲，就是科学的功劳，但是节省能源，则要靠宗教和哲学，没有宗教和哲学，就不懂节省能源，会只想着开发，把所有资源都用尽了，不能屯，开发了资源，还要囤积。

第四卦蒙卦，讲教育，如何跟愚昧挑战。这个愚昧不是小孩子的无知，而是人类的愚昧。我曾经写过关于整体教育的文章，讲了三个教育的问题。一个是儿童教育，一个是家长教育。我特别说一下家长教育，家长不仅要注意儿童的教育，本身也要受教育，因为很多家庭的家长本身就有问题，怎能教育子女呢？所以我们要开发这方面的教育。第三个是领袖教育，不是领导哲学，而是领导自己要受教育。这是今天教育的大问题。

第五卦需卦，需在表面上是物质的。但是在21世纪，我们物质方面的需求通过科技的发展已经满足得差不多了，但精神上是空虚的，所以要建设精神方面的需求。在需卦的最后一爻"有不速之客三人来，敬之"，我们与他们共享。所以，今天的需，不是个人的需要，而是全人类的需要，建设精神的需求要注重分配，第六爻就是讲分配，不是个人占有，要分配、分享，贫富的巨大差距，就是资源的分配不均，今天世界上有的国家很富有，但非洲很多的国家很贫困，人们没有东西吃会饿死，富有的国家物产很丰富，将多余的物产丢到海里去，也不供给非洲那些国家，所以要均，要分配。这是今天的一个大问题。

第六卦讼卦，不只是打官司，而是意识形态的差异，不同宗教的歧视，国与国利害的对立。所以，讼是关于如何化解这些问题。不然的话，竞争过头就是你死我活，皆受其害，所以我们要学会如何去化解竞争。我们以前讲对立统一，可是对立了，就统一不起来，统一了，又形成对立。《易经》不讲统一，讲化解、转化对立，将对立转化了，而不是统一。统一，就是拿一个标准，将两方面都统起来。要转化对立，使双方各得其利，才是《易经》"义之和"的大利。

第七卦师卦，19世纪、20世纪都在进行武器的竞争，制造了很多核武器。怎么化解武器竞争，这是当前的一大问题。如果这个问题不解决，我们始终生活在恐怖的平衡之下。所以，师卦第六爻"大君有命，开国承家"，这是王道思想。就师卦来讲，不是讲兵法，不是讲怎么去战争，而是讲王道，怎么消除战争。

第八卦比卦，五根阴爻都要向那一根阳爻看齐。21世纪初的时候，我在北京的学术会议上就跟大家讲，就比卦来讲，第五爻代表世界的领袖，如果两个大国都要争这一爻，要想做世界的领导，那估计就没有和平，永远在争夺。所以，我们不要把第五爻看作君主、领导，要把它看作原则、原理、道义。看作道义的话，两大国都要向道义看齐。大家都讲道义，即使到了这个位置上也都强调道义，就不会有你争我夺的问题了。比于义，第五爻是义，公理正义，这是国际共同的目标。国际共同的目标，不是说大家要争那个位置，而是大家要向最高的人类的和平原则看齐。所以，我说这一卦是平天下。

第九卦小畜卦，第六爻讲地德能载物，讲妇德能柔和，所以小畜卦是讲柔德的。我们21世纪讲的德是柔德，不像20世纪讲刚强。德和道德是不同的，我们中国人也许不太区分，我在美国讲学时，会看到这是两个不同的词，道德是morality，德是virtue。当我用morality的时候，所有心理学的学生都会皱眉头，就像有人说道德值多少钱，所以后来我不说morality，而说virtue。老子讲德，禅宗讲德，属于内在的德，他们听了就很高兴。21世纪讲柔德。诸位看，我每次强调的都是德，而不是道德；柔德，谦德，诚德，都是有个"德"字，都是内在的，诚意是内在的，谦也是内在的，所以21世纪的德是内在的德，是柔和的，不是强硬的。

　　第十卦履卦，是礼。我们传统的礼，大家都知道，不适合于今天。礼已经被大家慢慢地抛弃了，甚至还有人说礼教杀人。但是社会的安定、国家的和谐，一定有一套大家公认的礼制，这个礼不是外在的礼，而是大家的需要，所以大家才安全，就像我们开车在高速公路上，你走你的车道，我走我的车道，就不会碰车。今天就需要这种礼，世界的新礼制。

　　这十个问题，是21世纪我们所碰到的重要问题，如果都能以《易经》的智慧来解决，我们就会进入下面一卦，泰卦。

泰卦（☷☰）第十一

泰，就是太平。"泰"和"太"在古代是通假字，是相同的，所以泰就是太平。就六十四卦来讲，前面的十个卦，把我们带入泰，带入一个太平的社会。这是就卦象来讲。但是就泰卦本身来讲，它不是讲太平，是讲如何才能够得到太平，是讲功夫，讲修养，不是讲结果。前面我讲那十个卦，泰卦对它们来说是一个结果，即太平。但就泰卦来讲，它不是结果，是国家治国或个人的一种修养功夫。泰（𥁊）字，上面是两只手，下面是水，水从手中流下来。古代的注解说，是水流掉了，其实不然，应该是两只手捧着水。《易经》是文王所著，文王是在陕西一带，那里古代就是沙漠，有绿洲很不容易，两只手捧着水，代表有救了，这就是泰的本义，得到水，生命有救。

那么，我们如何从这六根爻的角度来看泰卦呢？泰卦六爻，下面是乾，上面是坤，一般来讲，乾的阳气往上升，坤的阴气往下降，两个气能够交流，就是泰。这是一个象。另外一个象，下面三根阳爻代表君子，上面三根阴爻代表小人，所以孔子说"君子道长，小人道消"，君子越多，小人就逐渐退避了。这也是一个象。还有一个是心理学上的象，三根阳爻代表内在，三根阴爻代表外在。内刚外柔，里面刚毅方正，外面很柔和，可以跟人相处，就容易跟人和谐相处，又有持守原则。如果没有里面的原则，只是外面柔，那就是同流合污。所以这也是一个好的象征。

泰。小往大来，吉，亨。

"小往大来"，我前面讲过，凡是《易经》里面用到"小"字，就是指阴爻，"大"就是指阳爻。这里是说小的阴爻离开了，大的阳爻来了。也就是说，君主要远小人，亲近君子，即亲贤臣，就可以得到泰，就吉。这里的吉在卦象上看，一四、二五、三六都是一阴一阳，能感应，自然吉。吉是对这个象的判断，还没有完，要"亨"，要了解沟通，所以要处理这个卦怎么得到泰，还要有沟通的本事。有沟通的功夫，才能得到和平。亨是功夫语，吉是判断语。

初九。拔茅茹，以其汇，征吉。

初九位当又相应，当然很不错，但是爻辞说"拔茅茹"，"茅"就是茅草，"茹"就是杂草，要拔那些茅草和杂草。要想拔的话，"以其汇"，拔一根牵动其他，一根拔不起来，要一起拔，如此，才可以"征"，可以走。走当然没有错，因为是阳爻，阳都是往上走的，然后碰到第四爻相应，所以在这一爻可以走，阴阳相应，自然吉。但是，为什么拔一根茅草会牵动其他几根呢？有两种解释，一种是传统的，说初九的君子，要往上走，不能一个人解决问题，要和其他君子一起，这三根阳爻一起往上。也就是说，社会很乱，君子要解决问题，要集合很多君子，一个人的话力量不够，所以拔一根，其他的根都牵动在一起。这是传统的解释。我个人还有另外的解释，即在这一卦这一爻上，刚开始要得到泰，茅草代表我们的私欲，是不好的，要连根拔起，即要达到泰的和平，要先把自己的私欲连根拔掉。

九二。包荒，用冯河；不遐遗，朋亡。得尚于中行。

第二爻多半代表修德。二五相应，君主要找臣子。这一爻说明，要达到泰的几个德行、优点，有五个。第一，"包荒"，"包"是上面的把下面的包住，一起发展，或者不让它发展。"荒"，就是荒野，没有文化水准。要包容没有文化水准的人，要有度量。包容，是一种德行，即便别人文化水准不够，也要包容他。第二，"用冯河"，《诗经》说"暴虎冯河"（《诗经·小雅·小旻》："不敢暴虎，不敢冯河"），"暴虎"就是空手和老虎打仗，不拿武器，非常勇敢；"冯河"就是渡河不用船，这也是勇敢。但《诗经》说这是匹夫之勇，故"用冯河"是说有匹夫之勇的人也能用，就像宰相肚里能撑船，不仅是用君子，也用那些武夫，没有知识的武夫。第三，"不遐遗"，"遐"就是远，"遗"是遗漏，很远方的人也不遗漏，就是说不仅关心自己、家人和身边的人，还关心远方的人。"朋亡"，不是"朋友亡"，"朋"是朋党，中国古代对"党"字没有好感，繁体的党（黨）字是尚和黑，黑社会一样，尚黑，所以"党"字在当时是负面的。中国历史上朋党之争，常常是作乱的。"朋亡"，就是没有朋党，不聚私，不结党。"得尚于中行"，尚就是崇尚，崇尚中道之行，做任何事情都中正。也就是说，第二爻的君子达到泰卦这五种德行，才能求得社会和平、世界和平、个人的平安。

九三。无平不陂，无往不复。艰贞，无咎。勿恤其孚，于食有福。

九三在下卦乾的第三爻，代表阳气过盛，又碰到上面三根阴爻，需要转折、转换。"无平不陂，无往不复"，没有平地没有高坡，任何平地都有起伏，没有绝对的平，有去就有来，像春夏秋冬一样，任何东西都有转折，都有转回，就是要变。阳爻碰到阴爻，要变。"艰贞"，即知道艰难，要把握正道。"贞"就是把握你的"诚"，作为你的正道，来处理应变的问题。"勿恤其孚"，"孚"就是诚，不要担心你的诚，只要用你的"诚"去处理问题，而不要担心诚能不能起作用，能不能解决问题。"于食有福"，你会得到荣禄，会得到好的报酬。这在第三爻讲，在转变的时候，要把握你的诚，要结合下面两根阳爻的力量在一起。

六四。翩翩，不富以其邻，不戒以孚。

六四为阴爻，是轻盈，故"翩翩"，像蝴蝶一样翩翩起舞。第四爻轻轻地飞下来，跟下面的三根阳爻相遇了。"不富以其邻"，不要以为自己富有是因为上面的君主，所以要下来和下面的三根阳爻相接。也就是说，你不要觉得，我是大臣，我有君主的庇护，君主做我背后的支持。"不戒以孚"，"戒"就是设防、防卫，因为阴爻下面有三根阳爻，不要觉得说阳爻来了要怎么去抵抗他们，要用自己的诚，不要设防，要开诚。因为这一爻是大臣，要转化它们，设防怎么能转化呢？

六五。帝乙归妹，以祉元吉。

第五爻又是阴爻，这里用了一个典故。这里的"帝乙"，一般来说是指商汤。据说商汤定了一个制度，凡是君主嫁女儿嫁妹妹给不是皇族的人，公主要顺从夫家的制度，不要还以为自己是公主。这是商汤立的制度，代表君主谦虚。以这个来求福祉的话，"元吉"，元就是善，能够谦虚，动机是善的，吉。诸位要注意，商汤立的这个制度，到了汉代被废除了。汉代嫁公主给一般人的话，要她的夫婿以君主的礼仪来对待他的太太，到了唐代，像南平公主下嫁给王敬直，王敬直是大将军王珪的儿子，公主因为还是依照汉代礼节行事，所以她的婆婆公公过生日，都不去尽媳妇的职责。后来就变成一个戏剧，即《打金枝》。但《打金枝》讲的是郭子仪的小儿子娶了公主，公主要他的儿子三跪九叩，甚至公主的寝宫挂着灯，灯亮了他才能进来，灯黑着他不能进。郭子仪八十大寿的时候，儿子说要去拜寿，公主不去，说哪有君主拜臣子的，于是吵架了，儿子也是将军，于是吵架时，就骂这个公主，你不要以为你是公主，你父亲的天下是我父亲打下来的。郭子仪一听儿子说了这话，完蛋了，赶紧把儿子绑起来，去跟皇上请罪，说随你处罚吧。皇上故意扬言要杀郭子仪这个儿子，这时公主又不忍心了，说是闹着玩的。所以皇上就对郭子仪说"不聋

第二篇 闲谈《易经》六十四卦

不哑，不做阿家翁"。这是唐代的戏剧故事。商汤定了这个制度，是一种谦虚的表现。

上六。城复于隍，勿用师，自邑告命，贞吝。

上六发展到高潮，物极必反。泰极就会变否，太过分走到极端就会变。所以说"城复于隍"，城池破了，"隍"就是城墙下面的水沟，古代的城池下面有水沟围着。这时不能用兵，要去解决自己的问题，解决你自己国家的问题，没有工夫去打仗，"自邑告命"，回到自己。

泰卦的第六爻，就讲是物极必反的道理，泰极否来，但我们常说否极泰来，很少说泰极否来。因为泰的时候我们不会去想否，也不希望有泰极否来。但泰和否是相互转变的，也有泰极否来的事实。

最后再做一个简单扼要的总结：
初爻，去掉欲望。
二爻，要能容，无私，走正路。
三爻，要把握内心的诚。
四爻，不要骄傲，自以为高。
五爻，要谦虚待人。
上爻，要自省，不可过度。

否卦（䷋）第十二

否卦是三根阴在下，三根阳在上，跟泰卦是相反的。"否"字下面是"口"，上面是"不"，口里说出去的话，人家都给你否定了，不得志，遭碰壁。为什么这六根爻有否的现象呢？一般来说，下面三为坤，地气往下，上面为乾，阳气往上。地气向下，阳气向上，上下不交，两种气不能碰面，所以否。还有一个象，即下面三根阴爻是小人，上面三根阳爻是大人，小人道长，三根阴爻逐渐长，更多阴爻产生了，就把三根阳爻逼得没处走，君子道消。这是社会现象，小人越来越多，君子越来越少，这就是否。就心理学来说，就是下卦三阴，代表内在很空虚；上卦三阳，代表外在很刚强。在小学作文课上，老师给我批了四个字，我至今还记得，他说我的文章外强中干，外面很强，里面却没有东西，像八股文章一样。外强中干，不是好德行。泰卦是内刚强，外柔和，和否卦正好相反。泰和否，真的很奇怪，不仅是颠倒，同时也相错、相综，阴变阳，阳变阴，互相变。可见这两个卦关系非常密切。

否之匪人，不利君子，贞，大往小来。

"否之匪人"，"匪人"就是不合人道的社会，不讲人性，碰到的都是不应该碰到的人。"不利君子"，因为都是小人道长，君子都被逼退了。所以要把握正道，正道就是九五之诚。九五是主爻，把握诚道。"大往小来"，大者阳也，三根阳走掉了，三根阴来了。在君主的朝廷里面，君子走远了，这个朝廷完了，否。

初六。拔茅茹，以其汇，贞吉，亨。

初六位不正，也是"拔茅茹，以其汇，贞吉，亨"，可以跟泰卦比较一下，泰卦是"拔茅茹，以其汇，征吉"。这个爻上，因为是阴爻，"贞"就说明要谦，不要贸然前进，跟泰卦的"征"不一样。征是可以走，贞是要谦让。则"吉，亨"，还要了解你的处境。假定我们占到这一爻上，我们要了解自己的处境，不能快跑，就要谦虚，要沟通，不要轻举妄动。

六二。包承。小人吉，大人否，亨。

第二爻"包承，小人吉，大人否，亨"。这一爻也有点问题，传统的注解我都不太满意，"小人吉"，要怎么解释？吉是没有问题的，因为二五相应，相应则吉，但为什么强调小人呢？我一直在想这个问题。也是和《易经》的感应吧，大概三十年前，有一次旧金山大地震，那次大地震我正好在外面，我一共有五个孩子，有的上学了，还有两个孩子在家，房子有倒塌的危险，我都不知道怎么办才好，很着急地开车回家，幸好那次地震，交通没有堵塞，有人就出来自任交通警察，大家都循着地震前交通没有乱时的规矩。大地震的第二天,一个荣格心理学家到我家来学《易经》,正好碰到这个卦、这一爻,"包承,小人吉",我突然就想到,为什么"包承,小人吉"呢?凡是"包",都是包住下面的爻,这一爻包住下面的爻,不让下面的发展太快,是包含。"承"就是往上,就是指六二,这一爻能够包盖阴暗不好的一面,能够承天道,即使是小人也吉。我为什么说到大地震呢?大地震时我就想到,平常很多人不相信宗教,当突然发生危险的时候,他马上喊观世音菩萨救我。所以,人到危险的时候宗教信仰就出来了,小人碰到否的时候,就有了宗教的需要,这对小人来讲是吉的、是好的。小人有宗教信仰,可以改过,也可以使他吉。但是对大人来说,有危险的时候,他不是求吉,而是求亨。比如旧金山大地震时,作为市长,他当然不能说"上帝来救我们吧",他要了解哪里有问题,怎么解决问题,他要亨,要去解决问题。这么一想,我觉得就通了,旧金山地震在我心中的感应,让我对这一爻忽然而悟。

六三。包羞。

六三,处于下卦最末,阴又是太过了,阴会阴虚,会阴骄,也是一种骄傲,所以羞。正因为暗,代表羞,所以要包。这个爻要包住下面两根爻,使这根阴爻能包含,不会往上太冲,用"羞"字,是去转化这个字,要包住,也是坤卦里说的"含章可贞"的意思。

九四。有命，无咎，畴离祉。

九四"有命"，传统很多《易经》的解释是说，因为九四是大臣，这里就是得到君主的命令去对付、处理下面三根阴的问题。命是指君主的命令。但是我也讲过，《易经》里的命很多时候指天命。这个时候用命令也可以解释，用天命更好。九四继承了天命，来处理问题，这样就无咎。"畴离祉"，"畴"就是这一类人，指下面这三根阴爻，使这三根阴爻都得到福祉。处理下面这三个爻，不是消灭它们，而是拯救它们，转化它们，它们虽然是阴，也得到福祉，得到君主的庇护。这是大臣的任务。

九五。休否，大人吉，其亡其亡，系于苞桑。

九五作为君主，就要"休否"，他就有这个职责和任务，要把否的社会翻转，所以他是大人。如果君主是大人，不是暴君，则吉，因为二五相应。但是君主在否的时候，他要知道，"其亡其亡"，不要认为，现在"否"被我休掉了，安乐了，心里还是要有危机感。"系于苞桑"，国家就像绑在桑树干上一样。桑树的树干很硬，安全。这是一种忧患的心情，是居安思危。"其亡其亡"，就是思危。

上九。倾否，先否后喜。

上九"倾否"，把"否"完全丢掉了。"先否后喜"，否极泰来。

成语"否极泰来",就应验在这根爻上。

我们先做一个简单的结论,然后再讲一点儿转化。

第一爻,谦虚自保,保身最重要。

第二爻,君子生于忧患,要了解处境。

第三爻,要能转化,羞是负面的,转化成耻就是正面的,知耻便是一德,就能够转化。

第四爻,知天命。

第五爻,居安思危。

第六爻,否极泰来。

就转化来说,是在第三爻和第四爻。第三爻怎么转化呢?要谦虚,"包羞",能够涵盖它的阴柔,把它的阴柔转给第四爻。到了第四爻,它要转化下面三根阴爻。很多人讲《易经》,阴阳对立,好像战争一样对立。讲好一点,是阴阳调和。怎么调和,没有讲。但是我讲转化是一种功夫,第四爻是阳,它能够把下面三个阴的柔转化到自己身上,使它不至于阳刚太盛,将下面三根阴爻的柔转化到它身上之后,再转给九五之尊。那么,第四爻,就不要把下面三根爻当作它的朋党、群众,不要像一个将军一样把这三根爻占为己有,当成自己的军队,而是要转给上面的九五。这样的话,九五才会对九四放心,才不会觉得他功高震主。所以,第四爻要非常有技巧,要有转化的功夫。

同人卦（☰）第十三

"同人"，很清楚，就是和人相同。就六根爻来讲，是怎么得到同人这个概念？下面三爻是离卦，离是火；上面三爻是乾卦，乾是天。火是向上走的，和乾天是一致的。两个方向一致，所以有同人。在同人卦《大象传》中，孔子说同人是"类族辨物"，同一族相类，"辨"字就来自离，离是火，照得清楚。所以，同人不是说闭着眼睛跟别人相同，在"同人"当中，你先要分辨这个人是不是值得同，是不是有道之士，由分辨而相同，这才是真正的同人。所以离火，就是光明。还有，二爻、五爻一阴一阳，相应且当位，当然是同人，即第二爻要和第五爻相同，这是同人的大意。

同人于野，亨。利涉大川，利君子贞。

"同人于野"，"野"是野外，空旷的地方，不是同人于一个角落。同人于一个角落，那不是同人，是同党，是结党营私。同人是要在开阔的地方，跟人相同。"野"字很重要，同人时，目光要远大，不是局限在个人的利益上。在同人的过程中，要亨，要了解，要沟通，该不该同，这就是离火的"辨物"。"利涉大川"，能够同人的话，就算是遇到困难危险也能渡过，因为有朋友帮忙。"利君子"，同人要同于君子。上面三爻是乾，代表君子。这个卦里面，唯一的阴爻是第二爻，其他都是阳爻、君子。"贞"，把握正道，即诚。"同人"是中国式的民主，我跟别人相同；西方式的民主是别人跟我相同，强调自己，然后还要求别人跟自己相同。《论语》里面有句话说得非常好，即我在美国常常跟同学谈的"君子和而不同"，说君子要和谐而不同。孔子讲不同，为什么说同人呢？"不同"是指每个人有每个人的特色，只要他们能和谐相处，不一定要求别人和你相同。也就是说，在同人的概念上保持自己的独立性，保持自己的特殊性，但是跟人相和、跟人相同，不丧失自己的尊严和德行，不盲目跟人相和，也不要求别人跟你相同。这就是"同人"，是中国式的民主。

初九。同人于门，无咎。

初九"同人于门，无咎"，这一爻开始，就像门一样。门有两个作用，一个是关门防盗，一个是开门交友。将来我们还会讲到家人卦，家人卦也是初爻把门关起来，防盗。这里讲同人，是要出去的，要打开门交友。这一爻位当，所以无咎。

六二。同人于宗，吝。

六二是唯一的阴爻，其他五根都是阳爻，所以是主爻，是"同人"的主体；最重要的是要它去同人。这个爻的爻辞，是从反面来讲,"同人于宗,吝",吝当然不好。吝就是很羞涩,因为这是阴爻,有羞愧的象征,还好,不是大凶。为什么有羞愧的感觉?因为"同人于宗"。"宗"字,在中国文字中,是正面的。但是这里,"同人于宗",反而是吝。在我念过的所有文字里,也只有这里,强调"宗"是不好的。中国人讲祖宗,就像禅宗的"宗",儒家、道家讲家,但是禅宗讲宗,因为禅宗讲祖师。禅宗从印度传来,传到达摩是二十八祖,他到中国来,成为中国禅宗的初祖,到了慧能是第六祖。胡适考证说印度二十八祖是编的,印度没有二十八祖。最近我突然想到,印度不仅没有禅宗二十八祖,而且根本没有所谓的祖师,因为印度佛学讲轮回,我们不讲轮回,讲祖师、祖宗。我在长安大学碰到一位女士,她的名字很怪,我朋友就问她,你这名字是什么意思?她说她的名字只有名没有姓,因为藏人认为,人死之后,没有祖宗,没有姓,只有名。这就是说,印度人观念里根本没有祖宗,也没有祖师。到了中国,我们才说达摩祖师,祖师在中国文化里是很重要的。"同人于宗",反而是吝,因为要出去跟人同,如果只讲自己的祖宗,不出去跟人家相交,不能同于人的话,不好。那么这个"宗",在六根爻里面,是指初爻,因为宗是过去的。如果第二爻一直怀念、强调过去的初爻,就不能向上发展,毕竟六二和九五相应,要走出去,不能回头。所以,爻辞是从反面来说明这一爻要出去。

九三。伏戎于莽,升其高陵,三岁不兴。

"伏戎于莽",戎就是武器,把武器藏在草堆里。"升其高陵",

自己要跳到高陵上，这是讲什么？看到这个我突然想起来，这就是西方心理学的 ego（自我）。这个爻描写自我，活生生演戏一样，把兵器放在暗的地方，也就是把阴谋放在心里面，然后在外面装得很强，跟人家对抗。"三岁不兴"，"三岁"是三年，代表时间长，很久也出不来，这是自我的表现。在同人卦里面，要教你打掉自我，不要有自我。所以，九三是打掉自我。

九四。乘其墉，弗克攻，吉。

九四"乘其墉"，就像从墙里到墙外，爬到墙上了。初爻是开门，九四爬到墙上了。墙上当然比较高，"弗克攻"，"克"是能，就是不能攻。站在高墙上，不要以为自己高，不要把别人看得低，不要攻击别人，不要嘲笑别人，这样才能同人。如果居高临下，把自己看得高，把别人看得低，就不能同人。《庄子·人间世》中，庄子编了一段故事，说的是颜回将要去劝说卫国国君，向孔子问计。开始的时候，颜渊说用道德去劝服卫君。孔子说不行，以道德去劝卫君，就把自己置于高地，把卫君看低了，好像卫君不道德，你有道，那是以德凌人，很危险。这正如一个人站在高陵上，用钱用势去凌人，或自以为学问高，看不起人，那么就要把这个"高陵"撤掉，不要以为自己高，这样才能够"同人"。庄子在《天下篇》里面就说，向上与天地为友，向下与世俗的人相处，而不傲于万物。这就是本爻应有的"同人"的态度。

九五。同人,先号咷而后笑。大师克相遇。

九五跟六二相应,位置很正,当然是很好了。"同人先号咷而后笑","号咷"是哭,然后才笑。为什么要哭?因为六二和九五之间隔了两个阳爻,开始的时候不了解,被阻了,后来才发现,原来六二是我的同志和帮手,然后才笑。这就像"大师克相遇","克"是能够,"大师"可能有两种情况,一种是派出去的两支军队相遇会合在一起,第二种是你的国家的军队和别国的军队相遇,结为同盟,也是好的。但是,大师还有另外一个象征,不只是军队,它和九五都代表原则和最高理想。在最高的理想和原则上,它们能够相交。这就是我们常常讲的同志,即九五和六二,能够相交,互相了解。

上九。同人于郊,无悔。

上九"同人于郊",卦辞"同人于野","野"是空旷的野外,是大同的境界。"同人于郊",我认为是小康境界。郊外就是离城门还不是特别远。为什么说是小康?因为小康还是有城门、有军队、有礼法。大同就没有了。"郊"就是开阔、开放。到了"上九",看到了天,视野也开阔了。"无悔",不会有后悔的事,也就是说我们的理想面向要开阔。"同人",跟人家相同,自己的路子不开阔,怎么让人家跟你相同。所以,做学问路子开阔很重要。

讲到同人,孔子的大同思想是天下为公,它是一个理想,在中国历史上，直到今天，我们还没有说过哪个社会是大同社会。因为每一个朝代，都有军队，都有城门，都有礼法，不能像大同那么开放。大同是个理想，但是同人追求一个理想的路子，一爻一爻，它有它的方法，所以我认为同人是走向大同的路子。今天的社会是多元化的，国内可能好一点，但我看上海人和北京人有时候还是有地域的观念。我常常用孔子的"和而不同"来说明多元化问题的解决，每个人都有不同，多元化是很自然的，所以要和。每个人都有自己的看法，但是要和。我们不要强迫别人跟我们相同，要维持不同，了解人与人之间的不同，不要强迫人家跟我们相同。这跟同人没有冲突，同人不是勉强别人跟我们相同，即使我跟别人相同，我也不是勉强的，我是有原则的。同人卦内卦是火，火是点亮照亮，看清楚人与人之间的不同，才能相和，不要求别人和你相同。这才是同人卦的意思。

现在我们看看同人卦的六根爻，用简单的几句话来说明：
第一爻，打开心胸，"门"就代表心，把心房打开。
第二爻，不结党，不攀私。
第三爻，把自我放在一边。
第四爻，不要居高临下，不要看轻别人。
第五爻，要有很深的了解，化误解为真情。
第六爻，自己的路子要宽大，更要给别人以空间。

大有卦（䷍）第十四

同人和大有这两个卦，是倒过来的。同人是第二爻为阴爻，在大有卦里，变成第五爻是阴爻，君主是阴。这一变，就有很多不同的看法和不同的现象。常常两卦相变，两个卦都是反过来看，有时候这个卦到那个卦是相连的意思，是发展的，有时候是相反的结果。这两个卦是相连的，由同人到大有是接着来的。"大有"就是有大，你能够有大的看法、有大的方向，"大"就是阳爻，阳爻我们称之为大，六五是君主，一个君主是阴爻，却拥有五根阳爻，所以它的拥有很大。我们一般人，所有的都是小有，你买房、买车，银行里存了多少钱，都是小有，再多的钱，也只是一些数字而已。但《易经》不讲小有、小利，而是讲大有。

就这个卦来讲，为什么有"大有"的现象呢？下面三爻是乾卦，代表天；上面三爻是离卦，代表火。火光在天上，光芒可以普照一切，是大有。下面三根是乾，代表很充实，上面代表光辉，充实而有光辉，即"大有"。一根阴爻能够涵盖五根阳爻，这也是大有。所以这个卦象，我们看出了大有的境界。

大有。元亨。

卦辞只讲"元亨"两个字,"利贞"不讲,为什么利?因为在大有的境界,"元"就是开始的时候善,"亨"就是沟通够了,"利贞"都是小问题,自然有的。大有强调"元亨",大处着想,不讲小有,不讲利。所以《系辞传》给《易》下了定义,"不言所利,大矣哉",这才是大。第二爻和第五爻位不当但是相应,相应很重要,有时候这个相应比同人还重要。同人两根爻是位正而相应,这里是位不正而相应,有时候位不正而相应很重要,因为君主是阴爻,能够礼贤下士、不骄傲,能够用人才,反而更好。

初九。无交害,匪咎,艰则无咎。

初爻"无交害,匪咎,艰则无咎",传统的解释是不要有不好的事情相交。我的意思是,这个爻,位正,但是和九四不相应,不相应就是无交。无交不相应,不太好,当然有害,但"匪咎",不是什么麻烦。如果你知道"艰则无咎",也就是说,在这根爻刚开始大有的时候,你不要去求交,要注重你自己本身,阳爻讲诚。所以第一爻我多半讲修诚,你只要修诚,不要有目的的修德,这样才无咎。

九二。大车以载，有攸往，无咎。

第二爻是重要的一爻，因为下卦只有它跟唯一的阴爻——五爻相应。它是一个很好的人才，辅助君主完全没问题。"大车以载，有攸往，无咎"，大车，就是古代几匹马拉的车。诸位看到"大车"有没有想到佛学讲的大乘，乘就是车。"大乘"就是大车，公共汽车可以载很多人，摩托车只能一个人开。所以，大乘是菩萨的精神，要救世；小乘是罗汉的精神，只能自救。这一爻提到大车，跟佛学相通。所以你要大有，达到大有的境界，先要心量广大，就像大车一样，可以带得动很多人，救很多人，这样你去做任何事情，就"无咎"。

九三。公用亨于天子，小人弗克。

照理讲，九三是三根阳爻的最高一根，但依然是阳气过盛，太骄傲，骄傲是它的毛病。爻辞先从正面来讲，"公用亨于天子"，这个臣子做任何事情，都贡献给天子，自己不居功，这是君子才能达到的境界。"小人弗克"，小人不能，小人要居功，认为这是自己的功劳。大有要心量大，做了任何事情不要把它看成我自己的。这是九三。

九四。匪其彭，无咎。

九四也是重要的一爻，因为是大臣，上面是君主。大臣是阳爻，君主是阴爻，有问题。而且这里的大臣在统帅着下面三根阳爻，它是下面三根阳爻的领袖。就像大将军或大臣一样，大权在握，直冲上面的君主。君主柔弱，君主是阴爻，所以是功高震主，这是很危险的。以前我们讲比卦的时候讲，比卦最好是第四爻是阴爻、第五爻是阳爻，君主阳刚，大臣阴柔，是绝配。现在掉过来了，大臣要很小心，因为他犯了忌。爻辞说"匪其彭，无咎"，"彭"本来是蓬勃，这里是膨胀的意思，不要膨胀你的势力。"彭"还有边的意思，你不要强调你这一边。所以这个彭就是在强调下面这三根阳爻，你不要觉得下面这三根阳爻是你的人，都是你的兵。"匪其彭"，势力膨胀很危险，因此不要强调自己的势力。如何转化这一点呢？就是九四要转化下面三个阳爻的力量，献给上面的君主，这样的话，君主才可以容纳第四爻，不然的话就有危险，不是自己篡位，就是君主要把你除掉。

六五。厥孚交如，威如，吉。

六五一根阴爻要驾驭下面四根阳爻，上面还有一根阳爻，要对付这五根阳爻，怎么对付？"厥"是其，"厥孚"就是其诚，也就是你要把握你的诚。这一爻本来是谦虚，但是"孚"出现了，也就是诚，代表谦虚不够。"交如"，虽然也懂得怎么跟下面四个阳爻相交，"交"就是了解，懂得交，懂得了解，懂得怎么相处，但不够。下面说"威如"，要保持你的威信和尊严，因为一根阴爻对付五根阳爻，如果一味地谦虚，跟它们相交，不保持威严的话，下面四根阳爻就会把你吃掉。所以恩威并济，是这一爻的做法。又因为二五相交，所以吉。但二五相交，就转化来说，本爻吸收九二的阳刚之气，所以它有这个"威"字，能够恩威并施。

上九。自天佑之，吉无不利。

上九"自天佑之，吉无不利"。"吉无不利"，没有问题，都是好的。"自天佑之"，"天"字出现了，在《易经》里有时候指天空，比如乾卦"飞龙在天"，就是天空的天，是物质的天。但这里显然不是物质的天，而是天来保佑你，这个天是哲学的天。

《大象传》说"遏恶扬善，顺天休命"，就是开始的时候不要交害，要往上走，将自己的力量转给君主。这还不重要，重要在于"顺天休命"。把"顺"和"休"拿开，就是天命。"顺天"的天，是天道的天，顺着天道走。"休命"，休有两个意思，一个是停止，另外一个休是指修养、美化。在《易经》里面，"休"就是安的意思，安于天命。命不是命运，我们一般常常是错误地运用说乐天知命，好像是顺着你的命运，其实不是。天命的命，不是命运。在这一爻上，为什么天会来保佑你？因为你顺着天道在走，故"休命"很重要。卫礼贤翻译《易经》时，就没有很好领会这个"休"。我们常常讲休息，就是停一会儿，休息不是睡觉了，是在充电，然后再走。我们要"休命"，就是知道天给我们的任务，要很安于天给我们的任务，不要东想西想，怨天尤人。比如，做老师就安于做老师的责任，把学生教好，素其位而行，这样的话天会降福给你。可见，真正的"大有"是天的大有。君主虽然位置最高，但是君主的有是小有，我们古代的家天下是"小有"，因为都是有目的的，有占有欲，所以是"小有"。天是没有目的的，天没有私心，它照顾一切，这是天之"大有"。

先把大有卦的六根爻简单总结一下，然后再讨论同人和大有之间的关系。

第一爻，无求无欲。

第二爻，心量要大。

第三爻，不要占为私有。

第四爻，不要自大。

第五爻，以诚相交。

第六爻，顺天命而行。

大有卦讲完了，现在我要提的，是从同人到大有的发展。在这里，我希望大家可以闭起眼睛来想想：从同人卦到大有卦到底在讲什么？这是一个伟大的哲学家、政治家，给我们一个治国、平天下的蓝图，从同人到大有，都是一致的。在文王以前，有尧、舜、禹、汤，我们说尧、舜、禹、汤、文、武、周公的故事，只能从书籍里面找到一两篇文章，而这一两篇文章还是后代的儒家写的，所以我们手头的尧、舜、禹、汤的资料很少。对文王来说，还是因为《易经》这本书才得知。如果是文王所著的话，我们可以看出来，文王给了我们一个治国平天下的一个蓝图。只是可惜的是，有些人把《易经》变成一个占卜的书，甚至变成算命的书。

第二篇　闲谈《易经》六十四卦

就占卜来说，如君主问战争的吉凶，算卦的人就告诉他吉凶，通过占卜的运用，只能得出一爻或两根爻的爻辞，所以只看到这一两根爻的解释，看不到卦的全貌，也看不到整个《易经》的全貌。正如我们所谓的，只见树木不见树林，这是占卜的路子。今天我们不走占卜的路子，要看《易经》的原书，我们会发现，《易经》讲的不仅是占卜的吉凶。

大家想想，从同人到大有，完全是在讲一个哲学问题，怎么能同于人，怎么能消掉自己的私心，怎么拥有大有的境界，使心量变大，这哪里是占卜吉凶的问题呢？这种境界在《易经》里我们就看到了。如果我们不学《易经》，可能就不会想到这个问题。

我讲个比喻，比如中国提出来的"一带一路倡议"，有些学者强调，这就是天下为公的大同思想。假定这是大同思想，怎么去做，自会有那些一带一路的人去做，跟你有什么关系？没有关系，你只是看着他们做。但是现在，《易经》从同人到大有，每个六爻，加起来十二个爻，就告诉你十二个步骤，你直接就可以参与到同人和大有中来，也就是可以直接参与怎么走进大同思想。

今天我给诸位讲《易经》，我只是做介绍，我把同人和大有介绍给诸位，诸位可以直接跟同人和大有产生感应。诸位可以直接参与怎么从同人到大有。如果同人到大有，是从小康到大同的境界的话，你也可以直接参与。你虽然不是领导，不是政治家，但你在个人层面上，尽到自己的一份从同人到大有的贡献，自己参与了，这是《易经》巧妙的地方，也是《易经》伟大的地方。它是可以让我们读《易经》的人直接参与进去。其他场合讲这些问题，我们没法参与，我们是局外人，但是读《易经》我们不是

易经新说

局外人，你打开同人卦，打开大有卦，就知道该如何去做，它跟你的生活息息相关。这是我从"同人"到"大有"想到的一个问题，我越教《易经》越发现它的伟大之处，对我们人生的启发作用，是大家都可以参与进来的。

谦卦（䷎）第十五

谦者，言之兼也。言，谦虚要有语言来表达，不用语言表达别人怎么知道你的谦。兼就是兼人，即要想到自己讲的话能够适合别人，站在别人的立场也讲得通，不是只想着自己的想法，要能够兼人。那么如何从这六根爻里看到谦呢？内卦是艮、是山，外卦是坤、是地。山在地下，山本来应该在地上，是高高在上，现在反而在地下，这不是谦虚吗？这个卦只有一根阳爻，九三也是主爻，这根阳爻在的位置多半是不好的，但是在谦卦里，这根阳爻是谦的主体，本来第三爻是骄傲的，由于谦，骄傲转化成谦虚了。这是很重要的一爻。一般来说，一个卦中只有一根阴爻或一根阳爻，处在第二爻或第五爻的话，不是这根阴爻如何对付另外五根阳爻，就是这根阳爻怎么另外处理五根阴爻。而现在这个卦里，九三是唯一的阳爻，但三多凶，所以它不是处理与这五根阴爻的关系，而是怎样尽其努力去达到谦的目的。

谦。亨，君子有终。

卦辞是"亨，君子有终"，讲的是主爻九三，因为全卦只有这一根是阳，其余五根是阴，所以跟九三有关。"亨"是沟通，要了解，什么时候该谦，什么时候谦过分了，了解很重要，不要让你的谦虚用得不得当，谦虚不得当就是虚伪。"君子"，第三爻是阳爻，为君子。为什么讲"有终"？这里没有说"无始"，其实讲全了应该说"无始有终"。开始的时候也许大家误解，不了解，因为你谦虚，到后来就发现你真有才能，是谦虚，所以有好结果。故"有终"就是谦到最后，大家会了解你、赏识你，有好结果。

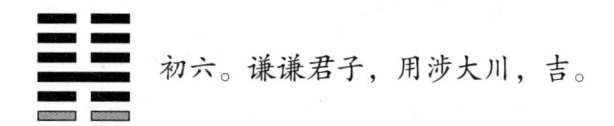

初六。谦谦君子，用涉大川，吉。

初六因为在地下，所以说"谦谦君子"。谦是君子之德，不是小人的德。这个卦里用了两次君子，卦辞里说君子，针对的是九三。"用涉大川"，其他卦都是说"利涉大川"，只有这里是"用"字，用什么呢？用谦可以渡过危险。遇到任何危险的时候，谦可以使你渡过难关。

六二。鸣谦，贞吉。

六二"鸣谦"，"鸣"就是鸟叫，也就是讲出来了，有声音了，这说明谦要表达出来。还要把握正道，"贞"是谦道，才会吉。谦虚不表达，谁知道你谦？

九三。劳谦，君子有终，吉。

九三为主爻，这一爻很重要。"劳谦"，"劳"就是辛劳，就

第二篇　闲谈《易经》六十四卦

是工作努力；"谦"要能劳，这是君子之德，"有终，吉"。为什么用"劳"字？谦虚是一种德，不是后退，也不是无能，而是要去工作、去任劳。九三要去工作，要为人类做贡献，而且任劳任怨，这是谦最重要的解释。举个例子，我有一次在基督教大学研究所兼课，教很多中国学生，里面有三个是牧师，其中有一个牧师，我每次去的时候，他都是先到，就在那打扫卫生，这就是劳。没有人要求他做，他也不表示他做了什么工作，就是自己感觉需要做，他不以为自己的劳是工作，这是谦的最大表现。可见，这个爻很重要，九三本来是坏的，劳本来是不好的，如劳苦，但是在这里把劳字转化了，变成了正面的意思。

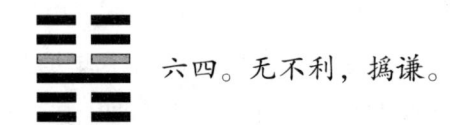

六四。无不利，撝谦。

六四"无不利"，说明这一爻很好，好在这个"撝谦"，"撝"的意思就是做，如何行谦，如何表达你的谦，是对上对下都一样的。对上能谦，这不稀奇，它比六四高。在职场，你对你的主管很谦虚，因为你不想他对你不好，你对有学问的人很谦虚，这也是应该的，但对下也要谦，对比你低的人能谦，才是真正的谦。

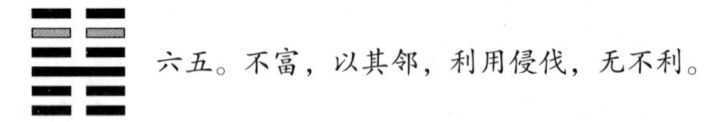

六五。不富，以其邻，利用侵伐，无不利。

六五是君位，上下两个都是阴爻，"不富以其邻"，君主不要以为自己富有，他的富有不要靠别人。"以其邻"就是靠别人。这就是说，他的富有要靠自己，不要靠别人。谦是不要寄托在别人身上，要自己谦，在内心谦。不管你有钱没钱、有权没权，谦就是谦。"利用侵伐，无不利"，侵伐是战争，是不好的，但是谦可以用在战争上，"无不利"。兵法说"骄兵必败"，如果谦虚的话，顾虑周全，反而会胜。也就是说，如果你把谦用在战争上，就会消灭战争，不再从事战争，这就是老子讲的"慈故能勇"，将慈用在战争上，就能化解它。所以，谦还可以用在兵法战争上。

䷎ 上六。鸣谦，利用行师，征邑国。

六二是"鸣谦"，那是在地下，到了上六，则是在天上"鸣谦"，那是天道的谦。关于天道，老子就说天能够帮助万物生长，从来没有说自己多么伟大，不强调它的功劳，这就是玄德。它做任何事不居功，"生而不有，为而不恃，长而不宰"。所以，天道的谦，不是谦虚，是自然的。有这种谦，"利用行师，征邑国"，都可以。这就是孟子讲的"仁人无敌于天下"，即使去征伐暴君，该国的百姓也会认为你是去救他们的。这就是仁者之谦。

谦卦六爻讲完了，孔子对谦卦的分析，有几句话我认为很好。《象传》说谦有四个益处：一是"天道亏盈而益谦"，盈过分则使它虚，虚过分则使它盈，天道是盈虚平衡。二是"地道变盈而流谦"，地道也是一样的，地处最下的地方，水往低处流，地道是讲谦的。三是"鬼道害盈而福谦"，这是什么意思？从前乡下人给他们的孩子取"阿狗阿猫"的名字，因为阿狗阿猫不好，鬼神也不会来找他们麻烦。有时候小孩子出门要在脸上涂一些脏东西，因为太漂亮了会招惹鬼神，这是一个传统的世俗的看法。我们都说丑小子、丑丫头，现在则不行了，你要是喊一个小女孩丑丫头，她肯定很不高兴。现在和古代不一样了，古代迷信嘛，生怕鬼神嫌你高傲、漂亮，会找你麻烦。现在不一样了，孩子从小就训练得非常有才能，到处表演。四是"人道恶盈而好谦"，人道就是人的心理，学心理学的就知道，一个人骄傲，别人肯定不太喜欢你，一个人谦虚就得人心。接下去还有两句话我也很欣赏："谦尊而光，卑而不可逾，君子之终也。"谦是卑，但是它是尊，有光。它虽然在最低的地方，但是我们没有办法超过它。就像地在我们下面，它很谦虚，我们可以随便踩，我们人的力量却没有办法超过地。地对万物的功劳，哪个人能比？哪个君王能比？这就是谦。

我们先看这六根爻的总结：
第一爻，要把自己放在最低的地方。
第二爻，要讲出来，能够使人感应。
第三爻，要做劳苦的工作。
第四爻，谦不只是对上，对下也谦。
第五爻，谦不是退让，是进取的。
第六爻，谦的光辉，可以照明天下。

曾有人说西方人根本不知道什么是谦，当时我信以为真。但是到了美国以后发现，他们也有让，如车道上的让字，他们都遵守，不是我们的谦，不是外在的礼貌，是内心的德行。很多人把谦当成礼貌，因此很多人就利用谦来达到目的。真正的谦，我认为有三种，第一种，谦是很有学问但是非常友善，不骄傲。第二种,是把自己看得很低,这是我真正要强调的,想想自己有什么了不起,在宇宙间,人真的是太渺小了,像爱因斯坦多伟大,但他说他所知道的真理是大海里面的一片贝壳,他说这句话是谦虚,是真正了解到人类知识的有限。第三种,是根本没有谦虚的观念,只知道为人做事情,就是任劳任怨,不为了什么。不是把谦虚当道德,不是要表现自己有道德才谦虚的。

讲到这里我又想到一首诗,白居易的《放言五首·其三》:"周公恐惧流言日,王莽谦恭未篡时。向使当初身便死,一生真伪复谁知?"所以谦虚有可能被利用,经不起考验。谦虚要从头到尾,不知道自己谦,那样的谦才是真正的谦虚。不要把谦虚当成一种道德去表现,要去做实际为人服务的事。因此我在美国时,写了一篇关于谦的文章,有一万多字,为什么写这篇文章呢?因为在美国时,有很多中国学生跟我抱怨,说我们的传统教育要我们谦虚,可是到美国来,谦虚却使自己遭殃,在课堂上老师提问的时候,美国学生举手很快,但我们中国学生都在谦让,老师就不知道我们是谦虚,我们很吃亏。

受这个现象的激发,我写了一篇文章,强调谦是一种内在的德,而不只是外在的礼貌或谦恭而已。谦的德,有两个特质,一个是无为,无为就是没有目的,有目的的谦就是有阴谋。第二个就是很自然。老子说"道法自然",道是给万物空间,给别人空间,自己也有了空间。所以人与人之间不要互相排斥,大家互相给空间,这是自然的。有这两个德之后,就是无为而自然。这是后来老子拿去用的。那么,谦有什么作用?有。我们说谦是进,是有作用的,不是一味退让。它的作用我讲三点:第一个是由内到外的反射，谦是内在的，但是反射出去，不是说向外追求，是反射，这是庄子讲的。庄子认为谦就像水平面，你在水上就会照到自己，水如果不平，不能照到自己。水平是内在的，谦是内在的平静，但是它可以反射出去，有作用。第二个，它是由下往上提升，《老子·第八章》讲"水善利万物而不争，处众人之所恶，故几于道"，水是往地下走，处下，但是利益万物，是有作用的。第三个，水是最柔和的，水放到方的杯子里就是方，放到圆的杯子里就是圆，很有柔性，用刀去刮它，它让你刮，但是你把刀抽出来，它又恢复原状，很有柔性。谦就是非常有柔性的。

　　谦的特性是无为、自然。接下来我要讲谦的运用，是运用，不是利用，因为利用是有目的的，是手段，运用是自然的、无为的。谦卦是进不是退，也不是无能。所以要讲运用。老子是讲运用，谦也是讲运用；但同时又讲无为自然。以老子的理论来讲，第一，谦是要避风头，"避其光"，光芒不要太显露，表现自己，人家就妒忌，都跟你争，所以老子说"不敢为天下先"。第二，如何守。守就是守成，守成很重要，马上得天下，但是不能马上治天下，这是陆贾对刘邦说的。治天下，要懂得守，老子说"知其雄，守其雌；知其白，守其黑"，知道雄，雄就是争，但是你要守在雌的地方把握，不要在雄的地方跟人家争。雄和雌的对立要注意，表面上是雄和雌的对立，但不是对立的，雄是一面的，雌是全面的。"知其白，守其黑"，西方哲学就是"知其白"，逻辑要非常清楚，但是中国哲学要"守其黑"，在黑的地方守住，禅宗也好，老子也好，都是守黑。怎么守，"守"是得，"知"是用，守就是谦。第三，如何退。退很重要，军队只知道进不知道退，是很危险的。所以师卦说"师左次","左次"就是屯兵,不是退兵,而是懂得停在那里。老子讲"功遂身退,天之道",功成了,要知道退,不要占着那个位置,这是天道的原理。任何事情发展到最高,功成了,要自退。这样的例子有很多,大家都知道孙中山先生革命成功了,推翻清政府,但他不愿意做总统,让给了袁世凯,但袁世凯不知道退,做总统以后还想做皇帝。第四,如何进。老子说"进道若退",虽然讲退,实际上是进。老子说"欲先民,必以身后之",你要想领导人民,就要谦虚,把自己放在后面,人民才会很高兴,感觉是自己走的路,而不是拉着他们、强迫他们走。这其实就是进。所以,谦在我们生活中的运用有这四点,都是老子哲学,老子把《易经》谦卦的智慧完全发挥在政治和人生的运用上。

豫卦（䷏）第十六

"豫"字，左边是"予"，右边是"象"，"豫"字本身是描写一头大象。大象和老虎不同，老虎动作快、凶猛，大象则很安逸、安定，所以豫代表安定、快乐的意思。中国讲快乐有好几个字，比如喜、乐、悦，这都是快乐的表现。"悦"，在《易经》中是兑卦，内心的悦。我用"安乐"这个词来形容豫。安乐是外在的，为什么从这六根爻会得到一个安乐的形象呢？我们看，内卦是地、坤，外卦是震、雷，震代表动，坤代表顺，动于顺中，动得很顺利，就很安乐。另外一个象，震是雷，坤是地，雷发于地，就是我们今天说的"春雷一声，大地回春，万物欣欣向荣"这样一种快乐的心情。

豫。利建侯，行师。

"利建侯，行师"，"建侯"和"行师"都是政治上的，那"利建侯"和快乐有什么关系呢？设置了这些诸侯，就是为了平天下，国泰，民自然安乐。"行师"，用兵，也是求国家安定与民众安乐。也就是说，行师和建侯的目的，都是为了国泰民安。

但是，"安乐"有正反两个意思，《易经》的很多卦，都有正反两面。正面来讲，是好的，国泰民安的安乐；负面的，就是安逸放纵，快乐过度了，所谓的"死于安乐"即是如此。老年人常常对小孩说，不要快乐过头，快乐过头，麻烦就来了。

初六。鸣豫，凶。

初爻"鸣豫"，就是嘴巴讲出来。"鸣"就是求，鸟叫出声来，有时就是求偶，要求快乐；"豫"为快乐，但是追求这个快乐，结果凶。这是因为初爻刚开始，不去努力，不去"建侯"，一味地求快乐，就像十几岁的小孩子，想要人生的快乐，不肯努力，这就是"鸣豫，凶"。所以，一开始的时候，你不能一直心里面想着快乐，要下功夫。

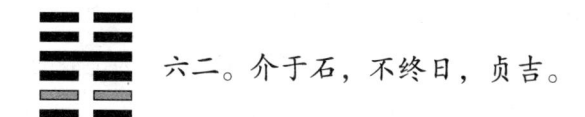

六二。介于石，不终日，贞吉。

六二"介于石"，像石头一样。也就是说，你的基础要像石头一样坚固。这样的话，不要等待终日，不要到那一天结束。把握正道，把握谦虚，就吉。这是告诉我们，要中正，基础要牢固，快乐是要有基础的。

六三。盱豫，悔。迟有悔。

第三爻阴过盛，阴虚，骄傲。"盱"，就是眼睛睁开，向外看；"豫"是快乐；"盱豫"就是眼睛睁开向外求快乐。也是说，寄托于别人给你的快乐，是物质的、外在的快乐，会有后悔。"迟有悔"，悔又出现了。"迟"就是说不知道改，还是一味地追求，迟迟不改，更会后悔。为什么用"迟"？就是因为"豫"有犹豫的意思，犹豫不决，所以迟迟不改。

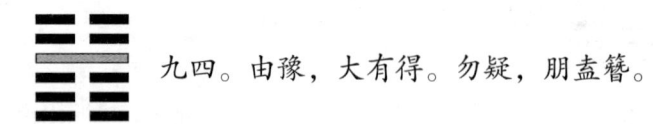

九四。由豫，大有得。勿疑，朋盍簪。

九四是唯一的阳爻，是这个卦的主爻。如果豫卦是讲快乐，那么这一爻的爻辞就是快乐之所本，快乐是由这根阳爻而出的，毕竟其他都是阴爻。还有，九四是大臣，是主导，他的职责就是使得国泰民安。九四是一个很有智慧的大臣，因为上面的六五君主是弱的，"由豫"，所有的快乐是由它来的。"大有得"，能大，才有得。也就是说，这根爻有大格局，有远见，有宏观视野，要为了国泰民安，才会有所得。这个"大"字，我认为是很重要的一个字，不是形容词，而是能大，才有得。"勿疑"，不要怀疑。"豫"本身有怀疑的意思，但阳爻代表实在，代表真实，所以没有疑问。"朋盍簪"，古人的头发就是用个簪子簪起来的，比喻你的朋友都会向你靠拢，因为你是给人家快乐的人。也就是说，九四作为主爻，把快乐给到下面三根爻，所以下面三根爻都向他靠拢。"朋"字，也说明快乐是给大家的，不是一个人的。

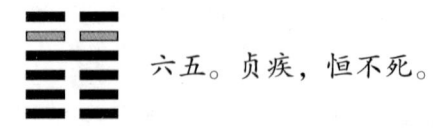

六五。贞疾，恒不死。

"贞疾"，疾是疾病，贞就是正道，把握谦虚。为什么有毛病？

因为六五是阴爻，跟二爻又不相应，而下面的九四阳爻统括了下面三根阴爻，说明大臣力量很大，君主是软弱的，当然有疾了，怎么办？"恒"，能够把握恒，则不死。"恒"指恒常，即把握原则，不要怀疑九四的大臣对君主不忠。这个大臣会把他的力量贡献给君主，这样的话，就不死。所以，这根爻有负面的意思，就是君主不能讲安乐。君主一讲安乐，就有毛病，就有危险。也就是说，君主要通过大臣的帮助，使人民安乐，他自己本身不能只讲安乐，君主本身的安乐会变成安逸。孟子说的"生于忧患，死于安乐"，即是此意。

䷏ 上六。冥豫，成有渝，无咎。

上六又是阴过盛。"冥"是暗。快乐到最高极点，就如成语"宴安鸩毒"，意思是贪图安逸享乐如同饮毒酒自杀一样致命、有害。就是说整天宴会享乐，就是吃毒药，宴安是鸩毒。安乐得昏天黑地，看不到前面的路，"冥"就成了。"成"就是结果。怎么办？"有渝"，要改、要转，转则"无咎"。所以，快乐到高点的时候，要懂得转化，要转安逸为安乐。怎么转呢？方向有两个，一是向下转，走到六五的"恒不死"，但这还是暂时的。二是转顺天道、天命，就如成语"乐天知命"，这个乐要落在天命上。中国哲学讲乐的有很多，像颜回"一箪食，一瓢饮，在陋巷，人不堪其忧，回也不改其乐"，而孔夫子是"饭疏食饮水，曲肱而枕之，乐亦在其中矣"，这师徒俩倒是懂得真正的乐，是安于天命之乐。

最后给豫卦做一个简单的总结，再谈谈我们怎么追求乐。

第一爻，不只求快乐。

第二爻，把握正道，不走偏锋求乐。

第三爻，不求人给你快乐。

第四爻，要懂得兼乐，把自己的乐给别人分享。

第五爻，要知常，要知道常道。

第六爻，知止，不要过度，要能转化。

这是就快乐来讲。我们假定，"豫"也有预备、准备的意思。《大学》里面说"豫则立，不豫则废"，豫是预备。《老子·第十五章》说"豫兮，若冬涉川；犹兮，若畏四邻"，"犹"和"豫"都出现在这一章，"豫兮"，像冬天过河，河上结着冰，在上面走很危险，所以要小心；"犹兮"，像猴子一样左看右看，很小心。这里的"豫"有犹豫、小心的意思。所以，除了安乐之外，我们把"豫"字当成预备和小心，结合起来就用在做任何事情要预谋，要做一件事情，那我们看看这六根爻怎么帮助我们谋划一件事。

初爻，不要鸣豫。计划一件事，事情还没有成，就讲出去了。我们常说谋定而后动，现在还没有定就讲出去，当然有危险。

二爻，要中正。预谋，要实在，有基础，有像石头一样的基础，才可以谋划。

三爻，睁开眼睛，你要自己预谋好，不要等待外面的机会和依赖外面的援助。你要预谋本身能够决定你以后的发展，不要等待。我常开玩笑说，《三国演义》中的诸葛孔明要借东风，要是东风不来怎么办，不就完蛋了吗？借东风多危险啊，所以不要靠外在，要靠自己。张目向外追求，是靠人，预谋的条件百分之七八十靠外在的话，很危险。

四爻，主事者、预谋者，要准备一切，要有大格局，不要怀疑。你如果是主事者、出谋略的人，自己还怀疑的话，事情怎么成？故不要有疑。

五爻，就是犹豫。君主疑心九四的大臣对他不忠，这是他的毛病，要相信你用的人，原则就是"疑人不用、用人不疑"。

上爻，"预谋"到了黑暗的地方，也就是这个预谋不能实现。要能变，能落实，这个谋划才有效。否则只是空谈、空想，永远在黑暗地带，不能落实。

我常常和学心理学的同学讲，假定豫是安乐，文王在当时讲一个快乐的问题，就有六个现象。搞心理学的，如何对快乐定义呢？这样一比较就看出来，《易经》作者对某一个现象、某一个心理问题，看法非常细腻，都是经过六个程序。孔子在豫卦的《象传》中说："先王以作乐崇德，殷荐之上帝，以配祖考。"他讲的就是作乐，作乐就是表达人的快乐，这个快乐不只是肉体快乐而已，他是强调德的快乐，而且配合祭祀。周公制礼作乐，礼在古代，多半是一种祭祀之礼或丧葬之礼，且配合了乐，所以乐是很重要的。今天的音乐，我就不太懂了，敲敲打打，吵得耳朵都快聋了。古代的音乐是一种教化，在《礼记·乐记》，专门谈音乐的道理，所以音乐是非常重要的。孔子以豫卦的安乐，来强调古代的作乐，即所谓的祭祀、国与国的会盟等典礼，都要配乐。这是孔子的看法，值得我们重视。

随卦（☱☳）第十七

"随"，就是跟随。从八卦的六根爻来看，下面是震，震是动，上面是兑，兑是安顺、喜悦，这个卦是动而悦。如果你动，跟随，而有悦，大概容易跟随；相反，要是跟随却不快乐，你还会跟随吗？这个随，是我们每天都有的，只是在日常生活上，我们自己没有感觉，像我们每天一早起来，看看表，然后接下来吃饭，上班、下班等的时间都是跟着表走。所以随的第一个意思是随时，随着时间，我们整天都要跟随着时间。随时之后，到外面做事情，碰到任何人，要跟人相交，就得随人，跟事情相交，就得随事、随境。但是随里面，一定有其逻辑和原则，什么事情该随，什么事情不该随，故"随"字至少有三个意思：第一个是随时，第二个是随境，第三个是随理。

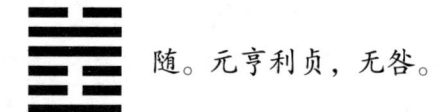

☱☳ 随。元亨利贞，无咎。

随很重要，故"元亨利贞，无咎"。"元亨利贞"四德，是不是就是乾卦的四德呢？不一样，"元亨利贞"是有条件的，即能够"元亨利贞"，则"无咎"。不是说，随便就可以"元亨利贞"。如果你随错了，像随小人、随错老板，就不会无咎。

随的元亨利贞，本来是乾的四德。后来我一想，坤也有四德。乾如果是指男性，坤是女性，女性也有四德。这是我们中国第一个最有才的女性班昭讲的，妇女四德，四德不是她发明的，是《周礼》，她只是强调妇女的四德。妇女的四德，是妇德、妇言、妇功、妇容。元，就是妇德；亨，是妇言，妇女的沟通，在家庭里面妇女的沟通很重要；利，就是妇功，就是以前妇女在家织布、做衣服，注意，班昭提倡妇女在家中纺织赚钱，这也是古代妇女能够生产、能够独立很重要的一种德行；贞，就是妇容，容就是端庄。所以，妇女的四德，也在"元亨利贞"这四个字上。

初九。官有渝，贞吉。出门交，有功。

现在我们看初爻，"官有渝"，"渝"就是改变，"官"是五官、官能，除了五官之外还有一个官是心，孟子说"心之官则思"，心之官就是让我们能够思想，是指观念。观念能够改变的话，"贞吉"，把握正道，正道就是诚，阳爻是诚，则吉。"出门交"，大家还记不记得同人卦的第一爻"同人于门"，这里也是初爻"出门"，"同人于门"就是要出门交友，这里讲出去交友才能随，就"有功"。同人要开门，随人也要开门，否则在家里面怎么随，怎么有功？

六二。系小子，失丈夫。

"小子"是什么？是初九。"丈夫"是什么？九五。六二和九五是一对，是婚姻关系。被小子拴住，就失去了跟随的丈夫。

就像春秋时期的鲁宣公夫人穆姜私通叔孙侨如，就是因为叔孙侨如这个小子，失去了丈夫——宣公，对宣公不贞。我想到曾经有一位朋友，是女孩子，她的男朋友去留学了，结果她在国内，身边另一个男孩子追她，她就爱上这个男孩子了。这个男孩子就是初爻，而她的男朋友在外国，中间隔了两个爻，所以靠近她的，近水楼台先得月。这是"系小子，失丈夫"的道理。想到这里，前几天，我太太看《爱情保卫战》，她说里面有个男孩子是妈宝，三句话不离妈妈，他的女朋友都受不了。我说，同人卦的第二爻"同人于宗，吝"，就是妈宝。"宗"代表妈妈，没有错，但是他什么事情都以妈妈为主，无法向外交友、向外独立。这个问题还可以扩大，比如说中国传统文化是"宗"，如果我们只限于中国传统文化，忽视了外面的世界就是故步自封，这也是一种吝，走不出去，思想也不能独立。所以，不仅是妈宝，中国传统文化也是一样，只强调中国传统文化怎么好，不能面对现实去解决问题，也是吝。随卦也是同样的问题，六二也被初九拴住了，它不能正应九五，所以有问题。

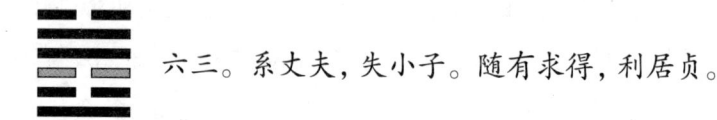

六三。系丈夫，失小子。随有求得，利居贞。

六三阴气过盛，我们讲过第三爻多半都是不好的，但是这个爻有正面的意思。如果"系丈夫"，六三上面是两根阳爻，所以它能够往上去。这个卦是讲随，随也就是随上面那两根阳爻，"失小子"，离开初爻，离开那个小人。也就是亲君子，远小人。这样随卦上面两个阳爻，"有求得，利居贞"，还是强调，利于处在你的贞的位置。也就是六三还是要谦虚，虽然随上面两个阳爻，但六三阴爻，要谦虚地往上走。

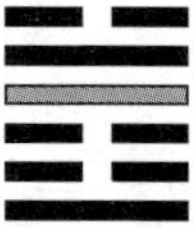

九四。随有获，贞凶。有孚，在道，以明，何咎？

九四"随有获"，因为随的是九五，当然有获。"贞凶"，把握它的真诚于凶。凶从何来？因为它是阳爻，九五是阳爻，还有它下面两根阴爻，都跟着它，九五会妒忌的，所以很危险。那么，它就要向九五输诚，让九五知道它的诚，否则就会妒忌。九四为了让九五放心，要"有孚"，还要"在道"，做任何事要表现自己的诚，走任何路子要表现自己的诚。"以明"，要向第五爻明志，让第五爻相信它。"何咎"，那还有什么担心的呢？还有，大家都知道，第五爻的诚不是对第四爻的，而是对所有人民。可见，第四爻的诚是专门对君主的。

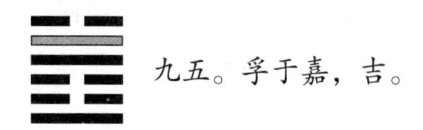

九五。孚于嘉，吉。

九五既为阳爻，当位，又跟六二相应，所有的关系都很好，所以它"孚"，诚于嘉。诚是会合的，嘉是美的意思，会合之美，是吉的。

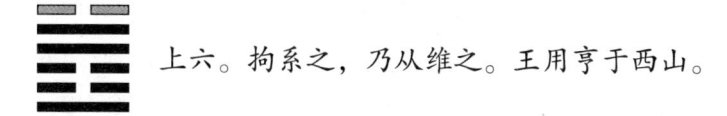

上六。拘系之，乃从维之。王用亨于西山。

上六是阴爻，乘了两个阳爻，当然不好，而且又跑到最高处，没有东西可随了。就像比卦一样，比卦的上爻"比之无首，凶"。没有东西可随，就有问题。对付这个爻，要"拘系之"，拴住，不要跑太快，也就是九五要把上六拴住。"乃从维之"，维就是支持，代表心理上有所支持。肉体上拴住，心理上给以支持，"维之"。管仲说："国有四维，一维绝则倾，二维绝则危，三维绝则覆，四维绝则灭。倾可正也，危可安也，覆可起也，灭不可复错也。何谓四维？一曰礼、二曰义、三曰廉、四曰耻。"（《管子·牧民》）这就是后人常说的"礼义廉耻，国之四维；四维不张，国乃灭亡"。"维"就是支持。最后一句很重要："王用亨于西山。""西山"就是岐山，文王每年都要去岐山祭祀，祷告天，表达他的心志，是沟通天。沟通什么呢？沟通天理。在这根爻上，有两条路子，一方面，要下去，要随于君主，不要跑太高；另外一条，是要随天理，随天道。

谈到"随"，我们每天都在随，随时间，随外境，都在变化。想想看，什么地方用到"随"字？"入乡随俗"，到不同的地方要随它的风俗，这是随。这就是初九，你要变，不要固执在以前的地方，因为你要到不同环境里，到不同文化里，要随。"夫唱妇随"，这一卦讲到"系小子，失丈夫"和"系丈夫，失小子"，这是夫妇的关系。六二、六三，就是夫唱妇随的关系。还有"随遇而安"，碰到任何事情都能安，这就是九四的"随有获"，九五的"孚于嘉"，碰到任何事情都诚，九四、九五是随遇而安。还有一个，我们常常讲的"随便"。中国人爱说随便，吃东西，说随便，但我们用"随便"这个词实在太随便了。在佛学里，有个词和随便相似，也会用错，但是很重要，即"方便"。佛学叫方便法门。这两个字很重要，《法华经》第二章就是方便，《维摩诘经》第二章也是方便。佛陀讲法就是方便法门，随着不同的对象、不同的听众、不同的现象，讲不同的法，方便。所以，方便是你有东西，不是我们一般人讲的随便。你真有理，有道，然后能运用出去，适用于不同环境。儒家也有这样的观念，儒家讲权变。孟子也讲权，他说，假定你弟弟的太太掉到水里，你是不是要伸手去救？一般说男女授受不亲，但这种情况下必须去救她，不能再说授受不亲，这是权变。知经而不知变，这就是腐儒。腐儒固执不化，这就是同人的第二爻"同人于宗，吝"，不能开门，不能和外面相交，还是"妈宝"。

下面对随卦的六个爻做简单的总结：
第一爻，观念上能变。
第二爻，把握原则。
第三爻，向上发展。
第四爻，诚于上，大臣的诚是对上的。
第五爻，诚于人，君主的诚是对所有人。
第六爻，合乎天理、天道。

第六爻的合乎天理，是一个很高的境界，我记得在《论语》里面，孔子说"七十而从心所欲，不逾矩"，从心所欲就是从心所随，"矩"就是天理，心想什么，不违天理。所以，孔子说这是七十岁才有的境界，要知天命、耳顺之后，才有的境界。这个方便法门是要很高的境界，不是随便，如果随便，就变成同流合

第二篇　闲谈《易经》六十四卦

污，就完了。我记得我的老师吴经熊先生，在五六十年前，他有一次在美国给大学生演讲，讲到孔子的"从心所欲，不逾矩"，就告诉这些年轻人，孔子到七十岁才"从心所欲不逾矩"，你们这些小孩子十七八岁就想从心所欲，想到什么就做什么，怎么可能不逾矩？可见，"随"到了最高的境界，是真正的方便法门，不简单的。功夫到了，才能自然，才能谈方便。

蛊卦（䷑）第十八

看到"蛊"字大家都不喜欢。很多朋友，占到蛊卦就觉得完了，蛊毒嘛，有毒。我们看，"蛊"（蠱）字，繁体是三只虫在盆上，盆里有食物，食物烂掉了。所以，蛊就是食物烂掉，有毒。那么，为什么呢？从蛊卦卦象而来，上卦是艮，代表山，下卦是巽，代表风。风吹山上，树木都被它吹乱了，就是乱的意思。这是一个象。另外，艮代表止，巽代表顺，顺其道而止，顺它的流而止，所以要停止它。故蛊有两个意思，负面的意思是乱，正面的是治乱，整治这个乱，使它不乱。这个卦是有负面的象，但讲正面的意思。所以卜到这个卦，要了解，正面意思是整顿、治理的意思。"蛊"是代表东西放久了，有毒，至少有两个现象，一个是坏的风气、习俗。中国哲学说移风易俗很重要，坏的习惯相传的话，有很多大毛病。以前，比如把女子扔到河里去祭河神，这是坏风俗。一个是个人的习气，在佛教来说叫无明，是"业"，传下来的习气，影响了我们。这是主要的两个意思。但是在我们的政治、人生里面，有很多蛊毒。什么蛊毒？我举例说明。第一，腐败的政治制度，主要是过去留下的腐败的政治制度。第二，贪腐，官商勾结。第三，选举制度的流弊。第四，心理病，心理障碍，像弗洛伊德、荣格说的潜意识，那就是佛家讲的"业"传下来的。第五，迷信，风俗上的很多迷信。第六，邪教，邪教蛊惑人心。我看了一份十几年前的《世界日报》，记载了国内有一个叫张香玉的所谓的气功大师，她本来是一个铁路工人，信徒发展到十万多，后来政府发现她讲的东西都有问题，是迷惑人心，所以把她打入监牢。韩国也有这样的人，说方舟要来了，让大家变卖所有财产，在某一天等待上帝的方舟来救他，结果大家把所有财产都卖掉，可是方舟就是不来。这种宗教的迷信，是邪教。我在三十多年前到美国的时候，最早是住在万佛城的旁边，当地也有一个邪教组织，很多人迷信，"毒"死了不少人。这种组织很多，都是邪教。第七，精神污染。这是我创造的名词，我们都说空气污染，很少说精神污染，也就是说，很多年纪大的人看现代年轻人的一些思想、路子，认为是错的，开始是批评，后来慢慢也受他们的影响，司空见惯，被不当的各种心理问题影响，这也是毒。还有最后，即教育制度的错误，这是过去留下的制度。以前我们的教育是填鸭式的教育，死背书的教育；现在的"台独"分子还有所谓的"去中国化"的教育，这也是教育制度的毒素。

蛊。元亨，利涉大川。先甲三日，后甲三日。

"元亨"在乾卦里，是至德；在这里，如果蛊是一种毒，哪里有"元亨"可言？但是，我们知道很多卦，从卦象来看是负面的意思，在哲学意义上却是正面的。蛊正面的意思是整治，这很重要。我们整治过去所留下来的毒和流弊，"元"就是推到根本，找到源头上的问题，即这个毒开始怎么形成的？这是"元"的意思。"亨"就是了解，要整治旧制度，就要了解怎么去解决问题，了解非常重要。这是"元亨"两字的意思。"利涉大川"，"利"是有条件的。"涉大川"，大川代表危险，如果整治旧制度，就可以渡过危险。过去留下来的蛊毒，政治的流弊，就是危险。我们要整治它，所以说"利涉大川"。"先甲三日，后甲三日"。"甲"是天干的开始，代表开始。"三日"，代表时间长。"先甲三日"是说，我们创始一个制度，要在一段时间之前就公布，让人们知道。"后甲三日"是推行制度，不能说马上推行，要等一段时间再实行。因为过去资讯不发达，不像现在有电脑、电视，制度的推行要一段时间。我们整治问题也是一样，"先甲三日"，要有准备，不能说马上就大刀阔斧地实行，要有准备；"后甲三日"，准备之后我们实行起来，也要一段时间，因为过去一段时间留下的流弊很深，风俗习惯也是沿袭已久，所以我们需要时间整治它。"先甲三日，后甲三日"，就是说我们对任何问题的处理，要有准备，要有实践。

初六。干父之蛊，有子，考无咎，厉终吉。

初六"干父之蛊"，"父"就是过去，过去留下的毒。"干"字要注意，它和"做"的程度不同，"干"字让人感觉很强，都说苦干，没有说苦做。干是有力的，也就是说整治要有力道。我们要整治过去所留下来的毒，"有子"，古代说父子的关系，也代表了责任关系，父亲做了错事，儿子要修补。你如果有个好儿子，"考无咎"，"考"就是说年纪大的人的死，也就是说你有儿子，虽然父亲死了，就像过去的皇上去世了，新皇帝登基，他留下的不好的事由新皇来修正，这样就无咎。"厉"，因为整治，当然危险，危险就是指大环境的危险，但是"终吉"，最后还是吉的。整治还是好的，是有结果的，是需要的。最后还是吉。这是初六，讲父子的关系。

九二。干母之蛊，不可贞。

这个卦里都是讲"父之蛊"，只有九二是"干母之蛊"，那么"父之蛊"和"母之蛊"有什么差别呢？父母之蛊都是过去的，都是过去留下的流弊，为什么有父有母？古代的注解都没有解释。但是，《易经》有时候需要自己亲身体验，有一次，我突然想到我的母亲，她不识字，但很有智慧，她也信佛，当然，佛经也从来没念过，她既不去庙堂，也不去拜法师，她就是信，而她的信佛，也产生了很多迷信。当我在大学二年级时，就开始研究佛学，一开始我就知道，佛教是理智的理解，不是信，而天主教是信，佛教不讲信，讲理解。这是一个最基本的观念。当我看到母亲信佛教那么诚，但有很多迷信，这些迷信有些是她听来的，有些是传统的，比如中国人不讲"死"字，我一提到"死"字她就很不高兴，我一说"最后"这个词她也反对，这都是迷信。她还有一个迷信很有趣，在我们浙江青田，那时候常有人来讲故事，你给他一点米作为报酬就行，等于是化缘。说书者讲了很多故事，她都是听来的。她跟我说，释迦牟尼修道六年，在他修了三年的时候，有佛法了，他回去先度他的妻子，后度他的母亲，这是犯了天条，因为他把妻子看得比母亲重要。在古代，母亲应该比妻子重要，现在变了。她说，天帝发怒了，贬他再修三年，于是他总共修了六年。这个故事全是那些说书者编的，印度佛教里可没有这个，释迦牟尼一修就是六年，差不多饿死了，最后才悟道的。但这个故事很有意思，它把中国的伦理观念放到佛教里去了。所以，母亲相信这一套，虽然不是事实，但是有中国的思想。她这种迷信，我就想到"母之蛊"，为什么说是"母之蛊"呢？这种迷信不是很严重的，开始的时候我还跟她辩论，但后来我发现改变不了，就顺着她了，如不提"死"字等。这种小迷信，就这一爻来讲，我们不要认真，让它去。"不可贞"，贞是阳爻，阳爻本来是诚，负面意思是很刚强，不要刚强地坚持你的意见，让他去。所以这一爻就是，要用柔软的方法来整治，不是要强硬的态度。

九三。干父之蛊，小有悔，无大咎。

第三爻"干父之蛊"，"小有悔"就是小小地有一点后悔，因为要改变一个制度不容易，会遭到反击，但无大碍，可以做。第三爻会遭到抵抗，是因为和第六爻不相应。

六四。裕父之蛊，往见吝。

第四爻，注意是阴爻。对"父之蛊"，传下来的不好的制度，要"裕"。"裕"字是中国人生态度里面很重要的一个字，也是人生哲学。裕就是宽容，不要逼得太紧，对一个制度的改变，比如世俗风俗习惯的改变，有时候不要太快，不要太紧，要给一点时间和空间。不要逼得太紧，因为这是阴爻。第二爻是讲柔，第四爻是讲裕，要宽容，慢慢来，不是不改，一方面让制度慢慢改变，一方面让人心慢慢转化。我一直强调，第四爻是大臣，多半是处理和对付第五爻，同时又要对付第三爻的关系，所以要有一艺术的手法。裕是一种方法，是一个很有技巧的字。"往见吝"，就是不要直接往，因为上面又是阴爻，所以这个爻在自己的位置上强调改革就行，不要往上冲。这个"吝"字是因为上面的阴爻会遮盖了你。也就是说，你要改革过去的传统制度，不要过多地改变你上面的老板，慢慢改；如果你直冲上面的君主，就会有问题。裕，能稍微宽容，给空间，给上面的君主一点空间，不要在打击腐败中，先打到上面的君主。

六五。干父之蛊，用誉。

第五爻是君主，这个新的君主要处理过去父亲所留下的坏制度。"用誉"，誉就是有名誉的、有才干的人，他要用贤人，要亲君子。"誉"就代表君子，代表有才能的人来帮他，他不能自己一个人去做，要通过下面的人去完成。

上九。不事王侯，高尚其事。

上九"不事王侯"，这就可以看出来，要离开了。前面五爻都是整治，第六爻里没有整治了，即没有"干父之蛊"，代表前面五爻都整治完了，国家已经安定，坏的制度已经被取消，这时候不要再整治了，要离开。"高尚其事"，要走自己的路子。这一爻有点像道家，前面整治是儒家的态度，雷厉风行，忙于改革，改革完之后，就不要留恋这个位置，要离开。古代读书人只有两条路，一个是出仕，就是帮君主做事情，"事王侯"；不然的话，远离朝廷，归隐田园，"不事王侯"。不像今天，今天我们有很多工作可以选择，比"不事王侯"还重要，比如新闻事业、社会工作制度，可以从事于这些事业来改变。古代没有这些东西，没有新闻，所以退出朝廷之后就只有归隐了。"不事王侯"这句话，我认为在蛊这卦里很重要，传统的包括朱熹、程伊川都没有很好地强调这个。我现在把这句话加以引申讨论。有三种情形，第一种是帮君主整顿好之后，离开朝廷，"高尚其事"。这在中国古代有很多，比如范蠡，他帮句践复国后就离开，退隐了。孙武帮吴国打了几次胜仗之后，写了《孙子兵法》，也离开了，我们也不知道他到哪里去了。还有汉代的张良，我要特别提一下他，他是西汉开国、辅佐汉高祖三个最重要的人之一，韩信留恋王侯，结果被杀；萧何也留恋王侯，几乎要被关进监牢，后来总算放出来了；只有张良隐退了，相传黄石公曾授予张良兵书《三略》，其中就有一句话："高鸟死，良弓藏；敌国灭，谋臣亡。"张良很聪明，汉高祖得天下之后，还没开始分封功臣的时候，很多臣子就围在一起讨论自己会得到怎样的封赏，这时汉高祖看到这些人围在一起，就问张良他们在干什么。张良说，他们要造反。这个话多严重，张良为什么要这样讲呢？汉高祖就问要怎样处理。张良就献策说，先封一个最不喜欢的人，其他的人就会安定，不会争了。

张良说这话，就是试探高祖，发现他果然不相信臣子。因为汉高祖听了这话，当时的反应就是，他们要造反，该怎么处理。他的反应不是说，不可能，他们跟我打天下，都是我的兄弟，不可能造反。所以，张良一看汉高祖的反应，就知道他这人是不能追随长久的。这个时候，他就推说自己身体不好，要炼丹，不能再给朝廷做事了。他"不事王侯，高尚其事"，就是以炼丹为借口，这是张良。还有一个故事我很喜欢，讲的是汉宣帝的老师疏广。汉宣帝登基后，疏广就跟他说，我年纪大了，不能再继续教导你了，也不能再给朝廷做事了。汉宣帝为了感谢他，赏了很多黄金，他就离开朝廷了。后来，接替他位置的是萧望之，萧望之贪恋权位，后来就被杀了。疏广到了乡下，他的做法却是把黄金分给乡亲们，共同享受。有人问他，你有这么多黄金，为什么不留给你的子女，让他们买田置地？疏广说，我要是把黄金留给他们，就是让他们做寄生虫，这对他们有害，不利于他们自力更生。可见，他把黄金散尽，大家都赞美他，能够用这些黄金保全性命于乱世，这也是"高尚其事"。

第二种人，本来"不事王侯"，不是在朝廷做官，也"高尚其事"。如陶渊明，做过小官，但很快离开官位，不为五斗米折腰。魏晋时候的陶弘景，在深山里炼丹，梁武帝还来拜访他，问他一些政事，他也告诉人家，故人称"山中宰相"。还有庄子，宋国找他做宰相，他拒绝了，他没有从政，但他写的书流传到今天，也是"高尚其事"。这些都是从来没有参加政务而"高尚其事"的人。

还有第三种，他在整治的过程中，本人要"高尚其事"，不能趁整治时，自己贪污、拿好处。他自己要置身事外，才能客观地把旧制度整顿好。如果还有自己的利益想法，还想着自己的前途，就不能把国家整顿好。所以，这句话虽然在上九，但是"高尚其事"，也可以用在前面五根爻里面。我认为这是在整个蛊卦里面非常重要的话。前面五根爻都是实际上的工作，着重在整顿。这一爻则是哲学思想，指出整顿者应有的态度。

最后把蛊卦做个总结：
第一爻，要有责任心。
第二爻，方法要柔软。
第三爻，面对困难，要有担当。
第四爻，心胸要宽大，要给人家空间。
第五爻，要懂得用人才。
第六爻，要提升自己的人格。

临卦（䷒）第十九

临卦上面是坤，是地；下面是兑，是喜悦。坤是顺，顺着走，而喜悦。代表一种临的心境。临是什么，下面两根阳爻，上面四根阴爻，十二个月份里面，代表春天。下面是泽，泽不能离开地，所以也是互相依靠、互相比邻。"临"字在《易经》里面，常常是用于君主临幸到一个地方，去视察。这是主要的意思。另外一个意思则是代表春临大地，新气象。

临。元亨利贞，至于八月有凶。

就卦辞来讲，"元亨"，春临大地，一元复始。"亨"，沟通。万物产生，"利贞"，"贞"是指下面两根阳爻，它们是主爻，且一直往上走，故要把握诚。"至于八月有凶"，这个卦是代表二月，到了八月就是秋天了，天气变了，所以有凶。也就是说，到了一段时期以后，气候就会有变化，不是永远的春临大地，春天不会永远留在人间。在《易经》里面，只有这个卦讲到了月份——八月。大家可以看看下面这个表格，表里写了夏、商、周关于十二个月对应的十二卦。这不是文王做的，而是汉代的象数学家做的，后代讲述《易经》的常常用到这个表格。

夏商周三代十二月卦月份对比

24	19	11	34	43	1	44	33	12	20	23	2	
复	临	泰	大壮	夬	乾	姤	遁	否	观	剥	坤	
一月	二月	三月	四月	五月	六月	七月	八月	九月	十月	十一月	十二月	农历自汉武帝始
周	1	2	3	4	5	6	7	8	9	10	11	12	
商	12	1	2	3	4	5	6	7	8	9	10	11	
夏	11	12	1	2	3	4	5	6	7	8	9	10	

《易经》的第二十四卦是复卦，阳爻在最下，上面五根阴爻；然后第十九卦为临卦，下面两根阳爻，上面四根阴爻；接着是第十一卦泰，下面三根阳爻，上面三根阴爻，阳爻在逐渐增多；第三十四卦大壮，下面四根阳爻，上面两根阴爻；第四十三卦夬，下面五根阳爻，上面一根阴爻；然后是乾卦，六根都是阳爻。你看，阳爻从一根，变到六根。接下去，下面一根阴爻，上面五根阳爻，是第四十四卦姤；下面两根阴爻，上面四根阳爻，是第三十三卦遁；然后阴爻增多，下面三根阴爻，上面三根阳爻，是第十二卦否；下面四根阴爻，上面两根阳爻，是第二十卦观；下面五根阴爻，只有最上面一根阳爻，是第二十三卦剥；最后六根全阴，是坤。这就是阴阳升降，十二个卦代表十二个月份。夏、商、周历法不同，夏代的历法，复卦是十一月起算，商代复卦是十二月起算，周代复卦是一月起算。夏、商、周这三朝历史很长，是中国历史上较长的朝代了。他们用的历法不同，每逢改朝换代就改历法。现在我们要注意，《易经》是周文王时代的，所以用

的是周代的历法，复卦代表的是一月。周代的历法和我们现在用的阳历几乎相同。夏代的历法差了两个月，后来汉武帝把它当作传统历法，从汉武帝直到今天，我们的农历就是按照夏代的历法。大家可以看得出来，农历的过年，差不多是现在西方历法的二、三月。诸位要注意，凡是春秋战国的书，用的是周朝的历法，不是我们现在说的农历。比如《庄子·逍遥游》里说的六月，等于农历的三月。

临卦卦辞所说的八月，如果用周代的历法，是三十三卦遁卦。临卦是下面两根阳爻，遁卦是下面两根阴爻，遁就是逃离，是退避。所以说"八月有凶"。根据十二月卦，也就是临卦到了遁卦，有大转变，两个阳转到两个阴，所以有凶。汉代很多象数之学就搞错了，他们根据的是汉代的历法，而汉代的历法是夏朝的历法，根据夏朝的历法来看周代的书，就差了两个月。很多人犯了这个错误，卫礼贤的《易经》注，就把八月弄成了观卦，观卦是好的，正面的，没有凶。很多学者看《易经》的十二月卦，往往忽视了夏代和周代历法的不同。

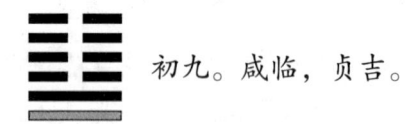

初九。咸临，贞吉。

初九爻位正，跟第四爻有相应。"咸临"，"咸"实际上就是感。三十一卦咸卦，咸是感字没有心，是无心之感，有心就是有欲望，把欲望加进去的感，不是《易经》讲的感，《易经》的感应是没有心、没有欲望的。初九是阳爻，春天来了，阳气上升，感应也来。有感应的临，贞是诚，阳气发动，故吉。

九二。咸临，吉无不利。

九二又是"咸临"，也是阳爻，春临大地，阳气盛了，所以也是感应的临。但是它跟前面的有点不一样，初爻讲贞，这里没有"贞"字，但说"无不利"。传统的《易经》没有解释，我就想，这两根爻有什么差别呢？我的解释是，初九是发动时，讲贞，讲诚。初爻代表修德，修诚，第二爻除了修德之外，还要知识，因为到了地面上，所以无不利。要用了，讲利了，故有点不同。但这两根主爻的思想都是讲感应。

六三。甘临，无攸利。既忧之，无咎。

第三爻不好，原因是阴爻乘两根阳爻，又在内卦的上面，所以"甘临"的"甘"是负面的意思。何谓"甘临"？君主要去视察民情，只是为了听人民大呼万岁，讲好听的话给他听，等于是向民众求甘甜。第三爻的毛病就是寄托在外在的甘，寄托在别人讲好听的话。这种"临"，"无攸利"，没有利。君主不要只想要人讲好听的话，"既忧之"，既然去看人民，要有忧患的心情，以人民的疾苦为主，而不只是以听到人民的高呼为乐，所以要心怀忧患，则能无咎。

六四。至临，无咎。

六四"至临"，就是亲自达到，要亲自临，"无咎"。为什么亲自临呢？比如一个公司的老板，他要了解公司的情形，只看报表，看不出问题。他必须要亲自去勘察，才能真正了解企业的实际情况。只看报表，有些是粉饰太平，有些是作假，都不真实。

六五。知临，大君之宜，吉。

第五爻是君主临，他要有智慧，故称"知临"。"知"字，在中国哲学里，有知识和智慧两个意思。智慧是后来印度佛学传来之后，我们把印度佛学的"般若"翻译成智慧，后来的智慧多半是印度佛学的思想。在中国传统中，只讲一个知或者是睿知，如《中庸》讲"唯天下至圣，为能聪明睿知，足以有临也"。"睿知"，才能去考察人民。所以，君主要有智慧去临，才能看清楚。不然，糊里糊涂的，怎么能看清楚问题？有智慧地临，"大君之宜，吉"，这才是伟大的君主，结果是吉。

上六。敦临，吉无咎。

上六"敦临"，"敦"就是敦厚，常和"诚"字通用。但是敦和诚也有不同，我做一个比较，"敦"是指地道，这个卦外卦是地，敦是指地。"诚"是指天道。《中庸》讲"诚者，天之道"，这是第一点不同。第二点不同，"敦"有实体，地是实体的，诚是虚灵，天道是空的。第三点不同，"敦"是厚，坤是厚德载物。诚是明，诚则明，这是《中庸》讲的"诚明之道"。第四点不同，敦是代表性，本性敦厚；诚是代表神，精神。第五点不同，敦在身体上，是指背，背上的肉很厚，但无感，却支撑着我们的整个身体。诚多半在心上，诚其意，是代表心。第六点不同，敦是有为，诚是无为。这就是诚和敦的不同。这里用了敦，就是说君主在这一爻上，以敦厚的本性去靠近人民，才能"吉无咎"。

最后，我把这六根爻做一个简单的总结：

第一爻，把握正道，就是诚。

第二爻，讲和。

第三爻，要有忧患意识。

第四爻，要能够实践，任何事情要落实。

第五爻，要有智慧。

第六爻，以仁厚待人。

这是六根爻的一个简单的解释。但是我还要加一个说明，《易经》常常用我们的身体来讲六根爻。这个卦以我们的身体来讲，初九是从脚跟感应，天寒了脚趾会感到寒冷。九二多半是指腿部的感应，在这根爻上是无不利，因为动了。六三是意识，多半不好，因为我们的感情、欲望，都是意识的作用。六四，是指心，心动。六五是指我们的脑，是理智的。上六，是性。所以这六根爻，也可以用我们的身体去分析。

观卦（䷓）第二十

观卦正好是临卦倒过来。临卦是两根阳爻在下面，观卦是两根阳爻在上面。观卦上面是巽，代表风；下面是坤，代表地。风在地上吹，风化万物，像春风一样，感化万物。这是观的意思。"观"，本来的意思，是君主观察人民；临，是君主靠近人民。到人民那里去，要如何观察人民的生活，故临、观相连，临了之后，就要观。很多君主只是临幸而已，很快就离开了，跟人民生活一点关系都没有。文王讲的是君主临了之后，还要观，要深深地观，要能观察出人民的疾苦来。所以"观"是一个很重要的字。

"观"字，在《老子·第一章》就说："常无欲，以观其妙；常有欲，以观其徼。""观其妙"，是观道之妙，用无来观道之妙；"观其徼"，"徼"就是用，用有来观道之用。禅宗的憨山大师注《老子》一书中，就特别强调"观"字的重要性。后来的佛学也把"观"字看得非常重要，如"止观"，即打坐。打坐的时候，先要集中精神，精神集中之后，内在的心就产生一种智慧。这个智慧就能够观照万物。外面的物是黑暗的，这个智慧就可以照破外面的黑暗。外面是无明的，这个智慧就能照破外面的无明。这在佛学里面被称为观照。在佛学里面有三种智慧，即三种般若。一种是实相，实体；一种是观照般若，就是用智慧看破外在的一切；还有一种是文字，文字也是般若，佛的说法就是智慧照。止观，是打坐，打坐是内心产生的智慧。这是佛学的"观"。

在文王看来，"观"也有很深的意思，有宗教的意涵。常常有同学说，《易经》没有宗教的作用，我就拿观卦来讲。我们道教的庙，称为道观，观是可以做庙来讲的。观的作用，首先，我们常常把观看成观察，好像观就是看，但观和看不同，看是用肉眼去看，观是用内心去观。《庄子·人间世》中就提到了"心斋"，庄子借孔子回答弟子颜渊的话说："若一志，无听之以耳而听之以心，无听之以心而听之以气。听止于耳，心止于符。气也者，虚而待物者也。唯道集虚。虚者，心斋也。"也就是说，要用心去听，但心还是有问题，要抓住一些东西，就要用气，要"听之以气"，气是"虚而待物"的。观也是一样，要用心去观，心有时还是会有意识成见，所以要用气，观之于气，用气就是用虚。所以庄子还讲到"观化"，观宇宙的变化，宇宙的变化就是气的变化。有个很有趣的故事，说两个隐士在聊天，他们看着自然的变化，突然一个隐士发现，自己身上长了一个瘤，他就有点惊愕。朋友就说，我们在观宇宙的变化，你怎么还在恐惧身上长瘤。他说，不是，我不是怕身上长瘤，我们的生命是假借的，生者是虚，宇宙的一切的变化是虚的，现在我们看宇宙的变化，万物都在变化，马死了变腐朽，变成另外的东西。现在我们观宇宙的变化，变化就到了我身上，我长了一个瘤，要面临死亡。朋友说，有什么好可悲的，因为这是变化。既然要观宇宙的变化，就不要以自己的生死为念，要将自己的变化和宇宙的变化打成一片，这就是庄子讲的观化，观宇宙的变化，将自己和宇宙的变化打成一片。由此可见，"观"字，在文王之后，在老子的书里面，在庄子的书里面，在后来的佛学里面，都有很深的意思，是一种智慧功夫。

观。盥而不荐，有孚颙若。

观卦，两根阳爻在上面，这两根阳爻是主爻，代表主要的意思。上卦是巽，巽的象征是风，又为木，下卦是坤，为地。风吹地上，代表王道影响人民，观民之化。"盥而不荐"，"盥"是一种祭祀的步骤，在祭祀的时候要拜神，先在稻草上洒酒，再用火点燃，这就是盥。还有，要点燃这个火，主祭者一定要把手洗得干干净净，代表诚意。这是第一个步骤。火烧起来了，神迎来了，要献东西给神，这叫作"荐"，荐就是献。大的祭祀，献牛、羊、猪三牲，小的祭祀有鱼有肉，在把这些东西献给神的时候，有些人看到这些东西，心就不纯了，因为东西好吃，吸引人。前面洗手代表纯，很纯洁，而荐就不纯了。所以，观要讲"盥"，而不讲"荐"，盥代表诚意，"有孚"就是要有诚。"颙"就是敬，要有诚敬；"若"就是如此。要有如此的诚和敬。所以，"观"不是要用眼睛看，而是用内在的诚去感应。

初六。童观，小人无咎，君子吝。

初六位不正，不相应，所以是"童"，是开始。凡是第一爻，不是指脚跟，就是幼童。"童观"，如小孩子一样观看。"小人无咎，

易经新说
296

君子吝"，在《易经》里，小人和君子常常相对。这种相对，不是以儒家的有没有道德来区分。这里的小人，是指一般的人；君子指有德有位置的人。小人不一定是指无德之人，仅指一般的人。就一般的人来讲，他即使是"童观"，像幼童一样的看法，只不过是局部的、狭小的，对他们来讲，也还好，"无咎"。但是君子，就吝。也就是说，君子不能像小孩子那样看事物，那就太狭隘了，有羞愧。

六二。窥观，利女贞。

六二"窥观"，从门缝里面看出去，看的是片面的。"利女贞"，贞在阴爻是谦，这里是说利于妇人。中国古代的妇女只在家里面，不出大门，只能从门缝里看到一点外面的世界，总能看到一点，只是把人看扁了，但至少还可以看。所以，对女人来讲，还好；当然，对君子来说那是不好的。

六三。观我生，进退。

第三爻"观我生"，这个"我"，在第三爻的位置多半是指个人。我们每个人要来观自己的生，这个生包含了生存、生活或者是发展的前途，要知道进退。第三爻，进的话就跳出去，到第四爻了，太外在了；退的话就是在它的位置上，不是说向下降。我说过《易经》的每一爻都是如此，讲退的话最多是退到它自己的位置上，也就是守。知道进和守，能进能退，在自己的位置上可以进，可以退，或者以退为进。这里的进退，是要反观自己，了解自己在这个爻上要如何去进退。有一位学者说，整部《论语》只有两个字，就是知"进退"。所以说，进退是我们人生中的一个关键，这一爻就是在这一关键上。

六四。观国之光，利用宾于王。

六四处大臣之位，靠近君主了，故"观国之光"，"国之光"就是他不看自己了。不像六三看自己，反省自己。六四的观，是为了国家。上面两根都是阳爻，阳是代表观，意思就是说，他所想的问题是为了国家，在古代也许是为了君主。"利用宾于王"，在这个位置上，他所做的是要"宾于王"，"宾"就是做君主的臣子，要顺着君主，不要喧宾夺主。六四是阴爻，九五是阳爻，他们是绝配，是非常重要的比。因为大臣谦柔，君主刚毅。大臣要以谦虚来辅助君主，"宾于王"就是要谦虚地来为君王做事情。

九五。观我生，君子无咎。

九五"观我生"，这和六三的"我"指每个人自己不同，九五的"我"是指君主、领导。这位领导、君主要来观自己的生，他的存在以及所有的做法，要能够像君子。"君子无咎"，就是说这个君主要像君子一样，才可无咎。

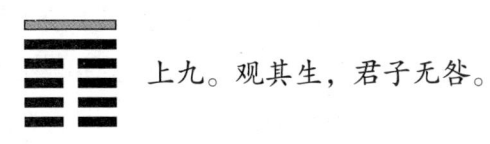

上九。观其生，君子无咎。

上九"观其生，君子无咎"，这和九五的爻辞相似，只有"我"和"其"的不同。九五的我是指君主的我，自己。上九的其，可以指你我他，也可以指他们，他们就是人民。到了上九，君主所观的不是自己了，而是人民的生存、人民的生活。可见，由于"我生"和"其生"的不同，这两爻的君子也不同。九五的君子是指君主要反观、修养自己，这是君主对自己的修养。上九的君子要兼善天下，为人民着想。这两个君子用在不同的位置上，意思自然不同。

观卦讲完了，我先做一个简单的总结：

第一爻，戒小，做任何事情不要只看到小的部分，要看大的格局。

第二爻，要戒偏，不要有偏见。

第三爻，在进退抉择时，要先反省自己。

第四爻，要向上，为国为人。

第五爻，要观自性，修养自己。

第六爻，要观人性，兼善天下。

最后我还要强调一下，我说过，观不是用眼睛看，而是用心观。"观"字在中国哲学里很重要，孔子在观卦的《象传》中说："观天之神道，而四时不忒，圣人以神道设教，而天下服矣。"我认为这是很重要的看法，这里说是观"天之神道"，不是观小问题。神也不是神仙，神和仙的结合是汉代以后的事。孔子在《系辞传》中说的神不是具体的人格化的神，而是"阴阳不测之谓神"，是超乎阴阳的，阴阳是物质的变化，超乎阴阳则谓神。"妙万物"，能够生万物，"之为神"。"神以知来"，精神可以了解自己的前途和未来，"知以藏往"，我们的知识是把过去的经验累积起来。所以，神是很理性的，简单解释就是精神。观天的精神的道，道是精神，道和精神是在一个层次的，是一种神妙的精神的作用，所以春夏秋冬四时不会差，一定是顺着这个顺序的变化，这就是"四时不忒"。"圣人以神道设教"，千万记住，这不是说圣人立了一个宗教，而是圣人以精神之道来教化。注意，孔子的教是教化。道教、佛教产生或传入之前，教都是指圣人的教化。其实，从哲学层面来讲的话，佛教也是佛的教化。不要陷入宗教中，不要掉入迷信里，它是以精神之道来建立对人民的教化。这就是宋代张载说的"为天地立心"。为什么要为天地立心？天地是物质的变化，圣人、哲学家们要把我们的心放到上面去，让我们了解天地是有心的。心是精神的，它建立以后，整个物质的天地就变得非常美好，而不是像科学家那样认为没有意义，只是物质的变化。这是以神道设教的非常重要的意思。孔子的话放在观卦来看，就是观天地的变化，从天地的变化里面提出一个精神的作用来建立人民的信仰。

我们再看《象传》："风行地上，观。先王以省方观民设教。""省"是省察，方是四方，先王到四方去视察民情风俗，而建立一个正确的道来教化。这是移风易俗，改变坏的风俗，建立好的风俗，怎么样去改变？由观而来。

另外我还要强调一点，观是用心观的，用心去观，是整体的观，不是局部的。古代文献没有用到"整体"这个词，我在美国的学校，叫 Integral Studies，我把它翻译成"整体学研究"，但是不管在中国的台湾地区，还是大陆，学者们都把"integral"翻译成整合，其实整合和整体不同，我在前面的概论就已经强调过了。观是讲整体的观，要观察自己的整个精神，不要以自己的利益为目的，要观国之光，观德，以德为修养，观人民的性，这是观的整体性。

噬嗑卦（䷔）第二十一

　　噬嗑，"噬"就是咬，"嗑"就是合，也就是咬之，使它合。文王为什么会想到这个问题呢？先看卦象，下面是震，为雷，是动；上面是离，为火，是光明。动于光明，所以能够整合。你的任何行动要光明，不然就会黑暗。

䷔ 噬嗑。亨。利用狱。

　　就整个卦来看，噬嗑卦就像一张嘴，唯一的阳爻，把嘴巴塞住了，把它咬掉，嘴巴才合得起来。很多人就想到，这非常符合卦辞。卦辞说，你要"亨"，要整合的话就要了解，"利用狱"，用监牢。很多人以监狱来看这个卦，说当中那个爻就是害群之马，把它拿走，社会才会安定，所以这些害群之马要投放到监狱里面去。很多学者从这个角度来谈为什么"利用狱"，说文王以这个卦来讲监狱制度。监狱制度虽然不是最完美的，但我们要治理一个国家不能没有监狱制度，是不得已的。就像我们说现在学生考试，有很多流弊，但这是我们唯一测量学生成绩的方式，不得已要用。监狱制度也是不得已的，文王要治理国家，监狱制度是为了整合社会的目的，不是为了惩罚人。好，我们看看如何整合。

初九。屦校灭趾，无咎。

初九，虽然位置正，但是和九四不相应，没有相应就不能走，所以"屦校"。"屦"就是脚踩的，"校"就是锁脚的木头刑具。"灭趾"，就是把你的脚锁住，不能行。但"无咎"，不能行就没有麻烦，行了就有麻烦。监狱制度是最基本的惩罚，虽然不是大惩罚，但被禁足，依然很难过。这种情况，在家里也有，小时候母亲说，今天不把功课做好，就不能出去玩，这也是禁足。这虽然不是大刑罚，但是可以使我们警惕，使我们避免犯错。

六二。噬肤灭鼻，无咎。

六二"噬肤灭鼻，无咎"，传统的解释把这个爻当作是施予重刑，即把鼻子割掉，才无咎。把鼻子割掉是我们古代的一种重刑。但是我认为文王讲这个卦，不是强调重刑，文王是很温和的人，他不像后来的法家那样动辄用重刑。为什么说监狱？强调监狱的存在，是避免人做坏事，而不是强调要用重刑。既然不是用重刑，灭鼻不应该是把鼻子砍掉。"噬肤"，说明皮肤很软，一咬就会咬进去，把鼻子也埋进去了，这就像我们读书很投入的话，头低得连鼻子都埋到书里面去了。所以，这里应该是指研究之深，这是我的解释，我不知道别人是不是这么说。但是，对于刑罚之说，我觉得要慎重，这一爻不是马上就动用大刑。六二也是阴柔的，不是强烈的，要了解，然后再用刑，才会无咎。在这个卦里面，我认为没有讲重刑。

六三。噬腊肉，遇毒，小吝，无咎。

六三，咬腊肉，就像金华火腿一样，有时候好几年，味道都变了，有的都生虫了，就是遇到毒。"小吝"，不舒服，不好吃，但是无咎。这一爻是讲刑罚的，不是重刑，虽然用刑也是不得已，但是不得不用，结果还是无咎。六三其位置决定了它多半代表阴气过盛，骄傲，所以要用刑。

九四。噬干胏，得金矢，利艰贞，吉。

到了九四，这是当中几根爻中里唯一的阳爻。"干胏"就是干的、有骨头的肉。当你吃有骨头的肉，肉很软，骨头是硬的。"得金矢"，"金矢"是金属的箭，是骨头的象征，骨头就像金属的箭一样。"利艰"，利于艰难，把握你的"贞"，"贞"就是九四，即把握你的诚，则吉。所以，君子就是指的这根阳爻，象征这根阳爻，得了这个阳爻，中正刚毅，就像法官一样，吉是没有问题的。

六五。噬干肉，得黄金，贞厉，无咎。

六五是君主了，君主咬干肉，得到黄金。黄金就是个象征，和金矢不同，金矢是金属的箭，黄金是比较软的，价值比较高。六五是阴爻，是柔软的，代表黄金。六五的贞是谦虚，把握你的谦虚，虽然有厉，但无咎。

上九。何校灭耳，凶。

到了最后一爻，就现象来讲，物极必反，用刑太过。这也就是说，前面的小刑罚治不了你，现在刑罚到了头上了。"何"就是荷，肩负、肩挑，就是说肩挑的刑罚，刑罚已经到了我们的脖颈上，两只手捆起来了。"灭耳"，就是到了你的头上了，把耳朵都遮盖了。这时候，当然有凶。

这个卦，讲的是刑罚。除了刑罚之外，我们还可以用在什么地方？噬嗑，我们前面说是整合。有一些学者把九四爻当成是麻烦，说咬掉它，嘴巴才能合，就把这一爻当成人欲，要消灭人欲才能整合。就如在社会上两个派党意见不同，要整合；两个团体意见不合，要整合。他们当中一定有冲突，要把那个冲突转化掉。整合在美国的学校很流行，因为多元化本来是让社会多元化，但是现在变得负面了，一谈到多元化就是指冲突，所以要怎么整合很重要。尤其在美国，白人和黑人的冲突非常厉害。我曾经跟那些心理学的教授谈过这一卦，我认为九四是关键。传统解释把它当成欲望是不对的，因为它是阳爻，虽然说位置不正，但阳代表正直，代表诚，所以要使两方面整合，第一要有诚，没有诚不能整合，"诚"字可以把它转化掉。中国传统哲学，尤其宋明理学家，常常讲"灭人欲，存天理"，这两句话本来是《礼记·乐记》用来讲音乐的，音乐就是发挥天理，消除我们的人欲，但是被宋明理学家拿来做学问，整天讲我们要消除人欲，要回返天理，把人欲和天理对立起来，不能相合。所以，宋明理学家碰到人欲，掉头就走，不知道怎么办，没有办法解决人欲，只好离开。不能正面去对付人欲，直到明清时候的王船山，他说，天理不会离开人欲，天理在人欲当中。我认为这一点很重要，不要把人欲贬得一钱不值，是人就有欲望，食色性也，这是自然的。我们讲人的自私是不好的，心理学家说自私就是 ego（自我），但人的自私就是他生存的基本的天赋，没有自私怎能保卫自己？怎能保卫儿女？自私是人欲，但是自私可以转化，想到自己也想到别人；想到自己儿女，也想到别人儿女。这就是转化。所以，我认为九四是非常重要的一爻，我们要把握这一爻，用这一爻诚的力量去转化。转化之后，嘴自然能够合。

讲到这里，我想到另外一个问题。我有一个学生，他拿了管理学的博士后到我们学校来教书，他发现自己在国内时从来没有读过中国哲学，所以他要跟我学中国哲学。他告诉我，管理学、系统学这两个子系统，不能够调和，各有其意识形态，如果回到一个母系统的话，这两个子系统就可以调和。他讲的跟我讲的整体学正好相合，我的整体学就是讲"道"，由于道的相同，才使得两个观念不同的系统回到道后，可以相通。他发现我的整体生命哲学"三角形"非常有用，便拿去用在领导学上。可见，要想把这两个系统整合在一起，有时候整不了，毕竟每个系统都坚持自己的看法，不能开放，所以如果都能够回到道里面，就可以使它们相合。也就是说，整合要回到道的整体，没有整体，整合就有很多困难，噬嗑要整合，就要把握这个道。

除了第四爻是阳爻，是诚。还有一个特殊的爻——上九。假定占到噬嗑卦上九，心里肯定会想，完了，刑罚已经到了我的头上了，性命不保，凶。我不这么认为，我们学《易经》不能投降，不能坐以待毙，要怎么转化？上九和六三是一对，六三是阴爻，上九是阳爻，如果能够和六三相应，得到六三的帮助，就可以避免杀头的危险。当然，不是说到了上九之后才去求六三，为时已晚，如果上九一开始就和六三相应，使得阴阳调和，它的阳气帮到六三的阴气，六三的阴气来辅助它的阳气，问题就解决了。故上九先去解决问题，不要坐等罚到头上。还有，上九和六五，就乘的关系来说，上面是阳爻，下面是阴爻，比较好。上九要得到六五的阴柔的辅助，把六五的阴柔转化到它的身上，就不会走到危险的境地。所以，它有两个方法可以救自己，一个是和六三相应，一个是六五的转化。

最后，我就这个卦每根爻做一个总结：
第一爻，要能够自制，限制自己。
第二爻，要有深度地了解，对任何问题，下功夫了解。
第三爻，要向上发展。
第四爻，面对问题，要知道艰难。
第五爻，要把握谦虚。
第六爻，要懂得转化，以求阴阳相和。

贲卦（☲☶）第二十二

"贲"字，下面是贝，上面是花卉，开得很茂盛漂亮，富丽茂盛，很美。这个卦的意思，就是修饰，让它很美。为什么六根爻里面有修饰的意思呢？下面是火，离；上面是山，艮。从正面来看，是山上有光，火光铺满了山，光耀山上一片通红，很漂亮，就如春天的山上，一片美丽盛开的鲜花。这是一个意思。另外一个，上卦为艮，代表阻，有限制的意思，所以下面的光太亮时，要加以限制，不要光芒夺人。这就是老子说的"和光同尘"，光芒才不会太耀眼，那样没有人喜欢你，所以要缓和你的光彩，不要夸耀自己，要加以修饰。可见，修饰一方面是指变漂亮，另一方面也是指限制，刚刚好才是合适的。

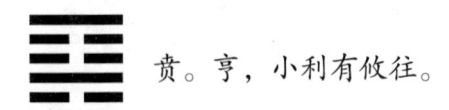

贲。亨，小利有攸往。

卦辞第一个字是"亨"，即了解。当你修饰的时候，要了解应该什么时候修饰，要修饰到什么程度。胭脂口红虽然好，但是你涂抹得太红了，人家就会笑话你。所以，要了解，你的话也要修饰，什么时候该讲，什么时候不该讲。"小利"，对小事情的修饰是利，大事情不能。治国平天下的大事情，要是修饰的话，就是粉饰太平，那就完了。粉饰太平，就没有人真正治理国家了，话讲得很漂亮，真正的问题却解决不了。所以，只限于小事情可以去修饰，大事上不能随便修饰。"小利有攸往"，修饰之后，可以走。就像每天起来，化妆一下，可以开门出去交际、交往了。

初九。贲其趾，舍车而徒。

初九"贲其趾"，脚趾来了，第一爻常常代表脚，修饰你的脚趾。"舍车而徒"，修饰脚趾不是剪脚趾，而是指鞋子。人类发明鞋子就是对脚的一种修饰。如果没有鞋子，赤脚就走不远，天气热的话，地面很烫脚，走在石头路上，脚会破。所以，鞋子的发明，是一种修饰。但是"舍车而徒"，不要用车子，徒步就可以了。我们今天没有车可不行，在古代，不仅是文王，就是在孔子的时候，有车的人是也只限于贵族，普通人是不会有的，车子就如同贵族的奢侈品一样的。孔子那么喜欢颜回，但颜回死的时候，颜回的父亲跟孔子说，我没有钱，你能不能把车子卖了给我的儿子办丧事。孔子还是说不行，说自己是大夫，不能没有车子，没有车子就不能去上朝。也就是说，孔子时期，车子是大夫和贵族身份的象征，不是普通人的，何况是文王时期。"舍车"就是说不要用奢侈品，鞋子代步就可以了。奢侈品不是一般人用得起的。

六二。贲其须。

第二爻"贲其须"，修饰在胡须上。古代男人都留胡须，不像今天这样要剃掉。胡须是代表一个人的年龄，年龄就代表经验和权威，所以，胡须是一种修饰，代表你有经验，不是毛头小子。这个爻很奇怪，是阴爻，阴爻是女性，女性是没有胡须的。也就是说，用胡须代表修饰品，不是必要的，你可以把胡须拿掉，但是在人与人的交际中需要有一点修饰。这点儿修饰是为了人与人之间的交流。这种修饰，我认为不仅是对自己的美化，也是对人家的尊敬。你的修饰对别人也是一种尊敬，如果自己穿得乱七八糟，在人与人的交际方面也是有缺陷的。虽然不是必须，但这是人际交往的需要，所以，六二的修饰是社会中人与人之间的一种需要。

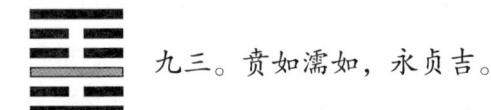

九三。贲如濡如，永贞吉。

"贲如濡如"，第三爻这个位置多半是由内到外的阶段，骄傲，需要修德，即要以德濡身，以德来使身体湿润，不要太"缺德"。这个修饰是以德修饰自己。永远地把握贞，把握你的诚，则吉。

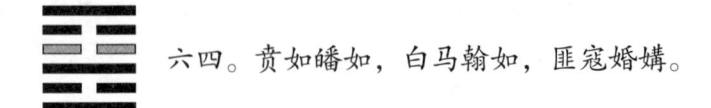

六四。贲如皤如，白马翰如，匪寇婚媾。

六四，到了外面的修饰了。"贲如皤如"，"皤"是白色。"白马翰如"，就像白马身上的毛，白白的非常漂亮。这是描写素白的颜色。"匪寇婚媾"，六四和初九是一对，一阴一阳，所以讲婚姻的话，就是相配。也就是说，初九不是寇，是你的婚配，这也是讲修饰的素白色，和你的身份相配、相合。

六五。贲于丘园，束帛戋戋，吝，终吉。

六五说君主的修饰，不是像秦始皇那样把阿房宫修饰得那么漂亮，而是修饰国家的山林田园，使田园能够产生好的成果。当君主把他的钱拿来修饰国家，这时候就"束帛戋戋"。"束帛"是钱，代表国库，"戋戋"是少，国库的钱少了，好像国库空虚了。有吝，但"终吉"，最终是好的，因为人民的财富就是他的财富。这一爻是用君主的钱去修饰国家，这是他该做的，不要自己富有，而人民贫穷。

上九。白贲，无咎。

上九是天道，天没有颜色，是本色。所以其修饰是"白贲"，没有修饰，"无咎"。上九这一爻，符合我们的一个成语，返璞归真，归于平淡和朴素。这个卦虽然讲修饰，修饰是必须的，但是修饰有各种不同的意义，有的修饰是为了人与人的交流，有的修饰是内在的修饰，有的修饰是修饰别人、国家，最高的修饰是没有颜色，是纯白色。

先把这六根爻简单总结一下：
第一爻，修养素朴的本质。
第二爻，修饰外表。
第三爻，修养德行。

第四爻，保持内心的纯白。

第五爻，精神的修饰，修饰整个国家。

第六爻，返璞归真。

接下来谈谈孔子对这个卦的解释。我们研究孔子思想的第一参考书是《论语》，至于《孔子家语》有的是孔子的思想，有的是后人的编撰，所以研究孔子哲学的往往忽略了它，其实《孔子家语》里也可以看到很多孔子的思想。其中有两次提到孔子占卦，一次占到了损卦，以后讲到的时候再说。一次占到贲卦，当占到这个卦的时候，孔子有点儿不太高兴。当时在他旁边的是子张（孔子晚年时收的两个最重要的学生，一个是子张，一个是子夏），子张大概二十多岁，很年轻。子张也读《易经》，就问孔子，凡是占卜的人占到这一卦都认为好，是吉，为什么你不太高兴？孔子说，贲是修饰，非正色，不是正的颜色，是加以修饰加上去的。孔子说，譬如白玉，白玉的本色是纯白，来表现它的质地就够了，不需要加以修饰。孔子就拿白玉不要加以修饰来说明，一个人的精神纯洁，不要加以修饰。所以，孔子占了这个卦后，有一点不太乐意。其实，孔子没有真正跟子张讨论这个卦。白玉虽然不需要加以雕琢，但是还有句话说"玉不琢，不成器"，这两句话放在一起，是不是矛盾呢？孔子说白玉不需要雕琢，我们又知道"玉不琢不成器"，这个问题我们可以这样来看，就其本身的质地来说，白玉是纯白的素色，但是雕琢后它就成了器，可以用。单单是白玉只能放在那里欣赏，但是成了碗、筷子之类就可以用了。也就是说，尽管有好的素质，但还是要学，才能成器。这两句话，没有冲突，是不矛盾的。白玉的素色是它的本质，我们要回归本质，不仅是孔子，就是六祖慧能也讲"本来面目"，本来面目就是不经修饰的白玉素色。但是，只有本来面目不行，还要讲修养。就人与人之间的关系来讲，还是需要变成器，需要跟人交流，单单讲本来面目不够的。所以，这两句话不矛盾，一个是讲本质，一个是讲用，是体和用。就这个卦来讲，最上一爻是最重要的，修饰得漂亮只是暂时的，最后还是要返璞归真。"修"字，在中国有很多复合语，比如修行、修身、修心、修养、修德，这都是这个卦里面六根爻讲的，第一爻讲修行，第二爻讲修饰，第三爻讲修德，第四爻讲修养，第五爻也是讲修德，德就是指国家人民，第六爻回到自己本身，修天命，白色就是代表修命，顺天命而行。

剥卦（䷖）第二十三

这个卦一看字就知道是负面的意思，剥掉了，树木到了冬天树皮都剥掉了。剥字，在自然界来讲，指任何东西的皮肉都掉了，就国家社会来讲，一个国家衰弱，也被剥掉了；个人来讲，就是精神消损了。"剥"字，在我们的生活上也常常用到，像社会不景气、通货膨胀，这都是外在的剥。剥卦，上面是山，下面是地，一般的注解说，山是硬的，地是软的，慢慢剥掉，地在下沉。整个来看，五根阴爻往上发展，只有一根阳爻在上面，一根阳爻非常孤单，这五根阴爻要把这个阳气剥掉，所以这是到冬天了。

剥。不利有攸往。

我们处于剥这个环境，要怎么处？"不利有攸往"。卦辞很简单，不利于出去，不利于做任何事情。留在这个位置上，只有慢慢等。所以卦辞是告诉我们不要动。因为剥的时候，能源缺乏，通货膨胀，少到外面去花钱，多留在家里面好好休息。

初六。剥床以足，蔑贞凶。

初六是阴爻，位置不正也不相应，所以剥在脚上。初爻都代表脚，在脚上开始剥。"蔑贞"，"蔑"就是轻视，贞在阴爻是谦虚，在这个时候，要柔，要谦，不要骄傲。"蔑贞"，如果你不注意这个谦，凶。西汉初期，汉高祖赢得天下，但打了好几年仗，国家困穷。到了汉文帝的时候，非常谦虚，遵循老子的思想，不大动干戈，不大肆改革，休养生息，国势才变好。

六二。剥床以辨，蔑贞凶。

六二，剥慢慢往上走，到了"辨"，"辨"在我们身上就是关节，也是床脚关节的地方。同样的，还不注意谦柔的话，也是凶。初爻和二爻，都有"剥"字，都代表谦柔，不能动。尤其现在是剥的时候，更不能动，留在那里休息就好了。

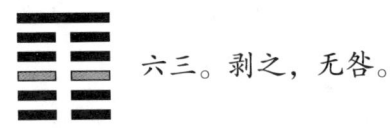

六三。剥之，无咎。

六三很奇怪，"剥之，无咎"，没有说剥什么。我认为，这里的"之"就代表剥，所以是剥掉那个剥，也就是说在这个爻上，要正面对付这个剥，不要逃避。逃避的话它就会跟着你来，剥你，故要正面处理它。为什么这里用了"剥之"这么强烈的方法，注意，唯有这个爻跟上面的阳爻相应，一阴一阳，所以这个阴爻得了上面的阳爻的外助，来处理被剥的现象。

二十年前，我们学校的财务一度产生问题，要裁很多教授，有些教授要裁掉，有些全职的要改成兼职。我们系里四个教授，我就被改成兼职，学生都为我打抱不平，因为四个教授有三个都是讲印度哲学的，只有我讲中国哲学，他们都是西方人，只有我是中国人。有个爱尔兰的学生选了我的《易经》课，他就占卦，第二天上课的时候就告诉我，占了两次都是剥卦的第三爻，很奇怪，我都有些不敢相信。他问我怎么办，我说不怎么办，遇到这个问题就正面应对，不埋怨不抗议。正好这个时候佛光山在洛杉矶有大学，他们到旧金山来开了个分院，就请我去讲课，还有另外一个基督教大学也让我讲课。后来我们学校的教务主任也很好，即使兼职每门课也给我很高的费用，我等于没有受到什么大影响。还有另外一个系选修我课的女学生，捐了一万美金给我，我不知道她的名字。这就是外助——上九，所以我还能站在那里，面对被剥的处境。这是我的亲身体验。

所以，面对剥字，不要逃避，要正面对待这个问题，想办法去解决。而且，唯有这一爻可以正面面对，因为它有上面阳爻的相应。

六四。剥床以肤，凶。

到了六四，"剥床"，床剥掉了，剥到了你的肉体、皮肤，当然凶。床都没有了，掉下去了，伤及皮肤，凶。

六五。贯鱼，以宫人宠，无不利。

六五是五个阴爻的领袖，本身又是君主，是这五根阴爻里最高的一个。假定是君主，那要如何对付下面四根阴爻呢？"贯鱼"，鱼是冷血动物，代表阴的。"贯鱼"就是一串鱼，一串鱼跑来了，怎么对付它？六五是君主，"以宫人宠，无不利"，对付这四个小人，像对付太监、宫女或者三宫六院的妃子一样，宠他们，但不要相信他们，不要把大权交给他们。就像对付宫人一样地对付那些臣子、小人。"宠"字不是好字，我今天还看了一个电视剧叫《延禧攻略》，乾隆帝讲了一句话说：父王教我，对女人，只能宠不能爱。没有真正的爱但是有宠，且只能宠不能信，不能把大权交给他们。这是六五对付这四个阴爻的功夫。

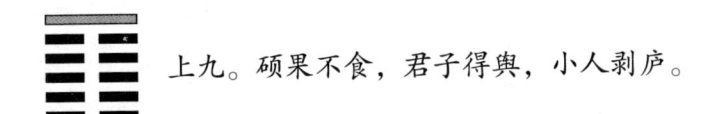

上九。硕果不食，君子得舆，小人剥庐。

上九，唯一的阳爻。"硕果"，大果实。我们常常说硕果仅存，就是从这里来的，只有它存着，不被五根阴爻吃掉、剥掉，这是最重要的。保持你的坚贞，保持你的诚，保持你的阳，不要被阴气剥掉，这样的话，君子就得舆。舆是车子，君子得了车子，可以行。小人就没有房子，没有住的地方，就离开了。亲君子，远小人，这个阳爻才不会被剥掉。而且这个阳爻守住了，下面就是复卦，恢复了。复卦就是阳爻在下面，阴爻在上面，倒过来了。

我们看看这六根爻的一个简单总结：

第一爻，修养柔德。

第二爻，身段要柔软。

第三爻，迎接危难，克服困境。

第四爻，要保身为重。

第五爻，要懂得转化。

第六爻，要把握原则。

我突然想到，这个剥就在是我们身体里的作用，我现在八十岁了，人从生下来到老，就是不断地剥。这是庄子讲的。人一生下来，就像快车，没有刹车，直奔死亡，真是可悲。就人身来讲，初六的剥，是脚，人老了以后首先脚就不动了。六二是腿，腿酸了，也是关节疼痛，被剥了。六三，"剥之，无咎"，就身体来讲，指的腰，腰就是肾脏，肾脏很重要，肾脏的一个功能就是我们的性欲，肾也是我们人体很重要的排毒脏器。到了六四，四爻和五爻有时候都代表心，四爻代表情感、感情，欲望的心；第五爻的心是心智，智慧的心。到了上九，就是我们的精神。如果用这个来看这六根爻，我认为，初六、六二都没有问题，腿脚走不动了；六三和上九是相应的，如果上九是精神的话，那么六三就是意志，所以我们的意志可以克服困难。精神是最高的境界，是上九，是原则，六三就是我们的意志，是面对被剥的现象，意志很强的人可以克服困难，所以，唯有他可以反过来面对剥之。

我想到一件事，有一个师弟，经常演讲，讲老庄较多，我读了他的一篇演讲稿，我觉得可能代表了一些人的看法。他说，年轻人是比才气、才干，老年人比境界。年轻人比才气就是六三，有才气有才干，好冲。到了老年，上九了，这个时候不讲才气了，不讲冲了，要看到精神，要看境界高不高。所以孔子说，老人"血气既衰，戒之在得"，这是一个境界，不要执着在名利上的得。但是，六三还是有名利上的追求，使他的意志强。这是我突然想到的，从这六根爻看我们人身体上的老化现象，这也是我的一点感应了。

复卦（䷗）第二十四

那根没有被剥掉的阳爻保存了下来，就到了这一卦——复卦。复卦反过来了，阳升起了，要慢慢回春了。复就是恢复。注意，英文表达不出来这个复字，复就是回来，再回来。用 return 常常会有误解，return 好像回去，"复"不是回去，是回来，再回来，阳气再回来了。这个卦下面是震，为雷，是动，上面是地。雷在地下，春雷一声把大地动摇，使得万物产生，大地回春。六个爻，唯独初爻是阳爻，慢慢往上走。

䷗ 复。亨。出入无疾，朋来无咎。反复其道，七日来复，利有攸往。

我们现在看卦辞。"亨"，沟通了解，在复的时候，春天来的时候，阴阳沟通，才能发展。"出入无疾"，不是说进进出出没有毛病，而是说阳气从地下出来，要进到这个世界上，就没有毛病。"朋来无咎"，阳气不是只有一根阳，下面阳气会逐渐来的，"朋"就是更多的阳，跟着你来了，"无咎"。"反复其道"，反过去的阴，回到现在的阳，然后顺其道。"道"就是反坤卦的六根阴爻，回到这春天的一根阳爻，然后不断地增加阳爻。"七日来复"，"七日"是一个周期，即《易经》的六根爻再超过去就是第七爻，从前面坤卦的六根阴爻，到了这个卦的初爻就是七爻，从前面剥卦的一根爻，到这里，阳气又转过来，"利有攸往"。也就是春天来了，可以往了，很多事情等着我们去做。

关于"反复其道"，老子有句话叫"反者道之动"，这是老子的中心思想，"反"，就是变成相反的东西，有返回去的意思，反到最后，还要返回去，即循环，就是道。道使任何东西由小变大，在《易经》里面，"元"字就是开始以后，由小变大的因子，到了最远、最大的时候，又返回去。老子的思想显然跟这句话有关，所以我说老子的思想受《易经》的影响很大。《易经》说"反复其道"，老子说"反者道之动"，可以看出他们之间的相应关系。

初九。不远复，无祇悔，元吉。

初九，是唯一的阳爻，也是主爻。这根爻在最低的地方往上走，等于是阳又回到人间。"不远复"的"不远"有两个意思，一个是离前面的不远，传统的解释说，走错误的路走得不远马上回头。因为复卦前面是剥，剥只有一根阳爻在上面，还不远，马上转到复卦。另一个是很近的意思，复是代表春天，"不远复"就是离春天很近，指"春天的脚步近了"。"无祇悔"，没有大悔的事情，阳气上升了，虽然上面五根阴爻压在上面，但没有特别后悔的事情，就要复。"元吉"，元就是开始，这根爻是一元复始。开始的时候是阳爻，是诚，所以是吉。结果的吉，不仅是它的位置正，是阳爻，而且和第四爻又相应。

六二。休复，吉。

第二爻"休复"，这个"休"字大有文章。休息是休；修养也是休，"休"可以通修养的修；女孩子身体修长，美，也是休。但是，我认为，本来第二爻乘第一爻，阴爻在上多半不好，所以在这个时候的复是要休，休息，不要有大动作。让这个初爻往上发展，它不阻碍。休就是顺，顺着阳爻发展，不成为阻碍。"顺天休命"，"休命"就是安于命，"休"就是安，休息就是安息。"休复"，就是安于这个复，所以不是大动作。因为是阴爻，如果拉着初爻一起很快地走，那就是揠苗助长。这里是停在这里慢慢走。"休"是功夫，可以把它解释为"安"，就是安于命，会吉，会有好运。

六三。频复，厉无咎。

这个卦里面，初爻为阳爻，上面是五个阴爻，六三正好处在五根阴爻当中，也是由内到外的一个转折，又是内卦的最上面一爻，多半是不好的。"频复"，"频"就是一再地，反反复复。第三爻有时候是进退，有进有退。说反反复复，故有厉，有危险，但还能回去。反复其道，最后还是能回到道上，还是能转回来。本来有咎，现在能够再回来，自然无咎。

六四。中行，独复。

第四爻"中行"，六四和六三这两根爻都在一个卦的当中，所以中。中也是指位置正，正中。"独"是指单单它能够复，为什么独呢？因为在这个卦里面，只有它和初爻的阳爻相应，其他的都不相应。唯独它能够跟初爻相应，能够一起把阳气往上拓展，故说"独复"。

六五。敦复，无悔。

"敦复"，"敦"是指敦厚，是指地道，因为外卦的三根阴爻，就是地。敦厚也代表它的本性是敦厚的，没有悔。六五本来有悔，有位不正，和第二爻又不相应，但是它能够保持地的敦厚，能够载万物，所以无悔。

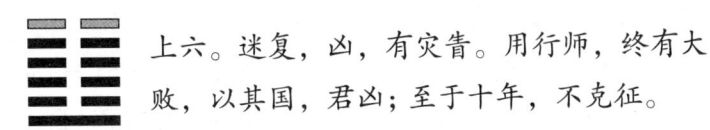

上六。迷复，凶，有灾眚。用行师，终有大败，以其国，君凶；至于十年，不克征。

到了上六，就现象来讲，是跑到最高了。这一爻也是这五根阴爻的最高一爻。阴代表暗，到了一个最高的暗的地方，所以迷失掉了。"迷复"就是迷失了自己，不能复，没有阳气，它和初九阳爻离得太远了，迷失了复的路子了，故凶。而且它和六三两个都是阴爻，又在所有阴爻的上面，阴气太盛，"有灾眚"，"灾"是外在的，"眚"是生于眼睛的错觉、偏见。外在、内在都有毛病，所以在这样一个情形下,如果你要行师、要征伐的话,"终有大败"。也就是说处在这个位置,不能征讨,不能诉诸战争。"以其国",如果国君用这根爻来治国的话,"君凶",国君有凶,不好。而且这个凶还不是暂时的,要很久,"十年不克征",十年代表久。

这是复卦的六根爻字面上的解释,我先做个总结,然后再讲讲我个人的一点儿体验。

第一爻,你要知道复,回头是岸。

第二爻,要能够静静地等待,不要有大动作。

第三爻,要反省自己。

第四爻,要把握中正之道。

第五爻,要厚德载物,帮助别人。

第六爻,不要走极端。

这是六根爻的一个简单的意思。接着说说我的一点体验吧。有一次,我看到"不远"两个字突然有一个联想,也是一个感应。我记得我在书里用了一句话,当时写的时候并没有注意。我说,"不远"有两个意思,一个是离道不远,很近,我用了一句话——"春天的脚步近了",因为复是春天。我突然想,这句话是谁写的呢?是来自朱自清的《春》:"盼望着,盼望着,东风来了,春天的脚步近了。"这是一个感觉,不远,春天近了。"春天近了"是文章的第一段,后面朱自清所描写的,今天的年轻人看起来可能觉得没有味道,但我们当时读觉得很有味道。今天的年轻人没有这个感觉,因为他们对春天的感觉很淡。因为今天即使不是四季如春的话，冬天也有暖气，也不是特别冷，冬天也可以吃到春天的食物、水果，甚至还可以吃冰激凌，所以对春天的感觉就非常淡。几十年前，"不远"这两个字，我认为含有深意。在大学一年级的时候，差不多六十年前，我喜欢朱自清的散文，也喜欢培根、艾默生的散文，我自己写了差不多六十多篇散文，都是哲学散文。那些散文，在台湾销路很不错，印了几十次。最近因为为我出版这些散文的朋友过世了，我把书稿拿回来，自己重新打字录入，在我打字的时候，我发现自己跟当时写这本书的我，同一个作者，有六十年的差别。读到我以前的文章，我想这个年轻人真有勇气，充满着理想主义，有着英雄崇拜的情结，强调人道；今天的我却已没有了这个热情。我自拿了博士学位之后，就开始教书、写论文了，逻辑思想把我压得四平八稳，任何一句话都四平八稳，没有那么冲动了。

所以，当我读到自己的文章的时候，我想起六十年前所看的书、所接触到的问题，我就想到中国的历史，一百多年前的晚清政府，把中国搞得一塌糊涂，丧权辱国，"宰相有权能割地，孤臣无力可回天"。直到孙中山先生发起革命，推翻清政府，中国才稍微有了希望，"不远复"，那时的中国就是春天。所以这段时期的中国，那些学者、作家都是理想主义，对人生寄予春天一样的心情，无论是朱自清、徐志摩的散文，还是罗家伦写的《新人生观》、方东美写的《人生哲学》，都风行一时。这些书都表达了作者对国家、对人生的春天一样的理想、希望。这是一个新气象，本来应该走得很好，"不远复，无祗悔，元吉"。但是，没有走到"休复"，"休复"就是顺着走没有阻碍。1920年左右，英国的罗素应梁启超先生等邀请，在北大讲学两年。他回去以后写了一本小书，他在书里讲当时的中国，人心蓬勃发展，大家都非常努力，对人生都有一个正面的期望。他说，像这样的发展势头，如果我们有一笔基金给中国，中国差不多二三十年之后就能赶上西方的世界。这是罗素当时讲的话，我们在春天的时期，要蓬勃发展。可是，好景不长，日寇发动了侵华战争，就使得中国不能"休复"，把它断掉了，我们的春天就被断掉了，不能复了。那时，中国发展的道路坎坷、崎岖，不能复。今天的中国，又迎来了一个春天，21世纪的中国，强盛了，大家都有钱了，这也是春天。春天来临，"休复"，很顺，没有外面的干扰，虽然美国时不时来点儿干扰，但还没有到断掉那个程度，所以我们还能"休复"，一直发展。"频复"，我们不要再回头，一直发展。到了"中行独复"，"独复"的六四和初九相应，初九是诚，是我们中国的传统文化，到了第四爻，虽然有了新发展，我们中国有钱了，但是我们不要放弃好的传统，所以现在强调复兴中国文化，才会有"一带一路"倡议，很多学者说，这是大同世界的理想，这就是"中行独复"。到了六五"敦复"，中国的强盛要像大地一样，不仅是自己"独复"，还要能够载物，能把自己好的东西，贡献给其他弱小民族。但是，危险在第六爻，即千万不要有战争，如果有战争的话，我们的春天就会受到破坏。这就是我从"不远复"想到的这些，从复卦来看今天发展的问题。

为什么我讲这个？因为我们现在学一个卦，无论是哪个卦，除了古代的卦爻意思之外，我们也可以把自己的思想、把现实人生放进去来看。孔子在《彖传》中说"复其见天地之心乎"，这句话很重要,从复,能够看天地的心。天地有没有心?佛家认为天地没有心,天地是外在的物质;儒家强调天地有心,天地的心是我们给它建立的,所以宋儒张载称"为天地立心",在《易经》来讲,天地就是生生不息,这个心就是生生不息的心。"复",就是表示生生不息。宇宙万物的发展,到了剥,到了坤,六根阴爻之后,又回阳,万物又产生了。

无妄卦（☰☳）第二十五

无妄卦，这一卦很有趣，也很特殊。佛教常常说没有妄想，就是无妄。无妄和佛家思想颇有渊源。尽管印度佛学在文王的一千几百年之后才到了中国，但是无妄的思想在文王那里就已经提出来了。这个无妄的思想，也可以跟佛家的无妄相应。为什么这个卦名字叫无妄？我们先看这六根爻。上面是乾，下面是震。乾代表光明，震是动，这个卦就是动与光明。乾代表健，天行健，动而能够健，生生不息，这就是无妄的意思。无妄才能光明，无妄才能生生不息。同时，雷在下面，天在上面，雷在中国古代代表雷公，司刑罚，所以有妄想，雷公知道了，就加以处罚。天下雷动，使得我们大家要反省自己有没有做了错误的事情。古代人不懂气象科学，看到天打雷就害怕了，就想想自己有没有做了坏事情遭雷劈。这也是无妄的一个意思。

无妄。元亨利贞。其匪正有眚，不利有攸往。

无妄卦第二爻阴位当，第五爻阳也位当，一阴一阳相应，故二五相应，无妄。无妄的卦辞有"元亨利贞"四字，"元"，动机，无妄的动机善良；"亨"，沟通，无妄才能以本心跟人家沟通，无妄才能利人，无妄才能顺应正道。这四个字是无妄的四个德行。"其匪正"，如果行为上不是正道，不能做到无妄，那是因为"有眚"，内在有偏见、有欲望，"眚"就是内在的欲望、偏见和私心。这样的话，"不利有攸往"，内心有偏见、有邪念、有私心的话，当然不利于往前走。

初九。无妄，往吉。

初九阳爻，雷震动，这根爻也是主爻。这一爻是动的开始，开始的本心是无妄的，所以"往吉"，可以往上走，可以做任何事情。也就是说，如果你问心无愧，那么做任何事情都是吉。

六二。不耕获，不菑畬，则利有攸往。

六二"不耕获，不菑畬"，不耕而有收获，"菑"就是种地，"畬"就是好土地好收获，不去耕种也有好的田地的收获，这不可能吧？这里的意思就是，你不求获，不求有好的田地，顺其自然。也就是说，无求，不要有目的地去追求。有目的，就有邪念了。如果这样无求的话，"则利有攸往"。不然的话，有私心有妄念，就不能走。因为这一爻和第五爻相应，这一爻是臣子，第五爻是君主，臣子要无求，无私心，才能够和九五相应。

六三。无妄之灾，或系之牛，行人之得，邑人之灾。

第三爻多半有问题，所以有"无妄之灾"。无妄本来是好的，没有妄想没有妄念，但还是有灾害，为什么呢？我举个例子，比如一个和尚，他无妄，没有妄想，不做坏事，强调修行，但是外面的灾也会导致他生病、遇难，灾害是外来的，不是他自己造的。尽管他自己做了好事情，但是碰到灾害也会损伤。危险是外在的，不可避免的，即使无妄，还是会有灾。"或系之牛"，"或"就是举例子，就像你把牛拴在牛棚里，外面来了一个人把牛偷走了，这不是你的错误，你把牛拴好了，但是有人跑来偷走你的牛。这种损失有时是不可避免的，不是你种的因。像禅宗三祖身体上有毛病，就问二祖，我一直修行，为什么还有身体的毛病？二祖告诉他，这不是你的毛病，这是外在的。还有中国有名的玄奘大师，在印度十七年，带回很多经书，对中国佛学的发展贡献极大，但是他晚年生病，皆因在求经路上风餐露宿，饥寒疾病交加，身体就受到影响。他有很大的功德，但是外在的病还是找上来了，这不是他的问题，是无妄之灾。无妄，还是有灾。

九四。可贞，无咎。

到了九四，"可贞"，可以用贞，贞就是正道。九四是阳爻，贞是诚，就是可以把握诚道，无咎。到了九四要讲一个"诚"字，因为第四爻已到了外面，前面三爻是内，第四爻是外，所以由内到外，要诚。诚和无妄，后面我们再做个比较，它们有相关，也有不同。

九五。无妄之疾，勿药有喜。

第五爻"无妄之疾"，尽管你修功德，做善事，对人很好，但还是会生病，会有心脏病、癌症等。这与你的修行和道德无关，既然和道德无关，就不要恐惧，不要怕，不要用药，也会"有喜"。这是讲心理的，要转化，认为这不是我的毛病，不是说不吃药，而是要在心理上理解它是自然的，念头一转，就有喜。

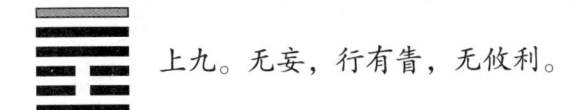

上九。无妄，行有眚，无攸利。

到了上九这一爻，爻辞很有深意。"无妄，行有眚"，虽然无妄，但是在行为上认为自己无妄，是一种毛病。无妄是你的本真，无妄也就是无辜，就像小孩子的天真无邪，但是在行为上有毛病。为什么有毛病？因为不能什么事情都推给无妄，假设行为上做一件事，做得不好，就说自己动机上是无妄的、无辜的，这没有用。行为上做错了，有了坏的结果，还是要负责。所以，在行为上要注意，不能拿无妄来做借口。无妄照样在行为上会有毛病，"无攸利"。所以，到了这一爻，在行为上不能只强调无妄，不能只强调无辜，也不能只强调天真，天真是在初九，小孩无妄，可以往，吉。到了上九，就是老天真，老了还以为自己天真，那是有心为之，不是真正的无妄了。这句话我认为对信佛教的人是一个很好的建议，很多人学佛，认为自己做善事就不会有坏结果，但是你以为的善事也可能带给别人坏的影响，故不要以为自己是善就可以。也就是说，只有无妄不行，还要有技术、有方法，走正道，才能把它实现出来。

讲完了这六根爻，我们现在做一个简单的总结：
初爻，动机要善，才是真无妄。
第二爻，无求，不贪。
第三爻，不要畏惧。
第四爻，走正道。
第五爻，无为自然，有点毛病没有关系，要能自然。
第六爻，不要自以为是，自以为无辜，自以为天真，自以为无妄。

这是六根爻的简单意思，现在离开爻辞，我把无妄的思想再加以发挥、说明。无妄这两个字很重要，在佛家里面，禅宗有个大师叫天皇道吾，他讲了两句话，我觉得很好，也常常引用。他说"但尽凡情，别无圣解"，他这两句话就概括了整个佛学的思想，佛学就是要断掉妄想，就是要无妄，没有什么高明的解释，也没有什么高超的理论，不需要把经书讲得头头是道，不要那些文字，只要你做到断掉妄情就够了。这就是无妄。这是佛家。那么儒家呢？我在《易经的处变学》一书中引用了程伊川对诚的解释，他说"闲邪诚自存"，只要把邪恶挡住，诚就自存了。这个邪就是妄，闲邪就是无妄。所以佛家的但尽妄情和程伊川的闲邪，都和《易经》的无妄思想是相通的。

我们现在就无妄卦这六根爻，拿佛家的话来做个总纲。初爻，就是佛家讲的自性、佛性，或者菩提之道，或者真如的境界。第二爻，在佛家讲就是无贪，贪和痴都是妄想。第三爻，佛家讲无畏，佛家有三种施舍，第一种是财施，给人家钱，给人家东西；第二叫法施，传法给别人；第三种叫无畏施，就是把这种精神上的无畏传给人家，使得大家都不怕生死，不怕灾害。第四爻，可贞就是正，贞者，正也，中正的正，正道，佛家就讲八正道。第五爻，讲疾病，无妄之疾，即佛家讲的缘空，我们的身体就是缘聚，生病了、死了，缘散，疾病就是一种缘，缘空。第六爻，是佛家讲的无执，不要有执着。我常跟学生讲，无执是不要有执着。不要执着于名利，不要求长寿。还有无执本身，你也不要去执着，总是把无执放在嘴上，你已经是执着了，所以连无执也要拿掉。同样，不要讲自己无妄，连无妄一念也要舍掉。

最后，我前面讲到无妄，在儒家是诚，诚和无妄有什么异同？我的书里老是讲诚，没有讲无妄，无妄是佛学的词语，虽然文王讲了无妄，但我没讲，我只讲诚。诚和无妄在相同的部分，诚是真实，你本性很真实。无妄是什么呢？是无假，没有假。佛家看的所有缘都是假的，都是幻象，无妄是真实，但这个真是无假，没有假。"诚者，天之道"。无妄呢？也是天真，天的真。诚是阳，无妄也是阳。诚是一种德，无妄也是一种戒律，佛学讲戒，戒是道德。这些是相同的地方。那么，诚和无妄有什么差别呢？这个很难分，我勉强区分一下。诚是儒家讲的，无妄是佛家讲的，道家也讲无妄，无假。诚是指修养，无妄不是修养，无妄是一种本质，本质无妄。诚，是意志，是意之诚。无妄，是心地的纯洁。这是它们之间的一点差别。所以一般来讲，无妄和诚是可以相通的。

大畜卦（䷙）第二十六

"畜"字有两种含义，一种是畜养，一种是储蓄。一方面是畜养孩子，畜养家畜，一方面是指对动物、对小孩子的畜养以后，要发展它的力量。畜牧，一方面是养，把它们从野生变成家生，断掉它的野性，但是断掉野性之后，我们还要培养它的力量，让这个力量能够对我们有帮助。所以，畜有两个意思，一个是畜养，一个是积蓄。

大畜，从这六根爻来讲，下面三根是乾，乾是强壮，天行健，是健；上面三根爻是山，是艮，是止，止其健，控制健。太强壮了，就像野牛，所以要训练它、控制它。另外一个现象，下面是天，上面是山，天在山下，天在山当中，代表畜养之大，故称大畜。还有一象，在这个卦里面，两根阴爻，一个是大臣，一个是君主，他们对付四根阳爻，阳是大，所以这两根阴爻如何畜养四根阳爻。这个卦在古代多半会解作国君畜养人才，人才就像野牛一样，本来很野，有才干的人是很野的，要加以畜牧、畜养，把他们的野性除掉，然后他们能把力量贡献给你，所以是为国家培养人才，称"大畜"。我们学过一个小畜卦，"小畜"是等待时机，一根阴对付五根阳，时候未到。现在有两根阴了，是君臣共同合作来培养人才。

大畜。利贞,不家食吉,利涉大川。

卦辞说"利贞",这个贞,指第五爻的君主,是主爻,就是利于谦。这个卦的第五爻,因为是阴爻,有谦,用谦的方法来处阳,来训练人才,不能用强硬的手段。所以这里的利贞是利于谦。"不家食,吉","食"就是俸禄薪水,不为家庭而食,不强调自己的家庭,就是说培养的人才要为了国家,而不是只强调自己的家庭。"不家食",就是不要强调自己的家,要以国为先,这样才吉。"利涉大川",如果能够训练这样的人才为国家所用,就可以渡过大川。大川是危险,国家有危险的时候可以渡过,因为能培养人才,人才为你所用。

初九。有厉,利已。

初九"有厉",厉代表外在的危险。"利已",利于止。为什么呢?因为初爻上面还有两根阳爻,一起往上走不得了,阳气太盛,野性太多,所以有危险,对这个初爻要加以限制。初爻位正,和第四爻相应,故第四爻要对初爻加以限制,不要让初爻发展得太快,太冲动。

九二。舆说輹。

九二在三根阳爻当中,就像一个车子的车轴。"舆说輹","说"

就是脱，车子转动的那个轮轴脱掉了，就像我们骑单车链子脱掉了，不能骑。这也是限制的意思，要限制它，不要让它发展太快，就得把链子拿掉。这是一个负面的象征，等下我们讲正面的意思。初九、九二都不能发展，要慢，要有限制。因为是畜养，要将野性去掉。

九三。良马逐，利艰贞。日闲舆卫，利有攸往。

下面三根阳爻就像三匹马，这三匹马要带动一辆马车，就要训练，训练得让它们互相兼顾，不能一个跑得快、一个跑得慢，那车子就翻了。这三匹马都加以训练，能够相互配合，就是一个团队训练。"良马逐"，逐就是跑；"利艰"，有困难，单独跑的时候有快有慢；"贞"，把握正道，诚。"日闲舆卫"，每天都要加以训练。"利有攸往"，如果能够加以训练，让这三匹马能够合作，那就可以走。也就是说，训练不好不能走。这是指对三根阳加以训练，是训练人才。所以六四和六五，大臣和君主，要训练这三根阳爻，让他们互相了解，能平行。

六四。童牛之牿，元吉。

六四"童牛之牿，元吉"。"牿"，就是套在牛头上的木板，"童牛"就是小牛，小牛不知天高地厚，头上两只角到处乱戳，容易戳断，所以农夫就在小牛两角夹上一段横木，加以限制它，不然的话，它就不知道利害。初生之犊不怕虎，小牛就是初生之犊。

就这个大臣来讲，木板就是礼法道德，讲礼法，讲道德，用外在的加以限制，让这三根阳爻顺着礼法，顺着道德。

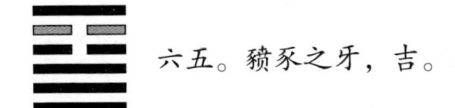

六五。豮豕之牙，吉。

"豮豕之牙"，"豮"就是阉掉，"豕"就是猪，阉掉的猪的牙齿。野猪的牙齿很利，到处乱咬，它有欲望，所以要把它阉掉。阉就代表除去欲望，这是象征的说法。阉掉代表降低欲望、除掉欲望。这里要注意，传统的解释只讲到阉掉的猪，除掉欲望，而忘了牙。阉掉的猪，它的牙齿还是很利的。也就是说，欲望没有了，才干还是存在，就是牙。只是才干不用在贪欲和私利上，不用在害人这方面。这就是无欲。这是从内在把它的欲望拿掉。注意，第四爻是外在的道德加以限制，第五爻是内在的把欲望拿掉。这两爻正好代表了第四爻是儒家的做法、法家的做法，第五爻是道家的做法，要少私寡欲。训练人才要两方面兼顾，这就是文王讲的训练人才，外在的道德礼法，内在的欲望除掉，然后使这三根阳爻，能够通过上面这两根阴爻的转化，转化是阴把阳的力量转化到上面的阳，和上面的阳合在一起。

上九。何天之衢，亨。

上九代表谦，"何天之衢"，"何"就是负荷、担当；"衢"就是四通八达的路，通路。天根本无所谓通路，四通八达，在我们人间现象界，路才是一条一条受到限制的，有时候走不通，有时

第二篇　闲谈《易经》六十四卦

候有单行道。但是，天上是通的，是通路，这样就亨，亨就是互相了解。

我们先看这六根爻的简单概括：
第一爻，要懂得自制，自己限制自己。
第二爻，要懂得止其发展，不要让它发展太快。
第三爻，要加以训练，不是个人的，而是团队的训练。
第四爻，从外面加以道德的修养。
第五爻，从内在着重德行的修养。
第六爻，合于天道。

大畜卦影响到老子。老子有句话说："知止可以不殆。"知道止就不会危险。大畜就是止，"利已"就是止，车轴脱了也是止，良马也是加以止，道德也是加以止，拿掉下面的欲望，也是止。所以全卦讲知止。现在先解释一下老子的知止的几个意思，可以跟这六个爻相比。第一爻，知己，知道自己。第二爻，知人，知道别人和人事问题。第三爻，知道时间和外在的环境。第四，要知道自己的不足。第五爻，要知返，返于道。第六爻，要知天。这是就老子的知止来讲的。老子的知止和《易经》的大畜的止，有非常密切的关系。

我们在大畜里面说，国家培养人才，但不是每个人都是君主，也不都是大臣，这跟我们有什么关系呢？比如，假定我们是创业的人，我们不是国君，每个人都可以创业，就创业来讲，这六个爻在创业上有特殊性。第一爻，你先要知道自己的才能，什么是你的特性、你的才能，要知道自己，根据自己的才能去创业。第二爻，假定卜到第二爻，车子的轮轴掉了，不能开了，怎么办？这是负面的。怎么转到正面？轴是车子最重要的结构。所以要先把握住你的关键结构。创业要有主轴，成功的话怎么走，不成功的话怎么办，核心的主轴要完备，才能走。爻的本来意思是主轴脱掉了，不能走。现在转到正面的意思是，主轴要弄好。第三爻，要注意环境，不要埋头创业，要注意创业和别人的关系，就像三匹马那样，不能只注意自己，要知己知彼。第四爻，讲诚信，强调道德和诚信。第五爻，本来是讲无欲，在这里我把老子的思想加进去，一个创业者当他成功的时候，他要懂得知止、知足，降低你的欲望。第六爻，要能够顺天道，你的创业还要了解天有不可预测性，不要认为你可以控制一切，还要顺着天道来做。

孔子的《大象传》说"多识前言往行，以畜其德"，多了解你以前所有的知识和以前做过的事情，然后拿经验来培养你的德。这句话我把它解释成，你要转知成德，就如蒙卦的上爻一样，知识要升华成德，升华成智慧，不是留在知识的层面。所以，孔子的思想和文王的思想，把知识转化成德，是非常重要的。这个爻辞，我认为最重要的，还不是在六四、六五，六四、六五是两个方法，一个是道德的方法，一个是除欲的方法。最后的"何天之衢，亨"，就是转化。我前面讲过，"衢"就是通。"通"字在《庄子》里面很重要。《庄子》讲道通为一，宇宙万物都不是齐。为什么齐物呢？因为万物就本性来讲都可以相通，通为一。我们知道万物的通为一，才能亨，才有正确的深度的了解，了解它的本质都是一致的。所以"通"字非常重要，要走出通路来。还有，通就是要转化，转化才能通；通就是要了解，了解才能通。能通才能把知识转化成德行，这都是一个系列的整体的思想。所以，我们学《易经》，要能够通，把个人和《易经》的爻辞打通了，不只是文字上的了解。当你真正去感应它，通了以后，你随时可以用它，不一定是呆板地去占卜。

易经新说

我在美国讲易经（下）

吴怡 著

花山文艺出版社
河北·石家庄

颐卦（䷚）第二十七

颐卦这六根爻，就像嘴巴张开。分开来看，上面是艮，是止；下面是震，是动。上面不动下面动，就是象征我们的嘴巴吃东西一样。颐就是象征吃东西。成语"颐养天年"，就是我们靠吃东西的营养来获得应该有的天年。颐养天年的"养"字很重要，颐的意思是指，嘴巴怎么吃东西来养我们的天年。我记得《庄子·大宗师》有一段话很重要，庄子说："以其知之所知，以养其知之所不知，终其天年而不中道夭者，是知之盛也。"我们人的知，以我们以前知道的养我们不知道的，比如我们能活多久，谁都不知道，如何维持我们不知道的能活到多久，要养，能够养其天年不中道夭折的话，每个人都可以活到他应该有的天年。我们如果能像庄子一样懂得怎样好好养的话，可能都可以活到一百岁以上，但我们在生活上，吃东西不注意，加上精神的忧虑等，就很难活到一百岁以上。这个卦就是讲"养"字，讲完这个卦，我还会特别提一下这个"养"字。

䷚ 颐。贞吉。观颐，自求口实。

颐就是养，养正之道。卦辞说"贞吉"，贞就是正道，贞的正道，在我认为就是六五。六五爻辞讲"居贞吉"，六五是阴爻，就是要谦虚，要柔。要养我们的生命，要懂得谦虚，不要骄傲，骄傲的人以为可以占有一切。我们要谦虚，要知足，少吃一点，吃八分饱。"贞"就是代表阴柔、谦虚，懂得谦虚才能养天年，所以吉。"观颐"，观是一种智慧的体现，观察自己的嘴巴。"自求口实"，自我的嘴巴里面能够有实在的东西，不只是物质的东西。自求口实就是自养之道。看我的嘴巴，了解如何自养之道。自养之道是什么？颐卦《象传》中讲的一句话非常好："慎言语，节饮食。"我们的嘴巴常常一讲出来就知道要闯祸了，饮食的东西要知道节制，不要吃得百分饱。这两句话都是针对嘴巴。《易经》里面有三个卦都是针对嘴巴。前面第二十一卦噬嗑卦是把嘴巴咬紧，后面第五十八卦兑卦也是讲嘴巴，代表心里面的快乐。颐卦讲嘴巴，是要让我们知道怎么养自己，自求口实就是自养之道。

初九。舍尔灵龟，观我朵颐，凶。

初九"舍尔灵龟"，舍弃掉你的灵龟。"观我朵颐，凶"，不好。这个卦有两个阳爻，最底下一个是阳爻，最上面一个是阳爻。最底下的阳爻代表食物，最上面的那个阳爻代表精神，这两个爻一个讲精神，一个讲物质，把它们固定后，我们看六根爻怎么发展，就很清楚了。"舍尔灵龟"，意思是说在这个爻上舍弃了上九的精神，只强调这一爻的物质。灵龟代表灵性、智慧和长寿，舍掉这个精神，只看嘴巴吃得痛不痛快。成语"大快朵颐"，就是说山珍海味吃得很舒服。只强调吃得舒不舒服、好不好吃，凶，不好。因为忽略了精神的食量，只强调物质的锦衣玉食，故此爻的负面意思就很清楚了。

六二。颠颐，拂经，于丘颐，征凶。

六二"颠颐"，颠的意思就是不往上走，而是往下，叫颠倒。在这个爻上，往下走是什么意思呢？下面代表物质，往下走就是只求食物。"拂经，于丘颐"，"丘"是高，"拂"是违背，违背了这条往上的途径，不往上走，而往下走，这样的话，就凶。注意，两个凶了，两个"凶"字都出现在前面的两个爻上。

六三。拂颐，贞凶，十年勿用，无攸利。

到了六三，又是"拂颐"，"拂"就是违背，违背了向上的路子，就是颠，往下走，"贞凶"。这里我们要注意了，"元亨利"在《易经》里百分百是好的，只有"贞"字代表有好，有不好，因为贞是看这根爻的特质。这个地方"贞凶"有两种解释，一种是还强调"拂颐"，把往下追求物质当作正道，则凶。另外一种解释，"贞凶"就是你把握正道于凶，来处理凶的问题，正道就是谦虚，用谦虚来对付凶的事情。在《易经》里面常常看情形，有人用第一种，有人用第二种。以我的看法，贞就是六三的谦。因为三爻多凶，是内卦到外卦的转变，第三爻如果阴的话，代表阴气太盛；如果三根阳的话更是骄傲，所以多半是凶。故面对这种情况，要把握六三的谦虚，否则"十年勿用，无攸利"。

六四。颠颐，吉。虎视眈眈，其欲逐逐，无咎。

六四"颠颐"，也是往下追求物质，强调物质，但是很奇怪，它吉。前面三个爻，往下强调物质，都是不好，只有第四爻是吉。为什么这个地方讲吉，很奇怪，要找出原因。同时它还描写"虎视眈眈"，像老虎一样两眼瞪着要抓它；"其欲逐逐"，欲望很大，要抓住把它吃掉，但无咎。前面一个吉，下面一个无咎，很难解释。追求物质和欲望，怎么还吉且无咎呢？我的看法是，六四为大臣的位置，大臣强调物质，如果没有私心，不是为了自己，而是为了人民，强调大家都有欲望，满足人民的欲望，自然无咎。如果大臣只强调个人的私欲，那是凶。但是这个地方，因为大臣不能只讲精神的，要强调物质，就像张载的"为生民立命"，这个命我觉得有两个意思，一个是物质生命，一个是精神生命，物质和精神都要兼顾，不能只强调精神生命而忽略物质生命，所以，在这一爻上，由于他的责任、地位，可以强调物质，使得大家都有饭吃，无咎。这一点很特别，要注意。

六五。拂经，居贞吉，不可涉大川。

六五也是"拂经"，强调下面人民的物质生活。"居贞"，但是他要把握正道，正道就是六五的谦虚。"居贞吉"就是卦辞里面的"贞吉"，君主要很谦虚地强调人民的物质生活，但是"不可涉大川"，不可冒险，大川是危险，他不能冒险去做，他做任何事，为了人民，要循着安全的路子走，要谦。谦就是不要冒险，所以说"不可涉大川"。

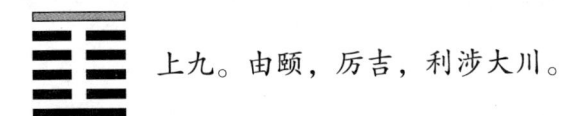

上九。由颐，厉吉，利涉大川。

最后这一爻很有文章。"由颐"，由就是从这个地方发展出来。谈到"由"字，我们也想到自由，自由就是由自己而发。这个爻是代表精神，但是要注意，它有两个字好像很矛盾，一个是"厉"，是危险；一个是"吉"，是好。就"厉"来讲，最上爻的位置就是危险，位置到了最高，物极必反，就是危险。为什么又危险又吉？我们就要探讨了。依我的理解来说，精神到了最高的位置需要虚，天是虚的，道是虚的，所以精神是虚的。如果能虚，就不执着。如果虚，就空洞，不实。它的危险就在于虚而不实，强调精神过分，走极端，而忘了第一爻的物质生活。君主如果只强调精神，不管人民的物质生活，崇尚道家都不吃饭，忽略了物质生活，这不是人君应该做的。虚而不实则危险，在佛教里面也是这样。佛教讲空，四大聚合都是空，所有现象都是空。但是佛教的空，还不要变成"顽空"，顽空就是不实。要空中妙有，虽然在空里面，但要有；如果彻底空了，就什么都没有，那是危险的。另外，如果实而不虚也是危险。很多人追求精神，像道教追求精神的不朽，强调神仙，把神仙看作一个具体的东西，把精神看作一个具体的东西，要炼丹达到这个目的，这也是危险的，因为不虚。我不止一次讲过，道不能实，实的话就不是道，道要能虚，但是道也不能没有，是在有无之间。所以，危险在哪里？一个是虚而不实，一个是实而不虚。什么叫吉呢？吉要反过来，虚而有实，虽然虚，但有东西，有修养；虽然实，但能够虚，能够运用。这样的话，就是吉。精神有危险也有吉，端看你怎么做。有一次，有同学问我，《易经》有没有讲自由，我就把这个"由"字提出来讲。自由是一个最高的精神状态，自由是大家都追求的，但是自由有危险性，强调自由，有时就不管别人的自由，只讲自己的自由；当你达到自由的时候一无所有，就很危险。所以，自由就像这一爻上最高的精神，有危险，也有吉，看你怎么去运用。

先就这六根爻做一个总结，然后再跟诸位谈谈"养"字。
第一爻，不要只重物质。
第二爻，不要往下追求物质，寄托于别人的供养。
第三爻，要向上，着重精神。
第四爻，你要与别人同享，不要自己占有。
第五爻，要谦柔以自养。
第六爻，强调精神的自由自在。

我前面讲了"养"字，"养"字在中国的文字里很重要，如修养，涵养，都是强调德行。修养多半是由内到外的道德，所谓的道德修养。涵养多半是内在的，即所谓的涵养、德行。这是我们常常用的两个词。同时"养"也指养生，孔子的"慎言语，节饮食"，就是养生之道。还有庄子的《养生主》，养生之道就是顺乎自然。还有养心，古代帝王还有养心殿，养心着重在恬淡、寡欲。还有养神，养神在能虚，懂得"虚"字，运用虚字。还有养气，孟子讲"养我浩然之气"。孟子的养气在于顺着义，强调义。还有养性，养性之道在无邪，不要有邪念。我们前面讲过"诚"字，"闲邪"就是诚，使得邪念进不来。所以，中国的"养"字，从身体、精神、道德各方面来说，都是很重要的修养，把它们合起来就知道什么叫作"颐养天年"，颐卦完全重在一个"养"字。

大过卦（☱☴）第二十八

这个卦一看字就知道，大过，即太过，意思是太过分了，超过了。大过卦，上卦为兑，为泽，是湖；下面是巽，代表风，也代表树木。传统的解释是树木淹没在水里，所以有大过的现象，这不是很好的解释。看这个卦外面的形象，当中四根阳，上下各一根阴，尤其下面的阴很柔、很弱，要负担上面四根阳，上面的阳刚太过，下面这根阴爻负担不起，太过。大过，就是太过。

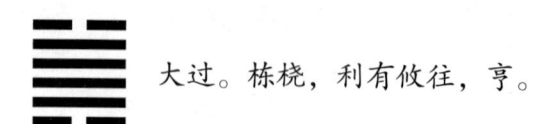

大过。栋桡，利有攸往，亨。

卦辞用了象征，当中四根阳爻就像屋梁，"栋桡"，因为第一爻支柱弱，负担不了上面的栋梁，栋梁就歪了，房子有问题了，梁歪了，梁很重要。我曾听母亲说，那时候祖父在乡下要盖房子，让我母亲给工人烧饭吃，那一天，他们要把屋梁放上去，祖父说要烧好吃的给他们吃，把屋梁放上去很重要，屋梁一歪风水就有问题了，要让那些工人们高兴，把屋梁放正。我们讲太极，太极前面还有一个"皇极"，是《书经·洪范》提到的，"皇极"就是皇宫的屋梁，屋梁正，代表国家正。栋梁如果歪了，怎么办？"利有攸往"，每个人都要赶快去救。"利有攸往"就是匹夫有责，不要躲在那里，大家都要贡献自己的力量。所以这个卦，用栋梁歪了代表国家有危机，我们要怎样去处理这个危机。这个卦，文王当然谈的是政治问题。

初六。藉用白茅，无咎。

初六这个阴爻很弱，怎么负担上面四个阳，就像我们搬家时要抬钢琴、抬冰箱，下面要垫个东西，"藉"就是垫，下面用白的茅草垫着，然后才能移动，这样才能无咎。"白茅"是个象征，象征谨慎。弄不好的话，重的东西就会垮掉摔下来，所以要谨慎小心，下面一层层垫得厚厚的。

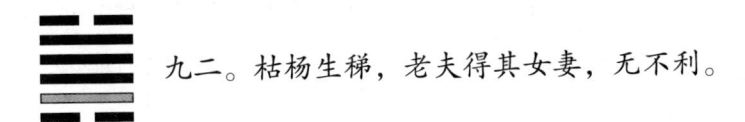

九二。枯杨生稊，老夫得其女妻，无不利。

九二"枯杨生稊"，"稊"是小芽，枯掉的杨树生了一个小芽，表示杨树还没有完全枯，还有生机，就像"老夫得其女妻"，老头子娶了一个年轻的女孩子。这是一个比喻，《易经》不是鼓励这样做，只是比喻。因为年轻女孩还能生育，就像稊一样，还可以冒芽生长，这样才"无不利"。这是讲什么呢？是讲要有年轻的新人才。一个国家，如果栋梁歪了，我们要有新的年轻人才能把栋梁举起来，老头子举不动。

九三。栋桡，凶。

九三为阳爻，在四根阳爻当中，又是内卦的最上面，本身就是凶的，所以不好。"栋桡"，指的是国家的栋梁歪掉了，"凶"，自然不好。然后我们要出来把歪的栋梁扶正，纠正，直到九四，栋梁又恢复了，吉。

九四。栋隆，吉，有它吝。

九四是大臣，需要大臣出来把国家扶正，才吉。但是，这个大臣要一心为国家，如果他有邪念，为自己打算，"吝"，不好。所以大臣在国家危难时要一心为国，把国家扶正，把国家扶正后不要尽想着是自己的功劳，将来就可以篡位，不要有他想，否则就不好。

九五。枯杨生华，老妇得士夫，无咎无誉。

九五"枯杨生华"，前面九二"生稊"，是小芽，这里生花，花虽然很漂亮，但是不能长久，如昙花一现。虽然很美，但是不能发展。就像"老妇得其士夫"，老太太嫁了一个年轻的小伙子，但不能生孩子。尽管嫁了年轻的小伙子，只是走不动了，年轻的小伙子帮忙扶住她，所以"无咎无誉"，马马虎虎，没有麻烦也没有赞美。"无咎无誉"就是平稳，但是没有大发展。不像九二"无不利"，有大发展。九五是君主，君主在国家危难之时，只要使得国家能平稳地发展，这是目的，但因为这一爻在四根阳爻上面，阳刚太盛，故不鼓励大干一番，要使得国家能平稳发展，不是大展宏图发展的时候。

☰ 上六。过涉灭顶，凶，无咎。

上六为了救这个国家，"过涉"，就像渡过一条大河，"灭顶"意味着牺牲了，凶。牺牲生命是凶，但无咎。《易经》有时候挺矛盾的，凶了还无咎，似乎讲不通。宋明理学家就解释了，说为了救国，牺牲灭顶，对个人来讲是凶，但为国家牺牲生命无咎，值得。这个注解也说得通。

我们先做个总纲，再讨论：
第一爻，要谨慎。
第二爻，要有新观念。
第三爻，面对危险。
第四爻，无私心。
第五爻，不求有功，但求无过。
第六爻，懂得牺牲的价值。

看这个卦，我想起了中国有一个有名的人，可以用这六根爻来说明他的生平，这个人大家都知道，就是诸葛亮。他的一生我用这六根爻来解释。第一爻，谨慎，诸葛一生唯谨慎，马谡失街

第二篇 闲谈《易经》六十四卦

亭之后，司马懿长驱直入，他只好用空城计。司马懿一看，认为诸葛一生做事非常谨慎，不可能用空城计，一定有诈，赶快倒退三十里。诸葛亮在别的地方都非常谨慎，就是这次不谨慎，但是他的不谨慎就借了他的一向谨慎之名，使得司马懿不敢进攻，这是第一爻。这是诸葛亮一生谨慎的特质。第二爻，用新人，大家知道诸葛亮用五虎将，都是年轻的将领，他相信新人。到了九三，诸葛亮本来在隆中，被刘备三顾茅庐请出来，他面对的就是当时的"栋桡"，汉代要灭亡了，他不得已要出来，这是他所面临的三国的情形，那时候刘备还没有势力呢！到了九四，诸葛亮把三国鼎立的局面奠定了，诸葛亮没有他想，一生都是为了刘备。九五"枯杨生华"怎么说呢？是到了蜀地之后，诸葛亮辅佐阿斗，他知道阿斗扶不起来，只能维持现状，无咎无誉。到了上六，鞠躬尽瘁，死而后已，这不就是灭顶吗？一生为了国家，牺牲了个人的一切，灭顶，凶，但尽了他自己对刘备临终的托付，所以无咎。我们看这个过程，拿诸葛亮作比，非常适合他的一生。

那么这个卦，不只是国家的危机，还可以把它用在创办事业上。第一爻就是建立自己的基础，任何事业，基础要稳固，这就是谨慎，要有计划有步骤有理想。第二爻，要有人才，而且你自己要有新思维、新观念、新想法，才能开创新事业。第三爻，在发展过程中会面临大的困难——"栋桡"，怎么度过，我举个例子。孔子五十五岁周游列国，他在匡地的时候，遇到匡城的人，要杀他，他讲"天之未丧斯文也，匡人其如予何？"天如果不使这个文化不能发展，那些要害我、误解我的人又算什么呢？前面我讲了，九三和上六是一对，上六就是天，所以在九三创业的时候，遇到很多难处时，要了解天道，跟天道相应。天道给你信心，天道给你鼓励，走出困难。到了九四，恢复了，这时候要一心往上走，没有杂念，无他想，不要为了自己。到了九五，事业发展到最高的时候，要懂得知止，知足，无咎无欲。

  我讲一个例子，台湾有一个企业家，好像是到了大陆去卖便宜的速食，本来只带了五百万，赚了好多好多钱，后来一段时间产生问题了，原来是他在台湾用的油有问题。也就是说，某些人在事业发展到最高的时候，要知止，不要一味地只想着赚钱。到了最有钱的时候，还用更多的方法想赚更多的钱，这些方法就产生问题了，不懂得"无咎无誉"。所以到了某个程度，要懂得适可而止，不要太过。大过就是太过，太过就会灭顶。企业界几乎常常有发展碰到这种情形。我自己在美国，也有这个经验，我1980年去整合学院的时候，只有四十个学生，十几年经营下来有三百个学生，在1990年洛克菲勒集团捐给我们学校五百多万美元，我们的薪水翻倍了，学校发展很好，校长和洛克菲勒集团有关系，所以校长马上就像大过卦四根阳爻一样，学校从三百个学生发展到九百个学生，太过了，过了八年，整个经济垮了，产生危机了，所以这是太过的毛病。这一卦就告诉我们要一步一步走，不要太过。

习坎卦（䷜）第二十九

接下来讲坎卦。坎卦上面有个"习"字，很多学者说"习"字是多余的，因为两个八卦相叠的都是一个字，乾就是两个乾，坤是两个坤，其余的离、震、艮、兑、巽都是如此。只有坎卦，上面有个习。所以，有些学者要把"习"字拿掉。但是，我的看法是，"习"字不能拿掉，因为很重要。不能说其他七个重叠的卦都是一个字，这里也是重叠的坎，不应该有两个字，不能这样讲。做学问和写书不能这么套。"习"字为什么重要，习就是练习，坎是水，是危险。要练习水性，在水边的人，习水性很重要，习坎也就是说，要如何把握、转化危险，使得危险不会伤害到我们。习就代表不断练习，我认为在这里很重要。尤其坎是代表水，了解水性的人就不会淹死。

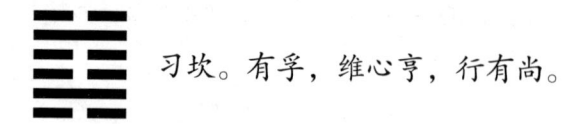

习坎。有孚，维心亨，行有尚。

习坎卦是两个水重叠，水代表危险，危险加危险。掉在危险里怎么办？怎么处理这个坎呢？"有孚"，要有诚。在这个卦里面，只有两个阳爻。下面二爻是阳爻，上面九五是阳爻，这两爻是主爻，二五相应。各位去研究，凡是一个卦里有坎的，它的第一爻、第三爻，多半是危险，第二爻或者第五爻多半还可以，甚至好。为什么？因为如果在内卦，当中那个阳爻在第二爻，如果在外卦也是在当中，都有中正之道，所以在危险中，内卦、外卦的这两根阳爻都是好的。这个卦，这两个爻也是主爻，可以避免危险，转化危险的，所以有孚，要有诚。"维心"，就是支持你的心，用诚来支持你的心。"维心"实际上就是修心、养心，养心以诚，修心以诚。"亨"，指了解，在这个卦里是要了解危险，非常重要。"行有尚"，你的行为行事，要有重心，要有原则。"尚"就是高尚，高尚其德，做任何事要有原则、有道德，就会避免危险。这是卦辞给我们的教训，告诉我们怎么样处险。

初六。习坎，入于坎窞，凶。

初六"入于坎窞"，掉到陷阱里面。"坎"是代表陷阱，掉进陷阱，凶。坎是危险，第一爻就陷入了危险，面对危险一开始，你还不懂得水性，去玩水，容易掉进去。

九二。坎有险，求小得。

"坎有险"，九二掉进危险里面了。这时候"求小得"，即掉到水里的时候，即使抓了一把草或树枝，也可以救命。引申来讲，"求小得"，就是说这个时候你不要追求大得，在危险的时候可以追求一点小得，而不要贪大，不要希望大，只要求小。也就是要知足，求小。

第二篇 闲谈《易经》六十四卦

六三。来之坎坎，险且枕，入于坎窞，勿用。

六三多半是不好的，外卦又是坎险，所以它是在两个坎险当中，像乾卦的第三爻一样"终日乾乾"，两个乾，这个地方是两个坎，"来之坎坎"，这边是坎，来了又是坎，危险又危险。"险且枕"，有危险你还在睡觉，觉得高枕无忧，这可是危险又危险。"枕"是说你把危险当枕头一样，睡在危险上。所以"入于坎窞"，进入到坎险的洞里面，这时候怎么自救？不要动，不要做任何事情，要沉着冷静。愈动陷得愈深，所以说"勿用"。

六四。樽酒簋贰，用缶，纳约自牖，终无咎。

六四是大臣，在这个危险当中，怎么办？"樽酒，簋贰"，一樽酒，一竹篮子的东西。"簋贰"是竹篮子做的盛器，祭祀用的，这也就代表用祭祀的东西来代表诚心。但六四不是祭神，六四是对付九五君主的。我们讲过，六四是阴，九五是阳，这是最好的一对，大臣谦柔，君主刚毅，配合得很好。但是君主刚毅，要注意，你要表达你的诚意，所以，祭祀是表达诚意。"用缶"，是用瓦做的东西，很素朴。"纳约"，"约"就是俭约，表达你的俭约。就是说臣子非常俭朴。"自牖"，从窗里面表达给君主自己的俭约。俭约很重要，代表你的诚意、阴柔、谦虚，约也是代表谦虚。老子说"我有三宝，持而保之，一曰慈，二曰俭，三曰不敢为天下先"，这就是俭约。

九五。坎不盈，衹既平，无咎。

九五是主爻，在最危险的环境里面最安全，凡是坎卦当中的阳爻，多半代表好的意思。"坎不盈"，盈就是满，代表这时候危险还没有除掉，挖进去的洞还没有填满，填了一半。"衹既平"，要等到它平了以后，洞的坎险平了以后，才"无咎"。"平"字很重要，就表面来讲，挖洞很危险，容易掉进去，要用土把它填平。坎是水，平就是水之德。我们知道，水是平的，不管你流到哪里，都是平的，所以我们讲水平。水的平，也可以当作标准。法律的"法"字，由水和去组成，意即用水去掉不好的东西。水的德，始终是平，代表平等、平衡、平均，也代表容易满足、知足。我们现在说的和平，一般都当作一个词来说，其实和平是两个词，和是和谐，平是平等。要达到世界的和平，必须要使得大家都能够平等，各国家、各民族平等，才能和谐。所以"平"字很重要。我记得我母亲常常讲一句话，可能是嘉兴乡下的俗话："心平好过海。"过海就是危险，《易经》讲涉大川，大川就是危险，心平的话，过海都没有问题，更不用说涉大川了。心平就是知道满足。这个地方的"平"，是一种德。作为一个君主，要心平，知足、知止，这就会无咎，有危险就可以渡过。

上六。系用徽纆，置于丛棘，三岁不得，凶。

到了上六，心不平了，所以爻辞就走到极端，危险到了极端了。到了极端就用三股很粗的绳子把人绑住,"徽纆"就是很粗的绳子。把人绑住之后,"置于丛棘",还把人丢到有刺的丛棘里面。丛棘即监牢,"三岁不得",三年指代时间久,让人三年不得出来,这就凶。这个爻辞,从负面来讲,如果心不平,不知道满足,还要一直发展,走到极端,坏事就来了,即上六凶的境地。假定你占到这个爻,都是负面的,凶,怎么办？不要怕,要想办法自救。在这个危险里面,我们要想方法,使得怎样才不会凶。这一爻是阴爻,九五是阳爻,阴驾驭阳,就《易经》的象来讲是不好的,但这根阴爻如果能转化,吸收九五的阳来充实自己,就不会走到危险的境界。上六怎么转化九五阳刚的力量来调和自己呢？九五讲"平",有水平之德,上六也要知道平,因为上六最高,物极必反,高处不胜寒,要把自己的姿态放下,能够奠基于下面的阳,它就有救。这个卦里四根爻都是阴,只有两根是阳,所以阴的自救之道就是如何转化上面的阳或下面的阳,使得阴阳能够融合,这是它们的自救之道,这是我用的转化的方法。

最后,这个卦我们做一个简单总纲:
第一爻,碰到危险要小心。
第二爻,求小得,遇到危险先要自保。
第三爻,不要乱动。
第四爻,约束自己。
第五爻,要能知足。
第六爻,要能知止。

我们看这六根爻，有两个地方讲凶，初六讲凶，上六有凶，这两个爻怎么避凶呢？初六，它必须能够比于九二，要能转化九二，跟九二融合以自救；上六要转化下面九五的阳来处理。这是两个"凶"字的避免方法。还有两个地方讲无咎，六四是无咎，九五是无咎，六四的无咎，功夫方法在"约"字上；九五的无咎在"平"。"约"和"平"，都是德，才能无咎。

《彖传》中说："天险不可升也，地险山川丘陵也，王公设险以守其国，坎之时用大矣哉！"坎虽然危险，但是可用，我们可以利用水险来防卫国家。山川之险可以巩固自卫的力量，以预防外敌的侵入，即山川之险可以用，但是天险不可冒犯。对于天险，我用了几句话来说明。一是天的刑罚不可遁、不可逃，这是庄子讲的，死是天的刑罚，我们逃不了，只有顺其自然。二是天命不可违，天交给我们的任务不可违背，每个人都有自己的天命，我们的责任必须发展。三是天时不可失，天时不是春夏秋冬，而是天给我们的时机要抓住，不要失去天时。四是天机不可泄，算命的说天机不可泄露，你给他钱他还是会告诉你，其实那不是天机了。五是天功不可贪，天功，就是自然之天功，不可贪，不要把天的功劳当作自己的功劳。六是天道不可离，天道是我们日常生活中离不开的，天道无所不在。七是天爵不可弃，《庄子·山木》里面有个故事，说的是"林回弃千金之璧，负赤子而趋"，有一次兵荒马乱时，林回抱着他的婴儿逃难。有人问他，你有那么多金银财宝不拿，抱着婴儿逃难，为什么？他就说，金银财宝是人造的，不是天给的，所以碰到危险的时候要丢掉，我的孩子，是天给我的，碰到危险时要抱得紧紧的。这就是天爵不可弃。以上就是从天险引申出来的，这种天我们人的知没有办法达到，所以我一再强调，天有不可预测性，要留一点空间给天，不要做得太满，做得太满就是第六爻的物极必反，忽略了天。所以，第六爻上很有学问，一方面是负面的，一方面是正面的，正面的就是要放开，顺着天；负面的是你要征服天，以为自己了不起就凶。看看现在的很多企业，就注重人知，而忽略了天道，《易经》早就说明了这点。读《易经》的时候，我们要把它放在心里面，碰到事情的时候会想到它，运用它。

离卦（☲）第三十

坎卦是两个水，离卦是两个火，这两个卦，不是倒过来的，而是相错，阳的变阴，阴的变阳，正好意思也相反。火代表什么？代表光明，两个火就是非常光明。就像我们做事业也好，讲地位也好，说如日中天，在《易经》里面还有一个卦，第五十五卦丰卦，丰卦也是发展得非常高，但丰卦是一步一步地达到丰满的境界，离卦是突然的光明，就像我们做事业，开始很顺利，后来的发展也很顺利，所以是光明。但是"离"这个字，我们现在都看作离别，在古文里，"离"有附着的意思，即遭遇、碰到，屈原的《离骚》就是"遭遇到骚乱"，"离"当遭遇讲，不是离别。《易经》里面用的"离"字，都是附着，附在上面。因为火不能自己烧，要碰到东西才能烧起来，如碰到木柴，才烧起来。离的第二个意思就是有所依靠。所以，"离"有两个意思，一个是如日中天，一个是有所凭借，有所依靠。这两个要点，就是这个卦的重要思想。

离。利贞，亨。畜牝牛，吉。

内卦、外卦都是离，只有当中那一爻，即二爻和五爻都是阴爻，两个阴爻正好是主爻。我们看卦辞。"利贞"，利于把握正道，什么正道？如果是阳爻，就是诚；如果是阴爻，就是谦。这个贞就是指的这两个阴爻要谦柔、谦虚，因为如日中天，火势太强烈了，故要柔和，"贞"指的就是二、五两个阴爻。"亨"，要沟通了解，阴爻要懂得如何和上下两个阳爻去相处，要去充分沟通。"畜牝牛，吉"，"牝牛"就是雌牛，指两根阴爻，要培养阴柔，牛本来很强壮，牝牛虽然强壮，但是也很柔和，柔中有刚，吉。

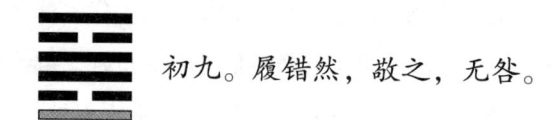

初九。履错然，敬之，无咎。

初爻"履错然，敬之，无咎"。"履"就是我们踩的地方，是我们的脚印，也指我们穿的鞋子。"错然"，本来我们要走的话，两只脚或者放在一起，或者一前一后，但是现在左右相错，步伐乱了，不能动。初爻因为光明太强了，位置也很正，但是和第四爻不相应，所以不能乱动，要"敬之"，才无咎。"敬"是儒家思想里面非常重要的字，和"诚"字常常有关联。诚是内在的，敬是由内到外的表现。所以，初九是阳爻，要把握诚敬，就无咎。无咎就是说，本来有咎，但是如果敬其事，就会无咎。

六二。黄离，元吉。

初爻和二爻都是地，六二是地上，所以讲"黄离"，"黄"是地的颜色，代表谦卑、谦虚。"元吉"，很多注解为"大吉"，我的看法不一样。既然有时是元吉，有时是大吉，当然是不一样的。

"元"就是要把握你的初衷和动机，这样就吉。那么这一爻上，一个"黄"字，一个"元"字，是要点。这两个字就是讲在我们事业发展得很好的时候，基础在于诚敬和谦虚。

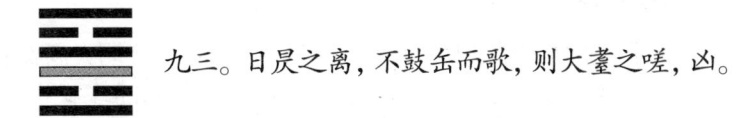

九三。日昃之离，不鼓缶而歌，则大耋之嗟，凶。

如果不能把握这个基础，到了九三多半是麻烦和危险。"日昃之离"，"昃"就是斜，开始还是如日中天，现在太阳一下子就斜了。光明斜掉了，很快变了。"不鼓缶而歌"，"缶"就是瓦做的盆，古代的音乐，没有那么多乐器，敲瓦器而歌，代表很素朴的生活。这是一个条件句，如果你不能够鼓缶而歌，歌什么呢？就是唱出你了解太阳很快就斜，人生变化很大，不能常好。不唱这种歌的话，"则大耋之嗟"，到了老年就会"老大徒伤悲"。意思就是，在这个爻上，要知道太阳马上就会下山，人生好景不长，所以要淡泊，"鼓缶而歌"就是淡泊。尧帝时击壤而歌，"日出而作，日入而息，凿井而饮，耕田而食，帝力于我何有哉"，这就是鼓缶而歌。这就是代表要知足。

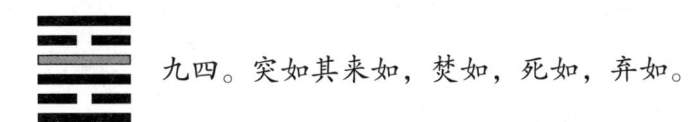

九四。突如其来如，焚如，死如，弃如。

如果你不知足，到了九四，就夹在两个离火之间，等于被火烧了。这一爻描写的就是被火烧的场景，突如其来地烧了，烧死了，"焚如，死如"，然后被遗弃，"弃如"。这很可怕，这就是不能把握离火，火就把你一切都烧光。这是一个描写离火太强，焚

第二篇　闲谈《易经》六十四卦

烧一切的情形，看起来都有点儿让人害怕，不太好。

六五。出涕沱若，戚嗟若，吉。

到了六五的君主之位，怎么处理这个离火呢？光明太危险了，要阴柔，且这个爻是主爻，"出涕沱若"，"沱若"就是眼泪、鼻涕一直流。"戚"，忧心。如果有这种忧患之心，则吉。六五也是在描述一种情感，"离"字把情感描写得很到位。九四、九三都是讲情感，六五也是讲情感。我们的情感就像火一样，弄不好就会烧死我们，所以要控制情感，疏导我们的情感。在禅宗来说，这把火就是内在的欲望，会把我们烧掉。

上九。王用出征，有嘉折首，获匪其丑，无咎。

上九是好的，非常给人鼓励。光明到了天上，天上的光明，普照万物，所以王用这个光明出征，"有嘉"，有好结果，能够"折首"。如果是讲战争的话，就是王可以抓住对方的首领。"获匪其丑"，丑就是类，抓住俘虏，不是你同类的人，也就是俘虏了敌兵。抓住首领，俘虏敌兵，"无咎"。这是描写在这个爻上，可以出征，有好结果，可以赢得天下人心。

现在简单总结这六个爻：

第一爻，要修养诚敬。

第二爻，要处下，把自己的身段放低。

易经新说

第三爻，要能淡泊自处。

第四爻，戒刚强。

第五爻，要有忧患意识。

第六爻，要懂得转化。

下面我再从另外一个角度来讨论这个卦。以前我写《易经处变学》，就把老子、庄子、禅宗的哲学思想放进每个爻，但是我知道听我课的人多半不是学生，多半是在事业上有基础的人，所以我常常在每个卦之后，讨论一下这个卦在我们的处世和事业上应该怎么用。离卦的第一个意思是如日中天，第二个意思是附在上面，没有所依附的东西，就不能烧。也就是说，我们事业发展到很好的时候，不是说你本身有什么了不起的才能或本身有了不起的运气。你的事业能够发展到很好，一定有所附丽，一定有个原则，使你的事业能够发展，那个东西很重要。那个东西没有的话，就如用柴烧火，柴烧光后，火就没有了。那个让火可以附在上面烧的东西非常重要。附丽，拿女性的美丽来讲，美丽就像如日中天，光艳照人，但是它附在天生丽质上，本身要有丽质，才能有光彩、光芒。东施就没有西施的美，西施有丽质在，才会美，东施效颦就不行。美丽是如此，人生的事业也是如此，政治也是如此。一个人的政治地位很高，爬到如日中天，但是不要忘了，是什么让你达到那个如日中天的附丽，那个东西如果消失，政治地位马上掉下来。所以，我们做任何事业，不要只看表面上很光彩，就像两个火，开始顺利，后来也顺利，但是为什么会顺利，其中的原因，我们要抓住。

现在我们从做事业或政治的角度，来看这六根爻。

第一爻，是个"敬"字，我们做任何事业，要尊敬自己的事业，要敬其事，这是孔子讲的。还有，要敬人，以敬存心，是基础。

第二爻，"黄离"，姿态要低，做任何事开始的时候，姿态要低，不要露锋芒。这是老子的思想，不要一有成就就自满，要默默耕耘，不露锋芒，一露锋芒就遭嫉妒。还有，不要忘本，"黄"就是我们的根本。所以在第二爻时，不要忘了初爻，第二爻是阴爻，它要以第一爻的阳爻为它的基础来发展。

第三爻，日昃了，太阳斜了，在这个爻上，我们做任何事业要知道变，任何事情都会变，没有一直顺利的。知道变，就要知道时间，知时、知势，还要知足，淡泊以自处，才能应变。

第四爻，火突然烧来，代表突如其来的变化，这时候你要知返，不要往前乱冲，返于根本。要知危机，有危机意识，不要用情绪。第四爻的"突如其来"都是情绪化的，不要情绪化，要镇定。还要迎接挑战，因为内卦到外卦变化了，新的挑战到来。不要用太强的手段，要柔和。

第五爻，流眼泪了，代表什么呢？第一，要有忧患意识，居安思危。第二，用情来解决问题。《三国演义》里面的刘备，每次五虎将出去打仗，他都流眼泪，说兄弟们都是英雄，我是软弱无能的，不能打仗，所以流涕。这是君主用情感人，是内心的谦虚，真的谦虚不是假的。刘备谦虚是真是假我不敢讲，但这里要有真正的谦虚，这是老子的思想。

第六爻，讲的打仗出征。这一爻我们不是王也不是君主，怎么说出征打仗呢？《易经》的很多爻辞是象征，我们可以把它变成另外一个意思来发挥。假定你的事业发展到最高峰，这个时候不是说你再去继续发展事业，要懂得转化，懂得把赚来的钱回馈社会，这叫作"出征"。为什么叫"折首"呢？就是把握人心而获匪其丑，不是我的人员，也使他们得到利益，也就是把你赚到的钱，不只是用企业的范围，而是超出这个范围，与人同乐，这样才会无咎，不然就有咎，火就会把你烧掉，企业就会有危机。这个话，我想在今天很多人的企业做得很大，还是一直想赚钱，只想赚更多钱，而没有想到用赚的钱来附丽人民。就像现在的影视圈人士，赚了很多钱，买股票或者拿钱去做别的生意，失败了，有危机了，他没有用钱去做功德。所以，这个爻是在说，当企业发展到最高的时候，要懂得转化。我们要从这个角度理解，而不是说出征打仗的问题。这个爻是有危机、有危险的，如果能够这样转化的话，才无咎。这些教训，对我们都很有现代化的意义。

这是离卦，下面进入下经了。至离卦为止，是上经三十个卦，有人说，上经讲理，下经讲用，就像有人说《道德经》是上经讲道，下经讲德，但这只是一种说法，不是百分百正确的。

咸卦（䷞）第三十一

我们看咸卦。诸位要注意，"咸"字其实有个"心"就是"感"，这里只是把"心"拿掉了，是无心之感。这个心指欲望，咸就是无欲之感，自然的感应。无心之感，是《易经》讲的感应。为什么这个卦讲感应？就这六根爻和家庭的关系来讲，下面的艮指少男，上面的兑是少女，就是年轻的男孩和年轻的女孩相碰，所以很多易学家就说这个卦是代表男女初恋的卦，讲男女动情了。艮是指山，是止；上面是泽，指顺。兑也是悦，止而能悦，懂得止，然后才能有悦。艮也代表诚，诚而能悦，这就是男女恋爱的描写。我们从恋爱看感应，实际上这个卦的每个爻是在谈感应问题，恋爱只是一种说明。古代人还没有自由恋爱，文王还不懂自由恋爱，我们暂且不要把它当成讲恋爱，而是讲感应。

咸。亨，利贞，取女吉。

卦辞首先说"亨"，感应要讲沟通与了解。"利贞"，利于正道在哪个爻上？九四和九五两根爻。这两根爻就说明了感应的道理，卦辞里的贞，即诚，指的是这两个爻。这两个爻都是阳爻，感应之道在诚，不诚无物，不诚怎么能感应？"取女吉"，娶这个女孩子，代表来归。以前把女子娶过来，叫"归"。这里是指在这个爻上，假定是女子，不要往前，不要去追求男孩子，就在她的位置上，让男孩子来感应她，来娶她。

初六。咸其拇。

《易经》的六个爻可以代表身体。第一爻，代表脚。初六"咸其拇"，感应在脚拇趾。这个感应一开始是在脚上。诗云"春江水暖鸭先知"，水暖了，鸭子的脚先感应到。我们人也是一样，一冷的话是脚先感到冻，感应在脚。感应在脚，是肉体的感应，是初步的。脚拇趾还不能动，感应就没有动。在古代，女子不是说要去追求男子，而是她的美丽吸引男子来追求，所以她的脚趾头不动。

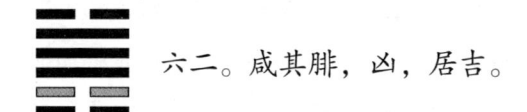

六二。咸其腓，凶，居吉。

第二爻就身体来讲，是小腿肉。"腓"就是小腿肉，小腿肉是动的。我们知道，以前的军人都扎绑腿，是为了走得远。因为走路要动这个部位，不扎绑腿的话走不远。"凶"，因为动。谈恋爱的时候，女子不能动，要留在这里等，要是动就不好。"居"，不动，停在这里吸引人家，就吉。这是第二爻。

九三。咸其股，执其随，往吝。

大腿为什么会动？大腿没有意识，腿的动是来自腰。第三爻是腰,"咸其股",就是腰当中,就是臀部。我们知道,臀部是在肾脏的位置。中医讲肾脏就是私欲,人的性欲就在于肾脏。所以这一爻代表性欲,代表人欲,要"执其随",要控制它,不要跟着人欲走。九三如果不控制,就会乱动,就有危险,所以要控制肾脏。不要往,往的话就有毛病。

九四。贞吉,悔亡,憧憧往来,朋从尔思。

九四就是心。在《易经》里,九三有时候代表心,九四也代表心。这个地方是九四代表心,"贞吉",九四是阳,贞就是诚,要把握诚,则吉,悔就会亡,不要做后悔的事情。心,常常做很多后悔的事情,因为心代表意识和欲望。前面九三的欲还是肉体的欲,肉体的欲这种感应是人不可避免的,像年轻人到了青春期之后,有了性欲,就有男女之爱,这是自然的,但是心加进去就不一样了。因为,心是麻烦的制造者。"憧憧往来,朋从尔思",这两句是说,心一直在那跳,一直邀请朋友跟自己的想法相同。我们的心常常要求别人跟我们相同,这是我们心的欲望。"憧憧往来",也就是说我们的心不宁,别人讲一句话就想这话是批评还是赞同,心一直在那跳,就是那么在乎别人的想法。这就是有心之感。

九五。咸其脢,无悔。

到了九五,感应在"脢","脢"就是后背肉。后背肉是很扎实的，感应不像心，心一直在跳，后背的感应比较微弱，但是后背肉很重要，因为支撑了整个身体，包括脊椎骨，没有后背肉的话，身体就弯下去了，但是它的感应又等于是无感。当然，不是完全无感，只是无心之感是无欲之感。我举一个禅宗的例子，禅宗有个公案——"婆子烧庵"，一个老太婆资助一个和尚，给他盖了一个小庙，供养他在那里修行，过了三年，老婆婆想，我花了三年工夫供养这个和尚，这个和尚的修炼到底有什么成效，她就派了一个漂亮女子去看那个和尚，女孩回来说，我去看那个和尚，那个和尚一点儿感觉都没有，就像枯木——"枯木倚寒岩，三冬无暖意"。老婆婆听了很生气，觉得和尚一点儿情意都没有，就把这个和尚赶走了，把庙烧掉了。这在禅宗里，我们叫枯木禅，就是说修行修得像枯木一样，没有了生机。所以，感应还是要有。比如这个女子来，和尚要懂得招待她，当然他也知道这个女孩漂亮，但是他没有欲望，这才是有功夫的。如果一点儿感觉都没有，那是死掉了。所以我们说"咸其脢"是有感的，但是是无心之感，没有欲望之感。这是《易经》在这个卦里面讲的最重要的感应。

上六。咸其辅颊舌。

上六，到头上来了。这个感应在我们的两颊，"辅颊舌"，就是面颊、舌头、嘴巴，感应在嘴巴，嘴巴就是麻烦。为什么是嘴巴？因为外卦是兑，兑就是口。我们一感应，嘴巴说出去，别人一批评，马上回嘴，话不饶人。这是嘴巴上感，这里没有明确说态度，但其实是要我们慎言，去控制嘴巴。祸从口出，感应到嘴巴上，就完了。男女恋爱，常常说"我爱你"，这句话很容易说出口，但心里面根本没有真正的爱，只是嘴巴上讲。像美国人常常喜欢说"honey"什么的，讲得很漂亮，同事之间也说"honey honey"的，其实心里面很讨厌那个人，但嘴上说得很甜。这就是嘴巴的毛病。

我们先看看这六根爻的简单总结：
第一爻，要有感。
第二爻，要知止。
第三爻，要无欲。
第四爻，要安心。
第五爻，要修诚。
第六爻，要慎言。

这是这六根爻的简单概括。现在，我要强调的是"咸"字。孔子在《大象》里面有一句话说得很好："君子以虚受人。"这句话，卫礼贤的英文翻译是"准备好去接受别人"(ready to accept)，这就是用先入之见去接受别人。"虚"字非常重要，老子说"虚其心"，跟人相处的时候，把你的观念意识虚掉，才能完全接受人家。实际上，"以虚受人"是老子的思想。如果这真是孔子写的，那么老子和孔子的思想在这里是互相交会的。整个咸卦要把握一个"虚"字。什么叫无心之感？就是"虚其心"。除了影响老子的"虚其心"，后来也影响禅宗，禅宗讲无心是道，无心不是没有心，而是去掉欲望的心，那就是道。孔子说"七十而从心所欲不逾矩"，什么叫从心所欲？孔子到了七十多岁还有什么欲？大概在六十岁以前，孔子的欲是想在政治上实现抱负。到了七十岁以后，他就没有政治上的抱负了，而是专心教学。所以，"从心所欲"所达到的也就是无心之欲。无心之欲就是无论怎样发展都不会违反天理，也就是不逾矩。老子说"圣人无常心，以百姓心为心"。这句话是说圣人没有固定的心，说我要怎么治理国家，他以老百姓的心为心。这也是"无心"。所以，中国哲学无论是儒家还是道家，到了最高境界，都是达到"无心"的感应。这是咸卦所强调的，我们要如此去运用。

恒卦（䷟）第三十二

恒卦内卦是巽，长女；外卦是震，长男。长女和长男的结合，比喻成熟的夫妇。前面的咸卦是少男少女的恋情，这个卦则是夫妻的卦。这是一种说法。但是我们说这个卦，不一定完全在讲夫妻，那只是传统的说法。恒字左边为心，右边上面一横、下面一横代表桥，中间的部分是船，船经过桥，我们常说，船到桥头自然直，所以不要怕，一直走，到了那里自然就会有变化，就是恒。就内卦、外卦来讲，上面是震，是动，下面巽，是顺，动而顺，就是恒。为什么能保持恒？就是顺着动，反方向动，违反自然地动，就不会恒。顺应自然而动，就是恒。另外，震是代表雷，巽是代表风，雷和风是相合的，雷起了，风就来了，这两者是相互产生的。

恒。亨，无咎，利贞，利有攸往。

恒卦的卦辞，有四个要点。第一，"亨"，沟通了解。对一件事情不能沟通了解的时候，你就不能持恒，事情就不能恒，故沟通了解非常重要。第二，"无咎"，不要做出错误的事、有悔之事。第三，"利贞"，贞指第二爻主爻，是阳爻，是诚。利贞就是利于诚，不诚无物，诚才能久，才能恒。第四，"利有攸往"，要有往，停在那里就不能恒，恒的意思是要不断走，往也是恒的一个重点。卦辞的这四个部分，都是恒的四个特点。

初六。浚恒，贞凶，无攸利。

初六位不正，虽然和第四爻的阳爻相应，但是位不正，所以不能走。"浚恒"，"浚"是挖水很深，如果"峻"代表山高，"浚"则代表水深。一开始，挖水挖得很深，就不能恒。所以要贞于凶，要阴柔，不能挖得很深，"无攸利"。一开始就想很深，就像刚开始学英文就想念莎士比亚的作品，那怎么行？总是要从最简单和浅易的开始，才能持恒。初六说的是不要一开始就太深入。

九二。悔亡。

九二"悔亡"，这个爻上没有讲什么，有的学者认为前面原本应该还有字，说一定是先怎么样接下来才有"悔亡"，但是没有证据。我认为，这里只有悔亡是够的。就是说，不要做后悔的事。你要持恒，做的事情一定没有以后让你后悔的。如果做有悔的事情，这件事情一定不能恒。"悔亡"，就是不要有悔。

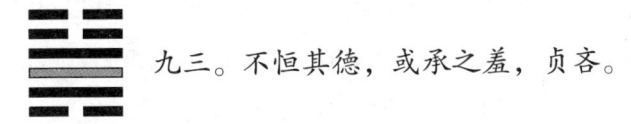

九三。不恒其德，或承之羞，贞吝。

九三是很有名的一个爻。《论语》里，孔子只引用了《易经》

一次，就在九三这一爻。"不恒其德"，指为德不恒。《中庸》说"诚之者，择善而固执之者也"，我们要怎么修诚，择善而固执。如果为德不能固执，"不恒其德"，就会有羞愧和后悔的事情产生。所以要"贞吝"，把握你的贞德于吝。"贞德"就是九三要把握诚。

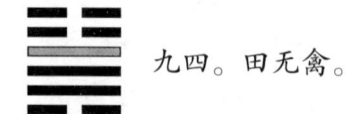

九四。田无禽。

九四"田无禽"，"禽"就是野兽，"田"是田地。这句话我认为意思是，九四代表心，这就是说，心里面没有野兽。"禽"就是欲望，"田无禽"就是心无欲。无欲则刚，无欲才能诚，无欲才能恒。

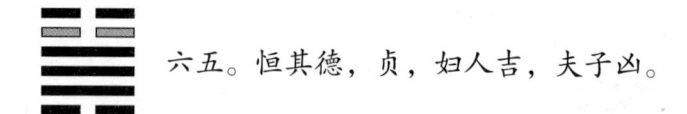

六五。恒其德，贞，妇人吉，夫子凶。

六五"恒其德"，是讲君主，为德要恒，要贞，把握正道。贞在六五，是阴柔，把握阴柔之德。这是老子讲的阴柔之德。"妇人吉"，妇人代表阴柔，也就是说要有妇德，要让君主有夫人柔和之德，则吉。"夫子凶"，传统的解释，我认为不太恰当。传统的尤其是儒家的解释，说妇人可以恒，因为妇人终生只侍一夫。"夫子凶"是夫子可以变通，君王可以变通，君子可以变通，不必执一。这个解释我认为太古板了，男女不平等，所以我从另外的角度来看。我认为，在这个爻上，要向妇女之德融合则吉，要是像夫子，师心自用，自以为了不起，自以为刚强，则凶。这里讲夫子，不讲君子，夫子就是老夫子。

易经新说

上六。振恒，凶。

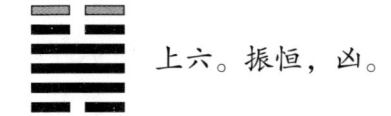

上六是外卦震雷的最上端，震得很快，一直在动。如果要持恒的话，震动得很快，就凶。恒是要慢慢来的，如果变得很快，一直动、一直动，就不安定，怎么能恒呢？"振"是表示震动太快，是负面意思，所以凶。

现在就这六个爻做个简单概括：
第一爻，一开始要易简。
第二爻，不要做以后有悔之事。
第三爻，要能守，不要见异思迁。
第四爻，要心中无欲。
第五爻，要谦虚以处。
第六爻，要安心，求安定。

最后，我要讲两个问题，一个问题是，一般来讲，我们遇到一些事情，怎么运用这个恒？有时候我们可以恒，但有时候执着了，又变成顽固了。要做到恒而不顽固，这里我提供给诸位几个要点。第一，做任何事情，想要恒的话，就不要急功近利。不要只看到小利，只讲功效。第二，要有远大的理想，有原则，有理想。第三，不要乱用手段，不要用暂时性的方法。用手段、用暂时性的方法，不能持久。第四，要无心，无心插柳柳成荫，做任何事，不要有太大、太强的欲望和功利心。第五，要柔和自处，柔和才能发展。

另外,这个卦里有两处讲德。一个是九三,一个是六五。"德"字在《易经》里并不是经常出现的,但在这个卦里面就出现了两次,所以这个德很重要。德和恒有什么关系呢?我认为,孔子有几句话说得很好:"知之者不如好之者,好之者不如乐之者。"就是说,你知道一个很好的东西,那是知识,但不如你喜欢它,喜欢不免有时情绪化,不如你做这件事情快乐,乐在其中。你做一件事感觉很快乐的话,才能够持恒。做一件事不感到快乐,这件事情不能长久。将来我们会讲到《易经》的节卦,节卦就是讲怎样修炼自己,讲道德的修养是甜的不是苦的,如果行道德感到很苦的话,那就没有办法修。所以,要有乐的精神,同时还要与人同乐。我老是拿"自己乐之者"和"与人同乐"来讲这两个德,说明做任何事情要持恒。最后,要把你所做的事情习惯成自然,要变成一种习惯,这很重要。我讲一下自己的例子,十一岁时我父亲就教我太极拳,现在我八十一岁,几乎每天打。因为打太极已经变成我自己的习惯,很自然。我打太极不是要跟别人比较,也不是说想到打太极对我身体很好我才打,没有这种想法,只是感觉很舒服,每天早上起来打一个,晚上打一个,十几分钟,睡觉。就是把它当成习惯,就很自然保持,有一个目的在那,反而不容易保持长久。这是对于如何持恒,我从这个卦里发挥出来的一点想法。

现在我就讲一个大问题,孔子为什么在《论语》里只引用了九三"不恒其德,或承之羞"?古人读《论语》都没有注意,只强调孔子引了九三,没有把孔子个人的问题放进去。在《论语》

里除了这句话，还有句话很有名："加我数年，五十以学《易》，可以无大过矣。"学者就在"加我数年，五十以学《易》"这句上研究孔子究竟是五十岁，还是五十几岁，只在这个细枝末节上研究，忘了孔子说的"无大过"。所以，我常常开玩笑说，虽然我不是荣格的学生，但是我用了荣格的潜意识理论，孔子嘴上说"无大过"，可见他潜意识里面认为自己是有大过的，孔子是五十四、五十五岁的时候周游列国，五十五岁以前，尤其是五十二岁到五十四岁，这是他政治生涯的巅峰，做了中都宰、司寇，后来被迫离开鲁国，周游列国期间，他开始还想去卫国，希望得到卫国国王的赏识，结果失败了。到了六十岁以后，我认为他读《易经》有了心得。司马迁说，孔子"晚而喜《易》"，不是说七十多岁的晚年，而是六十八岁回鲁国，从此专注教育，不想再在政治上发展了。所以六十七八岁的时候，孔子特别研究《易经》，在这个过程中他说了这句话，说假定给他再加几年时间，让他有更多时间读《易经》，可以无大过，可见他那个时候是犯了大过的，即做司寇才七天，就斩了少正卯。

恒卦第一爻，开始就是浚，一开始挖得很深就凶。上任一开始就用严刑酷法，做司寇的时候斩少正卯就是"深"，这件事情是错的，他不应该七天就斩少正卯。第二爻，"悔亡"，无大过，这件事是他后悔的事。当时他没有承认，后来后悔斩了少正卯，使得鲁国的其他大臣害怕了，所以反对孔子，他不得已被迫离开鲁国，此时他才说自己如果学了《易经》就无大过了，不会有后悔的事。第三爻，"不恒其德"，孔子在做政治领袖之前，是"三十而立，四十而不惑"，都是以礼、以德为主，常说"礼治于未然，法治于事后",但是做了司寇之后就斩了少正卯,子贡就怀疑为什么"为德"的原则变了,不像以前那样,这是"不恒",就是改变了。"或承之羞",就是被羞辱了,使他气得离开鲁国了。到了九四,"田无禽",孔子做司寇的时候,是有欲的,想在政治上有所成就,所以当了司寇之后,非常高兴。子路就说,夫子啊,我听说圣人是任何事情得到了不表现出高兴,失去了也不难过,为什么做了官你就高兴得喜形于色呢?孔子就解释,我喜形于色,是因为得到一个机会,可以为民服务了。这个解释,我认为孔子心里面是有欲的。第五爻,"恒其德,贞,妇人吉,夫子凶",那就是老夫子凶了,自以为是,少正卯在当时也许有结党的问题,但是还没有做很大的坏事,没到养虎为患的程度,顶多是见解不同,这个时候应该用妇人之德,柔和地去解决问题。怎么样去教化,怎么去感化少正卯,而不是上任第七天就把他斩了,还将人头示众。这是法家的做法,所以说"夫子凶"。第六爻,"振恒,凶",不能持之以恒,凶。你看,每一爻都打在孔子心上。孔子看到这一卦,每根爻都指出了他当时做这件事情的错误,他有悔。有悔是好事情,孔子虽是圣人,但也不是不可讨论的,孔子也有悔,"加我数年",如果五十岁就看《易经》,读个两三年,读到恒卦,就不会做出这件后悔的事情。孔子潜意识里有大过,我不知道孔子有没有跟学生讲这个,学生肯定也是维护他,不会把这些记载下来。这是我最近这两年的研究里,对孔子和恒卦的一个看法。这是我的看法,到底对不对,每个人都可以有自己的意见。

遁卦（☰☶）第三十三

遁（遯）字，就是猪跑走了，逃走了。为什么有这个象征呢？这个卦下面两根是阴爻，上面四根是阳爻，阴爻渐渐发展，逼得阳爻退让，所以有退让的意思。内卦艮山，是止，外卦是乾健，是强。止其健，就是要控制它的健，不让它的健发展出来。还有一种说法，上面是天，下面是山，从天上看山，看山坡逐渐往那边走，也就是象征山往那边遁的意思。这是不同的解读，但是我认为还是这两个阴爻向上发展，上面四个阳爻如何对付这两个阴爻，是这个卦的重点。

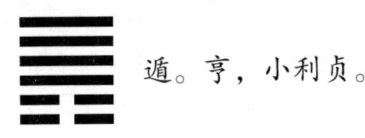

遁。亨，小利贞。

假定我们把遁解释为退。卦辞"亨"，就要了解什么时候该退，什么时候不该退。不能乱退，退得不好，不但失去了原则，甚至还会失去生命。所以要了解沟通，也就是四根阳爻如何跟两根阴爻沟通。"小利"，就是说这个退是小事情的利。小，还可以指阴爻，阴是指小，大是指阳。就是说这两个阴爻有利于向上发展，同时也说做小事情，退是有利的，退一步海阔天空，但不是在大事情上，国家事是不能退的。把握贞，这个贞是就主爻来讲，传统来说，遁卦主爻是第一爻、第二爻，因为是仅有的两根阴爻，是向上发展的。我们现在看看什么时候该退。

初六。遁尾，厉，勿用有攸往。

初六"遁尾，厉，勿用有攸往"，遁而有尾，猪逃走了，尾巴在外面，人看到尾巴就把它抓住了。这就是遁得不够彻底，尾巴留在那，给人抓住，当然危险。所以说要遁，就要彻底。假定我们把遁当作隐居来讲，社会局势不好，有的人要隐居，结果隐居的时候还有尾，还在标榜他的隐居，写信给朋友，说自己在哪个山上，这就是"有尾"，因为好名。故遁而有尾，不值得提倡。

六二。执之用黄牛之革，莫之胜说。

六二"执之"的"之"就是指猪，抓住猪，让它不能遁。用什么抓住它？"用黄牛之革"。黄牛的皮革，是非常坚硬的，能很牢靠地抓住它，让它逃不走。"莫之胜说"，"说"同"脱"，脱不掉。这是指什么呢？六二不能退，因为六二代表君子，在国家危难、社会动乱时，不能逃避责任，所以不能脱身。

九三。系遁，有疾厉，畜臣妾，吉。

九三"系遁"，就是要逃，但是被人家用东西拴住了，使你逃不掉，所以这个逃有毛病——"厉"。"畜臣妾，吉"，在那个位置上，想隐居，君主不让你隐居；你想隐，但逃不掉，怎么办？"畜"就是养，"臣"不是大臣，这里是佣人，"臣妾"就是女佣人。据说萧何做宰相的时候，知道汉高祖妒才，有人给他建议，把自己变成一个贪财的人，大量买卖土地，并养了很多奴仆，这样一来就表现出他没有企图心，汉高祖反而很高兴。汉高祖打仗回来，老百姓们告萧何的状，说萧何把我们的土地低价买进，又高价卖出来获利，汉高祖只是笑笑说，萧何啊，你已经有那么多钱了，还要赚这么多老百姓的钱，赶紧向百姓道歉吧。只是这么笑着说说，而没有处罚他。还有，据说萧何家的房子围墙很低，从外面就可以看到里面，汉高祖派人去监视，看到萧何家里没有在招兵买马，都是佣人们来来回回，而且他还过着奢侈的生活，看样子是不会有野心的。这是以萧何为例子。这是一种处事的方法，在没有办法退的时候，只好表示自己没有野心。就像有的人故意表现出好色，喜欢女人，来表现没有政治上夺权的野心。这是一种说法。但是文王那时还没有萧何，萧何的例子只是说明运用。"畜臣妾"，用我的转化来讲，就是对付前面两个阴爻，前面两个阴爻就是臣妾。所以，这一爻是说，如何畜养前面两个阴爻，转化它们的力量。

初六、六二到九三这三个爻，不能逃，有各种原因。下面的九四、九五、上九，这三根爻则可以遁了。

九四。好遁，君子吉，小人否。

九四是大臣之位，"好遁"，"好"就是善。大臣是要用方法的，怎样逃避，让君主不会怕他功高震主。所以他善于遁。"君子吉"，君子善于遁的话，是吉。"小人否"，小人的遁是逃避。君子的遁不是逃避，而是老子讲的和光同尘，掩盖你的光芒，不要太显露你的才能。

九五。嘉遁，贞吉。

"嘉"的意思是美的会合，即所有美好的东西会合在一起。就是说，这个遁各方面都好。君主的遁是怎样的一种遁呢？我想到老子说的"功遂身退，天之道"。这是天道的循环。当你成功之后，不要居功，要掩盖你的成就和光芒，这就是身退。诸位要注意，很多年轻人误用了这句话，只讲身退，你没有功成，身退个什么？功成很重要。君主有功于天下，做了很多圣王之事，然而他不强调自己的圣，这是老子说的"绝圣弃智"，要超脱自己的圣。

上九。肥遁，无不利。

"肥"字，不好解释。有些专家把"肥"字改成"飞"，我不赞成用"飞"字，因为这个同音通假，通得没有道理，毕竟这两个字的通假没有什么例子，如果有很多例子，还可以考虑。那么"肥"字怎么解释呢？我的看法是，肥就是胖，古代人是强调胖的，娶媳妇要胖胖的，不要瘦的，还有个词说"心宽体胖"，说身体胖胖是心情自在的表现。所以我把"肥"解释为圆满的意思。我认为，这一爻是说圆满地遁，遁得非常圆满。这根爻在天上，在天上怎么遁？没有办法遁。天是无所不在的，是开放的，没有地方可遁，那怎么遁？我就想到庄子的一个故事。庄子说，我们把船藏到山谷里很深的位置，我们把山藏在水底下，水很大，掩盖了山，哪知道半夜里造化让沧海变桑田，水里的山出来了。我们想遁的、想藏的，把小的藏在大的里面，好像很保险，其实还是藏不住。庄子讲的是什么意思呢？就是我们人怕死亡，总想长生不老，但藏不住，还是会死亡。如果我们藏天下于天下，也就是把天下藏在天下，无所遁也，没有地方可遁。也就是说，不要藏在哪个角落，那是藏不住的，我们把自己藏在天下，无所遁，没有地方可遁，也没有人可以把我们夺走。这就是庄子讲的生死问题，如果我们可以把自己与宇宙的大化连在一起，那么死了之后，也许变成蝼蚁等，还是在宇宙之间，并没有完全死亡，所以我们把自己和宇宙同化的话，无所遁也，不要逃避不要藏。这就是"藏天下于天下"，这就是"肥遁"，就是令自己和宇宙打成一片，不要遁在某个地方。庄子这席话是最好的注解。

可见，九四、九五和上九都是正面的，讲遁都是好的意思，不是逃避。前面三根爻是逃避，却逃避不掉，没有办法。

我最近想到，遁（遯）就是逃，里面的"豚"是猪。古代人家里猪逃跑了，要把它抓回来。这是一个很小的现象，但是《易经》的作者用这个现象来写了这个卦，不仅是讲抓逃跑的猪，还讲到怎么面对君王，面对生死，面对人和宇宙的问题，非常深刻，了不起的哲学。我越读《易经》，越发现作者思想的深刻。

第二篇 闲谈《易经》六十四卦

现在我做个简单的总纲：

第一爻，不要有任何欲望。这里我想起一个故事，顺便讲给大家听听，正好用来说明这一爻的"尾巴"。有个县官，老是去找庙里的禅师，禅师不喜欢这个县官，觉得他太俗了，每次县官去找他，他都躲起来。有一次县官又去找他，小和尚就告诉县官，说我们师傅云游去了，不在庙里。县官在寺庙里看到一个木鱼，他知道这个木鱼是禅师最喜欢的，他就抓着这个木鱼敲啊敲，和尚在里面听到县官敲他的木鱼，马上就出来了，不让县官敲他的木鱼。县官就说，你有一点点欲望，对东西的执着，就逃不掉。这个欲望就是那个尾巴，让人逃不掉。禅师当时就把木鱼打碎了，说虽然木鱼不是贵重东西，但是有一点儿喜爱在上面，就会被人抓住。所以第一爻提示人们不要有任何一点欲望。

第二爻，有担当，不能逃避责任。

第三爻，退而明志。

第四爻，不强调声名和成就，不功高震主。

第五爻，要懂得功成身退。

第六爻，要化于自然，藏天下于天下。

这是遁卦六个爻的总纲。就这个卦来讲，我认为，最重要的是两个阴爻，传统的说法都是指小人，小人之道长，君子之道消。这两个阴爻往上走，变成三个阴爻，就是否卦，什么都做不好了。依我的看法，第三爻要拿转化来讲，第三爻是关键，第三爻怎么处理这两个阴爻，让这两根阴爻不把四根阳爻逼退。所以，第三根阳爻要懂得转化，"畜臣妾"就是转化的功夫，将两个阴爻转化到它身上，阳爻有阴柔的性质，可以往上走，这是转化的功夫。

再比如初六，不好，有欲。现在我感觉很多年轻人，什么成就都没有，便消极逃避人生，念了一点佛教的东西就遁入空门，他们喜欢庄子，误解庄子是玩世不恭。这就是第一爻，不应该遁。第二爻，强调责任，做父母亲的，不能遁，你有责任养育儿女，有责任维持这个家，有责任，就不能遁。

大壮卦（☳）第三十四

大壮卦四根阳爻往上前进，逼退上面两个阴爻，君子道长，小人道消。就两个八卦来看，下面是乾，是健，往上走；上面是震，雷，是动。动于健，大壮。

大壮。利贞。

大壮的卦辞很简单，"利贞"，利于把握正道。这个"贞"字，就这一卦来讲，就是第四爻，因为第四爻带领了这四根阳爻往上走，是四个阳爻的领袖。第四爻是阳爻，所以是利于诚，把握诚，强调以诚相待。

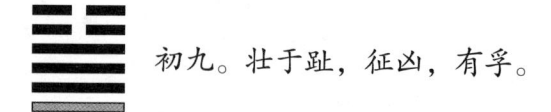

初九。壮于趾，征凶，有孚。

初九"壮于趾"，我们前面讲过，六根爻以人的身体来说，初爻都是指人的脚。如果你的脚趾头太壮，则走不动。这一爻上不能乱动，因为"征凶"，所以要安静地、慢慢地走。虽然这一爻位置正，但它和第四爻两个都是阳爻，上面还有三个阳爻，阳太盛，一开始的时候，就要知道慢慢来，慢慢发展，不要发展太快，所以要有诚。

九二。贞吉。

九二"贞吉"，也没有什么特别的内容，还是强调阳爻，诚则吉。初九讲诚，九二也讲诚，也是慢慢发展，但是这一爻可以走，虽然没有说可以行，但是吉，就是代表阴阳相和。第二爻的阳爻和第五爻的阴爻，虽然位不正，但相应，所以代表可以往上走。

九三。小人用壮，君子用罔，贞厉。羝羊触藩，羸其角。

第三爻阳气过盛，有毛病，不是骄傲就是太刚强。"小人用壮"，如果小人在这根爻上，就认为自己了不起，因为下面是两个阳爻，他会很骄傲，"用壮"。但是君子不然，"君子用罔"，"罔"就是惘然，就是迷迷糊糊，不认为自己很了不起，而是郑板桥式的"难得糊涂"。"罔"不是真糊涂，是装糊涂。所以懂得用很重要，不是真糊涂是用糊涂。"贞厉"，这个卦内卦三个阳爻是强，外卦的第一个爻又是阳，所以这一爻是在强阳当中，是"厉"，即外在的环境有危险，"贞"就是把握诚。你们看，初九孚是诚，九二贞是诚，九三的贞也是诚，这三根阳爻都是要诚。"羝羊触藩，羸其角"，为什么危险呢？就像公羊认为自己的两个角很厉害就到处去撞，结果戳到篱笆，"羸其角"，角受损了。这就是骄傲或自以为是的后果。所以，我们说一个人骄傲，会说他太露头角，自以为了不起，就会折损。

九四。贞吉悔亡，藩决不羸，壮于大舆之輹。

到了九四，还是个"贞"字，因为九四还是阳爻，所以还是要诚，则吉。"悔亡"，我们常常讲"悔"字在《易经》里有两个作用，一个是做了什么事之后有悔，一个是不要做后悔的事情。就《易经》来讲，多半是让我们不要做后悔的事情，因为《易经》就是告诫我们现在做的事，到了将来可以避免后悔，所以你现在不要做让你后悔的事，悔才会亡。在这根爻上，要把握诚，不要做后悔的事情。为什么有后悔的事情？因为这根爻带领了前面三根爻往上冲，上面的领导是弱的，是阴爻，等于是功高震主，会做下后悔的事。就像韩信功高震主，结果被杀，到了被杀时才后悔：自己在战场上百战百胜，结果死在吕后手上。所以不要做后悔的事，要用你的诚去感动上面的领导，不要像公羊的角一样去戳他。如果戳他的话，"藩决不羸"，结果失败了。你带领的这三根阳爻，不要功高震主，不要用你的羊角往上戳，便不会受到上面君主的妒忌。"壮于大舆之輹"，壮在哪里呢？壮在下面三根阳爻，下面三根阳爻是它的随从，像车子的轴一样帮它转动。诸位注意，《易经》讲的这个地方的大壮，完全是在讲正面的，还没有讲到如何处理问题，这个爻是有问题的，还没讲出来，只讲到这个爻很强壮，因为有下面三根阳爻来支持它。我们读《易经》，很多人只看到这个强，没有看到六五怎么对付它。

六五。丧羊于易，无悔。

六五"丧羊于易"，为什么说丧羊？因为"羊"和"阳"是同音，羊就是阳爻的阳。六五对付下面这四根阳爻，灭掉他们的力量，化除他们的力量，也就是"丧羊"。"于易"，易就是一个非常简单、人家看不见的地方，一下把它转过来，不是困难也不是艰。如果说"丧羊于艰"的话，就很难了，因为四根阳爻很强，你怎能打败这四根阳爻呢？你不能跟它斗争。很多人读老子，常常受到一句话的影响，"柔弱胜刚强"，即以柔克刚。举个例子，女人和男人，用肌肉去搏斗，女人怎么打得过男人呢？女人能够胜男人，不是靠肌肉的，她要靠智慧，要靠另外一种方法，所以老子的"柔弱胜刚强"，我不说"softness control hardness"，而是说"softness win hardness"，也就是你处理一件事情，用柔的方法要比用强硬的方法好，用柔弱胜于用强硬。以柔弱的方法处理一个事情，比用刚强的方法去处理事情，更容易解决。这才是胜的意思，不是控制的意思。就人的寿命来讲，女人的寿命比男人要长，这就是柔弱胜刚强的一个例子，是比你活得长，不是跟你打架。故"丧羊于易"的"易"字要抓住。这一根爻是君主，他要对付四根阳爻，很难，他要有特别的方法，很简单地把问题化掉。"无悔"，就是不要做后悔的事。

上六。羝羊触藩，不能退，不能遂，无攸利，艰则吉。

上六是第二根阴爻。"羝羊触藩"，公羊用角去戳那个篱笆，角陷入篱笆里，不能退也不能进，被篱笆困住了。"无攸利"，进退不得。"艰则吉"，知道艰则吉。这根阴爻，在六五的君主处理了阳爻之后，要知道艰，来保持胜利，则吉。不要以为六五处理得好，就志得意满，以为两根阴爻可以控制下面四根阳爻；如果志得意满的话，就会陷入进退维谷的困境。

现在我们先做一个简单的总结：
第一爻，不要盲动。
第二爻，要守诚。
第三爻，要自处于无知。
第四爻，要戒刚强。
第五爻，要用柔。
第六爻，要知艰难。

现在，我们再回过头来看，碰到大壮这个卦，看看这四根阳爻对付两根阴爻，这两根阴爻怎么办？就传统的《易经》解释来说，只告诉我们这四个阳爻是君子之道，要逼退两根阴爻，只强调这个。一方面，君子之道，好像这两根阴爻就倒霉了，四根阳爻就把它们逼退了。但问题不是这么简单。假定我们占到这两根阴爻怎么办？被阳爻逼退，要怎么自处呢？所以，我们处在大壮的情境当中，要想着怎样处理这个问题。今天，就事业来讲，跑到大壮的第四爻，已经到高峰了，四根阳爻的高峰，在这个事业的高峰你要怎么处理问题，是一直走下去，还是另辟蹊径？在我个人的看法来说，这个卦里的两根爻是谈转化的，是重点，一个是九四，一个是六五。就九四这个爻来讲，发展到顶峰，千万要注意"悔亡"，不要做后悔的事情。很多人到了事业发展的高峰，就忘掉自己，忘掉初心，做了很多会后悔的事情，整个事业就毁掉了。为什么会有后悔的事情？我指出几点来说明这个悔。第一，不知道物极必反的危机，一直往上走。第二，自以为了不起，自以为是。第三，轻视别人，骄傲。第四，掉以轻心，因为从第一爻、第二爻，一直到第四爻，很顺利，就掉以轻心了。第五，不知道转化，任何事情放到最高峰，物极必反，都是不好的。所以我们要懂得转化，懂得转变，这根阳爻要吸收上面阴爻的力量，而不是灭掉上面的阴爻。传统的说法都认为，阳爻把上面的阴爻都灭掉。但我们讲转化，在这个爻上对上面的两个阴爻要怎么对付，要懂得转化，吸收阴柔，使自己柔软。

到了九五，才是真正的功夫。以一根阴爻对付四根阳爻，怎么赢得很轻松？大家都知道，赤壁之战，周瑜羽扇纶巾，"谈笑间，樯橹灰飞烟灭"，那不是"丧羊于易"吗？曹操号称七八十万的兵力，诸葛孔明还没有带什么军队，只是来帮忙的，周瑜不到十几万的人，但是他赢了，把整个战争局势转过来了。"谈笑间，樯橹灰飞烟灭"，谈笑间，就是"易"。还有一个淝水之战，大家也知道，前秦苻坚，带了百万军队，以为自己了不起，要渡长江，说投鞭可以断流，这是多少人马啊！他声称百万之众，结果被只有八万军队的东晋谢安打败。在打仗的时候，谢安还在下棋，他心里当然很紧张，这就是"丧羊于易"。我们只看到"丧羊于易"，为什么有上六这一爻，要知艰！周瑜在赤壁之战虽然打败了曹操，但是他的军力不如曹操，他只是用了计策，暂时赢了，谢安也是，八万军队打败了百万军队，也是用点兵法赢得胜利，不能功高意满，就此认定自己就很厉害了。所以到了上六这一爻，不要以为自己了不起，不要以为胜利是永远的，要知艰，要战战兢兢。

晋卦（䷢）第三十五

"晋"字下面是日，太阳从下面往上升。所以晋就是晋升，后面还有个升卦，也是上升。但是，晋的升级是指上面的老板要提拔你，有人把你往上拉。晋卦内卦是地，外卦是火，火是光明，光明从地上升出来，就是太阳从地上升出来，往上升。

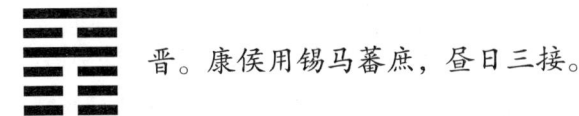

晋。康侯用锡马蕃庶，昼日三接。

卦辞说"康侯用锡马蕃庶，昼日三接"。"康侯"有两种说法，一种说法是指历史上的一个人，即周文王的儿子康叔，但《易经》如果是文王所写，他不会写到自己儿子身上，如果要写他儿子，他有好几个儿子要写，可以写武王或周公，都比康叔要重要。卦辞不提周公，不提武王，而是提康侯，历史上很多研究《易经》的学者，特别是儒家的学者认为，康侯不是具体的人物，"康"就是安康，"康侯"就是安定国家的侯，能够使国泰民安，因为这样一个好侯爷，所以上面的人赏识他，赐了很多马匹给他，而且一天召见他三次，说明特别重视他。这个卦也就是说，在这个位置上，上面的人看重你，想提拔你，也许三级跳，一下子跳到很高，但很危险，慢慢跳还可以，一天召见三次，也就是一天连升三级，就有点过了。

初六。晋如，摧如，贞吉。罔孚，裕无咎。

初六"晋如"，当你往上被提拔的时候，"摧如"，"摧"就是退，进而知退的意思。也就是说，当你往上进的时候，要知退，不要以为自己了不起，不要认为上面的提拔本该如此，而是在心里面要退。"贞吉"，把握贞，贞在阴爻，要谦虚，不要志得意满，则吉。下面连用了几个字——罔、孚、裕，则无咎。大家都认为被提拔是好事，但上面要提拔你，不一定是个好事情，在美国也是一样。记得当年我家老二的公司老板要提拔他做领导，但我那孩子性子胆小，不想去管人，他只愿意做自己分内的事情，于是就升了另外一个人，结果后来裁员，那个升上去的人就被裁掉了。所以，你不要以为升级就是好事，升级了反而被裁员，裁员都是先裁经理级的人。这个爻本身有咎，但是"罔"字出现了，"罔"就是难得糊涂，不以为自己聪明能干。第二，"孚"，初六是阴爻，除了要谦虚之外，也要诚。第三，"裕"，就是宽裕，初六在地上，做事要宽裕、有空间，不能逼得太紧，你的升才不会掉下来。如果你没有周旋的空间，直接上升，升得快，就掉得快；如果下面有空间，你的升就比较牢靠。这三个字，是我们往上升的基础，没有基础就有咎。有这三个字做基础，升上去，就不会有大麻烦。为什么升级反而有麻烦呢？《老子·第十三章》讲"宠辱若惊"，宠和辱都若惊，人家宠我们，我们要想想自己为什么被宠，很多时候人家来宠你，就是要利用你。所以，辱虽然不好，但宠也不是好事情。宠和辱都是外在的，把自己的心情寄托在外面是不牢靠的，今天大家都希望别人宠你，别人跟你说好听的话，把自己放在别人的嘴巴上。晋也是一样，靠上面人的提拔，寄托于上面人的宠你，哪一天上面的人不宠你了，你就失势了，就会掉得很快。

六二。晋如，愁如，贞吉。受兹介福，于其王母。

六二"晋如，愁如"，"愁"字用得很妙，也是中国文学里面很重要的字，像"少年不识愁滋味"等。这里的"愁"字我把它转成忧，就是忧患，当你晋级的时候，心里要有忧患意识，不要得意忘形，才能把握这个贞，才知道谦虚。六二欲望上升，要知道谦虚，即"贞吉"。"受兹介福，于其王母"，因为六二和六五是一对，但不是阴阳相应，六五是阴，六二也是阴，"王母"就是指六五。也就是说，它往上晋的时候，如果能保持忧患意识，保有谦虚的态度的话，虽然不能跟六五阴阳相应，但也能得到六五的赏识，六五也能给它赐福。

六三。众允，悔亡。

六三在三根阴爻的最上面，阴气过盛，是阴骄，也是一种骄傲。在这根爻上，要注意"众允"，即当你升上去的时候，要下面的人都认为你很好。这样的话，"悔亡"。如果你一个人升级，结果下面的同事都认为不公平，认为你没有资格，那你的升级就是有问题的。你的升级得到大家的赞同，你的升就没有问题。

九四。晋如鼫鼠，贞厉。

九四用一个动物来做比喻，"晋如鼫鼠"。鼫鼠是什么呢？一般来讲大概是地鼠、土拨鼠之类。汉代大学者蔡邕，可能有些人不怎么熟悉他，但他的女儿是鼎鼎有名的蔡琰（蔡文姬），也是中国文学史上最有感动力的女作家之一。蔡琰在当时的兵荒马乱中被匈奴俘去，嫁给匈奴左贤王，生了两个孩子，后来被曹操花重金赎回来。她写了很多诗来描述她的经历，最有名的如《胡笳十八拍》，是非常有才气的女子。蔡邕是东汉末期的大文学家，他在《劝学篇》中说："鼫鼠五能，不成一伎。"《说文解字》曰："鼫，五技鼠也。能飞，不能过屋；能缘，不能穷木；能游，不能渡谷；能穴，不能掩身；能走，不能先人。"鼫鼠有五种能力，但不成一技，哪五种能力呢？第一，鼫鼠可以爬树，但爬不到树顶；第二，可以跳，但跳不上屋顶；第三，可以游泳，但游不到对岸；第四，可以两脚站起来走，但是不能比人走得快；第五，可以打洞，但是打洞打得很浅，不足以藏身。这是描写鼫鼠没有顶级的技术，传统的解释都是就这方面来强调，也就是说，在这个爻上，没有才能去完成自己的理想。但是我的看法不同，在这个卦里面，除了上九阳爻以外，九四也是很重要的阳爻，它被四个阴爻包围，所以它的阳可以转化阴。第四爻是阳爻，大臣之位，当然有才能；六五作为君主，是阴爻，没有才能，所以第四爻有才能，却碰到一个软弱的君主，要花很大的心思来赢取六五的赏识。怎样去发挥其才能？我的意思是，当他有很好的计划献给君主的时候，不要表现他的成就，也不要夸示他的能干。也就是说，这根阳爻是大臣，下面三根阴爻代表人民，要转化下面三根阴爻的力量之后不为己所有，更不要结党，要把这三根阴爻的力量转化给君主，这一点很重要。这样君主才会相信他，不然功高震主，是很危险的。

  我曾经举过萧何的例子。萧何有一次替人民讲话，当时人民生活困苦，要汉高祖开放上林苑，允许人民到上林苑去采果实以度饥困。这个建议听起来很好，但汉高祖听了勃然大怒，他说萧何啊萧何，你为人民请愿，把自己当功臣，好像我是霸占着上林苑的昏君。因此马上把萧何抓起来，关进大牢。后来还是廷尉替萧何讲话时，萧何才发现自己的错误。萧何被放出来之后，穿着草鞋，几乎是赤着脚上殿，向汉高祖悔过。这个故事很明显，汉高祖嫉妒了，遇到这种情形，萧何应该怎么做？有一次我演讲时开玩笑说，如果萧何读了我的《易经处变学》，他就不会这么做，他提建议的时候不能说是替人民讲话，应该把这个建议提给君主，让君主来讲这个话。也就是说，要把功劳给君主，不能给自己，他替人民讲话就是赢得民心。所以做大臣的，虽然有才能，是阳爻，但他提出来的建议和计划，要献给领导，让上级去挂这个名，而不是自己挂这个名。鼫鼠有五种技能，不要占为己有，要把这五种技能都献给君主，让君主出面，君主当然很高兴了。可见，人不能一脸聪明相，聪明不能外露。这个爻的"鼫鼠"，就是聪明不外露，有才能但不充分显露才能，不是说他不能完成某种技能，他是完成了百分之九十，让君主去完成那最后的百分之十，把功劳都让给君主。这一爻非常重要，你要知道如何去运用自己的才能。

六五。悔亡，失得勿恤，往吉，无不利。

六五对九四大臣的才干，要"悔亡"，不要做后悔的事情，不要妒忌，不要像汉高祖一样妒忌，要相信九四。"失得勿恤"，不要患得患失，大臣给我献策，不要想他有什么目的，我的功劳是不是都归他了。六五要真正相信大臣，不要患得患失，而九四要诚，把所有的力量贡献给君主。这样的话，九四和六五是一对，是一个非常好的"比"。

上九。晋其角，维用伐邑，厉吉，无咎，贞吝。

上九代表晋到了最高。关于最高的一爻，我一直强调有两个现象，一个是物理现象发展到最高往往会走极端而物极必反。另一个现象是天上、天道。天道是正面的，物极必反是负面的。如果《易经》的第六爻以物极必反的现象来讲，爻辞里会出现负面的字——凶、厉。如果当天道来讲的话，是吉，光明普照。"晋其角"，"角"就身体来说，是头上。晋到角上了，晋到小的地方，有点像钻牛角尖，出不去了。今天我们很多人做学问，也如上九钻牛角尖，专门找小问题去钻，然后认为他有成就。这是负面的。但是"维用伐邑"，"邑"就是自己的城池，不是去征伐别的国家，"伐邑"就是治理自己的国家。所以这时候不要钻牛角尖，要回到你自己本身。"维用伐邑"是个比喻，比喻要反省自己，虽然危险，但吉，且无咎。"贞"，把握正道，上九是诚。"贞于吝"，为什么有吝？这一爻很奇怪，吉一个，无咎一个，贞一个，吝一个，这四个字表达的意思是不同的，有好有坏。这四个字突然都出现在一根爻上，靠得很近，且都有相反的意思。像吉，吉从何来？上九和六三相应，一阴一阳相应，上九能够吸取六三的阴柔，则吉。为什么无咎？"维用伐邑"，治理自己的内政，反省自己，则无咎。"贞"，把握你的诚，上九阳爻就是诚。为什么有吝呢？因为钻牛角尖了。这四个不同的字，在这一爻上，反省自己之后，有四种处理的方法，应付四种不同的环境。这是晋到了最高处，高处不胜寒，所以有这四种不同的局面和不同的环境，要应付。

我们现在看一下简单的总纲：
第一爻，要知退，心中有退的准备。
第二爻，要有忧患心情。
第三爻，要聚合大家的意见，共同努力。
第四爻，野心不要太大。
第五爻，相信别人。
第六爻，要自我反省。

我们看这个卦，刚才都讲过，挑重要的字，大家都可以运用。一个是第一爻上的"罔"字告诉我们要难得糊涂，不要以为自己很聪明。老子说："知其白，守其黑。""知其白"，就是对外界知识的追求要有逻辑，要有系统，要清晰，这是西方哲学的特色；"守其黑"，是把自己放在无知的境地，无知不是没有智慧，而是超脱了知识。庄子讲"知至于无知则至也"，达到无知的境界才是最高的境界，所以中国的哲学讲"无知"，西方的哲学讲逻辑、认识论，一直限定在知的范围里，就没有想到无知。中国的哲学，老子讲无知、无为，庄子也讲无知，禅宗也讲无知，"无知"是最高的境界。这就是"罔"字的深意，不要以为自己有知。第二是"裕"字，裕是宽裕，给予空间，道就是给空间。《易经》中"裕"字出现了多次，后面还有个小过卦，经常有点小错误，也是要人给点空间。

明夷卦（䷣）第三十六

明夷卦，"明"是光明，"夷"是指受伤，光明受到伤害。为什么光明受到伤害？我们看这个卦，下面是火，上面是地，火在地下，地掩盖了火，光明被土所掩，所以是明夷。明夷就是光明遭受挫折，是一个黑暗的时期，也就是我们说的逢时不遇，我们虽有才华，但才华也好、知识也好，都受到了伤害。

明夷。利艰贞。

在明夷黑暗的时期，"利艰贞"，要知道艰难，要能够把握正道，知道艰难不为黑暗所消灭。能够把握正道的"贞"，在这个卦里面，就体现在第二爻和第五爻，都是主爻。这两根爻都是阴爻，所以把握正道就是把握阴柔，知道困难要谦虚，要以阴柔的方式来处理，不能强硬。

初九。明夷于飞，垂其翼。君子于行，三日不食，有攸往，主人有言。

初九"明夷于飞，垂其翼"，初九本来是用脚走的，第五爻、第六爻才会在天上飞，这个"飞"字出现在第一爻上好像很怪。

为什么有"飞"呢？也就是说，在一开始的时候，碰到明夷，马上就想逃，想飞走，飞走的时候还飞得不快，"垂其翼"，翅膀还没有张开，还没有飞得很高。"君子于行，三日不食"，飞得很匆忙，三天都没有东西吃，没有准备食粮。说到这里，我们就想到孔子，孔子困于陈蔡，七天没有东西吃，弟子们几乎都饿出病来了。孔子也是一样，他对一个国家不满意的时候，马上就离开，东西还没准备好，匆匆忙忙地飞。"有攸往"，他要走，要离开这个地方；"主人有言"，就是他跟主人的言语不对付，引起了主人的不满。"有言"就是主人批评他。主人也许是指君主，君主想留他，他不愿留，想赶紧走。这是描写在明夷的时候，这位大臣也好，君子也好，要离开，而且离开得很匆忙。

六二。明夷，夷于左股，用拯马壮，吉。

六二"明夷"，在飞逃的过程中，"夷于左股"，"夷"就是伤害，左边的腿骨受伤害，走不动了。"用拯马壮"，走不动要骑马，则"吉"。"马"字何来？为什么骑马？"马"指初九阳爻，因为马是要乘的，骑在马上是说受了伤害，要得阳爻的帮助。但他受伤害的位置是左边，不是右边，右边是主要的，左边是次要的。伤了左手，还有右手可用。意思是说，他虽然受了伤害，但是是次要的，还可以借助初九的帮助，使他能够往前走，故"吉"。

九三。明夷于南狩，得其大首，不可疾贞。

九三"明夷于南狩"，"狩"就是打猎，要往南方走。为什么往南方走？上面是地，是坤，代表南。"得其大首"，九三和上六也是一对，九三是阳，上六是阴，"大首"是指上六。为什么要"南狩"？因为在这个时期你可以发动革命，像打猎一样，射掉暴君——"大首"。但是，"不可疾"，不可以太快。"疾"字在《易经》里面用了八次，差不多七次都是指疾病，但这里是当"快"的意思。不能太快，要准备充足，把握你的贞。九三的"贞"就是诚，把握你的诚。从事革命，是比较强硬的，九三比较强硬。因为九三的外面是三个阴爻，它是光明，是火，所以，可以往上走。

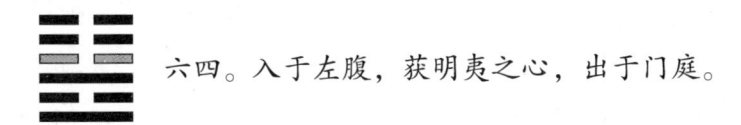

六四。入于左腹，获明夷之心，出于门庭。

六四是大臣之位，对上面的六五君主，"入于左腹，获明夷之心"，"心腹"两字在这里出现了。也就是说，这个爻得到君主的赏识和信赖，是君主的心腹。虽然君主相信他，"出于门庭"，不要以为现在得到君主的信任，是君主的心腹，就没有问题了，他还是要开一个后门，准备将来有危机的时候逃亡。可见，虽然一时得到君主的信任，但伴君如伴虎，谁知道过一段时间会因为什么事情得罪他，所以要准备后路。"门庭"是指后路，如同狡兔有三窟。我们还可以发挥一下，比如这个大臣得到君主的赏识，他给君主献计，但是他要留有后路，不要以为他的计谋是绝对完美的,他要考虑到,如果计谋不成的话怎么办。因为没有一个计谋是可以百分之百成功的,所以在他献策的时候,就要在准备万一不成的后路。很多人都没有这种概念,都觉得自己的计划百分之百会成功,没有想到如果不成功的话该怎么办。"出于门庭"就是防这个万一,是很少人准备的。

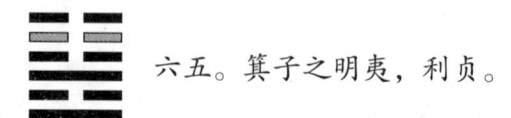

六五。箕子之明夷,利贞。

第五爻一般来讲都是代表君主的地位,但只有这一爻,把箕子放进去了。因为明夷讲的就是有德者、贤能的人怎么避世。所以在六五上,把箕子放进去,后来箕子到了朝鲜,也是做了开国之君的。大家也许都知道箕子这个人,因为商纣动不动就杀人,箕子知道很难逃过其迫害,于是便装得疯疯癫癫,以这种方式来保命。后来武王打败商纣之后,他知道箕子是一个贤人,就请箕子出来帮忙建立周朝。箕子拒绝了,说他是商朝的人,不能够替消灭自己国家的周朝来服务,但是他也知道文王、武王是了不起的君主,虽然不能为周朝服务,但是他可以给武王一篇了不起的文章,这篇文章就是《洪范》,是《尚书》里面最系统地讲政治哲学的一篇,差不多影响了中国古代三千年来的政治哲学。箕子离开了武王之后,带着几百个人到了朝鲜,成立朝鲜国,据说现在箕子的墓还在朝鲜。所以箕子的逃命,是假装疯癫,以装疯的方法来躲避迫害,但是他本身的原则和德行没有变,只是表现在以什么样的方法来处理危机。这就是六五,利于贞,不表现他有智慧,很谦虚。所以武王来找他,他很谦虚地辞让了。

上六。不明晦，初登于天，后入于地。

上六这一爻很重要，可是很多注解都没有解释好，尤其是儒家的注解，常常忽略了其中有道家思想成分的东西。"不明晦，初登于天，后入于地"，开始的时候，跑到天上去照耀人，后来又坠落在地上，这是负面意义。但是，我认为，爻辞这些话在明夷卦里，不是负面的。明夷卦第一爻到第五爻，都出现了"明夷"两字，但是第六爻没有"明夷"，而是讲"不明晦"。把"不"字拿掉，就是"明晦"，"明晦"和"明夷"不一样。"夷"是伤害，还有一个意思是平地，掉到平地里；"晦"则不是，"晦"不是伤害。孔子在《大象传》里面说"君子以莅众，用晦而明"，君子面对众人，能够用晦的方法来处理，而能够表达自己的明。所以说，晦是一种功夫，是一个方法。这句话，后来老子拿去用了。老子说"和其光，同其尘"，也就是和光同尘。"和光"是说光芒不要太显露，缓和你的光芒，不要照得人家眼睛看不见；还要和世俗人相同，不要认为自己了不起，这是"同尘"。和光同尘，就是"不明晦"，尘就是晦。这句话说"初登于天"，天是明，很光；"后入于地"，不是到了地下，而是用地来遮盖自己的明。开始的时候跑到天上去，明太亮了，后来又跑到地当中去了，把自己的明加以遮盖。所以，前面五个爻的"明夷"都是负面的，明受到了伤害，这个爻上的"明晦"是一种功夫、一种应变。成语"韬光养晦"，大家也都知道。"韬光"是你的刀子要放到套子里面，不要拿出来，要藏起来；"养晦"就是借晦来遮住，但是要来养你的智，不是说遮住以后就完了。遮住以后，里面还是明的，就像箕子一样，开始装作疯癫，但是他内心很清楚。可见，"韬光养晦"，就是指"初登于天，后入于地"。上六这句话的转化是很重要的，我们处理一个问题或者生不逢时，你碰到的君主或所逢的时代都对你有伤害的时候，要返回内心，然后去转化。明夷卦前面五爻都是告诉我们怎么躲避、遮盖，到了第六爻才正面来告诉我们怎么转化。所以上六要好好地去体会、运用。

最后对本卦做一个简单的概括：

第一爻，避风头。

第二爻，要负责。

第三爻，正面地解决问题。

第四爻，准备退路。

第五爻，要远遁，有方法。

第六爻，要借晦来转化。

家人卦（䷤）第三十七

家人卦很特别，谈的是家人的问题。为什么不用"家"就好了，还要加个"人"？因为"家"只是个概念，加个"人"就具体了，指家庭里的每个人。这个卦是说家庭问题。先看卦象，上卦巽，是顺的意思，下卦是离，指光明。光明能够顺利发展，这就是我们所说的"齐家"，能够把家庭发展兴盛，即所谓的家和万事兴。

家人。利女贞。

这一卦六二是在内，九五是在外，古代学者说，六二在内，是女主内；九五在外，是男主外。这是传统的观念了。家人卦的卦辞非常简单，就"利女贞"三字。"利"就是强调女性之贞，贞在哪里？就是六二，六二是阴爻，柔和，处家庭之内，主持家务。我们传统的社会中，很少有特别强调女性的。我之前讲过，文王特别强调女性，因为文王的祖母、母亲和他的太太，在历史上是三大贤德的妇人，可见他受祖母、母亲和太太的影响很深，他也知道女性的重要。

初九。闲有家,悔亡。

初九"闲有家"。"闲"字外面是门,里面是木,木头就是古代用来拴门的。为什么有家呢?因为家的重要性,就是防邪,关起门来,邪恶的东西进不来,还可以防贼、防风雨。所以"闲"对家来说很重要,"闲"是一种功夫。怎么样去防邪?怎么样不让欲望还有邪恶进到自己的心里,这是家的问题。"悔亡",处理家庭,一开始就不要有后悔的事情。"仰不愧于天,俯不怍于人",要问心无愧,这样的话家庭稳当,就不会做出后悔的事。这一爻是一个家庭开始的时候,是阳爻,要特别注意。有的学者认为,就一个家庭来讲,这一爻就是儿子,讲儿子的教育。

六二。无攸遂,在中馈,贞吉。

第二爻是主爻,这一爻代表太太。"无攸遂",就是太太在家庭中不要有太多要求、欲望,太太的责任是治家,不要向外要求太多。"在中馈",因为六二在内卦的当中,"馈"是厨房,是家庭主妇供给食物的地方。"贞吉",把握贞,把握自己的谦柔,太太在家里面要柔和地教育儿女,则吉。"中"字,在《易经》里面,在中国哲学里面,它和另外一个字"正"是复合词,即"中正"。就这一爻来说,是中正,位置正,又是当中。还有一个复合词是"中和",六二和九五,一阴一阳,位当而和,所以也是"中和"。我讲一个例子,二十年多前,我内人在日本人开的一家银行工作,她读的是师范大学中文系，到美国后为了生活，改行学了会计，在银行工作。银行常常兼并，一兼并就要裁员。有一次，银行兼并要裁员，她很担心，就逼着我给她占一卦，就占出了这一卦的第二爻，她好伤心，心想这下要回到厨房去了，一定是要被裁员了。我说，你不要担心，《易经》是个象征，"中馈"是中和的意思，虽然在外面工作，在家庭里还是以你为主，我用这种方法来解释，后来她并没有被裁员，这是闲话了。

九三。家人嗃嗃，悔厉吉；妇子嘻嘻，终吝。

到了九三，光明和火都很强烈。"家人嗃嗃"中的"嗃嗃"是很严肃的意思，治家很严肃。在家里面，父亲治家很严，很严肃。"悔厉"，就是知道悔于厉，知道这个爻由内到外有危险，家庭也是一样，关起门来没关系，一开门要出去，子女出去交朋友、做事，就伴有危险，所以要知道悔于危险。这样的话，就吉。也就是说，父母亲教训儿女，要让他们了解出去以后要"知悔"，在任何环境或任何危险下，要反省自己，问心无愧，就会吉，否则就凶。"妇子嘻嘻，终吝"，妇人子女，在家里面整天嘻嘻哈哈，只单纯追求快乐，最后会有毛病。可见，九三爻代表治家，治家要严谨。

六四。富家，大吉。

六四和九五是相比的一对，六四是阴，九五是阳，多半很好，大臣辅助君主。在家庭里面，六四代表太太。"富家"，"富"是动词，使家庭富有。六四爻所代表的这个太太有旺夫运，跟她结婚，家里就富裕，家道也是蓬勃发展。但是富裕不够，那只是金钱。"大吉"，一般的解释是说大大的吉。我认为"大吉"的"大"不是形容词来修饰吉的，而是说能大则吉。有时候很多人翻译"元吉"也是大吉，大吉也是大吉，实际上，"元"跟"大"是有差别的。"大"是什么意思呢？就是这位太太有"大"的想法，能识大体，即她在家里不逼着丈夫去赚钱，如果逼着丈夫去赚钱是很危险的，所以后面说"大则吉"，要识大体，是这个家兴旺的前提。所以"大"字很重要，能知道大，则吉，才能够帮助九五。

九五。王假有家，勿恤，往吉。

九五是君主，"王假有家"，是以君主来象征。"假"就是借，假借、寄托；"有家"，有家庭。"王假有家"就是齐家，君王靠齐家来治国。可见，文王当时就有齐家治国的思想，虽然后来《大学》的齐家、治国、平天下，才把齐家讲出来，但显然这里说明君主要"有家"，强调家的重要。诸位注意，这个家不是指君主的家，君主的家说夸张点，三宫六院七十二妃，人太多了，哪个君主能"齐家"？看看古代的君主，大概除了文王外，很少能够"齐家"。这个"有家"，是君主齐人民的家，使得人民"男有分，女有归"，使得人民能够安居乐业，都有美满的家庭。这是整个国家的幸福。"勿恤"，不要担心，不要忧虑，这是吉的。因为九五、六二相应，是吉的。

上九。有孚威如，终吉。

上九"有孚威如"，"孚"是诚，"威"是用来描写诚的，诚有威，诚不是软弱的，诚要发出它的威的力量来。那么，诚的威是什么样的威？这个诚在上九，上九是在天道、天位上，所以是指天之诚，威也就是天之威，天才能发展出天威，天威就是天的力量，我们不能冒犯天威。我们齐家就要顺着天道来走。天威我们可以把它转化成中国哲学上说的天良，不能违反天良，这样的话，"终吉"，最后还是吉的。

我先把家人卦做一个简单的总结，然后跟大家讨论一些观点：

第一爻，一开始就要谨慎。

第二爻，要知道牺牲。

第三爻，生活要严谨。

第四爻，要为大我着想。

第五爻，齐家为重。

第六爻，要顺从天道。

我在二十年前写了一篇《整体生命哲学与转化方法》的文章，用了"整体家庭"这个词，什么叫"整体家庭"呢？当时我开了一门课——系统学，一位同事也是我的学生，他是管理学的博士，他说上面一个母系统，下面两个小系统，两个小系统合起来走向母系统，母系统就调和两个小系统。这个用在科学上，比如火箭是一个整体的母系统，但火箭里的每部分是小系统，所以火箭的母系统的结构先定，然后不同的专家、不同的小组去研究，做出不同的部分，这些部分一凑起来就很适合。因为母系统先给安排好了，不然怎么知道这两个东西做出来可以凑得齐呢？所以这两个小系统由母系统来安排，小系统可以碰到一起就完全适合了。也就是说，母系统很重要，母系统就是整体。今天，男女谈恋爱，他们只关注爱情，没有想到整体的家。我内人看国产电视剧《爱情保卫战》，看得津津有味，我说怎么没有个《家庭保卫战》的电视剧呢？一对男女结婚了，他们没有整体的家庭观念，单纯只是为了爱情，一结婚自然有了家，所谓的家只是附带品，爱情破产了，家也就没有了，这说明他们没有一个整体的家的概念，只有结婚自然并成的家。古代很重视家的观念，当然家的观念不是传宗接代那种家，而是两个人的结合，成了一个整体的家，由这个家的母系统，使得我们随时能够调和，不是很容易就分开了。不然的话，随着你个人的感情走，哪里一旦破裂就离开，离开后也很自然，根本就没有家。所以，我提出一个整体的家的观念，希望大家了解家人卦就是一个整体的家。上九是天威，是天道，天之诚，是要把家讲到天道里面去的。

睽卦（䷥）第三十八

"睽"字左边是目，就是两个人眼睛不互相看，有反目之意。反目就成仇，背对背，意见不合，你不看我，我不看你。所以，"睽"就是指意见不合。为什么从八卦里面变成睽呢？上卦是离，火是往上的；下卦是兑，湖水是往下的。火和水，一个往上，一个往下，当然不能相和。

䷥ 睽。小事吉。

睽有时候是指意见不合，有时候是指观念相左，这是难免的，总有不和。就像男女的结合，不是两个人完全相同，完全相同就彼此没有兴趣了，总有一点不同，才会互相吸引，所以说是"小事吉"。也就是说，偶有意见相反、观点不同，如果不是重要的事情，在小事情上还是可以的，大事则不行。卦辞很简单，就是告诉我们，有时候意见不同，如果是小事，那就放下吧，不要计较，这样才会吉。吉的原因就是九二和六五这两根爻能够相应，但是位不当。位不当，所以有不同意见，故能相和相应，因而吉。

初九。悔亡，丧马勿逐，自复；见恶人无咎。

初九一开始就说"悔亡"，凡是碰到"悔亡"，就要知道一开始就不要做后悔的事。不做后悔的事是小事，做了后悔的事就是大问题了。小事，就像"丧马"，丢掉一匹马；"勿逐"，不要拼命去追；"自复"，它自己会回来。也就是说，要顺其自然，慢慢来，丢的东西自己会回来。"见恶人"，"恶"念"wù"，是指厌恶，不念"è"，那是坏人、恶人，看到坏人那就有咎、有麻烦了。"见恶人"是看到那个人就讨厌，不喜欢那个人。"无咎"，没有问题。也就是说，在开始的时候，你碰到一个人，这个人不是坏人，但总是说话让你不高兴，让你没有面子，你不乐意了，不过他的话你也要反省一下，也许他讲对了。也就是说，虽然不高兴但是别人挑你的毛病是真的，所以开始的时候碰到这样一个批评你的人、不太喜欢的人，没有问题。就像夫妻一样偶然有冲突、有批评，也很正常；有批评才有摩擦，有摩擦才能互相结合。

九二。遇主于巷，无咎。

九二和六五，位不正但是相应。"遇主"，就是九二遇到六五。为什么用"巷"而不是大道呢？因为它们位不正，并且意见不合，要想方法去找出相通的地方，所以用巷子来表示，要从巷道里来找出可以相应的方法，这样的话，"无咎"。

六三。见舆曳，其牛掣，其人天且劓，无初有终。

六三一开始的意思就不好，"见舆曳"，看到车子被拉住了，不能往前，还看到"其牛掣"，牛被拴住。"其人天且劓"，"天"是一种刑罚，就是在额头上刺字，"劓"是把鼻子砍掉，都是重刑。这三个句子都是表示遭受阻碍，意见不合被人扯住了，被人家控制了，碰了一鼻子灰，失了面子。"无初有终"，一开始碰到对手老是给你打击，但是最后还是好。为什么最后还是好呢？因为这一爻和上九一阴一阳相和，有外援；而且从转化的角度来说，它能转化下面阳爻的阳刚之气来帮助自己，所以最后"有终"，还是可能有好结果。

九四。睽孤，遇元夫，交孚，厉无咎。

九四"睽孤"，说明因为意见不合而孤单了，感到没有同伴、没有朋友，没有志趣相合、讲话投机的人。"遇元夫"，元就是开始。九四和初九本来是一对，现在初九是阳爻，所以是"元夫"，九四又是阳爻，两个阳爻不相应，但是在这样的处境里，不相应就有些孤单了。但是要"交孚"，因为都是阳爻，阳爻是信，所以双方都还是可以把诚信拿出来，以信、以诚来相交。两个阳爻可以以诚相交，两个阴爻就不是这样了，"交孚"多半是两个阳爻。虽然厉，有危险，因为环境不好，但没有大麻烦，最后无咎。

六五。悔亡，厥宗噬肤，往何咎。

六五一开始就讲"悔亡"，不要做后悔的事情。"厥宗"，六五是阴爻，和九二是一对，所以九二代表宗。它和九二相交，"噬肤"，就像咬皮肤一样，一咬就进去了。"噬肤"就说明它们的相交很深切。"往何咎"，就是说六五可以去找九二，它是自己的好朋友，没有问题。

上九。睽孤，见豕负涂，载鬼一车，先张之弧，后说之弧，匪寇婚媾，往遇雨则吉。

"睽孤"，上九又孤单了，高处不胜寒，位不正。"见豕负涂"，"涂"就是泥地，就像看到猪在泥地里面滚。"载鬼一车"，又看到一车的鬼。我们碰到不喜欢的人，常常骂人家是"猪脑子"或"鬼"。遇见不是你喜欢的人，就像碰到猪和鬼一样。"先张之弧"，先拉开你的弓箭要射他，因为他是你的敌手，"后说之弧"，"说"就是脱，后来发现不是敌人，可以相交，所以把弓又放下来。"匪寇婚媾"，他不是你的寇仇，是和你有婚姻关系的。上九和六三，一阴一阳相和，开始的时候误解了，所以说"匪寇婚媾"。为什么老是说寇呢？我在前面讲过，古代人有抢婚的习俗，不是真正的强盗，是婚姻的结合者。但是这根爻是阳爻，所以"往遇雨"，雨是阴，六三是阴，这根爻阳刚过盛，需要阴柔，遇到阴柔，则吉。阳刚过盛，容易看到意见不同的人就要骂、要打、要拿箭射，所以需要阴柔来减少火气，不打不相识，可以相交。

整个卦就是告诉我们对于意见不同的人，不要当成仇人消灭掉，要反省自己，找到可以相通的路子去相交，最后反而可以变成好朋友。

我们来对六根爻做一个简要的总结：
第一爻，顺于自然。
第二爻，以诚相待。
第三爻，从误解中求了解。
第四爻，要相交以诚。
第五爻，要深入了解。
第六爻，去掉疑心，以求和谐。

这个卦里面，有两个词是要点。一个是第一爻的"自复"，自己会转回来。做任何事情，碰到挫折障碍，碰到意见不同，不要觉得很严重，要慢慢解决问题，让它自己转回来。第二，要"交孚"，相交以诚。这是我们交朋友的两个原则——自复和交孚。

蹇卦（☷）第三十九

"蹇"字下面是足，上面是塞字没有土，就是前面的路被塞住了，走不过去，有障碍、危险。内卦是艮山，代表止；外卦是坎水，代表危险。所以，外面是危险、障碍，你怎么去止住危险、对付障碍，就是蹇的意思。我讲过，《易经》就是教你应变、处理困难的。有的困难一开始就有，像屯卦；有的困难是在过程当中，像后面的困卦；有的是困难挡在前面，蹇卦就是。在前面有困难的时候，我们要怎么处理？

蹇。利西南，不利东北，利见大人，贞吉。

"利西南，不利东北"，文王是在西南方，东北是商纣。文王是说，我的国家在西南，西南是我的地盘，周围都是我的盟友，东北是商纣的势力，不要往东北走。这是就文王的情况来说，东北就是危险，就是障碍。"利见大人"，就这个卦来讲，九五是君主、是大人，在遇到困难的时候，能够得到大人的赞助，或者非常好的朋友的赞助，则有利。"贞"，对应的是主爻，主爻是第五爻阳爻，"贞"是指诚，把握诚则吉。因为这个主爻和二爻相应，位置又正，所以它们两个是解决困难的主导。

初六。往蹇，来誉。

初六"往蹇，来誉"，由内到外就是往，由外到内就是来。"往蹇"，往的话就有危险，上面是坎，是危险、阻碍。刚开始的时候，前面有阻碍，你要赶快返回本身，想想困难是怎么产生的，是自己制造的，还是自己有什么缺点导致的，要返回自己。"誉"，是赞美，这里我认为是要想到自己的特点，遇到困难想想自己有何对策可以应付外面的困难，这就是"来誉"。因为这根爻是阴爻，所以"誉"又可以当作谦虚、柔软。以德来讲，就是要谦虚，碰到外面的困难赶快回到自己，要把自己放到低的位置，处下，就是不要走，不要乱动。

六二。王臣蹇蹇，匪躬之故。

六二"王臣蹇蹇，匪躬之故"。如果第二爻是指臣子的话，是说臣子碰到外在的困难、外在环境的麻烦，"匪躬之故"，不是你自己的原因。也就是说，在这一爻上，做臣子的要站在自己的位子上做自己本分的事，该做什么就做什么，不要老是想到这是我的缘故，要尽自己的责任去做。凡是第二爻，大多是尽你的责任，不能逃，在自己的位子上做自己该做的事。

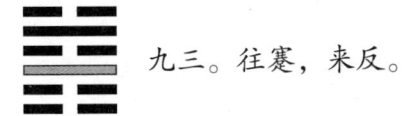

九三。往蹇，来反。

九三是由内到外，又是下卦艮的最上面。阳爻代表止，不能走了，已到山头。"往蹇"，再走到外面去就危险了，因为正好面临上卦坎。面临着外在的坎险，"来反"，反是返回去，还有另一个意思，即反省自己。不但不能走，还要反省。

六四。往蹇，来连。

六四是大臣，"往蹇"，要解决这个困难。"来连"，要懂得连，就是连上下的力量。它处在两个阳爻当中，也是在困难当中，再加上是阴柔，所以要能转化九三的阳刚来辅助他，也要往上和谐九五的阳刚，即要以一己的阴柔来调和两个阳刚，连接阳刚之气，来解决问题。就大臣来讲，它要连接众人，一个人不能处理外在复杂的环境，只有连接众人的力量，一起来脱离困境。

九五。大蹇，朋来。

九五"大蹇"，这一爻在坎卦当中，在危险当中，但最危险的地方最安全，因为是阳爻。我在前面讲过，凡是坎卦当中的阳爻，都是好的。上面阴爻、下面阴爻都是负面的，唯有九五是阳爻，可以处理问题。虽然在"大蹇"当中，但是"朋来"，他能够吸引朋友来帮忙，或者吸引人民、臣子来帮助他，当然这和他具有的开放的心胸离不开，能开放才可使得人家来归。

上六。往蹇来硕，吉，利见大人。

上六没有地方可去了，所以"往蹇"。"来硕"，"硕"是大石头。

易经新说

上六阴柔,哪里来的大石头呢?石头在九五。所以"往"不是往上,而是回归到九五,以九五的阳刚来支撑,则吉。"利见大人","大人"就是指九五。

最后,我们对本卦做一个简单总结:
初爻,要有谦柔之德。
二爻,负起应有的责任。
三爻,要能反省自己。
四爻,要能集合众人的力量。
五爻,要能吸引人家归向于你。
上爻,要把握原则,顺应天理。

就这个卦来讲,初六、九三、六四、九五、上六,都有"来"字,"来"就是回到自己,"往"就是往外走。所以,碰到前方困难的时候,首先要回归自身,反省自己。这就是蹇卦的教训。

解卦（䷧）第四十

解是解开，前卦是讲困难在前面，现在是要怎么解开困难和解决问题。这两个卦放在一起，也就是倒过来，去解决困难。我们要怎么去解决？看看解卦卦象，下面是坎，坎是危险，上面是震，是动，动出于险，就是解难之道。震是雷，坎是水、是雨，雷雨作，有雷有雨，大地复苏，触动万物生长，大地回春，问题解决了。

解。利西南，无所往，其来复吉。有攸往，夙吉。

卦辞同样告诉我们"利西南"，还是以西南为根基。"无所往"，时间还没到，不能去。"其来复吉"，时机未到，赶快回到自己原有的西南方，去整顿你的国家，则吉。"有攸往"，时机到了，可以发动了，发动的时候要快，"夙吉"。既然时机到了，要发动革命就要快，不能拖延时间，否则时机就错过了。

初六。无咎。

初六很奇怪，爻辞只有"无咎"。就"无咎"来讲，就是一开始不要做出有咎之事。咎就是有别人会责难的事情，"无咎"和"悔亡"差不多，说内心无咎，所做的事都是顺着天理，这是根本。

九二。田获三狐，得黄矢，贞吉。

"田获三狐"，"狐"代表阴，在这个卦里面，很多人认为"三狐"是指三根阴爻，即除了六五之外，要射掉初六、六三、上六这三根阴爻。这是一种解释，但是我认为还有种解释，即"狐"代表阴柔，代表欲望，"三"指多，不只指三次，指要打掉太多的欲望。"解"是解决困难，这个卦最重要的是指在心里面要把问题解决掉。前面三爻都是指心里面的问题，要先把心里面的问题解决掉，才能解决外面的问题。蹇卦是外面有问题要回到自身，回到自身干什么呢？就是这个卦的内卦，回到自己把心里的问题解决掉，才能无咎，不做有咎之事。要射掉自己的欲望，"狐"代表欲。"得黄矢"，九二是阳爻，"矢"代表正直，意思是把心里的欲望除掉得到正直。"贞吉"，"贞"就是诚，九二是诚，"矢"也是象征诚，正直就是诚，诚则吉。为什么吉？因为九二和六五相应。

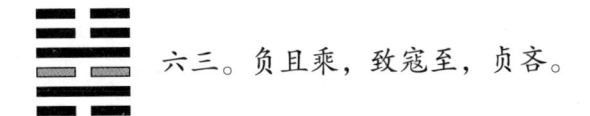

六三。负且乘，致寇至，贞吝。

六三是麻烦的制造者。这一爻的解释完全是不好的。"负且乘"，乘着的马上面还负荷了东西。另外一种解释是，整天给人扛东西的苦力，结果还要乘大车子。这在孔子来讲，是身份不对，你明明很穷，但还要表示有钱，结果是"致寇至"，招致强盗。

坐在高高的车子上，还戴了很多首饰炫耀，这不是自己招强盗来吗？"贞吝"，贞就是谦虚，在吝的情况下，把握贞。不要骄傲，不要炫耀自己，那会惹来麻烦。

九四。解而拇，朋至斯孚。

九四到了外卦，本来拇趾都在初爻，但本卦的内卦代表在心中去解开纠结，因此外卦的本爻就代表行动，所以用拇趾来象征行动。"朋"是指初六，九四与初六阴阳相应，所以，本爻需要初爻的柔和，才能和九五相比，而不会太刚强。

六五。君子维有解，吉，有孚于小人。

九五"君子维有解"，"维"就是支持，君子内心支持你来解决困难，则吉。我一直强调这个卦是讲解决内心的问题。"有孚于小人"，对付小人还是以诚来对付，不要把小人当小人来消灭，用你的诚来感化小人，来转化危机。

上六。公用射隼于高墉之上，获之，无不利。

"公用射隼于高墉之上"，上六这位公侯要射这只老鹰于高墙之上。高墙在哪里？六三。六三就是在高墙之上的麻烦制造者，所以要把它射掉。"获之，无不利"，为什么射掉它呢？因为射掉它，制造麻烦的心态才可以消除。第三爻"负且乘"就代表心之贼，王阳明说"破山中贼易，除心中贼难"，本卦前面三个爻都是心，心中的贼要射掉。这里我稍微提一下恒卦的第三爻："不恒其德，或承之羞。"孔子杀死少正卯的史实前面跟大家讲过，如果孔子占卦的时候，占到那个爻是变爻，恒卦九三变解卦六三，恒卦是原卦，解卦就是变卦，所以孔子要看恒卦九三。但是这根爻我发现很神奇，这根爻清清楚楚是要把六三射掉，"负且乘，致寇至"就是暗喻少正卯，上六就是暗喻孔子，孔子杀少正卯，就在这个地方，非常有趣的，他射死了第三爻，就是孔子"射隼于高墉之上"，杀死了少正卯，把少正卯的头放在了高墙之上，来给大家看，非常符合这一爻的描述，很有趣。

我们先把六根爻做个简要总结：

第一爻，要问心无愧。

第二爻，心中无欲。

第三爻，不要自以为是，自找麻烦。

第四爻，以诚聚合众人。

第五爻，要以诚感人。

第六爻，要除心中之贼。

这是六根爻的简单解释。前面我讲过，解卦就是要处理心里的问题，除心中之贼。我们知道内卦的三根爻代表心，所以解卦的功夫要在内卦里面去做。也就是我们说的怎么修心，这个在文王的时候并不显然。修心差不多要到老庄之后，以及禅宗思想和宋明理学时期，才特别强调。那么，在《易经》里面，如果解卦是要解决我们内心的问题，内卦三根爻，初爻是无咎，九二是要射掉欲望，六三多半是麻烦的制造者，就是"负且乘，致寇至"制造麻烦。《易经》六十四卦里面，大半的第三爻都有这个毛病，是我们一直强调的。我现在突然发现很多朋友在占卦的时候，碰到一个不好的爻就垂头丧气，失去信心，碰到一个好的爻就很高兴。但是我发现，那个不好的爻恰恰是非常重要的警醒，它会告诉你问题在哪儿。好的爻没什么好讲的，不好的爻要注意，那就是你的问题所在，是你占卜的关键。比如，解卦最重要的是六三这个爻，是这个卦的关键所在，也是"致寇至"的麻烦制造者。老子抓住这一点，他说"挫其锐，解其纷，和其光，同其尘"，和光同尘我们讲过了，就不赘述。"挫其锐"，就是把锐利的一面挫掉，不要伤害到别人。"解其纷"，"解"是解卦的解，"纷"就是纷乱，这个纷乱不是外在的，而是来自我们内在的欲望，欲望和外在的事物相交，就成为一个结，也就是所谓的纠结。我们的欲望，在心里就可能产生千万的纠结，就像佛家说的"无明"，"无明"是因为欲望，它是麻烦制造者，一个"无明"就产生了恒河沙数的烦恼，所有烦恼都是由"无明"而来。老子要"解其纷"，就是要把心里的纠结解掉，回到内心去。怎么解？就是要破除欲望。九二这一爻是射掉三只狐狸，狐狸就是欲望。六三"负且乘"，自以为很高，炫耀自己，制造麻烦。所以把这个纠结解掉。在这里，我还是要跟诸位强调，如果你们碰到一个爻是不好的，那就是问卦最重要的地方，也是你下功夫最重要的地方，这是关键。不要一看到不好的爻，有凶，就马上逃掉。要注意，正视它，解决它。再说，如果你占卜，一味地想听好话，那还不如拿钱去算命吧！

损卦（䷨）第四十一

一般人都不喜欢"损"字，好像是负面的意思；可是这个损卦，却是一个正面的意思。我们先看卦象，下面是泽，上面是山。湖把山底下的泥土瓦解掉了，好像有在损失，这是损的象征。但是上面艮，是止，下面是泽，是快乐。这也就是说，懂得止，才有快乐。这是正面的意思。

> 损。有孚，元吉，无咎，可贞，利有攸往。曷之用，二簋可用享。

"损"，意味着要损掉欲望，先"有孚"，有诚，还要"元"，即动机要善，则吉。要"无咎"，不要做有咎的事情，要心中无悔。"可贞"，把握正道。"贞"在这个卦是指六三和六五两个主爻，这两个主爻都是阴，故"贞"为阴柔，要谦虚。"利有攸往"，你可以进，可以做。"曷之用"，"曷"同"何"，意思是如何用这个卦。"二簋可用享"的"簋"是指用竹子做的碗或篮子，拿来献给上苍，为祭祀所用。这就是说用简单的东西来祭祀，代表你的诚意。这个卦辞里面，要点就是要有诚，动机要善，要心中无悔，要把握谦虚，要向上交流。

初九。已事遄往，无咎，酌损之。

初九"已事遄往"，自己的事情做完，才可以往前走，这样就无咎，没有麻烦。"酌损之"，"酌"字很重要，"损"就是损掉欲望，不能损得太快，要慢慢地损。损得太快，就像我们吃了太猛的药，反而使身体有亏。故要慢慢地、一点一点地减少欲望，不可能一下子把欲望消灭掉，这也就是老子所说的"少私寡欲"。很多人说老子讲"无欲"，人怎么可能无欲呢？"少私寡欲"，少一点私心，寡一点欲望。要酌量损，别损得太快。

九二。利贞，征凶，弗损，益之。

九二"利贞"，因为是阳爻，故要把握诚。"征凶"，"征"就是太过强烈地表现自己，不好。也就是说，在这根爻上，要把握诚，不要走得太快，虽然九二和六五是一对，是相应，但是九二在它的位上做它应该做的事，不要太早去找六五来赏识它、表功劳。"弗损益之"，不损不益，在这个爻上把握该做的事，不求损、不求益。我以前讲过，《易经》每一卦的第二爻多半代表修德，代表君子，要负起自己的责任。

六三。三人行，则损一人；一人行，则得其友。

六三有点怪，说"三人行，则损一人；一人行，则得其友"，这是对一件事情的描写，没有说吉凶。我们可以用一种方法来解释，等一下还要再加以检讨。俗话说，一个和尚挑水吃，两个和尚抬水吃，三个和尚没水吃。三个和尚推来推去，反而没水吃。"三人行"，有私心进来了，所以要损掉一人。从卦象上来讲，"三人行"，就是六三和九二、初九一起，因为六三乘九二和初九，阴乘阳，所以它要被损；如果六三跟上面的六四、六五一起走，三个都是阴，阴太多了，也有损。"一人行，则得其友"，如果六三"一人行"，跳过六四、六五，和上九一阴一阳相应，"则得其友"，得到上九的助力。这就是从卦的爻象来分析，至于人生怎么应用，后面再讲。

六四。损其疾，使遄有喜，无咎。

六四"损其疾"，"疾"就是毛病，要知道自己的毛病在哪里，把它损掉。"使遄有喜"，马上就有喜。六四是阴柔，损掉你的阴柔，就可以走，往"无咎"。所以，这一爻就是告诉我们，要了解自己的毛病在哪里，把它除掉。

六五。或益之，十朋之龟，弗克违，元吉。

六五"益"字出现了，损里面有益。下一卦就是益卦，损、益两个卦是互相转化的。损了以后，不是什么都没有了，损是为了求益，损掉欲望，是为了德行增长，所以"或益之"。"十朋之龟"，"十朋"代表很多，"龟"代表智慧和长寿，在这里代表智慧。这就是说，要损掉欲望，增加智慧。"弗克违"，"克"就是能，没有任何东西能够阻拦你，你就很顺，"元吉"。所以，六五是损之中讲益。

上九。弗损益之，无咎，贞吉，有攸往，得臣无家。

上九到了最高点，在天上了。天上就无所谓损益了，这就是天道，"弗损益之"，没有东西可损，也没有东西可益，所以不谈损益。"无咎"，没有麻烦。"贞吉"，在上九阳爻来说是把握诚，则吉。"利有攸往"，做任何事情都可以。"得臣无家"，这个句子在《易经》里面出现了两三次，比如君主得到一个臣子，这个臣子无私，以国为念，不以个人的家为念，也就是指上九的那一半也就是六三，六三没有私念。"三人行，则损一人"，说明六三想着家，想着朋友，就损。"一人行"，六三无党派无家，自己的力量完全贡献给上九，"则得其友"。

先把这六根爻做个简单总结：
第一爻，要降低你的需求。
第二爻，把握你的诚。
第三爻，去掉自私。
第四爻，要转化你的弱点。
第五爻，用谦卑来增加你的智慧。
第六爻，要转化小我为大我。

这是这六根爻的解释。接下来，对于损卦，我有些补充。我们知道孔子在《论语》里只用了恒卦的九三爻，但是在《孔子家语》里，提到他占了两次卦，分别是贲卦和损卦。他占到损卦之后，说了一段话，我摘出几个重点供大家参考。孔子认为，懂得损的人，能够"以虚受人"（"以虚受人"出自咸卦的《大象传》），虚其心，孔子说："自贤者，天下之善言不得闻于耳矣。"一个人自以为贤、自以为了不起、自以为是的话，别人给你的忠告是听不进去的。这句话就使我想到孔子说的"六十而耳顺"，耳顺就是耳朵打开，接纳别人的批评。如果你不自以为是，能损掉你的欲望，损掉你的自以为是，就能够接纳别人的意见。这是孔子占了损卦以后受到的影响。老子则把"损"用在很重要的位置上，他说："为学日益，为道日损，损之又损，以至于无为。"学习知识每天都希望有知识增加，追求道则每天都要损，故要无为，就是要损掉欲望，损掉执着。

　　我在讲禅宗课的时候，有位同学问，荣格认为以西方人的身份用东方人的思想和哲学来修身，会很危险，那要怎么办呢？他自己就占了一个卦，结果是损卦。这个答案倒是蛮有意思的。这说明西方人的思想自成体系，都自以为是；西方的宗教，也是独断论的，自以为是。所以，西方人的思想就是对观念执着，从西方人的角度来看中国的修养哲学，荣格认为是危险，这个问题我们谈到鼎卦时再谈。这个学生得到的答案是损卦，这就是要告诉他，西方人要先丢掉自己的思想路线，损不只是损其欲，也是损其知，也就是自以为知、自以为是，要把自以为是的观念损掉，才能进入中国的哲学。所以，"损"对荣格和其他西方学者来讲，

第二篇　闲谈《易经》六十四卦

是一个非常好的字,先损才能益。他们追求知识,也就是"为学日益",自己建立体系,认为自己的是如何得了不起,可以涵盖一切,却没有为他们的体系留空间,那就是"负且乘",自以为是。所以西方人要学中国的修养,要先损掉自己,不要自以为是,才能了解中国的修养。现在很多西方人讲修养,讲的都是外在的道德,不知道中国的修养是内心之德。

　　这就是我们讲的损卦,诸位看到损卦,第一个念头,要了解它是正面的含义,不是负面的。

益卦（䷩）第四十二

益卦上面是巽，下面是震，巽是顺，震是动，动而顺，就是做任何事情都很顺，这就是益。上面的巽代表树木，下面的震代表动，下面的能量在动，使得树木往上生长，也是益。从这个形象来看，就是可以发展，有益。

益。利有攸往，利涉大川。

"利有攸往"，有益，当然可以攸往，也必须攸往，不能停在那。"利涉大川"，益是讲智慧、精神的益，有智慧就可以利涉大川，涉大川虽有危险，但有危险的事也可以渡过。这个卦辞很简单，就是告诉我们这个卦我们可以往，可以去征服困难，渡过危险。

初九。利用为大作，元吉，无咎。

初九"利用为大作"，"大作"就是大有为，有高大的理想。"益"是指道德智慧，有智慧的话，就需要有伟大的理想来用你的智慧，所以大作。"元吉"，初九是元，是阳爻，开始的时候动机良善,则吉。"无咎",代表没有任何麻烦。

六二。或益之,十朋之龟,弗克违,永贞吉。王用享于帝,吉。

第二爻多半代表君子的修养功夫,也是讲益的精神和原则。"或益之,十朋之龟,弗克违",和损卦第五爻的爻辞一样。第二爻是君子,所以强调要有智慧。"永贞吉",永远地把握你的贞。六二是阴柔,要把握你的谦虚,智慧就来自你的谦虚。"王用享于帝","享于帝"意思是用祭祀来表达对天道的谦虚。所以,祭祀就是把我们自己放在低的地方,表达我们的真诚和谦虚,如果这样做则吉。

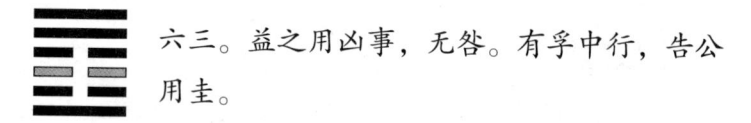

六三。益之用凶事,无咎。有孚中行,告公用圭。

六三"益之用凶事","凶事"就是不好的事情,比如战争、死亡。即使在凶事里面,也可以得到智慧,智慧不仅可以用在好的事情上,还可以用在危险和不好的事情上,即用在凶事上。老子讲"慈以战则胜",以慈悲来战,则胜。"慈",就是益——智慧,慈悲可以用在战争上。所以,尽管是凶事,在凶事里也可以得到智慧、运用智慧。"无咎"说明这样的话就没有麻烦。"有孚中行","中行"就是中正之行、中和之行,要以诚去实践中和之行。"告公用圭","圭"是指古代大臣上朝时所拿的一块玉做的牌子。一方面用玉牌表示自己的纯洁,一方面有时在上面写字,记下向君主报告的内容。"圭"代表用纯洁和真诚来表达。

六四。中行，告公从。利用为依迁国。

六四又是"中行"。六三和六四都有一个"中"字，在一个卦里面，第三爻和第四爻在卦当中，所以用"中"字。"中"字就中国哲学来讲，有三个意义：一个是中庸的"中"；一个是中正的"中"；一个是中和的"中"。六三、六四都是阴爻，所以我解释为中和，用中和的行为表达自己。"告公从"，即使你向君主报告，君主顺从你，君主顺从到什么程度呢？"利用为依迁国"，即使是迁国都这么重要的事，君主也信任你。也就是说，你向君主报告，因为你的忠诚、纯洁，所以得到君主的信任、赏识。

九五。有孚惠心，勿问元吉。有孚惠我德。

九五"有孚"，孚就是诚，要有诚。"惠心"，惠是对人民有恩惠，在孔子来说就是仁德之心。有仁德之心，这是对君主讲的。"勿问元吉"，不要问占卜好不好，只要问你自己是不是善，有没有好的动机，则吉。这是告诉我们，如果真正有仁心，不用问占卜就很好。"有孚惠我德"，这里强调"惠我德"，什么意思呢？"惠我德"是说德可以给予人民，可以恩惠于人民。还有，"惠我德"，是说我的仁德要恩惠于人民，才是仁德。这里两次用到"惠"，一是惠心，一是惠我德，"益"字我前面讲了，是益智，也就是九五把知识转化成智慧，把智慧转变成道德，这是一个重要的提升。

上九。莫益之，或击之，立心勿恒，凶。

上九"莫益之"，已是天道，不再求益了。如果还讲求益，"或击之"，就会受到打击和批评。那么这两句讲什么呢？比如你创办一个事业，一直发展得很好，发展到最高峰时，还要一直强调发展，还想赚更多钱，就会受到人家的妒忌或者阻碍、打击，就是"或击之"。"立心勿恒"，什么是恒？我在恒卦里讲了四个条件，第一个是逐渐地发展，第二是持续发展，第三要有原则，第四要有理想。"立心勿恒"就是没有原则没有理想，结果自然凶。作为益，是要追求智慧，要有理想，智慧要对人类有益。如果智慧只是空洞的智慧，那对人类有什么益处？所谓的智慧神通反而是一种危险。

我先把这六根爻做个简单总结，这个总结不单纯是讲这个卦，还可以用在别的事物上，比如创业、学业以及其他方面。总结如下：

第一爻，有为。

第二爻，要谦虚。

第三爻，以诚信面对困难。

第四爻，要把握中和之德。

第五爻，要有仁心。

第六爻，有恒、有原则、有理想。

在讲损卦时，我引证了老子的"为学日益，为道日损"，意思是"为学"，需要每天每天增加；"为道"，需要每天每天减少。二者并不冲突。很多人误解了，认为老子说"为道日损"，把为学也损掉了，误解了"绝学无忧"的意思。一方面，为学是往上，"为道日损"也是往上，今天损一点欲，德就往上一点，再损一点欲，德又往上一点。"损之又损，以至于无为"，不要误解成往下的，实际上还是往上的。所以"为学日益"和"为道日损"都是往上的，分别是知识和智慧的长进。所以，我替智慧下个定义，就是知识加上德行。

夬卦（☱）第四十三

"夬"字，加上竖心旁就是"快"，加上水就是"决"。由卦象来看，内卦是乾，为天；外卦是兑，为泽。泽在天上，天上怎么有泽呢？可见，这个泽的水可能会变成雨下来。内卦乾代表健，兑代表快乐，这也说明发展会带来快乐。就五根阳爻来看，夬卦阳盛，故称"君子道长"。如果以十二个月来看，这个卦差不多是夏天，把上面唯一的阴爻决掉就是盛夏，接下去就是秋天了。宋明理学家认为，五根阳爻是君子，一根阴爻是小人，"君子道长"，为君子决掉小人。这是君子、小人的说法，但我认为应该还有更好的解释。

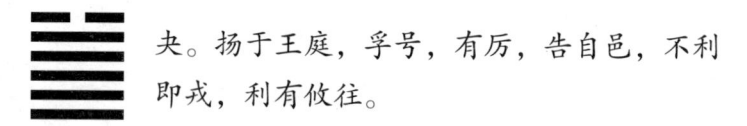

夬。扬于王庭，孚号，有厉，告自邑，不利即戎，利有攸往。

这六根爻里面，只有第五爻正对着第六爻阴爻，第五爻是君主，是这五根阳爻的领袖，是发号施令者，怎么对付这根阴爻？即"扬于王庭"。"孚号"，因为五根都是阳爻，故要有诚，也就是说，施号令于王庭，要有诚。"有厉"，是指外在有厉，即第六爻阴爻。这个时候，要"告自邑"，应付自己国内的问题，"不利即戎"，不利于到外面去征伐。但是"利有攸往"，因为有五根阳爻，阳者，健也，就是要往上走。至于怎么走，后面再讨论，但一定要动，不能停。

初九。壮于前趾，往不胜为咎。

初九是最开始的阳爻，代表脚，阳太盛的话，就算你的脚趾头很强，走起路来还是不方便——"往不胜"，所以在这根爻上就是要停，不要快速行动。"往不胜为咎"，阳刚太盛，就有问题、有麻烦。

九二。惕号，莫夜有戎，勿恤。

九二代表君子之德，所以"惕号"，有警惕的号令，当然这个号令是来警惕我们自己，不是用来打仗的。"莫夜有戎"，"莫"即暮，晚上有人来偷袭。"勿恤"，不要担心。只要有准备，保持警惕，就不要过分担心和忧虑。

九三。壮于頄，有凶。君子夬夬，独行遇雨，若濡，有愠，无咎。

九三阳太盛，多半是不好的。"壮于頄"，"頄"就是颧骨，算命的常说颧骨高则命太硬，这里是说你的壮表现在外，太强了，所以"有凶"。"君子夬夬"，"夬夬"就是阳太盛，君子碰到阳很盛，会"独行遇雨"。"独行"，九三和上六一阴一阳相应，上六是雨，九三独行碰到上六，遇到雨，遇到阴柔，需要阴柔来濡湿自己——

第二篇 闲谈《易经》六十四卦

"若濡"，好像雨把自己的衣服都弄湿了。"有愠"，有点不高兴，但"无咎"，没有问题。当你阳刚太盛，碰到下雨的时候，也许衣服都弄湿了，很郁闷，但是没有麻烦。也就是说九三需要上六的阴柔，否则阳刚太盛。

九四。臀无肤，其行次且。牵羊悔亡，闻言不信。

九四由内到外了，还是很强盛，所以"臀无肤"，屁股没有皮肤，坐不下去，坐不得。"其行次且"，也行不得。坐也不好，行也不好，因为阳刚太盛。下面三根阳爻，阳气太盛，冲着它，它要行，上面又是一根阳爻，也不能一味地去行。所以，坐和行都要仔细。怎么办？"牵羊悔亡"，"羊"就是阳，第四爻带领着下面三根阳爻，能够牵住它们，不让它们冲上来。九四是大臣，下面三根阳爻是人民或部下，要能够管得住他们，这样的话就没有后悔——"悔亡"。"闻言不信"，听到人家批评的话不要去信。那么，这些闲言闲语从何而来呢？诸位要知道，外卦是兑，代表嘴巴，上六就是嘴，上六和九五很近，上六向九五这个君主进谗言说，要注意九四这个大臣，下面有三个阳爻跟着他，功高震主。九四闻言，不要相信，而是以自己的诚告诉君主。所以，在这种情况下，九四要专心专意转化下面三根阳爻的力量，不要转到自己身上。如果九四把下面三根阳爻的力量转给自己，君主就会忌恨，只要转化下面三根阳爻的力量给九五，全心全意为其做事，就没有后悔的事。

九五。苋陆夬夬，中行无咎。

"苋陆"是一种草，长在阴暗环境下，因为上六就是阴，用这个草来说明这根爻上面有阴，阴暗压顶，故九五"夬夬"，很阳刚。"中行无咎"，这里的中行，和前面益卦的"中行"为中和不一样，因为九五是阳爻，这里解为中正，即行为要中正，君主要中正，因为中正，就不要去听闲言闲语，怀疑九四所代表的大臣，这样才无咎。

上六。无号，终有凶。

上六"无号，终有凶"，"无号"，哭都哭不出，"有凶"，不是糟糕吗？并不一定，我们要注意怎么去转化。先说"无号"，"号"有两个意思，一个是诫，一个是警惕。如果到了上六，是阴柔，下面五根阳爻跑来了，还没有警惕之心，就危险了，"终有凶"。如果说"无号，终有凶"是个条件句，那么大家读《易经》碰到这种不好的爻辞，要注意它是条件句，如果这样则凶，如果不这样就不会凶。也就是说，如果"无号"就凶，"有号"就可以避免凶。这在逻辑上来讲是通的。这一爻是告诉我们要警惕，否则有凶。要警惕，就用它的柔来转化。

我们先替本卦做一简要总纲：
初爻，戒刚强。

二爻，知惕。

三爻，不傲。

四爻，专心、向上。

五爻，中正而行。

上爻，诚信、而知返。

现在我给诸位来分析一下这个卦。传统的宋明理学家，都把五根阳爻当作君子，把唯一的一根阴爻当小人，要排除掉。当然，这是一种说法，但我们不能这么认为。因为，这个卦上面只有一根阴爻，如果把它决裂掉的话，就变成六阳乾，全阳。一个卦有阴有阳是有道理的，不能把唯一的阴爻消灭掉。关键在于要怎么运用它，怎么转化它。假定占到这一爻，怎么办呢？在这个爻上，有两个方法可以避过凶。第一个，上六和九三一阴一阳相应，上六可以得到九三的阳刚这一内援，使得它不会太过于柔。第二个，上六为什么有凶？因为上六乘九五，阴乘阳，凌驾于九五之上，当然不好，所以要转化，要返回到九五，归向于九五。这两个方法，一个是跟九三相应，一个是回到九五,九五和上六互相需要。也就是说，大家碰到一个卦的一个阳一个阴在一起的时候，要想到转化，阳要怎么转化阴，阴要怎么转化阳；不要说要消灭阳或消灭阴，阴阳不能互相消灭，阴阳相和才能够有发展。所以，不要讲消灭，要相和与转化，相和是表现，转化是功夫。

在这个卦上，孔子的《大象传》称"君子以施禄及下，居德则忌"，"禄"就是俸禄、薪水，"及下"就是到下面，也就是说君主要施他的禄位到下面。为什么要"施禄及下"？这个卦上面是湖，下面是乾，湖在天上，不能停在上面，所以湖水要变成雨下来——"施禄及下"。"居德则忌"，朱熹的解释不详，不知道怎么解释，程伊川则把"忌"字当作"禁"，"居德"就是安德，可以禁止错误，这样解释不好。他们没有想到用老子的思想。"居德"，就是自己以为有德，"则忌"，这是不好的。老子明明讲"上德不德，是以有德；下德不失德，是以无德"，上德的人，不讲德，这才是真正的德；下德的人讲道德，要不失德，天天说"我有道德、我要追求道德"，这样的德不离口，反而无德。这是老子清清楚楚讲的。最高的德，不要以为有德，不要居德。后来庄子也讲"临人以德"，危险。拿你的道德面对别人，说我有德，你没有德，你就不会有朋友，朋友都跑掉了。你标榜的道德很高，朋友就越少，人家没法和你相处，和你相处会觉得惭愧。从老庄思想里可以看出，为什么"居德则忌"。居德的话，你就不能把你的恩惠施给人民，湖里的水就流不下来。也就是说，在这个卦里，五根阳爻碰到阴爻，不是要把阴爻打掉，而是如何保留和转化这个阴爻。在上面的阴爻，也要很谦虚地跟阳爻配合。我认为这是夬卦真正的要义。

姤卦（☰☴）第四十四

夬卦一阴在上面，姤卦则一阴在下面，上面五根阳爻。这一倒过来，象就倒过来了，乾在上，巽在下，风在天下。风在天下，它就会及物，如果在天上，风吹来吹去，跟人没有任何关系。上面的风到了下面，就会碰到万物；碰到万物，就会触动万物的生机。正如教化如春风，使得万物能够发展。可见，这个卦讲遇，姤即遇。"邂逅"一词就是指突然而遇，风遇到万物，自然相遇。前面的夬讲分，这里的姤讲遇，正如人生有分有遇，分分遇遇。

姤。女壮，勿用取女。

姤卦卦辞常常被误解。"女壮"，被认为这根阴爻太壮了，她要应付五个阳爻；而且"勿用取女"，不要娶这个女孩子。以"姤"的字形来看，就是女后，后即皇帝，女人当皇上，在中国历史上好像只有武则天。所以，这个卦很多人都认为非常负面，认为这位女子一女侍五夫，应付五个男人，太可怕了。其实不然，我们要换另外一个角度来看。"女壮，勿用取女"，这个阴爻必然往上发展，跟五根阳爻一步步都有交遇，所以阴爻怎么处理五根阳爻，五根阳爻怎么来处理这根阴爻，都是一个很大的考量。如果女不壮，这个女子就可以娶了。所以，要怎么使这个阴爻不过分地壮，而用她的阴柔来应付阳刚，是学问，也是功夫。

初六。系于金柅，贞吉，有攸往，见凶，羸豕孚蹢躅。

初六"系于金柅"，"柅"就是金属棒子，也就是说这个阴爻必须要用金属的棒子拴住，金属棒子在哪里？就是第二爻阳爻。它要跟第二爻阳爻相转化，阳爻支持它，使它不至于往上走得太快。"贞吉"，贞在阴爻，把握谦虚，不要"女壮"，不要以为我很壮，能对付五个男人，比男人还要男人，这就不好，所以要保持她的谦虚，用谦虚的方法来应付，用柔来应付，则吉。"有攸往"，可以往。但是，要知道它前面有五个阳爻，所以"有攸往"，会碰到凶。她可以往，因为不能停在那里，这个卦是讲遇的，遇到了就要往，但是她要注意随时有凶险。"羸豕"，这根爻是阴爻，它用猪来比喻，瘦得像小猪一样。"孚"，内心的诚，"蹢躅"，就是在那里跳动。这根阴爻，内心还是有诚的，诚在跳动。它以谦虚的方法，得到上面的让步，打开路让它走。这一爻的"贞"是谦虚，"孚"是有诚，诚和谦都出现在这个爻上，既用谦虚的方法，又有诚的力量，使得它能往上走。要记住，假如你们遇到这个爻，一定要把持谦和诚，不要以为自己是"武则天"。

九二。包有鱼，无咎，不利宾。

"包有鱼"，回忆一下，前面讲过，"包"是说上面那个爻包下面那个爻，"乘"是上面的爻驾驭下面的爻，"比"是下面的爻靠近上面的爻。鱼很清楚了，阴爻属鱼。九二包初六，就是那根金棒子，拴住小猪。九二要是能够包住初六，让初六不要发展太快，则无咎；包不住的话，则有咎。"不利宾"，包住这个阴爻，要做主人，不要做"宾"。什么叫"宾"？男追女，跪倒在石榴裙下，就是"宾"。所以，你要把握住你的阳刚，不要什么都顺着阴爻，无条件地投降，否则你就被阴爻所控制了。

九三。臀无肤，其行次且，厉，无大咎。

"臀无肤"，臀部没有皮肤，坐不下去了。九三乘九二，九二是阳刚，九三也是阳刚，就"坐"的意思来讲，九三坐不下去。"其行次且"，行也不畅通，不能行。为什么不能行呢？因为上面有三根阳爻，阳刚很盛，外面不能行，里面不能坐，坐立不安。就这个现象来说，"厉"即危险。但是"无大咎"，没有大的麻烦，有小的麻烦。小的麻烦在哪呢？因为第三爻和第六爻都是阳爻，不相应，上面又是三根阳爻，所以有咎，只是咎不大，上面三根阳爻不会害它，它可以慢慢走，不要走太快，所以没有大的麻烦。

九四。包无鱼，起凶。

九四很奇怪了，"包无鱼"，不像九二"包有鱼"，还可以包下面那根阴爻，让它发展不要太快。九四则不然，坐在九二、九三上面，它要包初六，被九三和九二挡住了，很难，故"包无鱼"。"起凶"，不直接说凶，先假设"包无鱼"的话，就会产生不好的现象——凶。实际上，九四和初六，一阴一阳，有婚姻的关系，凡是阴阳在第四爻和第一爻、第二爻和第五爻，常常出现婚姻的关系，它们是正配，结果被九二所包。举个例子来说：我在研究所读硕士的时候，有个女同学，她的男朋友刚刚出国。结果读硕士的时候，有另外一个男孩子追她，半年后她就变了，跟这个男的在一起了，毕业后就一起去法国了。那个去美国的前男友，就是九四，本来两人已经谈婚论嫁了，他先到美国去，准备将来接女友出去，结果碰到九二"近水楼台先得月"，结果被包去了。这种例子在现实生活中有很多，所以这里是警告九四，你应该跟初六是一对，现在被九二所包，包不住了，就产生凶。意思就是告诉九四，不要错失良机。

九五。以杞包瓜，含章，有陨自天。

"以杞包瓜"，杞是一种大树，叶子很大，叶子可以包东西。这里又出现"包"，这个包是针对初六，因为只有初六是阴爻。那么，瓜指的就是初六，九五怎么去包瓜呢？九五和初六太远了，但九五和九二是一对，九二包了初六，九五通过九二得到初六这一阴爻，用杞树的大叶子包住。所以，九五要"含章"，在几根阳爻当中，九五的阳非常强，他如果能够包瓜，得到初六由九二转过来的阴柔之气，就可以含章，把文采掩盖，不至于太显露。这样的话，"有陨自天"，就有好东西从天上降下来。

上九，姤其角，吝，无咎。

上九，一是指天，一是指头，就动物来讲，就是角，"姤其角"，就是相遇在角里面。角是很窄小的，相遇在很窄的地方，就如钻牛角尖，所以吝，不好，但是"无咎"。为什么无咎呢？传统解释认为，上九因为跑得最高，和初六没有关系。如果初六是麻烦制造者——漂亮的女人，上九离她太远，不受影响。这是把初六当麻烦制造者来看。就人生的运用来看，我认为这是遇到了最高峰，就像道家一样隐居了。隐居就是钻牛角尖，让人家看不见，虽然隐居了，不能发展抱负，也不愿意发展抱负，但"无咎"，不会惹麻烦，也不会有政治上的麻烦或其他的麻烦。有遇的话，就可能有幸或不幸，不遇的话就没有幸或不幸，所以无咎。

最后我给这个卦做个简单的总结：
第一爻，不要乱动。
第二爻，把握原则。
第三爻，不要刻意求和。
第四爻，把握时机。
第五爻，要包容。
第六爻，明哲保身，不求有功，但求无过。

这是六根爻的简要说明。下面我再讲一下，不要把初六看成麻烦制造者。古代的解释很多把这一爻看成是一个女人，说这个女人野心太大，要对付五个男人。我们不要这样认为，我们要注重的是这一根阴爻怎么应付五根阳爻，这五根阳爻怎么样处理这根阴爻。孔子在《大象传》中说："天下有风，姤。后以施命诰四方。"意思是说，风在天下，风吹到每个地方，君主的教化可以传四方。孔子在《象传》中说："天地相遇，品物咸章也。刚遇中正，天下大行也。姤之时义大矣哉！"完全是正面的说法。所以，这个卦我们也要从正面来看。正面看，初六是主爻，她和九二要互相得到转化，转化九二的阳刚，九二也要转化初六的阴柔。这两个爻互相转化，一个是刚中有柔，一个是柔中有刚，这很好，也很重要。初六还有一个机会，因为她跟九四是一对，所以她向上发展要有九四的帮助，九四是大臣，也要转化初六的阴柔，因为九四是阳刚，九五是阳刚，大臣阳刚，君主也阳刚，阳刚之气太盛，所以大臣跟初六相应，得到初六的阴柔转化，就可以用阴柔之气来处理九五的阳刚之气。也就是说，初六有两个机会，一个是向九二转化，一个是向九四转化，这个卦是讲遇，这个爻就是人生的机遇。文王把它写成一个卦，就是让我们了解如何刚中有柔、柔中有刚地处理问题。

萃卦（䷬）第四十五

"萃"是聚合的意思，如荟萃。就卦象来讲，上面是兑，为悦，下面是坤，为顺，顺着走能喜悦，就是聚合。君主聚合人心，让人民能跟着他走，得到喜悦、快乐。另外一个现象，上面是河泽，下面是地，泽在地上，水能够在地上聚集，这也是一个象征。文王写这个卦实际是说，当人心涣散的时候，一个君主或领导者，如何聚合人心。

> 萃。亨。王假有庙，利见大人，亨，利贞。用大牲吉，利有攸往。

卦辞很清楚，第一，"亨"，要聚合人心，先要了解，沟通非常重要。第二，"王假有庙"，君王要聚合人心，需借宗庙，祭天地的庙，庙代表精神的聚合，代表中国古代的信仰，所以要聚合人心，先要有一个信仰，让他们能够归顺于你。就像文王每年都要到岐山去祭祀，来表达他的诚和谦。《易经》如果是文王所写的话，也是为了让《易经》能够聚合人心，给人民留一个信仰的基础和精神的寄托，有一个思想的依归。这是他被放回来以后，建立周朝的一个最重要的理想——"王假有庙"。在汉代佛教传来以前，我们中国没有所谓的宗教观念，那时道教也不成教，我们只有普通的信仰，祭祀就是我们的信仰。中国的祭祀有两条路线，最早的祭祀是祭黄帝，祭有功劳的人，后来到夏禹时期，除了黄帝之外，也祭祖先，是对祖先的祭祀。这两个祭祀，巩固了中国人的信仰。中国人可以没有宗教的信仰，因为我们祭祖宗，求祖宗来维护我们的幸福，祭祖是中国很重要的信仰。宗庙就是祭祖的。"利见大人"，这一卦的主爻是九五，也就是大人，他要聚合人心，君主必须是个伟大的君主，所以说"利见大人"。"亨"，两次用"亨"，亨是沟通，比如祭祀，中国的祭祀，一个是向上的祭祀，一个是向旁边的，如祭大地山川之神和祭祖。两个"亨"字出现在卦辞里面，很少见，可见聚合人心，对于亨代表的了解与沟通是多么重要。"利贞"，利于贞，九五是君主、主爻，是阳爻、要诚，也就是说无论是祭天，还是祭祖先，都要诚。"用大牲吉"代表分量最重的祭祀，古代就是用牛、羊、猪三牲，不像小祭祀，放点水果之类就行。因为是君主，要聚合人心，所以祭祀要用大牲，才吉。"利有攸往"，是指可以往前走。

䷬ 初六。有孚不终，乃乱乃萃，若号一握为笑，勿恤，往无咎。

初六"有孚不终"，这是反过来讲的。"有孚"就是有诚，诚不能终，就是诚不够。"乃乱"，代表人民离开你，就乱了。"乃萃"，说明人民离开你之后，才把他们聚合。如果人民一开始就聚合的话，你就不用多此一举再去聚合了。为什么离开你？因为诚不够，才乱，然后才聚合。"若号一握为笑"，"若"，就像；"号"，就是彼此不了解的时候，"一握为笑"，跟他握手，转变为笑。人民也许不理解你，埋怨你，但是你要亲自去握他的手，然后转变为笑。这就是转乱为聚合。"勿恤"，意思是不要担心。"往无咎"，意思是如果你有这个诚意，可以往前去而没有咎害。

六二。引吉，无咎，孚乃利用禴。

六二"引吉，无咎"，"引"是上面的东西引过去，六二和九五相应，所以是指九五把六二引过去，引上正途。"引"也就是聚合、引领、领导。九五引领他们，则吉。"孚乃利用禴"，意思是你的诚心，就像一般的祭祀。"禴"是小祭祀，"大牲"是大的祭祀，禴是小的花果蔬菜的祭祀，因为六二阴柔、谦虚，而且他是在人臣的位置，不是君主的位置，不能用大牲，要用一般的祭祀来表达自己的诚意。

六三。萃如嗟如，无攸利，往无咎，小吝。

六三阴气太盛，多半代表不好，所以"萃如嗟如"，感叹了，有感叹就说明有怀疑。也就是说，当君主聚合你的时候，心里还不能完全相信。"无攸利"，不好。"往无咎"，你可以往，不要怀疑，不要感叹，才会无咎。"小吝"，只是一些小麻烦，因为第三爻阴柔，下面三根阴爻也是阴柔太多，所以有点小小的吝，实际上是没有大麻烦，要相信上面的君主，可以往前走。

易经新说

九四。大吉，无咎。

九四是大臣，聚合人心的话，大臣很重要。"大吉"，能够大则吉。也就是说，这个大臣要有为国家的想法，为大局的想法，不是为个人，能够大，则吉，小就不吉。这样才"无咎"。"大"字要注意，九四是帮助九五聚合人心的，如果他有私心，把人民聚合在他的手下，就有功高震主的嫌疑，这就是小，所以他应该有大的理想。

九五。萃有位，无咎。匪孚，元永贞，悔亡。

"萃有位"，聚合人心，要有你的位置，在这个位置上才能聚合，所以九五作为君主，在君位上才能发号施令去聚合人心。也就是说，九四不在位置上，要为了国家，要为大；到了九五，在这个位置上，可以光明正大地去聚合人心，使得人民跟随你，就"无咎"。"匪孚"，"匪"是不，"孚"是诚信，假定你去聚合人心，人民还有不相信你的，因为一开始的初六"有孚不终"，有这个诚但是不能坚持这个诚，所以，也许人民不相信你，那怎么办呢？要"元永贞"，"元"就是动机是善的，因为九五是阳爻，要永远地把握你的诚，用你的诚去化人民。即使有的人民还不相信，但你永远把握诚意去感化他们，这样就"悔亡"，不会有后悔的事情了。

上六。赍咨涕洟，无咎。

上六，一根阴爻，乘两根阳爻，跟六三又不相应，所以"赍咨涕洟"，唉声叹气，一把鼻涕一把眼泪。这是从阴爻来讲的，阴爻当然是流泪、鼻涕、水等。这个爻告诉你，你要一把鼻涕一把眼泪地感叹，谦虚地感叹，"无咎"，不然就有咎。这是个条件句。意思就是，你要流泪，你要聚合人民，你要用眼泪去感化别人。最好的例子就是《三国演义》里的刘备，每次五虎将出去打仗的时候，他都要流眼泪，说自己不会武功，要靠弟兄们去打仗，很惭愧。他就是靠泪水去感化这些将军们，泪水的力量是可以聚合人心。刘备的流泪是不是虚情假意我不知道，但《易经》这里讲的不是虚情假意的流泪，而是讲真情的，文王不是在教你怎么假装。因为外卦是泽，代表水，因为聚合人心要用情感，流泪就是用情感聚合人心。

我们先看一下这六个爻的简单总结：
第一爻，要以诚相交。
第二爻，以诚来表达自己。
第三爻，要往光明处走。
第四爻，心胸要宽广。
第五爻，以诚动人。
第六爻，以情动人。

这个卦我现在回顾一下。前面"有孚"出现一次,"不终",到了六二,"孚"字又出现,到了九五"匪孚",出现了三次"孚",但是初六和九五的"孚"是负面的,是不相信,诚信不够。只有六二的"孚"是代表正面的诚信,这个卦讲的聚合人心,有时候人家也许不相信你,所以你要以真诚去感化,一方面是以诚来感化,一方面是以情来动人。

升卦（䷭）第四十六

升卦，是上面的萃卦倒过来。巽在下，巽指风，又指树木，还有潜伏的意思。上卦是坤，代表地。这里的内卦巽不能当风讲，要当作树木。地下有树木的种子，种子一发芽，就往上生长，所以是升，升就是发展生长的意思。升卦和晋卦相似，都是向上发展，但晋卦卦意是受君主提拔，升卦卦意则是自己往上升。"升"就代表提升自己的人格、德行，要靠自己的努力。升卦所代表的现象，其实我们每天都能见到，只是我们没有注意而已，像小孩子，从婴幼儿到成人，每年都在生长，不仅形体在发展，他们内在的知识、经验也在发展，这是看得见的。我们都是成人，外面的肉体好像没有变化，只有变老，但是我们内在的精神每天都在升，这是看不见的。

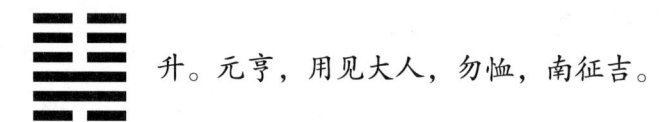

䷭ 升。元亨，用见大人，勿恤，南征吉。

升，要"元亨"，"元"就是开始的时候要善，动机要良善，"亨"，要沟通、了解，才能升。"用见大人"，用这个升可以遇到大人。"大人"是指六五，为升卦的主爻，碰到这样的主爻，往上升才很容易。"勿恤"，你在不断向上升的时候，不要怀疑太多，不

易经新说

要有过多的忧虑。"南征",往南边,为什么往南呢?下卦巽就方位来讲,是东南方,坤是西南,都是南边的。南方是谦柔,不像东北是阳刚,所以升是柔软的,不是硬来;如果能这样的话,则吉。

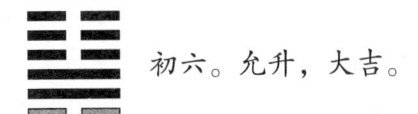

初六。允升,大吉。

初六"允升,大吉","允",就是别人允许你。如果在升的时候,别人都反对你、批评你,你怎么升?所以允代表下面的基础,有基础让你能够升。初六是刚开始,基础在哪里?就是谦虚。儒家常讲"下学而上达",要学才能上达,上达者,升也。要有下学的基础,你才能上达,不能直接跳过去上达。王阳明就拿"下学而上达"来批评禅宗,他说禅宗最高的境界和儒家是一样的——"上达",但是禅宗缺乏"下学",所以小孩子的教育,要从洒扫应对开始,然后才能提升他的人格。这是王阳明的看法。这一爻讲"下学",但"大吉",即能大则吉。虽然你在下面,但理想要大,要大有为,然后才能向上升。不能只是限于"下学",限于"下学"就上不去,要大,才吉。

九二。孚乃利用禴,无咎。

九二是阳爻,孚就是诚。你要上升,必要有诚。诚是动力,使你往上。"利用禴","禴"是一种简单的祭祀,用最简单的祭祀来表达你的诚意。因为九二是一般的君子之德,用普通的祭祀来表达我们的诚意,无咎。

九三。升虚邑。

九三"升虚邑",只有这三个字,没有讲吉凶。"邑"是城市。"虚"是一个重要的字。为什么讲"虚邑"?就卦象来讲很清楚,上面三根阴爻,空空的,才会升上去。"虚"就是指上面的坤。种子发芽后,土质一定要疏松,才能慢慢生长。如果是水泥地、柏油路,种子发的芽就冒不出来了。"虚"是非常重要的中国修养功夫,所以我要把这个字提出来跟大家单独讨论。老子讲"虚其心",就是虚掉心里面的欲望。

但这个"虚"字,老实说,西方人不懂。我上次讲到损卦的时候提到荣格说西方人研究中国修养哲学有危险。当时这句话,学生提出来了,我还不敢完全确定,所以我就写了电邮给申荷永博士,他是研究荣格的专家,他答复说确系荣格所说。但是要整合我们的意识和潜意识是很危险的,是什么危险呢?是西方人研究中国的修养哲学有危险,不是中国哲学危险,他们在研究过程中产生了困难,因为西方人不能"虚"。他们不知道虚,不能用"虚",他们都讲"有",他们的知识是"有",不懂得中国哲学的"虚",甚至他们也不太完全了解中国修养里面的谦虚,他们都是要跟人家争,都是要表达自己。我以我所写的《我与心:整体生命心理学》这本书为例说明。我在美国教书的时候对学生说,中国的心包含了"heart",也包含了"mind",他们就很奇怪,说mind是mind,heart是heart,heart是情的部分,mind是理智的部分,这一点他们分得很清。但是中国的心,两者皆有之,他们就很奇怪。后来我把中国的心分成四个层次跟他们说明：第一个是心脏，第二个是心意，第三个是心智，第四个是心神。心智最重要，心智是人类最重要的特色；没有心智，就没有一切的文明，就没有《老子》，没有《易经》，没有一切的哲学。心意是我们的感情、欲望、情绪，没有主体，只是刺激反应。心智则要到我们的心意里面去，指导我们处理所有的情感问题。譬如你的主管骂你，你马上不高兴，这是情绪的反应，但是你不敢马上发脾气，因为心智告诉你，如果发脾气就会被裁掉，这就是心智指导心意处理问题。但是心智即道德的规范，有时候又太强硬、太执着，到心意里面去，表现得太硬了，有时候我们的情感欲望会反对道德知识。这是弗洛伊德的批评，他把道德知识当成负面的。现在我们的心智要往上修养达到心神的境界。心神不是说有个东西在那里，其作用在"虚"，即虚掉我们对知识的执着。我们有知识，自以为是，像西方的哲学家，建立了一个理论体系，就以为这个体系是独一无二的。心神就把我们的执着虚掉。心神使得我们的心智可以柔软、不强硬，不自以为是。心智经过心神的转化，然后到了我们的意识里面去处理问题，就比较能够贴合我们的人生，容易被大家接受。这是心神的作用，心神重在"虚"。西方的心理学家，只讲到心智去处理意识的问题，没有讲到心神，心神的境界是道，道是虚的。

当然，我说的"虚"不是表示没有，它的作用是虚的，是虚掉我们的执着。西方人不懂得中国的虚，也就是不懂中国的道。我讲一个例子，在申荷永的书里记载了一段荣格的话，荣格有一次跟一个好朋友（也是心理学家），还有一个中国学者一起讨论道，那位心理学家问中国学者，我实在不了解你们中国的道，能不能举个例子给我解释，道究竟是什么？这位中国的学者就跑到窗口，指着外面的树和车等等说，这就是道，这就是道……那位心理学家说，你讲了半天，我还是不了解。荣格在旁边表示，自己了解到道了，他说"Dao is everything"，即道是一切万物。因为中国学者指着外面的一切事物说都是道，荣格以为他答对了。我看了这段对话，就要申荷永确定一下荣格所说的英文有没有错。他说，没有错。我说，荣格如果这么说，那么他就错了，道不是万物，道不是everything，道在万物，应该是："Dao is in everything, Dao is not everything."道不是一切万物，道在万物。庄子说，道无所不在。道不是具体的东西，道不是山，不是水，不是汽车，也不是树木，但是道在树木，在山川，在汽车，在一切东西里面。这也反映出西方人，就是要抓一个实在体，来证明道是什么。所以学心理学的学生常常告诉我说，我的老师说搞了半天，实在不知道道是什么。我说，要追求道是什么，这个观念就错了，道不是什么。这在后来的中国禅宗就讲得很清楚，如果问道是什么，就要吃棒喝。

　　道在万物里面，道在万物里面是什么呢？首先，道是在万物开始的时候，由小变大的那个趋势，任何东西都会由小变大，这是一个自然律，这是道的自然律。第二，道给万物以空间，小草有空间发展，大树也有空间发展，每个生命体的发展一定有空间。我们不知道道是什么，老子也没讲道是什么，但是道有这两个作用。道给万物以空间，这个空间就是虚。老子讲"虚其心"，庄子也讲虚，中国哲学里的"虚"字是非常重要的。《庄子·养生主》中庖丁解牛，文惠君问他解牛有什么高明的技巧。他说，我开始的时候，刀大概用了几次就钝了，后来技术进入道的境界，一把刀用了十九年，刀锋一点都没有损伤。为什么呢？他说，牛肉里面是有空隙的，我的刀是很薄的，不厚的刀进入牛身体里的空间，"謋然已解"。其间的空隙，就代表虚。我们每天所看到的东西就像牛身，我们不会用虚的时候，就会碰到骨头、肉筋，我们的精神就像刀一样，砍、砍、砍，把我们的精神砍坏了，精神日日消损。这是因为我们面对的万物都是盘根错节，只看到它们的现象部分，不知道空隙在哪里，我们的精神如果找到空隙的话，就不会损伤。这是庄子讲的虚。庄子还有个故事讲得很好，说有一个船夫在划船，看到有个船横在前方，很生气，就像我们开车看到前面的车子挡路会很生气一样，一个文雅的人可能会骂出声，后来船夫划到那艘船边时发现，船里没有人，代表虚，船夫不想骂了，因为里面没有人呀，这就是虚的作用。我讲这些例子就是说明，中国哲学，这里主要指老庄，而老庄影响了中国佛学，也就是禅宗，禅宗也讲虚。六祖慧能受到佛学般若思想的影响，会讲空，但是他对空的运用，不是印度佛学所说的外在的万物都是因缘聚合，没有自性，没有本体，所以是空的。慧能讲的空，实际上是虚，虚掉我们的欲望、执着、是非，其实是把老庄哲学拿去用了，这是我最近发现的，禅宗讲的空，其实就是个"虚"字。所以，中国哲学这一套，其主要精神就是虚。

　　这个"虚"字非常重要，九三是由内到外的转变，阳气太盛，自以为是，很骄傲。"虚"字用在九三，就是告诉九三，要虚掉你的欲望、执着。老子讲"虚其心"，指欲望，也包括了知识，"不自见"，不要自以为有见，"不自是"，不以为自己是，这些都要

第二篇　闲谈《易经》六十四卦

去掉。欲和知都去掉的话，"为道日损，损之又损，以至于无为"。今天，我们的人格和精神要往上升，最大的阻碍是我们的欲望阻碍了我们的发展，没有给自己空间，不是人家阻碍了我们，而是我们自己阻碍了自己。所以，要把自己的欲望虚掉，把上面的阻碍虚掉，我们的精神才能获得提升。我们有欲望，想成为最有钱的人，成为富豪的欲望，就阻碍了我们，使我们的精神不能升。欲望越多，往上的路子就越窄。就《易经》来讲，往上走，需要有空间，这空间要自己给自己路子，由内到外，上面的坤就是空间。对内心来讲，要虚心，这是九三这一爻强调的，要虚掉心。可以说，这个"虚"字是升的最重要的条件。升不是外力让我们升，是我们自己能够提升。

六四。王用亨于岐山，吉，无咎。

六四"王用亨"，"亨"实际上是享，享就是贡献，即祭祀的时候拿东西给神享用。"岐山"就是文王常去祭祀的地方，表达他的诚意和谦虚。"吉，无咎"，这种祭祀有两个作用，一个是诚，是在阳爻；一个是谦，是在阴爻。祭祀是谦，对天表达谦虚，感谢天赐给我们国运昌隆，代表谦虚，所以谦也是诚。这里是阴爻，更是代表谦虚。因为外卦是地，代表坤德，当然是谦。

六五。贞吉，升阶。

六五是阴爻，"贞"是谦虚，故吉。"升阶"，这是说君主要给下面的人升阶，如果是政治的话，就是有阶梯可以一步步升上来。也就是升等的制度，代表升迁的制度，不是君主说我喜欢你，就让你升级。对一般人来讲，你要升的话，一定是一步一步的，不是一下子跳上去的。就像树木，一年长高一点，不是一下子从树苗就变成大树，一定要有逐步的阶梯。

上六。冥升，利于不息之贞。

上六"冥升，利于不息之贞"。"冥"字就是暗，暗就是遮盖，也就是你升的时候不要光芒太露，遮盖下你的光芒，即老子讲的"蔽其光"。最近，我悟出"冥字"另外一个意思，是从庄子而来，即《庄子·逍遥游》说"北冥有鱼，其名为鲲"里的"冥"字。鲲这条鱼，变成了鹏，鹏往上飞，飞到几万里的高空，一飞就是几个月，飞到南冥。我看到这里，突然对《易经》的"冥"字有了新的看法。可见，对《易经》的理解，可以随时随着自己的际遇有新的解释。《逍遥游》的北冥、南冥，有的人翻译成北海、南海，把冥当成海，这是不对的。"冥"是深远，深远得看不清楚，是玄深、玄远，很远的水天一色。说到水天一色，我突然又想到王勃的《滕王阁序》"落霞与孤鹜齐飞，秋水共长天一色"，秋水是海水，长天是天，共一色，是很深很远，天和水合在一起了。大家想想看，上六是不是天上？上卦坤又是地，但是位置是在天，这不就是天和地合在一起吗？这代表天地相合，很远，"冥"是无穷的远，看不清楚，所以要升，不是升到某一个地位。要注意，为什么虚邑？因为我们不要把一个标准放在那，我要升，做一个大富翁、大学问家、大政治家，就是一个标准框在那里了，使你的发展有限制。甚至中国的禅宗也说，连佛也不要成，把佛当成一个最高对象，这个佛就压住你，自性就不能发展了。所以，要无穷地远，没有止境地远，就是"冥"。也就是说，升没有一个限制，没有一个标准，下面这句话才讲得通——"利于不息之贞"，生生不息，能够永远发展，无穷无尽地不息。这是我对"冥升"的一个新的解释，跟"虚"有关，冥升的"冥"也是一种虚。

下面我们看这六根爻的简单总结：

第一爻，要有基础。

第二爻，要诚信。

第三爻，要把握一个"虚"字。

第四爻，诚和谦。

第五爻，要有阶梯，一步一步升。

第六爻，要生生不息，没有止境。

困卦（☱☵）第四十七

困卦，是艰难困苦。《易经》中讲困的地方很多，比如第三卦屯卦在开始的时候艰难，还有蹇卦，前面有阻碍，也是困难。这个卦是在困难当中，要如何来解困。《易经》一个卦名，有正反两种意思，表面来看是困于某种环境，另外一个意思是告诉我们如何解困。为什么困？我们看卦象，下面是水，上面是泽，湖泽是有水的，结果水从下面流掉了，上面的泽就没有水了，所以困。这是困的象征。另外一个象征是，内卦坎代表危险，上面的兑是嘴巴，祸从口出或者病从口入，都是危险的。还有，上面的口代表讲话，你讲出去的话，没有人相信你，也是困。一个嘴巴，一个危险，放在一起就代表困的意思。

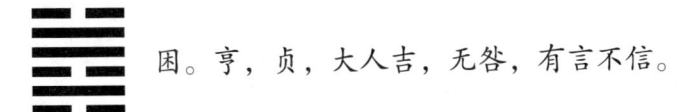

困。亨，贞，大人吉，无咎，有言不信。

卦辞里第一个字就是"亨"，在困难当中要沟通了解。为什么有困难？如何解决困难？"亨"字非常重要。"贞"，要把握你的正道。下卦坎，当中那一爻是阳爻，上下两根阴爻都是危险，只有当中那根阳爻爻辞多半有好的意思。所以，这是坎卦的主爻，是阳爻，代表诚。上面的九五也是主要的一爻，这两个爻是这个卦的主爻。这个贞就代表诚，在一个困难的环境中，要把握内心的诚和敬。"大人吉",因为九五至尊是大人,阳爻是大人,要有大人的气魄。"君子固穷,小人穷斯滥矣",这是孔子的话,在穷困的时候只有君子固守原则,小人就乱做了。大人吉,"无咎"。"有言不信",因为上面是言语,下面是危险,说明讲出来的话人家不相信你,故困。

初六。臀困于株木,入于幽谷,三岁不觌。

初六开始进入坎卦,坎是险,坎的初爻一定是进入危险。"臀困于株木",臀困于大树木,走不出去。"入于幽谷",坎是危险,进入危险的幽谷。"三岁不觌","三岁"代表很久,困很久都出不来。这根爻上没有正面的看法,只是告诉我们进入困境了。

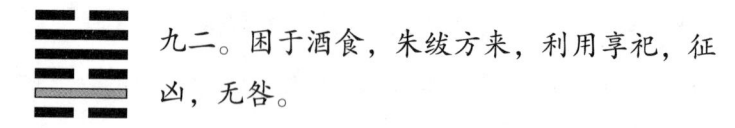

九二。困于酒食,朱绂方来,利用享祀,征凶,无咎。

九二"困于酒食","酒食"代表食物,在穷困的时候,没有钱,也没有人接济你。"朱绂方来","朱绂",朱颜色的袍子,代表君主的赏识,因为九二和九五是一对,所以在这个时候等待外援,希望君主给你救济。"方来",很快就来了。这时候,"利用享祀",我们要利用祭祀,表达自己的诚意。在我们的位置上,在困的时候不要乱动,"征凶",意思是到外面乱跑就凶。虽然"征凶",但是你能够利用祭祀的话,表达你的诚意,则无咎。不然的话,你冒险去乱动乱为,则凶。比如,今天世界上的能源危机,是困,最好不要乱动,越动的话越消耗。"困于酒食"就是没有钱,

易经新说
468

没有钱就不要乱动,要静静地等待如何解决问题,不要在外面乱跑,胡乱追求,那样就凶。

六三。因于石,据于蒺藜,入于其宫,不见其妻,凶。

六三又是不好的,"困于石",前面有石头挡住。"据于蒺藜",后面有带刺的荆棘,后退无路。说前进也不好,后退也不好。因为六三夹在两根阳爻当中,"入于其宫",宫代表家,进入他的家里面,"不见其妻",太太跑掉了。因为困穷,结果太太不干了,弃他而走。"妻",六三和上六是一对,都是阴爻,婚姻的关系也是没有感应的关系,所以"不见其妻,凶"。"六三"这根爻不好,是指他跑到内卦危险的上面,还骄傲,还自以为是。可见,"不见其妻",就是看不见自己的过错,不能反省自己。故在这根爻上多半要讲反省,在困难的时候要反省自己为什么有这种困境。这里的"妻"就是代表你内心,指你内在的问题。

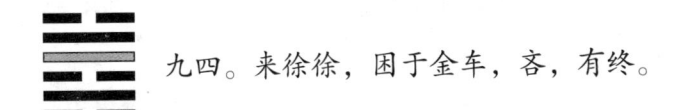

九四。来徐徐,困于金车,吝,有终。

九四和初六是一对,阴阳有感应,所以它可以解决问题,有解初六困之道。"来徐徐",来得很慢,不是快的。我们要注意这个"徐"字,慢慢地来,很重要,这也是老子思想的一个要点,老子主张很多问题要"徐徐",不要太快。"困于金车",金车就是结婚的时候来迎娶新娘的车子,也是运嫁妆的车,也就是说初六要来,却没有很快地来,因为没有好的嫁妆。这是个象征,代

第二篇 闲谈《易经》六十四卦

表沟通。也就是说，九四和初六是一对，他们有婚姻的关系，因为困于沟通，所以沟通上不是很畅快，要解决这个问题。"吝"，我们现在说嫁妆不好，不好意思。"有终"，说明结果还是好的，虽然慢一点，嫁妆多少没有关系，只要他们有感情，最后还是有终的。这是九四和初六的关系。

九五。劓刖，困于赤绂，乃徐有说，利用祭祀。

九五"劓刖"，劓是割掉鼻子，刖是断掉脚，都是很重的刑。重刑在这里象征非常困的情况，这一爻是君主，君主陷于困的境地，走不出去，没有鼻子没有脚，走不出去。困于什么地方呢？"困于赤绂"，"赤绂"就是赤色的衣服，诸侯所穿的衣服，代表诸侯、臣子，也就是说，九五和九二这一对没有相应，君主的困是因为他的诸侯没有前来朝拜，失去了诸侯的帮助。"乃徐"，要慢慢来，急不得。君主希望诸侯、大臣来朝拜你，辅助你，要慢慢来，不能太快。九四和九五都出现这个"徐"字，说明慢慢来很重要。"有说"，"说"是脱，脱困。"乃徐有说"，是说要慢慢地脱困，不能快。这时候，君主要"利用祭祀"，来表达自己的诚意。前面的萃卦说"王假有庙"，聚集人心。这里是说，要以祭祀之诚、宗教之诚来感化你的人民和臣子，让他们来帮你解困。

上六。困于葛藟，于臲卼，曰动悔。有悔，征吉。

上六"困于葛藟，于臲卼"，"葛藟"是有刺的草，"臲卼"

易经新说
470

代表不安定。因为上六是阴爻，乘两根阳爻，所以有不安的状况。这时候"曰动悔"，不能乱动，动就会有后悔。"有悔"，又来一个"悔"字，前面动就有悔，是有悔的结果；后面的"有悔"，是指悔悟，你知道错误，知道危险，有悔的心，悔之在前。在《易经》也好，在我们普通的用法里也好，都有两种悔，一个是做了不好的事情后悔；一个是悔悟以后不会再犯。前面的悔是结果，后面的悔是悔悟。所以，能知悔的话，"征吉"，你可以走，不然就不能动。

现在把六根爻做个简单总结，然后再说几个重要的要点。

第一爻，不能乱动。

第二爻，要把握住你的德。

第三爻，要得到内助。

第四爻，不要求快。

第五爻，要把握诚。

第六爻，要警惕自己。

这是很简单的六根爻的总结，现在我们回过头来看这个卦。传统的说法认为，第二爻和第五爻是两个主爻。第二爻的爻辞"困于酒食"，朱熹的注解就不太对，他说太多的酒食使得你厌倦，使得你欲望太多，困于欲望。其实不然，"困于酒食"是没有酒食，酒食是我们生活的必需品，在你困的时候没有食物、没有钱。这就是一般人的困，困有很多种情况，但主要的困就是没有钱，坐困愁城。"床头金尽，壮士无颜"，秦琼还要卖马，这都是困，没有钱是最大的困。所以，在整个卦里我认为九二是个主爻，困就是没有经济来源，但是真正了不起的人是不会因这个受困的，他可以解困。那么如何解困？有两种，一种像颜回，颜回"一箪食，一瓢饮，在陋巷，人不堪其忧，回也不改其乐"，他不把这种经济上的困穷当作一回事。另一种是庄子，他对于困穷可以淡然处之，可以超脱。我们知道，庄子在中国古代的哲学家里应该是最穷的了，穷到连煮饭的米都没有，他就跑到一个管长江的河侯朋友那里借钱。这个朋友说，我也没有钱，等发了薪水再给你。庄子听了，没有发脾气，还幽默了几句，说当我来向你借米的时候，我突然听到后面有人喊我，我回头一看没有人，只有一条鱼在地上，它离开水快死了，问我要水。我就告诉它，我现在没有水，等我到长江去，拿长江的水来救你。这条鱼就发脾气了，说等你拿长江的水来救我，我还不如到鱼店里去变成干鱼。这是庄子幽默地讽刺这位朋友。庄子非常穷，但是他很超脱，楚王找他做宰相，他拒绝了，还跟来找他的人说，你们国君的宫殿里有个死去的乌龟，国君对它非常好，给它装饰，但是它是死的，我还是宁愿做泥地里的乌龟，虽然不容易找到东西吃，但我是有生命的。可见，庄子认为生命重于食物，也就是精神重于物质。所以，这一爻的解困之道，是强调精神，精神的力量可以超越食物。文王把这一爻当主爻，其他的爻不是困于木头，就是困于石头，只有这一爻是困于酒食。

另外在这一卦里，我还要讲两点。一是初六，受困的开始。初六是阴爻，这一爻在爻辞里面，我们看不出教训，只告诉你三年都出不来；但是，我们在这一爻上要转化，把凶转成吉。初六阴柔，解困之道就是守静，不能躁动，要静下来，想想怎么解决问题。然后，九四、九五两个"徐"字，静下来想想问题之后，解决问题要慢慢来，不能快。因为困多半是经济方面的困，现在我们的困还有外在环境的困，如能源缺乏的困、找不到工作的困，这些困都要静下来慢慢解决，不能太快，越快，动得越大，你消耗的能量越多，越不能解决问题。这是我们在这个卦里面，要抓住这两个要点：一个是要静；一个是要徐。

还有一点，六三"入于其宫，不见其妻"，这是一个象征。太太即贤内助，在我们有困的时候，太太跑了，代表外援缺少，坐困愁城，外面都是树木荆棘，外援来不了，就像君主的诸侯来不了，金车来不了。在这个时候，我们要求内在的助力，妻是内助，内助也代表心，在心上来解决问题。这是个象征的说法，说是需要内助，没有外援，要自救。这几个字把握得住的话，遇到困的时候也许可以提供一些解决的方法。这个困字，我们还可以把它转化成一个非常有用有力量的东西，孔子说，有"生而知之"，有"学而知之"，有"困而知之"，在困里面找出问题，发展出我们的智慧；从困的谋略里，找出我们的路子来。所以，困是一种磨炼，是给我们的刺激、挑战。孟子就讲得很清楚："天将降大任于是人也，必先苦其心志，劳其筋骨，饿其体肤，空乏其身，行拂乱其所为，所以动心忍性，曾益其所不能。""饿其体肤"就是九二爻的"困于酒食"；"空乏其身，行拂乱其所为"，就是六三爻的走不出去；"人恒过，然后能改，困于心，衡于虑，而后作"，孟子用了"困"字，困于心，让心里受困，才能想出方法、得到智慧来解决问题。

我又想到，我在讲中国禅宗的公案时，学生们都莫名其妙，觉得那些公案都不合逻辑。我就开玩笑说，禅宗公案就把你逼到走投无路的时候，就像狗急跳墙一样，你才会跳出去，自己找方法解决。这就是困所赐予我们的正面力量。我们从儒家、禅宗里面，都可以得到困的启示。困不是一件多么坏的事，从困中我们可以得到很多教训和智慧。

井卦（䷯）第四十八

《易经》的卦名里面，多半是象征的某种事情，而把具体的东西当作卦名的，只有两个卦，一个井卦，还有一个是鼎卦，井和鼎都是具体的实物。井怎么看呢？我们看卦象，上面是坎，下面是巽，水下有木，木头把水吸进去，这就是井卦的象征。

井。改邑不改井，无丧无得，往来井井。汔至，亦未繘井，羸其瓶，凶。

卦辞有五个重点。先不说井代表什么意义，先描写井："改邑不改井。"在古代，每个村庄一定要有口井，因为需要有水喝，必须有井。有井的话，就有人聚集。如果一个村庄的人搬走了，不能把井搬走，井还在那里，井不会改变。这是第一点，描写井的不变性。第二，井水"无丧无得"，说明井水被打出来以后，泉水又来了，井中的水永远保持到原来的程度，不会因为你汲出多少就少多少。这是井的第二个特质。第三，"往来井井"，第一个井是动词，代表用这个井，这里是说人往来都要用这个井，说明井是有用的。第四，"汔至，亦未繘井"，"汔"就是几乎的意思，人想打水的时候，没有绳子，提不起来，代表打井水要有工具。第五，"羸其瓶"，"羸"就是破掉，"瓶"指打水用的容器，瓶破了，水打不上来，就凶。代表工具不能破，破掉的工具就没有用了。这五点表面上是讲井的特质，但是我们要注意，井卦真正是表现君子之德，这五个特质，也是君子的五个特质。

以君子来讲，"改邑不改井"，就是君子不受外在的影响，外在的事物无论怎么变动，他的原则和德行不变，这是君子的不变性。"无丧无得"，君子为人民做事情，没有私心，尽他的能力为人做事，不会说到一个时期精力没有了，能力没有了，他永远在服务人群，所以说"无丧无得"。第三，"往来井井"，人们到君子那里求解问题，所以很多人都围绕着君子，"就有道而正焉"。第四，大家来的时候，他要有方法，"未繘"就是绳子，用桶和绳子才能把水打上来，君子要帮助别人，要有方法，没有方法就没有用，尽管他有德行，但没有方法就不能帮助别人。第五，"羸其瓶"，方法旧了不行，他要温故而知新，随时有新想法新观念，来贡献给人群，即不能抱残守缺。这五点，从井到君子之德，所以这个卦实际上是在讲君子之德，拿井的作用来讲君子之德，是非常好、非常重要的一个卦。

☵☴ 初六。井泥不食，旧井无禽。

初爻"井泥不食，旧井无禽"，这口井，如果没有人去用它的话，下面就变成泥巴了。井水变成一大坨泥巴，飞鸟就不会来喝水了。这是描写井失去功能了。初六位不正，跟六四又不相应，所以是负面的一个看法。当井水变成泥巴之后，井里面是什么状况呢？请看下一爻。

九二。井谷射鲋，瓮敝漏。

"井谷射鲋"，井边上常常有水滴滴下来，水没有人用，所以就变成蝌蚪、小鱼游动的场所，好像井谷的水射小鱼一样。为什么呢？"瓮敝漏"，因为水瓶坏了，所以井底都是一些破旧的水瓶在那里，没有人管。前面这两根爻，描写古井没有人用，不能用。现在我们要使这个井有用，就必须翻新这口井。

九三。井渫不食，为我心恻，可用汲，王明，并受其福。

九三"井渫不食"，我们要把泥巴除掉。"渫"就是把泥巴除掉变成清洁的，但还是没有人来用这个水，"为我心恻"，我心里面就很难过。也就是说，我已经把井水弄干净了，但是人家不知道，所以我心里很难过。所以我要告诉他们，井水可以用，"可用汲"，赶快来汲水。如果有明君——"王明"，他能用我，"并受其福"，他就会受其福。这是讲君子，所以君子修德，做学问，是为了要报效朝廷，为了得到君主的赏识。这是九三由内到外，外面肯定希望有人用你。君子不能独善其身，一定要兼济天下。

六四。井甃，无咎。

六四跑到井的上面了，"井甃"，"甃"就是井壁，把它修整好了，人可以来打水，"无咎"，没有毛病。整个井都翻新了，不仅是下面的泥巴没有了，上面的井壁也修得整整齐齐。

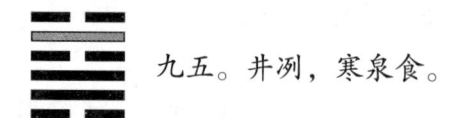

九五。井冽，寒泉食。

九五"井冽，寒泉食"，这时的井水，非常清洁，就像寒泉的泉水一样，可以饮。非常好的泉水，可以饮用，是指君子之德，修养得非常好。他的内心非常纯洁，像寒泉一样，九五是诚，他有诚之德。

上六。井收勿幕，有孚，元吉。

上六是井口，井口不会用石头压着，井口是永远开放的。"井收勿幕"，"勿幕"就是不要遮盖。"有孚，元吉"，他有诚，远远地拿他的诚意，来把自己贡献给所有人群。有这种元之善的动机，则吉。

这卦很清楚，我们先总结一下这六根爻：
第一爻，不要食古不化。
第二爻，不要自暴自弃。
第三爻，要等待别人来用。
第四爻，要修养你的行为。
第五爻，内心要非常纯净。
第六爻，永远开放自己。

这是就君子之德来讲。十几年前，我有感于井卦把君子之德描写得这么好，就把这六根爻翻译成像一首诗一样的英文，后来又翻译成了中文。英文的标题很有趣：I am a well，君子是一口井，每个人都像一口井一样。小标题是：I is a well，这个"I"不是"我"，是"易"，《易经》是一口井。《易经》是一口什么井呢？初爻，你想想看，《易经》如果是文王或文王后面的人继续完成的话，至少也是两三千年的东西，那是老东西、旧东西、古东西，结果《易经》摆在那，却没有人用。九二，因为《易经》是古东西，所以里面的句子都是当时的，没有现代的，这是第二爻。第三爻，它需要等人来用，《易经》要等我们去用它，如果没有占卜的话，《易经》会被大家所遗忘，如果没有孔子撰写"十翼"的话，《易经》也不会走入中国的哲学，会被人遗忘，所以《易经》要等人用。第四爻，《易经》要翻新，"温故而知新"，我们看《易经》，不是看两千年前的事情，要用现代的观念来看，要用《易经》来处理现在的事情，所以井壁要翻新。第五爻，它是很纯洁的，《易经》本身没有思想，本身是无为的，当我们去感应它，就把我们的问题放进去了，然后才是感应，所以《易经》不是上帝，它不会控制我们，它不是神仙，没有他自己的看法，就像"寒泉食"一样非常纯洁干净。第六爻，《易经》是永远开放的，谁要占卜谁就放进去，谁要念它都可以得到它的智慧，它永远开放，不仅开放给中国人，还开放给美国人、欧洲人，开放给现代所有的人，无论是大学教授、学生，还是一般老百姓，一视同仁，没有偏见。这是我说的《易经》是一口井。现在看看我那首诗的中文翻译：

井　颂

古井不波兮，飞禽遁迹；

伴我孤单兮，蝌蚪戏水；

孰能三顾兮，此心戚戚；

井壁修整兮，无怨无尤；

水复清凉兮，任君斟饮；

井口勿幕兮，情意长存。

"古井不波兮，飞禽遁迹"，是第一爻，没有鸟跑来，里面都是泥巴。"伴我孤单兮，蝌蚪戏水"，水滴下来，射那些小鱼，井底都是一些破桶，这是第二爻。"孰能三顾兮，此心戚戚"，君子之德需要明君的赏识，需要刘备三顾茅庐，孔明才会出现，所以要别人真正了解他。《礼记·儒行》就说"儒有席上之珍以待聘"，儒家就像酒席上的好菜，要等君主来赏识。要等待被用，这是第三爻。第四爻，"井壁修整兮，无怨无尤"，我修整了井壁，只是等待，也不怨恨，也不跑到外面去求人来开放，你不来我也没办法。第五爻，"水复清凉兮，任君斟饮"，你要多少我给你，"无得无丧"，我不会失去。第六爻，"井口勿幕兮，情意长存"，井口不要盖起来，我的诚心永远开放。这是我把六根爻先变成英文，然后又翻译成了中文的诗。我不是吹牛说自己的诗好，如果你认为这首诗好，那不是我写得好，而是井卦讲君子之德讲得太好了。诸位要注意，我们每个人都是君子，"井"暗喻每个人的心。

革卦（䷰）第四十九

革，就整个卦来讲，的确也是讲革命。商汤革命，这是文王之前的，文王把商汤的革命写成了革卦。这一方面反映了文王自己心里面也要革商纣的命。中国在差不多三千年前，商汤的时候，就有革命的事实。革命不是西方人的专利，中国早就有，君主如果实行暴政，对君主，人民可以取而代之。这是一个非常前卫的观点。我们要想，三千年前的文王在当时就把革命写成一个卦。"革"字本身，是指做皮革的过程中，要很用力地把毛去掉，所以代表很用力地去改，所以"革命"指用很大的力量去改变。这是"革"字的本义。就八卦来讲，下面是离火，上面是兑泽，泽水向下降，下面的火向上烧，水火相遇，水灭火，火灭水，代表了革命的现象。另一个现象，离代表光明，也代表文明；上面的兑代表快乐，文明而快乐，这就是革命之后要达到的境界。革命不能越革越乱，革命之后要有新气象，是文明的，是大家都感到快乐的。这两个象合在一起，就产生了革。

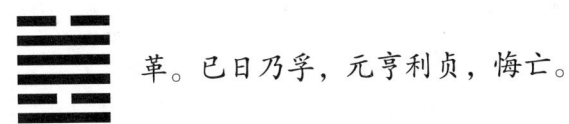

革。已日乃孚，元亨利贞，悔亡。

我们看卦辞。"已日乃孚"，"已日"就是已经到了这个日期，

"乃孚"，革命，要慢慢成熟，革命的时期，还是要诚，不是革命之前诚，革命之后不诚了，那就是欺骗人了。不要像某些政治人物选举的时候讲得很诚恳，选举成功后就不兑现了。"已日乃孚"有两重意思，一是到了那个时间才能改，一是过了那个时间之后，还能维持你的诚。下面就是"元亨利贞"四个字，元，动机要善；亨，要沟通了解；利，对人民有利；贞，把握正道。"悔亡"，是条件句，就如随卦的卦辞"元亨利贞，无咎"一样，要元亨利贞，才能无咎，不能乱随，乱随就有咎。同样，革命不是好事情，是要发动战争，要杀人的，所以要真正有"元亨利贞"这四德，才不会有后悔的事。

初九。巩用黄牛之革。

初九位正，但是和九四不相应，所以在这个位置上不能动。"巩用黄牛之革"，"巩"是巩固。用黄牛的皮革巩固基础。黄牛皮代表坚硬的皮革，在革命开始的时候，基础要非常坚固，就像文王被放出来之后，几十年的时间都在巩固基础，到他儿子的时候才敢发动革命。

六二。已日乃革之，征吉，无咎。

六二"已日乃革之，征吉，无咎"。传统的说法，都把这个卦的主爻放在第五爻，因为是君主革命，但在我看来，六二非常重要。六二的"已日"跟卦辞是一样的，卦辞所说的"已日乃孚"，就是讲的六二，故卦辞最主要的意思，在六二上。所以只有到了这个时间，准备充分，你才能革，时机不成熟不能革。"已日"就是已经到了那个时候。"征吉"，这个时候可以征伐了，吉。"无咎"，吉了还无咎，革命这件事是吉的，没有麻烦。本来革命不是好事情，是有麻烦的，是要伤人杀人的，只能无咎。如果你能够"已日"，准备好而革的话，即使伤人，也无咎。

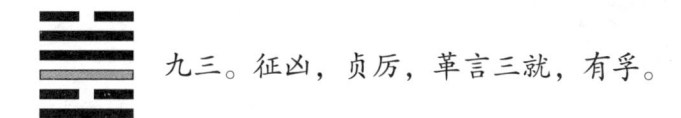

九三。征凶，贞厉，革言三就，有孚。

九三由内到外，这个爻很危险，要发动革命了。这个时候告诉你"征凶"，不要那么快。"贞"，把握你的正道，"厉"，有危险。九三是阳爻，在危险中要把握你的诚。"革言三就"，"三就"就是要三思而行，革命要三思，不能随意发动，要考虑周全。这个"三"发挥来讲，还可以是天时、地利、人和。等一下我们来看看什么爻是天时、地利、人和。这个爻就是告诉你，不要发动太快，要准备充足，天时、地利、人和配合。还要"有孚"，要有诚。可见，革命一直在强调有诚。

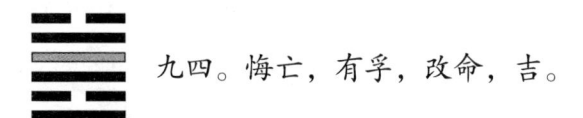

九四。悔亡，有孚，改命，吉。

九四又是"有孚"，"悔亡，有孚"，不要做后悔的事情，要有诚。九三是有诚，九四也是有诚。九四的有诚是对君主来讲的，因为九四是大臣，这是帮助那个发动革命的人来革命的，所以要有诚，还要能够"改命"，才吉。"命"字，一般来讲，最简单的是生命、命运、天命。生命暂时不讲，改命是改你的命运，能够顺从天命。在暴君之下的人民很痛苦，他们的命运被暴君所控制，现在要发动革命，改变他们的命运，就是要顺从天命。天给万物以生命，天给万物以人权，革命也是要让大家都有人权，所以改命的意思是改命运而顺从天命。命运和天命放在一起，吉。

九五。大人虎变，未占有孚。

九五就是改命运的结果。"大人虎变"，老虎是君主的象征，虎是万兽之王，有威仪，代表君主的威仪，虎变而成君主。这里用"大人"，而没有用君主，可见这个人不是原来的君主，可能是个君子或者是揭竿起义的人，就像刘邦一样，革命成功，成就了他的君主位置。下面四个字很重要，"未占有孚"，"未占"就是不要去占卜，不要去算你的命运，有诚就够了。真正有诚的话，不占也可以。《论语》里面，孔子讲到恒卦的九三"不恒其德，或承之羞"，然后讲到"不占而已矣"，不占就够了，真正能够把握诚，能够"恒其德"，不需要占卜。"未占有孚"，就是告诉君主，不要去算卦，要看你诚不诚。"有孚"又出现了，九三是有孚，九四是有孚，九五是有孚，在这个卦里面，这三根重要的爻都讲有孚，可见革命的基础就是要有诚。

上六。君子豹变，小人革面，征凶，居贞吉。

"君子豹变"，虎是君主，一般来说，大臣用豹，但是我认为豹还有另外一个意思，就是快。我们都知道，豹子跑得很快，甚至比老虎还快。在革命之后，君主很快就能够转变，这不是叛变，转变是改命。"小人革面"，小人转变以前的命运而转向天命，面向光明。这时候，"征凶"，不能再革命了，不能再用兵了，也就是说不能再做任何征伐的事情，因为革命之后要休养生息。"居贞吉"，要停留在你的位置上，上六是阴柔。这个爻就是告诉你，我们要以谦柔的方法来转向天命。为什么我一直讲天命呢？因为在《书经》里面，商汤革命的时候，就是讲天命，天命要我来拯救人民，所以我要革命，也许要发动战争，要伤害很多人，但是这是天命要惩罚暴君。所以革命之后，又跟天祷告，表示已经完成了革命，顺从了天命，要跟着天命而走。

我们先为本卦作一简要总纲：
初爻，须巩固基础。
二爻，待时而动。
三爻，三思而行。
四爻，要有诚。
五爻，大革新。
六爻，承顺天命。

前面我讲到了天时、地利、人和，这个卦里面，哪个爻讲的是天时？哪个爻讲的是地利？哪个爻讲的是人和？我发现，九三讲天命，为什么九三讲天命呢？因为九三和上六是一对。九三是阳，上六是阴，两爻相应，上六代表天，九三得天命，要有诚，才可以发动革命。所以，九三是天时。九四是地利，因为九四靠近君主，一方面带领前面的人，一方面比于君，所以，九四是地利。九五是人和，九五和六二是一对，且相应，所以，九五得到六二的人和。这三爻，我解释为天时、地利、人和，正好又是阳爻，聚集在一起，夹在两根阴爻当中。

　　孔子在革卦的《大象传》中说"君子以治历明时"，"历"是历法，革命和"治历明时"有什么关系呢？夏、商、周三代，每代都有它的历法，每个朝代改革都有新的历法，周天子每年也把历法颁布给所有诸侯，所以历法在中国古代是非常重要的。也就是说，历法就是天人之间的关系，了解天人之间的关系，了解时间的变化，才可以从事革命。

鼎卦（☲）第五十

我在前面说《易经》中只有两个卦，是专门用实物来命名的，一个是井，一个是鼎。这一卦就是鼎卦。传说夏禹铸造九个鼎，代表九州。国家朝代的迁移，也说鼎迁，鼎要迁到别的地方去。鼎代表国家，代表很重要，这是大鼎。小鼎是烹饪用具，但普通人家用不到，成语"钟鸣鼎食"，说的就是大户人家，用鼎来煮东西，这里的鼎是指烹饪的器皿。为什么这个卦用鼎命名？我们看看上下的八卦，上面是离，是火，下面是巽，代表风，也代表木。木头上面有火，就是拿木头烧火，火上面摆个鼎，代表鼎食。这是一个象征。还有一个就是，火代表光明，木代表生长，生长出光明来，鼎的另外一个意思就是在革命之后成立了一个新国家，也就是一个新的制度淘汰了旧的君主制度，就像汉朝淘汰了秦朝的暴政，定了新的制度，这就是鼎新。

鼎。元吉，亨。

"元吉"，定一个新的制度，一定要由元之善开始，要有好的动机，则吉。还要"亨"，就是要了解，制定一个新制度，必须要了解民心所归，民情风俗，才能定一个新的制度，适合民情。所以，元和亨非常重要。

初六。鼎颠趾，利出否，得妾以其子，无咎。

初六是阴爻，上面有三根阳爻。就这个卦来讲，初六就像鼎的脚，上面的三根阳爻就像鼎的肚子，装东西的，再上面两根爻，六五就像鼎耳，最上面一根就像一根棒子穿过鼎耳提起来，整个卦就是一个鼎。现在是鼎的脚，"鼎颠趾，利出否，得妾以其子，无咎"。我们前面讲过，革命要把旧的淘汰掉，就像我们用鼎来煮东西吃，需要把剩下的、旧的东西倒掉。鼎多半是三脚，把脚踮起来，把里面旧的东西倒出来，然后才可以放新的东西进去煮。"鼎颠趾，利出否"，就是把旧的、不好的东西倒出来。"得妾以其子"，古代为什么娶妾？有时是因为正房的太太没有生孩子，所以可以名正言顺地娶妾，妾生了儿子后，地位就变高了，甚至说可以代替正房的太太。这就象征革命，像刘邦本是普通人，革命成功后就成为君主。"无咎"，初六和九四是一对，且相应，所以这根爻很好。

九二。鼎有实，我仇有疾，不我能即，吉。

九二到了鼎的里面了。"有实"，代表鼎的肚子里要装东西。"我仇有疾，不我能即"，这两句话很有意思，但是卫礼贤翻译得并不好。"我仇有疾"，"仇"就是对方，也可以说同伴或者对手，但是我认为是对手、对方;"疾",是毛病,在《易经》里出现过八次,除了一次代表快,其他七次都代表毛病。但是,卫礼贤把"疾"翻译成妒忌,说我的对手虽然妒忌我,但是奈何不了我。"不我能即",就是不能即我,不能到我这里来。

荣格八十多岁的时候,卫礼贤已经去世多年,他翻译的《易经》德文版也被翻译成英文,英译者是荣格的朋友、学生,请荣格来作序。荣格迟迟不敢作序,因为他知道《易经》是占卜之书,他当时已八十高龄,在心理学界有很高的地位,担心写这篇序的话,会招来别人的批评。所以后来他就占了一个卦,看看卦怎么说,就占到了这个卦的九二爻。他看了这一爻,"我有实",我有对《易经》的了解,尽管那些朋友妒忌我,也奈何不了我。他就很高兴了,于是就写了序。这是他在序里面,一开始就以鼎卦来勉励自己。后来,我在长安大学开会时就说,荣格只会用卫礼贤的翻译,他的翻译虽然我认为是最好的,但还是有很多错误的地方,有很多值得商榷的地方。比如这里的"疾",不是嫉妒,而是有病。有什么病呢?病在上面两根爻。因为九二跟六五是一对,九二是阳,六五是阴,当九二要向上去和六五相合的时候,碰到了九三和九四这两个阻碍。所以,就《易经》的卦象、爻象来说,"我仇有疾",我的对手有毛病,这就是九三、九四两根爻有毛病,怪不得我。这到底是什么意思?我发现《易经》真是写得太好了。这里的两个毛病,正好对应到荣格那个时代宗教和哲学两派思想的毛病,也是西方思想的毛病。什么毛病?我们看看九三。

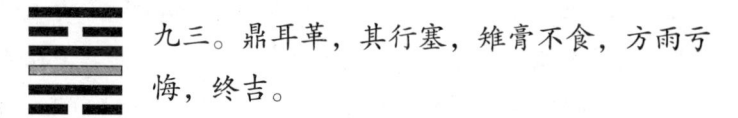

九三。鼎耳革，其行塞，雉膏不食，方雨亏悔，终吉。

九三"鼎耳革"，耳朵掉了，鼎有耳朵才能提得起来，所以没有耳朵就不能走了，抬不动了——"其行塞"。"雉膏不食"，虽然有好吃的鸡肉，也吃不到。鼎很大，提不起来，表示这根爻阳太盛了，所以"方雨亏悔"，有雨的话就没有毛病。需要有雨，就是需要谦虚，需要柔弱，"终吉"，最后才会吉。这个毛病是指什么？我们看西方历史的发展，一个是宗教，一个是西方哲学。就宗教来讲，我认为九三就是西方的宗教。因为荣格时代，宗教很盛，荣格去搞中国的占卜，宗教家把占卜看成迷信，就像我们的佛教把占卜当作外道。他们一定会批评。西方的宗教力量很大。他们的毛病就是"鼎耳革"，这些宗教家非常顽固，没有耳朵听别人的声音，只认为他们的宗教是最好的。荣格1961年过世，他为英文版写这篇序的时候，大概是1955年左右，那时西方的宗教已经犯了这个毛病，自以为大，耳朵塞住了，一直到今天。我们三千年前的文王写这个，他当然不知道后世这些事，但是他写的这些关系，拿到今天来讲，打中了西方宗教的痛点。孔子说"六十耳顺"，六十岁之后，才把耳朵打开听别人的声音，才足够开放，也就是说孔子在六十岁之前，在做司寇的时候，也犯了这个毛病，自以为是，自以为不惑，才被老子骂有骄态。

九四。鼎折足，覆公悚，其形渥，凶。

九四"鼎折足"，就是鼎足断了。"覆公悚"，把公侯们吃的东西倒出来了，弄得公侯身上衣服上都是脏东西——"其形渥"。脚折了代表不能行，这就是欧洲的哲学。欧洲哲学近百年以来，只搞观念的游戏，不切人生实际，不能解决人生的问题，所以他们不能行。从黑格尔一系列下来，最根本的毛病就是自以为是。西方都是自以为是。所以我在长安大学开会时发表的那篇论文说，中国哲学要跟西方哲学走在一起的这条路是走错了。西方哲学到近代已经是穷途末路了。被称为"非洲之子"，获诺贝尔和平奖的史怀泽先生，曾写过一本关于近代西方文明衰落的书，其中批评现在的西方哲学只会捡科学的口水，没有创建，这就是"鼎折足"。所以在荣格的那个时候，西方的宗教和哲学都有了病。他们自己有病，解决不了自己的问题，还能管我荣格去研究中国的哲学吗？荣格这个解释非常好啊。荣格如果了解《易经》的本质，懂得中文，把这两条运用到西方宗教和哲学上，是很好的。所以，我说《易经》这两个毛病正好指出了西方宗教和哲学的毛病。这种感应确实很神奇。我们要去了解和运用《易经》，文王当然不知道西方的宗教和哲学，他的文字我们要翻新，就像井一样，换新水，"温故而知新"，去认知并应对我们今天的问题。

六五。鼎黄耳，金铉，利贞。

六五"鼎黄耳"，鼎的两个耳朵为什么是黄色呢？黄色是土的颜色，六五是阴柔，黄耳是用黄金做的耳朵，黄金是刚中有柔的。"金铉"，指用金子做的耳扣。"利贞"，利于把握谦虚，就是把耳朵提起来，要柔弱，不要以强硬的方法。

上九。鼎玉铉，大吉，无不利。

"鼎玉铉"，是指那一根去提鼎的铁棒的手柄，是用玉做的。因为如果是铁做的，鼎很热，会导热，不能拿。所以用玉做的那个把柄，不烫手。"大吉"，能大则吉。"无不利"，要定的新制度，要有大的理想和愿景，则吉无不利。

现在我把这六根爻做个简要总结：
第一爻，要除旧。
第二爻，要实在。
第三爻，不要太自满。
第四爻，要切实可行。
第五爻，要柔和。
第六爻，要有诚信，以诚待物。

最后我要从整个观点来看鼎卦。在文王创作鼎卦卦辞的时候，是紧跟着革命的革而来，显然，鼎就是在革命之后，建立了制度。就整个卦来讲，原始的意义是建立新的制度。首先我们看孔子的象辞——"正位凝命"。"正位"就是正其位，就制度来讲，建立新制度，当然要依据它的位。《易经》有三把钥匙：一个是位，一个是时，一个是机，"凝命"在《易经》里，除了指君主的命令之外，多半指天命，不是指命运。"凝命"，朱熹解释为"天道不凝"，天道不是凝结在一个东西上，天道是无所不在的，涵盖一切的。但是"凝命"是另外一个意思，什么叫天命不凝？天命是一个空洞的思想，中庸讲"天命之谓性"，天命到我们的身体上就是性，我们的性是从天命而来的，所以这里就是把天命凝结在我们的性上，这就是凝命。每个人，每个东西，都有性，山有山性，川有川性，猫有猫性，狗有狗性，人有人性，天命给万物以性，万物以它的位置来发展它。所以"天命之谓性"的天命，就是天把责任交给我们。小草的性就发展成小草，大树的性就变成大树，人性各有不同，每个人的人性就发展出他的整个人格和人生。我们都是从性发展来的，性是从天命来的。"凝命"，就是把天命凝结在我们的性里面，把天命落实在我们的性上，我们就根据天命而行。鼎为什么是凝命呢？我们知道，在古代革命的时候，商汤讨伐夏桀，就向天祷告，我完成了我的天命。他把天命凝结在他的革命上，完成了他的使命。我们每个人都有自己的使命，天生我材必有用，我们每个人都有不同的使命，有大有小，这个使命就是天命，我们要完成它，落实它。鼎就是这个意思。这是孔子的注解。

从这个卦来讲，还有几个要点。比如初爻，大家往往忽略掉，鼎脚颠倒了，旧的东西出来了，也就是革命后需要除旧，但是诸位不要忘了"得妾以其子"，"子"是什么？"子"从哪里来？初六是阴爻，不是"子"。就卦辞来讲，"子"是指九二，也就是说，初六要向上吸收九二的阳气来发展，这是转化。初六转化九二的阳，使初六有阳刚之气，可以向上走。这是就爻辞来讲。我们把它拿来运用，很多人说传统的除旧，好像是把传统整个丢掉，这是有问题的。我们在除旧，转变传统的时候要明白，旧传统的里面，也有生机，也有好的东西；好的东西要抓住，不要整个一笔勾销。"子"是新的发展，"子"就是指新，就是指生机。这就是孔子讲的"温故而知新"。就如有些人旧的事业遇到到了瓶颈，要转成新的事业，但要转成新的事业，旧的事业不能完全丢掉，因为旧的事业里面有旧的经验，也有新发展的"机"，也就是初爻爻辞里的"子"；你要把握住这个才有新发展，不可能把旧的完全抛掉。所以"子"字诸位要注意，这是鼎新，鼎发展最重要的一点。还有"鼎有实"，创立一个制度，一定要实实在在。

最后我要提醒诸位注意的是，爻辞里的两个"耳"。一个是九二的"鼎耳革"，一个是六五的"鼎黄耳"。两个耳朵出现，可见新的制度、新的发展，两个耳朵很重要。耳朵就是能够听外面的谏言，要打开你的耳朵，开放你的耳朵来听。为什么六五的黄耳好呢？黄颜色，就是代表谦虚，要谦虚地听别人的看法，不要自以为是。所以，建立一个新制度，创造一个新事业，首先要把耳朵打开，听别人的意见，听很多人的谏言，要谦虚。到了上九，为什么要有"玉"？就制度来讲，玉是非常温和的，代表非常纯洁、温和，定一个制度，要很温和，要适合人民，不是很激烈的。以上这些重点，诸位都要把握住，不仅是古代国家的鼎、革命之后的制度，而且是每个人创造一个新事业、新体系。这些观念我认为都是转化的重点，是很重要的地方。

震卦（☳）第五十一

震卦卦象是两个雷重叠，雷代表震，大家感受最深的就是打雷。古代人没有很多科学知识，认为雷是雷公，犯了错误雷公会惩罚。就这个卦来说，是以闪电的雷声为主。我们现代人说地震，古代当然有地震，但是古代消息传播不广，有地方地震了，其他地方的人们都不知道。地震当然也是震，古人也有碰到的，但是碰到的不像雷那么多。还有一个震就是震惊、惊吓，人们惧怕的感觉，比如黄河的决堤，这也是震。我认为在古代，雷的震、地的震、河决堤的震，大概是主要的外在现象的震。讲抽象点，这个震就是震惊，不了解的事突然出来了，使人震惊、惧怕，这是心理感受。这个卦的震，就是从雷的震，讲到我们心里的惊惧。

> 震。亨。震来虩虩，笑言哑哑。震惊百里，不丧匕鬯。

卦辞首先讲"亨"，"亨"是沟通、了解，但是这个"亨"字有人认为是亨通，气的无所不通。我以为亨的意思就是沟通、了解，这就抓住了震的心理上的问题，因为你不了解，突然一件令你震惊的事情产生了，你要马上去了解为什么会发生这件事情，所以要了解、要沟通。本卦把"亨"字放在第一个，说明非常重要。"震来虩虩",突然打雷了,突然地震了,"虩虩"就是心理上的恐惧,不知道这个震是什么。但是了解之后,发现那不过是打雷而已,就感觉没有什么,几分钟过去了,"笑言哑哑"。"哑哑"两个字要注意,很多人当成快乐的意思,好像笑得很快乐,不是,"哑哑"就是没有声音,笑不出来。虽然你了解了,哦,原来如此,哑然失笑,但不是很快乐地笑。惊惧心理打消了,笑自己前面惊惧的感觉,原来不值得惊惧。"震惊百里",描写惊惧很深、很远,一个雷下来,声音传得很远,不知道是什么地方打下来的,还有黄河决堤,就是泛滥百里。这是描写惊惧之强烈。碰到惊惧非常强烈的时候,"不丧匕鬯","匕"就是叉子,祭祀上的叉子,叉东西用的;"鬯",是用玉做的,祭祀的时候,将酒洒在用于焚烧的草上,鬯就是那个盛酒的调羹。这两个东西,都是祭祀用的,代表精神上的信仰。"不丧匕鬯",就是不要丧失自己的信心。尽管外在有令人惊惧的事,但是自己的原则和信心,不要因为外在的惊惧而丧失掉。

这一点,我们可以用《三国演义》中的故事来说明。刘备还没成气候时,去见曹操,他们两个煮酒论英雄,曹操说"天下英雄,唯使君与操耳",意思是说当今天下只有你我二人才称得上是英雄。刘备一听这句话,手中的调羹就掉在地上。曹操说,唉,你喝汤的调羹为什么掉了?刘备说,我怕雷声,刚才打雷,我一害怕,调羹就掉了。曹操就此认为刘备是个懦夫,不是英雄,就没有杀刘备的念头了。"天下英雄,唯使君与操耳",一山不能容二虎,是不能留你的意思。刘备故意把调羹弄掉在地下,以示自己胆小。可见,"不丧匕鬯",就是不能失掉你的信心;刘备是故意弄掉餐具来装给曹操看。卦辞就是告诉你，尽管外在的事情有多么可怕，多么使人惊惧，但是信心都不要失掉。

初九。震来虩虩，后笑言哑哑，吉。

初九指震惊的事情来临的时候，心里充满着"虩虩"。"后笑言哑哑"，经过观察了解之后，就笑了，没有什么事，吉。这一爻，是卦辞的重复。我前面讲过，爻辞和卦辞有重复的时候，这一爻就是主爻。因为震是一根阳爻上面两根阴爻，这根阳爻代表动，代表开始，所以是主爻。

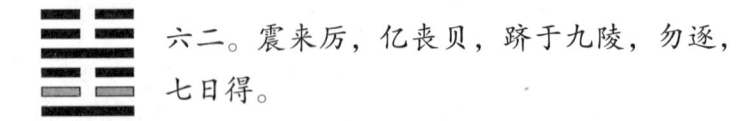

六二。震来厉，亿丧贝，跻于九陵，勿逐，七日得。

六二"震来厉"，有震惊的事情来的时候，不好，有危险。"亿丧贝"，"贝"是财物，古人拿贝壳当钱用；很多人都不知道"亿"怎么解释，亿是助词，就是"啊"的意思。啊，惊惧了，掉了财物。这就是丧掉物质的东西。比如大水来的时候，房子冲掉了，丧失了财物。这时候要注意，不要去找财物，赶快"跻于九陵"，"陵"是山，就是到山上去躲避灾难。"勿逐"，不要去追被水冲走的财物，财物丢掉了还可以赚回来。"七日得"，"七日"是指过一段时间，还是会得到。"得"，未必是得到丢失的东西，可能是另外的补偿，"留得青山在，不怕没柴烧"，只要保住命就可以赚钱。我举个例子吧，在旧金山，我住的地方有一次下大雨，泥石流毁掉了一座房子，是旧金山州立大学中文系主任的房子，也是中国人，他逃出来之后，发现还有很多文稿没有拿出来，就跑回去找他的文稿，结果就被泥石流掩埋在里面。这就证明了这句话，既然逃出来了，就不要再为了物质的东西而送命，文稿也是身外之物，不值得冒着生命风险去拿，结果命没有了，文章还有什么用。这一爻就是要你赶快保命。

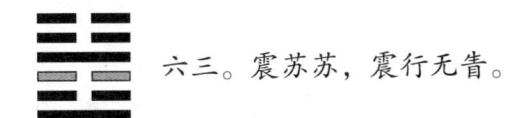

六三。震苏苏，震行无眚。

第三爻"震苏苏"，震来的时候"苏苏"，"苏苏"是形容心里的气很缓慢。震有两个意思，一个是外在的震，让我们内心产生惊惧，这是负面的；另一个是外面的震让我们产生警惕的心，这是正面的意思。"震行"，则是指六三本来是不好的，多半是指阴气过盛或阳气过盛，是要我们不骄傲，所以让我们"无眚"。"眚"是心里面的毛病，眼睛里面的毛病，就是看法有问题。故要反省自己，看看心里有什么毛病和缺点。也就是说，震来的时候，使我们可以反省自己做过什么错误的、后悔的事情。古代人在打雷的时候，常常反省自己，有没有做错事，没有做错就不怕了。

九四。震遂泥。

九四"震遂泥"，当震来的时候就掉到泥沼里了。我们知道，人掉到沼泽里的时候，不能乱动，越动就陷得越深。为什么这根爻有掉到泥沼里的现象呢？因为这根爻是阳爻，上面两个阴，下面又是两个阴，在四个阴当中，所以像身处泥沼。

六五。震往来，厉，亿无丧，有事。

六五爻辞为什么是"震往来"呢？因为下面是震，上面也是震，一个雷打完后，接着又一个雷打过来，这就是"震往来"。"厉"，代表心里面感到有危险。"亿"是感叹词，"无丧"，这个时候不要怕。什么是无丧？君主碰到国家有震惊的事情、惊惧的事情产生，不要失去原则。"有事"，指你要了解这时候有很多事情还要办，不要逃避，不要躲闪，不要像六二一样赶快就逃，要留下来处理事情。我记得三十年前旧金山大地震，当时大家都很恐慌，但是大地震之后，市长马上去各个地方考察发生了什么事情，这就是"有事"，你有责任，要处理问题，不要失去你的原则，不要失去你作为一方长官的责任。

上六。震索索，视矍矍，征凶。震不于其躬，于其邻，无咎。婚媾有言。

上六"震索索"，"索索"跟"苏苏"是一样的意思。就是震来了之后，你的精神、心理失去了感觉一样。"视矍矍"，眼睛张皇，不知道怎么办，这说明震惊来的时候，你的心理和眼神都呆板了。"征凶"，这个时候不能乱跑，要注意了。"震不于其躬，于其邻，无咎"，这句话我的解释是，当震惊来的时候，不要只想到自己，要想到自己的家人、邻居和同伴。我记得那次旧金山大地震，我在三楼，正好我的小女儿学古筝，一感觉到摇动，古筝都倒了，我的第一个念头是抱住我的女儿，怕古筝打到她头上。

这是父母对儿女的一种本能的反应。也就是说，当危险、震惊到来时，不要先想自己，要想赶快救人，这样才无咎。"婚媾有言"，结婚的事情，有批评，不好。比如，在大地震之后，假定你原先预定的婚礼在星期天，星期六晚上大地震，那么最好星期天的婚礼要取消，因为这时候有麻烦，很多人不能来。所以，在有惊惧、有危险、有麻烦的时候，不要急着办喜事，要把喜事延后。

我们先简单做一下六根爻的总结：
第一爻，要先了解实情。
第二爻，保身为要。
第三爻，要问心无愧。
第四爻，不要自陷于危险。
第五爻，要解决问题。
第六爻，要想到别人，不要只顾自己。

这就是震卦的总纲。那么，孔子的象辞对震卦有四个字的告诫——"恐惧修省"。"恐惧"就是震，"修"就是修养，是因恐惧而反省自己的修养。对于外来的一些问题，我们要反躬自问，看自己的修养有没有问题。这种恐惧下的修养和普通的修养不同。普通的修养，只讲我应该怎样怎样，只讲正面的。"恐惧修省"，是因为恐惧而产生修养，不是在扪心自问之后，问心无愧之后，就不管它了，而应该在恐惧修养、反省之后，还要回去解决因为恐惧震惊而产生的问题。

在这里，我想起了两个人，用占卜问到震卦。十多年前，有个荣格心理学家，不是我的学生，他有一次跑到我的办公室，说自己交了个女朋友，参加一个关于瑜伽打坐的团体，自己很担心她，于是占了个卦，是震卦。他占了震卦，因为他不知道用我们的方法，有原卦有变卦，然后知道他的位在哪里。他只是占卜到震卦，就来问我，这个问题怎么答？因为他得到的是整个卦，我就抓住卦辞来答。我问，你知道"亨"是什么意思吗？他说不知道，只知道卫礼贤翻译为气的贯穿。我说，亨就是要了解，你对女朋友参加某个社团，心里担忧，要去了解之后就知道怎么做。接着要"不丧匕鬯"，自己本来的原则不要丢失，就是他对交友的标准是什么。我只能这样去跟他解释。还有，一位中国大陆来的女学生，学了我的《易经》课后，她为哥哥占了一卦，原卦变了两个爻，就是震卦的上六和六五。上六是主要的，六五是次要的。她问的是哥哥和嫂子整天吵架要离婚的事。我一看，她也发现了，上六就是"婚媾有言"，婚姻有问题。怎么解决我也不知道，我不是婚姻专家，只能就《易经》来讲。我说，他们的婚姻的确有些问题，但下面那个爻"无丧，有事"，他们之间有冲突，但是不要失去原则。我就说，你去问你哥哥，为什么结婚？他们结婚后还生了个孩子，对孩子要怎么交代？这都是"有事"，不是你们离婚就完了，要去解决问题。我现在也不知道她的哥哥有没有解决问题，但我的意思就是说，你占卜问的事情，可能在某一个爻上，要看看它怎么解决。这是现实中的两个故事，我们虽然用的是占卜，但问的是如何用《易经》的智慧来解决我们遇到的问题。

艮卦（☶）第五十二

震是两个雷的重叠，反过来，就变成两个山的重叠了，即艮卦。山代表止，停止，因为山给我们的印象都是固定的，所以山代表不动，不是像浮云一样到处流动。我突然想到禅宗的洞山禅师的一首诗，诗本身并不是很好，但意思我要讲讲。那首诗说："青山白云父，白云青山儿。白云终日倚，青山总不知。"后面两句，在禅学上很有意思，白云早早晚晚都绕着青山，青山没有感觉。这是讲什么呢？青山就是讲我们的本体，白云就是现象。我们看到宇宙现象，无时无刻不在变，但是本体不动。现象就在那绕着自性，绕啊绕。我想以洞山禅师这首诗，来看艮卦。艮卦是止，止就是不动，本体不动。

艮其背，不获其身，行其庭，不见其人，无咎。

"艮其背"，背几乎无感，但是支撑了整个身体。"艮"字就像驼着背的身体。"不获其身"，"获"就是见、得，就是看不见他的身，因为背在后面，看不到身体。这个"身"，要注意，也包含了心。中国的身和心常常混用。我们说修身和修心，常常是混着用的。在中国的哲学里面，我不是说完全相同，但可以互通。

这是和西方心理学截然不同的，他们讲身是body，心是mind，这两者是分开的，说这两者老是合不来。我就告诉他们，我们中国这两者本来就可以合，我们的身就是心，心就是身，早就合了。"不获其身"，就是不强调这个身，身也代表自我。"行其庭，不见其人"，《金刚经》里面讲了四个"相"——"无我相，无人相，无众生相，无寿者相"，"不获其身"就是无我相，"不见其人"就是无人相。艮是在背上无我相、无人相。这样才无咎。

初六。艮其趾，无咎，利永贞。

以人的身体来说，艮是指背，初六代表脚。"艮其趾"，要止住你的脚趾，不要走。"无咎"，不要乱动、乱走，才不会有麻烦。"利永贞"，利于把握你的贞。贞在初六，是代表谦虚，要谦虚，处于卑下的地方，不要乱动，不要好强，先把你的脚止住。就如小孩子的禁足，他顽皮，不让他出去玩。

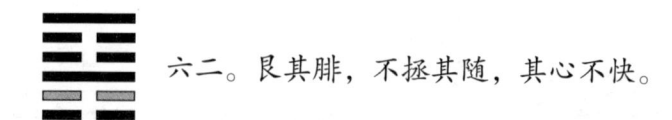

六二。艮其腓，不拯其随，其心不快。

"艮其腓"，"腓"就是小腿肉，止小腿肉。我们的脚趾本身不会动，小腿的肌肉会使脚动，所以真正使脚动的是小腿的肌肉。古代的军人都要打绑腿，因为行军要用小腿，绑上绑腿是为了可以走得远。"不拯其随，其心不快"，小腿肉就是自己没有主见，要跟随别人；如果不让他跟，他就不快乐。那么是跟随谁呢？跟九三。

易经新说

九三。艮其限，列其夤，厉熏心。

"艮其限"，"限"就是两个东西的界限，就是我们身体的当中。我们身体的当中，是指肾。肾是讲欲，肉欲、欲望、私欲等都是。中医说，肾是管性欲的，性欲就命令腿去动，看到漂亮女孩就去追。现在腿上止住，不让它跟着肾走，心里面不快。"列其夤"，把我们的腰分割，我们本来是完整的，因为欲望把它分割了。"厉熏心"，"厉"是危险，私欲熏心，肉欲熏心，危险。

六四。艮其身，无咎。

九四"艮其身"，"身"不是指全身，实际上是指心。所以是止其心。心代表欲望，也代表自我、自私，止其自我，则无咎。

六五。艮其辅，言有序，悔亡。

"艮其辅"，止其辅，"辅"就是脸颊，脸颊跟两个功能有关，一个是吃东西，一个是讲话，这两者要有限制。"言有序"，讲话要合时、有理、有次序，不要颠倒是非。"悔亡"，就没有悔。这是止住嘴巴。

上九。敦艮，吉。

上九"敦艮"，以敦来艮，以敦厚来止，结果吉。为什么要以敦厚来止呢？敦跟诚相通，但是诚和敦不同，诚是内心的真诚，敦是指德行之厚，像地一样。怎么以敦厚来止呢？就是止其欲，不要有私我，即念头很少。人的心是一直在动，腰也在动，腿肉也在动，脚也在动，但背肉是不动的，支撑了全身。《系辞传》里讲《易经》是"无思无为"的，没有思想，没有作为；"寂然不动"，寂然无念。所以它是自然而止。庄子也说过"无用之用"，但是它是以无用来用的。艮以"敦"来止住心念欲望的好动，这实际上是老庄的境界，也是禅宗的境界。文王是在老庄、禅宗之前，但就这个卦来讲，他以敦来止，和后来的老庄、禅宗思想是相通的，这也是《易经》高明的地方。

现在我们先看看这六根爻的简单总结：

第一爻，不动。

第二爻，不随便跟随。

第三爻，无私欲。

第四爻，不要有自我。

第五爻，慎言。

第六爻，以诚止动。

现在我要稍微提一下孔子的《大象传》对艮卦的解释："君

子以思不出其位。"就是根据我们的位做我们本分应做的事。这跟《中庸》相通，《中庸》说"素其位而行"，根据你的位来做事，在什么位就做什么事，不要跳过你的位，去想不应该做的事。所以艮的止，在儒家来讲，是止其所该止，即父亲止于慈，儿子止于孝，仁君止于爱民。以此为目标，所以每个人都要知其所该止。正如《大学》所说的"止于至善"，以至善为目标。老子说"知止"，知止是外面的形势，知道什么时候该止，要功成身退，不要一直占着那个位置，"知止则不殆"，老子讲的知止也是从文王的艮卦发展而来。

渐卦（☶☴）第五十三

渐，有三点水，是水鸟，住在水旁，能够飞，实际上就是鸿雁、鸿鸟之类。鸿鸟在飞的过程中，是渐，一步一步飞上去。一步一步飞上去，是根据渐卦的卦辞来讲的。文王用鸟来说明它飞翔的过程。这与内卦和外卦有什么作用呢？大家看，渐卦上面是巽，下面是艮。艮是山，巽是木，山上的树木，是根据山势，一步一步往上发展，一步一步往上生长的。

渐。女归吉，利贞。

"女归吉，利贞"，"归"就是女子嫁人。在古代，女儿在父母亲的家里是暂时的，十六七岁结婚之后，到了丈夫的家，那才是她一辈子的家，所以叫"归"。"女归"就是女子结婚，女孩子结婚和吉有什么关系呢？根据《礼记》记载，女子嫁到夫家，要经过六个步骤，第一是"纳采"，男方派媒人去送礼，有时候是雁，"渐"就是鸿雁。第二步，女方接受后，男方要"问名"，问女子的名字和生辰。第三步"纳吉"，把生辰给占卜算命的，看跟双方合不合。男女都很合的话，就是第四步"纳征"，去送聘礼。如果对方接受了聘礼，第五步"请期"，就去问哪一天可以办婚事。

第六步"亲迎",到了那一天就去将女子迎娶过门。这六步缺一不可,不能乱,要按照次序进行。所以女子嫁到男方家,要按照这些步骤一步一步来,要渐,这样才能吉。"利贞",这个贞是因为六二是主爻,阴爻是女,贞就代表要谦虚。女子要谦虚,要等待,不能一下子就跑到男方家去。

初六。鸿渐于干,小子厉,有言,无咎。

初六"鸿渐于干","干"是河边,水边的鸿鸟开始飞的时候,住在河岸上,它们的巢也在河边。"小子厉",就是说,它不能冒进,如果像男子一样拼命去追求对方,则"厉"。她是女性,要等待对方来问名、纳吉、纳征……一步一步地嫁,不能自动先跑去,如果像小伙子那样,就有危险。"有言,无咎","有言"就是会有闲话。因为初六和六四都是阴爻,初六的位又不正,就爻的位置来讲,不好。这里的"有言"就代表不好,但是"无咎"。这一爻讲的就是鸿鸟本来在河边的家里面,现在要飞出去了。

六二。鸿渐于磐,饮食衎衎,吉。

六二"鸿渐于磐","磐"是平整的大石头,鸿鸟飞到平整的大石头上。"饮食衎衎",它有东西吃,很快乐。这一爻是鸿鸟逐水草而居,因为六二和九五,是相应的,位正,故吉。

九三。鸿渐于陆，夫征不复，妇孕不育，凶，利御寇。

到了九三，指鸿鸟从大石块飞到陆地上。九三是艮卦山的头，这只鸟飞到陆地上来，就危险了。这根爻也代表危险。爻辞是象征的描写，就像丈夫出去征伐还没有回来，妇女有了身孕，不能育。这里有两种解释。如果她的丈夫在没有出去之前，使得妻子怀孕，那一个人在家带孩子是很艰难的事情。如果是丈夫出去后，她怀了孕，那就糟糕了，不守妇道，凶。在这一爻上，最重要的方法是"利御寇"。因为丈夫不在家，为防止坏人进来，要关好门窗，不要老是抛头露面，否则危险。

六四。鸿渐于木，或得其桷，无咎。

六四"鸿渐于木"，这只鸟又飞走了，从陆地上飞到高高的树木上。"或得其桷"，它找到了比较平的树枝。因为鸿鸟的脚底不像普通的鸟，可以抓树枝抓得很牢，鸿鸟大部分的时间是待在陆地上的，所以它的脚底很平，不能抓住树枝，只能在平的树枝上站立。站在平的树枝上，则无咎。

九五。鸿渐于陵，妇三岁不孕，终莫之胜，吉。

九五再飞，"鸿渐于陵"，飞到山上去了。"妇三岁不孕"，"三岁"指时间久，女孩子嫁了以后，三年没有怀孕，这在古代是很麻烦的事。但是"终莫之胜",经过一段时间的考验,最后还是怀孕了,吉。

上九。鸿渐于陆,其羽可用为仪,吉。

鸿不能停在高山上,也不能在空中一直飞,因为它是水鸟,所以到了上九,"鸿渐于陆",它又回到陆地上了。注意,渐发展到最后,要知返。回到陆地后,"其羽可用为仪",它掉下的羽毛可用为仪,"仪"是模范、表率。我们知道,鸟的羽毛可以用于跳舞,如八佾舞,就是拿着长长的鸟羽来跳舞的,就是说它可以成为仪表的模范。

整个卦是讲一个"渐"字,老子讲的"徐徐",就是"渐"。这个卦也影响了老子,老子说"反者道之动",返回去是道的动。一个东西的变,先是相反,相反到极点后又回去了。所以,中国古代的"反"字,跟"返"是相通的,先是相反,然后又返回去。"渐",是逐步地变,最后也要回去。

下面我们看每根爻的简单总结:
第一爻,不急,不要图快。
第二爻,要修德,要平和。
第三爻,戒刚强。
第四爻,要谦卑自处。
第五爻,要等待。
第六爻,要知返。

这是六根爻的解释。孔子在这一卦的《大象传》中说"君子以居贤德善俗",君子有贤德,"善俗"是使风俗改善,也就是改良风俗。中国的哲学实际上就是四个字——移风易俗。这是中国哲学的特质,跟西方哲学不同。西方哲学研究形而上的观念论,都是从抽象的观念研究,中国的哲学就是针对人民的风俗习惯去做改良。当移风易俗的时候,跟渐卦有什么关联呢?因为移风易俗快不得,不能说一下就变。风俗是多年积累成的,要改变风俗习惯,必须逐渐地、慢慢地改,不能快,一快就会出乱子,达不到效果不说,还有反作用。所以,孔子用"移风易俗"来诠释渐卦。

归妹卦（䷵）第五十四

归妹，"归"就是嫁，"妹"就是君主的妹妹或女儿。君主嫁妹妹或者君主嫁女儿，叫归妹。就卦象来讲，上面是震，下面是兑。兑是代表悦，震是动，所以是动而悦。嫁女儿是动，这件事双方都很快乐，对方没有觉得你高高在上。动而悦，这是对嫁女的一个象征。

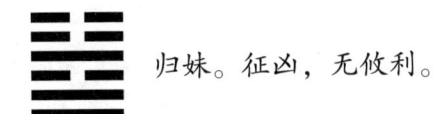

归妹。征凶，无攸利。

君主嫁女儿或嫁妹妹是给将军或者是有功的臣子，臣子多半不是王族，是比较低的身份，也就是高层嫁女儿给低层的人，这时候"征凶"，就是不要以为自己了不起，不要以为自己位置高，这样有"征"的心态的话，结果就凶，不好。"无攸利"，意思就是要谦虚。实际上整个卦辞是讲谦虚的，不要自以为高。

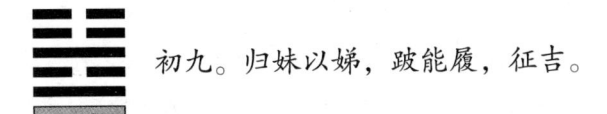

初九。归妹以娣，跛能履，征吉。

初九"归妹"，君主嫁他的妹妹或女儿，"以娣"就是表示自己的女儿地位低，以妾的身份嫁给男方，不以为自己是王族。"归妹"是一种制度，在商朝，帝乙（商汤）定了一个归妹的制度，即王族嫁公主给比较低的臣子，不要把王族的礼仪加给那些臣子，嫁过去后，原是公主身份的女儿、妹妹，要像普通的女人一样去服侍公婆，因为普通大臣见到公主要下跪，现在嫁给了他们的儿子，对待公婆要以公婆之礼，不要以公主之礼。这是当时归妹的制度。文王就拿这种制度来讲嫁公主时，要以这种比较低的妾的礼仪，这样的话"跛能履"，即使跛脚但还能走，也就是说要循着礼仪，可以走得通。合乎礼，就"征吉"，这样去嫁女儿就吉。

九二。眇能视，利幽人之贞。

九二"眇能视"，一只眼睛也能看。一般来说，一只眼睛就看不清楚了，现在一只眼睛也能看得清楚，是因为"利幽人之贞"。"幽人"，"幽"就是代表静，代表有德的人，"贞"，就是代表诚。你如果能把握诚的话，即使一只眼睛，也会看得清楚。

六三。归妹以须，反归以娣。

第三爻多半不好，"归妹以须"，"须"就是女子不守妇道，很蛮横，自以为高，不懂妇女之德，不懂服侍公婆之礼。所以，皇帝把这个公主嫁过去之后，"反归以娣"，对方不接受，这个公主让自己受不了，要退婚，就是"反归"，这是可以接受的。

九四。归妹愆期，迟归有时。

九四返回来之后，君主就教训这个公主，要她赶快改过，反省自己，知错能改，不要以公主的姿态再过去，这样对方就会接受了。这也是在说谦虚，要知错，能改正。

六五。帝乙归妹，其君之袂，不如其娣之袂良，月几望，吉。

六五"帝乙归妹"，"帝乙"可能指商汤，因为商朝有三个叫帝乙的王，我们多半认为是商汤。商汤嫁公主的时候，"其君之袂"，"君"就是指公主，"袂"指衣袖，"不如其娣之袂良"，还不如妃子的衣袖漂亮。这就是说公主像个普通人，没有带很多嫁妆来表现王族的威势。这样的话，"月几望"，"几"是几乎，月亮几乎要圆了，表示不自满，代表谦虚。这样的谦虚，则吉。

上六。女承筐无实，士刲羊无血，无攸利。

"女承筐无实"，女子拿着的篮子里没有东西，没有东西就是没有诚意。"士刲羊无血"，古代男人有很多会盟，把羊宰了，喝羊血，但是这只羊宰了，没有血，也就是没有东西，也没有诚意。也就是说，女方没有诚意，男方也没有诚意。"血"的象征出现，因为上六是阴爻，阴爻都是用血来代表。阴爻代表谦虚，无血也可以代表没有谦虚。归妹是要讲谦虚的，就男女两方来说，双方

第二篇　闲谈《易经》六十四卦

都没有诚意，那么婚姻关系就破裂了，不能结婚。这是字面上的意思。

这个卦不一定只讲嫁女儿，在别的地方也可以应用。因为我们现也没有君王，君王嫁女儿在古代应是常有的事，比如贵族将女儿嫁给平民。事实上今天也有很多有地位的人，把女儿嫁给地位比较低的人家。或者有地位的男人，娶了平民家的女儿，女孩子嫁入豪门，要受苦的。所以君王嫁公主，可以用到今天。

我先把六根爻做个简单总结：
第一爻，要守礼。
第二爻，要柔静。
第三爻，要能够反躬自问。
第四爻，要能等待，不要太快。
第五爻，要谦虚。
第六爻，要真诚。

现在我们再综观一下这个卦的哲学意义。归妹卦《大象传》称"君子以永终知敝"。敝就是破旧、弊端、缺点。朱熹的注释就没有抓住要点，他说，我们看它不合理的话，就知道这个婚姻不好。这样的解法太简单了。因为朱熹是儒家，他不知道"知敝"真正的哲学意义。"知敝"是老子哲学里的概念，老子说"蔽不新成"，要遮盖自己的光芒，不要快速地追求成就，这就是谦虚。归妹也是讲谦虚。知敝的哲学意义非常重要，有两个要点，第一是要知道自己的缺点。我们中国人不习惯讲自己的优点，这是受了传统道家思想的影响，只知道自己的缺点。第二，知道缺点之后要转化，将缺点转化成优点。这很重要。就我个人来讲，我在中国台湾的时候中文很流利，到了美国后，我的英文不好，英文成了我的缺点。那我要转化这个缺点为优点，就得面对这个缺点，不要因为英文不好就不敢写、不敢说。于是用英文写书，写了书之后，找英文好的学生帮我修正。这样的话，我才能转化缺点，学好英文。有的中国教授英文还不错，但是他很少写书，写了也不好意思找人帮他改正。所以，要自己知道缺点，还要愿意去转化它。这就是"知敝"。"永终"就是白头偕老，婚姻能够永远地发展。能够白头偕老，在这一过程中两方都要知道自己的缺点，不要都自以为是。两方都自以为是，那么就会争执，强调自己，固执己见，造成冲突。两方都知道自己的缺点，才能够很容易地融合，维持婚姻长久。

再看归妹的初爻"跛能履"，一只脚还能走，当然走不快，但是他知道一只脚走不快，所以走得很小心。第二爻，少了一只眼睛，是缺点，但是能看，他自己知道少了一只眼睛，所以不骄傲，不自以为是，也采纳别人的意见。九四，君王嫁女儿，被退婚了，在古代，退君王的婚是要杀头的，但这一爻退回来，还是教育女儿，很谦虚，不骄傲，教育完后，再嫁过去。这都是"知敝"。所以，要知道自己的缺点，非常重要。

上六这一爻，我想到一个故事。在四年前，上海的一个心理学中心请我去做了一次演讲。在讲课之前，主持人是一位女士，来接我的时候，提起她的儿子在美国读心理学。她说她先生想让儿子回来，但她不希望儿子回来，她觉得读完博士后最好在美国教一两年书，不要马上回来。所以，夫妻俩意见不同，一个要儿子回来，一个不要儿子回来。后来在课上讲完《易经》后，大家占卜。她占卦得到的是归妹的上六，一看"女承筐无实，士刲羊无血，无攸利"，脸色马上变了，这一爻一看，是不好的意思。我现在就这个问题来讲，"女承筐无实"，女就是指这位太太。"士刲羊无血"，就是她先生。先生要儿子回来，太太不想儿子回来，先生和太太都是以自己的意志为中心，都不是让他们的孩子自己做决定。也就是说，他们的诚和谦都不够，她希望儿子不要马上回来，先生希望儿子回来接班。两个人都是从自己的角度出发，缺少真正的诚意。真正的诚意是站在对方的立场，由对方做决定，不是把你的意见强加给对方。这一爻实际上是告诉他们这个道理。所以他们问的问题，是可以解决的，不是看到这一爻不好就完了，要研究为什么这样，以及怎么改正。

丰卦（☲☳）第五十五

丰，大家一看就知道，丰满、丰盛、丰衣足食，这都是好的意思。为什么有丰的现象呢？从八卦来看，内卦是离，离是火，是光明；外卦是震，是动。光明往上发展，光明动起来，是开发、发展，当然是丰。这是就卦象来讲，是光明披露。

丰。亨，王假之，勿忧，宜日中。

"亨"，在丰的时候，要了解怎么才能达到丰，怎样才处于丰。因为丰都是好的，但是丰满、丰盛就有些问题，因为满后面就是缺，盛后面就是衰，所以不是永远的丰，丰到最高要变。你要怎么处理这个"丰"，就要了解。但是丰很重要，"王假之"，"之"是指丰，王要借"丰"来治理国家，使得人民丰衣足食。"丰"是君王治国的最重要理想，让大家有饭吃，才可赢得民心。"勿忧"，不要忧虑。"宜日中"，丰是如日中天，固然很好，但是日头马上就斜。所以要注意时间，要把握时间，要使它不走下坡路，维持这个中。"中"，还有个意思，就是要把握中正之道。

初九。遇其配主，虽旬无咎，往有尚。

初九"遇其配主"，"配"就是其次，初九和九四是一对，但是它们两个都是阳，不是正应，所以讲"配主"，是配应。但初九要和九四相应，也可以，即两根阳爻都以诚意交流。但两根阴爻就不容易，所以在《易经》的爻辞里面，有时候可以看到，一四、二五、三六，两根都是阳爻，但还是好的，因为它们都以诚相交。"虽旬"，因为不相应，虽然短暂，"无咎"，还是好的。"往有尚"，可以往，虽然上面是阳，你也是阳，但可以往，可以相配，因为都是诚。"尚"字要注意，"尚"是崇尚，是有价值、有信仰，你的行为有原则，所以可以往。

六二。丰其蔀，日中见斗，往得疑疾，有孚发若，吉。

六二"丰其蔀"，"蔀"字，一般的解释当作草席讲，就是丰的过程中，光芒太盛了，用草席来遮盖。我不解释为草席，我解释为草地、草丛。光芒照耀到草丛中，被草遮住了，所以"日中见斗"，见北斗。"日中"，丰是日，是光明。内卦是离，离是太阳，光明，但是在光明的时候，你要知道黑暗，北斗是夜晚的。这就是老子讲的"明道若昧"，光明之道像暗的一样。"往得疑疾"，往上走，六二上面有两根阳爻，下面也是阳爻，被包围在三根阳爻当中，遮盖了它，所以有所怀疑，疑心对方不是自己的同类，是不是肯帮自己、能跟自己配合，心里面就有疑虑。还有，六二是阴柔，阴柔多半表示有疑虑。有点疑虑，但是"有孚发若"，要是诚的话，可以打开这个疑虑。"发"就是打开疑虑，不要怀疑。只要诚的话就可以往前走。要知道，丰的内卦是离火，是一直往上走的，故可以往上走，吉。

九三。丰其沛，日中见沫，折其右肱，无咎。

九三"丰其沛"，"沛"，有的注解当作旗或是车上遮盖的东西。我觉得"沛"是代表水汽。丰的过程中，碰到上面的水汽，被水汽遮住了。所以这时候"日中见沫"，沫是北斗星后面的一颗小星，看得更细了。"折其右肱"，折断你的右手臂，"无咎"。我们平常工作大多是用右手，左手是辅助。如果折其左臂的话，就表示还可以动。折其右臂的话，就不能乱动了，因为你主要的手臂断了。这就是说，你受伤了，不能动。虽然丰满，但是有损。所以，在这一爻上最好不要乱动。

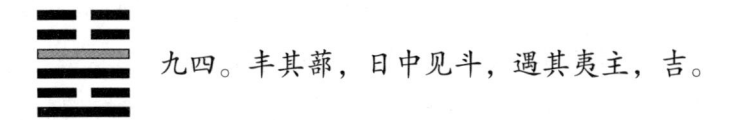

九四。丰其蔀，日中见斗，遇其夷主，吉。

九四"丰其蔀"，又是草丛。因为由内卦到了外面，火的光明到了外面，到了草丛。"日中见斗，遇其夷主"，"夷"代表平地。九四和初九是一对，初九代表地下，九四遇到初九，初九讲"配主"，是跟九四相配，九四"夷主"，就是和初九相配。虽然都是阳爻，但是他们可以以阳相通。"吉"，还好，都是以诚相通。

六五。来章，有庆誉，吉。

六五，到了君主之位了。"来章"，"章"就是光彩，丰是光明，六五是阴爻，但是它下面是两根阳爻，说明它下面的这些臣子、臣民，能够来归附于他。"有庆誉，吉"，"有庆"，有很好的赞美，故吉。所以，这一爻是站在丰盛的当中，一切好的东西都会归向于它。

上六。丰其屋，蔀其家，窥其户，阒其无人，三岁不觌，凶。

上六又是阴爻，又是暗了。"丰其屋，蔀其家"，到了屋顶了，屋顶又被杂草所掩盖。照理说，这一爻是看到天，但是现在在家里面，屋顶又被草所掩盖，不能看到天象，故很暗。所以说"窥其户"，从窗子上看进去，"阒其无人"，"阒"是静寂，里面静静的，没有一个人，空了。"三岁不觌"，"三岁"代表很久，"觌"，看不见。很久也看不见。说明太暗，是负面的意思。这是丰到最后，走入一个暗处。就像损到益、泰到否一样。丰到了最后也被屋顶所遮盖，看不见人了。

我先把六根爻的简单意思来总结一下：
第一爻，要有理想，要有信念。
第二爻，要谦虚。
第三爻，要保身为重。

第四爻，要求内援。

第五爻，光明外披。

第六爻，要掩盖你的光芒。

这一卦我们要注意，老子拿来发挥就说"明道若昧"，光明之道像暗的一样。我们看到丰，不要一直追求丰、追求光亮，要从暗的地方去看。日中要见"斗"，日中要见"沫"，要从暗的地方去了解，要从微的地方去注意，见微知著。所以，不要只看到光明。在一个大丰满的时候，接下来就会像泰卦到否卦一样。

再谈一下卦辞中的"王假之"。丰就是使人民丰衣足食，就是小康社会。我认为小康社会就是以经济为主，经济挂帅；大同社会，则是政治挂帅，以政治为主。这是我最近突然想到的。我们现在都讲小康，要有小康社会，邓小平说要先让一部分人富起来。这就是"假之"。丰，谈不上太平，太平是政治挂帅，那是理想，政治理想很难达到，经济理想我们能够完成。今天我们中国的社会还是小康社会，还没有达到太平盛世，那是一个政治理想。卦辞说"王假之"，即君王要靠它做起，以经济为基础啊。

旅卦（☲☶）第五十六

看到"旅"字，我们一下子就想到旅行，想到旅行就会很开心。其实，"旅"在古代不是指出去游玩，而是逆旅，不是顺的，不是好事情。逆旅，违反你本来的意思。在古代，从家乡跑出去，有几种情形，一种情形是出去赶考，考取功名，这是游学；另一种就是做生意，离乡背井。过去不像现在，交通方便。那时候，一离开家，长途跋涉，都是很危险的。出去游学、做生意，这还算正面的。还有一种就是被君主放逐或者一个国家的王子到另外一个国家做人质。还有就是大迁移，生活的地方有灾害，不得不离开，有很多诗描写移民生活，都是痛苦的。所以，旅是不得已的、痛苦的逆旅。

从卦来看，上卦是离卦，火；下卦是艮卦，山。山上有火，火从山上蔓延往下烧，烧得很长，山火不息。这是一个痛苦的经验。怎样止住这个火，使它不易燃烧，这是正面的意思。我们看看这个卦，负面和正面的意思怎么讲。

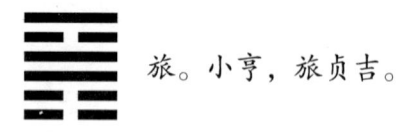

旅。小亨，旅贞吉。

在逆旅、流亡过程中，"小亨"，只能用沟通了解来做小事情，不能做大事情。也就是说，在逆旅中，小的事情上可以有一点点成就，但不是我们的理想。小才能亨，这个小，其实是指这个卦的第五爻阴爻，也是主爻。"旅贞吉"，所以旅卦要把握贞，也就是第五爻要谦虚。在逆旅、流亡过程中，要以谦虚的心态去处理，不能还以为自己是王子，还自以为是。被放逐了，要像平民一样，以谦虚的心态来面对这段旅程，这样才吉，否则就凶。

初六。旅琐琐，斯其所取灾。

我们现在看，流亡生活中，第一步怎么走。"旅琐琐"，"旅"是流亡，"琐"是琐碎的小事情。"斯其所取灾"，如果在流亡中，你偏偏去强调那些琐碎小事，放不开那些琐碎的小事情，就会有麻烦。《礼记·儒行》中说"道涂不争险易之利"，在旅途中，不要争那些小小的利益，如果去争的话，可能会有杀身之祸。也就是说，不要贪取，要学会放开。这是生活上的一个经验。很多人在旅途中，因为小事争执，动气，结果被杀。所以，不要执着于小事情，要有大格局。

六二。旅即次，怀其资，得童仆贞。

六二"旅即次"，"即"就是得到，"次"就是住的地方。在旅的过程中，在外流亡或逆旅中，最重要的是先找到安顿的地方。我常常和美国的教授、学生们聊天，西方哲学强调好奇心，他们就问中国人是不是也这样。我说，中国人没有那么多好奇心，中国人对宇宙、太空没什么好奇心，不像希腊人一开始就探讨宇宙的实在、宇宙的根本。中国人一开始就讲人生的问题，讲政治的问题，讲如何安民，如尧帝就是要使万邦安宁。我跟他们说，中国人到了美国第一件事是有了一点钱，先买房子。因为，买房子就是安居，有一个安定落脚的地方，不然永远有流亡的感觉。安居很重要，第二爻就是在讲这个。在流亡、移民过程中，要有安居的地方。"怀其资"，"资"就是钱财，赚了一点钱。中国人很会赚钱，很多人在美国买了房子，买了饭馆。"得童仆"，有了佣人。"贞"，就是要谦虚。第二爻就是表示，在流亡过程中，你要找到住的地方，赚了一点钱，可以暂时安居，这是重要的。

九三。旅焚其次，丧其童仆，贞厉。

九三，又是内卦到外卦，多半是不好的。"旅焚其次"，在流亡、移民过程中，房子被烧掉了。"丧其童仆"，家产和仆人也失去了。"贞厉"，在这个危险中，你要赶快把握你的贞。为什么烧掉？第三爻都代表骄傲。十年前，在旧金山附近的一个城市，一个有钱的中国人买了一幢漂亮的大洋房，当地的一些混混儿看不惯，就用炸弹来炸，把房子烧掉了。这就是说，在流亡中还表现自己有钱而去炫耀的话，人家就会把你的房子烧掉。因为炫耀和骄傲导致的麻烦，这都是自己引来的，尤其第三爻最易犯这个毛病。

九四。旅于处，得其资斧，我心不快。

到了第四爻，烧掉以后还是可以赚钱，又找到了地方住，"旅于处"，重新买了房子。"得其资斧"，"资斧"就是钱财，又赚了钱。这时候"我心不快"，心里面还是郁郁寡欢，虽然在外流亡赚了很多钱，但是并不快乐。因为离乡背井，住在别人的国家，所以还是怀念自己的故乡，心里不痛快。

六五。射雉一矢亡，终以誉命。

六五，回去吧！在外面流亡，要回去，也许你是被国家放逐在外面，现在要回去了。"一矢亡"，一箭射出去，把使你流亡的人杀掉。"终以誉命"，最后能够回复到你的命。命是什么？天也。回复到你的天命之中，所以你还要回去，顺从你的天命。你的天命让你回去，流亡是暂时的。

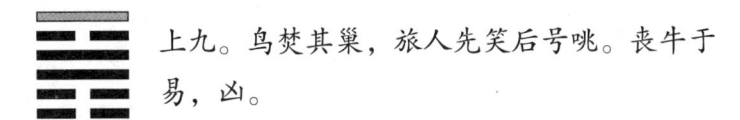

上九。鸟焚其巢，旅人先笑后号咷。丧牛于易，凶。

"鸟焚其巢"，因为离是火，意思是就像火把鸟巢烧掉了。"旅人先笑后号咷"，流亡的人开始的时候笑，后来哭了。为什么哭？"丧牛于易"，牛在古代代表最重要的生产工具，代表生存的根本。我们在外面的流亡生活中，很容易忘掉根本，这样凶，不好，会有危险。所以，要记得你的根本，莫忘初衷，要回到你的故土，建设你的国家。就像文王一样，被商纣囚禁了七年，释放以后，回到他的国家，慢慢经营壮大他的国家。这里牛的象征，就是在告诫我们不能忘本，如果流亡中忘了根本，那是危险的。

我先给这个卦作一个简单的总结：
第一爻，不要贪小利。
第二爻，要谦虚。
第三爻，不要有太大的野心。
第四爻，精神重于物质。
第五爻，要有原则。
第六爻，不可忘本。

这个卦，谈流亡。人生如逆旅，实际上我们每个人都在"流亡"，从生到死的"流亡"，死了以后就归去了。我们都是在过流亡的生活，即使你们在中国，我在美国。我"流亡"了四十年，你们在中国，没有移民也没有流亡，但人生就是"流亡"。在人生逆旅中，就整个卦来讲，我认为四个要点要抓住。第一个要点是谦虚，谦虚就是要知足。人生如逆旅，我们要知足，要放低自己，不要把自己看得太高，不要把理想看得太高，知足常乐。第二，精神胜于物质。房子烧掉，资产失去了，不要痛哭流涕，放开它们。精神重于物质，要保护好精神。第三，要回归天命。天命和命运不同，从生到死的逆旅，我们的命运有好有坏，有人富贵有人贫贱，这是命运。但如果我们了解天命，就不会被命运打败，不会屈从于命运。天命是我们的依归，我们一矢中的以后，

"终以誉命"，最后能够回到你的天命。所以，我们在人生的"流亡"中，要随时随地把握天命。第四，不要忘本。不要忘了你的来处和本来面目。

　　旅卦，除了说是人生的逆旅之外，很多人在政治上的失落，也是一种旅。拿孔子来讲，五十四岁的时候因为斩少正卯等各种原因不得已而离开鲁国，这十三年的周游列国，是他的旅。这十三年中的孔子，就拿旅卦六根爻来说，都很符合。第一，他不争小利，有目标。第二，他安于平淡的生活。第三，他没有很大的野心，离开鲁国之后，去的最大的国家是卫国，在卫国进出五次，想要施展抱负。第四，精神重于物质，他是为了传道。第五，顺应天命。他来到匡地，人们要杀他，他抬出文王来，说继承文王的事业是他的天命。最后，他不忘本，他还是回到鲁国。从孔子周游列国十几年来看，也印证了这个旅。也可能孔子读到了旅卦，给了他一些想法也说不定。

巽卦（☴）第五十七

巽卦是两个巽的重叠。巽代表风，也象征树木，是顺从的意思。下面一根阴，上面两根阳，代表风吹过去，草就低下去，风吹草低见牛羊，草就顺着风，这就代表顺的意思。

巽。小亨，利有攸往，利见大人。

这个卦跟旅卦一样，"小亨"，只能做小事情，不能做大事情。以卑顺的心情来做小事情，但是"利有攸往"，有目标，能够往，不能待在那个地方，不能永远卑顺。卑顺，是风的象征；木，是往的象征，木头要生长，不能永远在土地里面不生长。所以，这个卦有两个概念，一个是风，卑顺；一个是木，生长。"利有攸往"，指的是可以发展，可以像树一样生长。"利见大人"，这个卦的主爻是第五爻，第五爻是九五至尊。要向谁卑顺，要顺着谁呢？不是顺小人，要顺大人——好的君主，所以"利见大人"。

初六。进退，利武人之贞。

初六"进退"，因为是第一个阴爻，要卑顺了，所以有点犹豫不决。"进退"就代表犹豫。阴爻多半代表有点怀疑、犹豫。"利武人之贞"，教训告诉我们，不要犹豫，要像军人一样刚毅，要有决断力，像树木一样不断往上升。

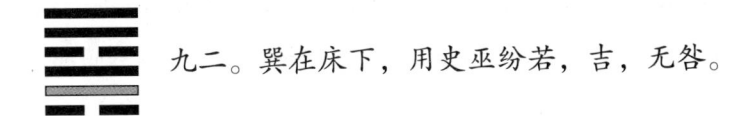

九二。巽在床下，用史巫纷若，吉，无咎。

九二"巽在床下"，因为它代表谦卑、顺从，所以象征潜伏在床下面。"用史巫纷若"，"史巫"，史官和占卜的人，在古代常常混在一起，古代的占卜，有时请史官解释，有时请占卜者解释，故"史巫"代表占卜的那些人。巫者的任务是沟通天，《易经》也是沟通天。史巫纷纷出来，则"吉，无咎"。这一爻讲什么呢？是讲史巫做代表以虔诚的心向上沟通。

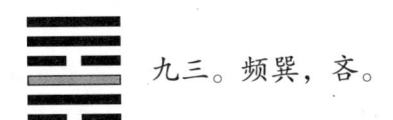

九三。频巽，吝。

九三"频巽"，内卦是巽，外卦也是巽，"频巽"就是一再地巽。如果巽是谦卑的话，一再地谦卑，就过分了。一再地谦卑，就吝，含羞了。所以不能过分谦卑，谦卑要有度。对大人谦卑，孔子说"君子有三畏，畏天命，畏大人，畏圣人之言"，不能畏有权势的人和有钱的人，那种谦卑就过分了，不正当了，所以吝。

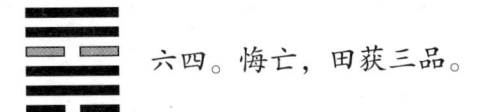

六四。悔亡，田获三品。

六四由内到外，"悔亡"，不要做后悔的事情。"田获三品"，

"田"是打猎，"三品"是得到的猎物有三种情形。第一种，如果一箭穿心，动物马上就死掉了，很干脆，很干净。第二种，射到腿部，再杀它，动物还是比较干净的。第三种，射到腹部，体内的很多污秽物出来。这三种情形，上品是射到心，很干净，可以祭祀天。射到腿，还算干净，送给朋友共享。射到腹部，脏，自己吃。这是三品。就卦象来讲，三品是指这个卦里面，九二、九三是阳爻，九五是阳爻，六四当然不会射九五，他会射掉九二、九三、上九，这是指的这三根阳爻。这是一种解释。我的解释是三品代表欲望。在这一爻上，三是代表多，即要去除你的各种欲望。

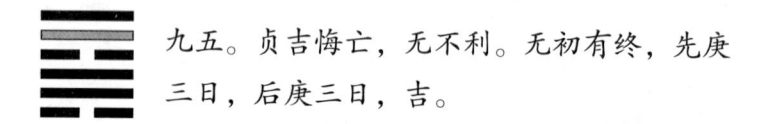

九五。贞吉悔亡，无不利。无初有终，先庚三日，后庚三日，吉。

"贞"是九五，阳爻就是把握诚，则吉。"悔亡"，没有后悔的事情，"无不利"。"无初有终"，"无初"，开始的时候不好，因为九五和九二都是阳爻，不相应；"有终"，两个都是阳爻，但以诚相交，最后还是好的。"先庚三日，后庚三日"，"庚"就是命令或改变命令，"三日"指多日，你下命令或改变命令的时候，在三日之前先下命令，然后在三日之后再实行，不要今天下命令，就马上实行。"三日"，形容时间长，是要给人民一段时间去适应了解命令的内容，命令不要下得太快，不能求马上实行。这是代表需要时间。

上九。巽在床下，丧其资斧，贞凶。

上九"巽在床下，丧其资斧"，"资斧"是指财物。"巽在床下"，上九是最高，为什么又在床下呢？要说九二在床下还说得过去，现在是最高的在床下。依我的看法，这是一个条件句，也就是说如果你跑到最高峰，还是谦卑，好像在床下一样，就会失掉你的一切。所以，这时候在凶险的事情里，你要把握你的贞，不要过度谦卑。这根爻是到天上了，不是地下，地下的时候要谦，跑到天上的时候要诚，不要再谦卑得好像还在床下一样。也就是说，不能再谦卑了，谦卑过度就是虚伪，谦卑过度也是自卑。正如我们心理学上说的不能自卑，谦虚不能自卑。

简单总结一下六根爻：
第一爻，要果断。
第二爻，要把握诚。
第三爻，不要自卑。
第四爻，要谦虚。
第五爻，以诚待下。
第六爻，不卑不亢。

这是就六根爻的总结。现在我们看看孔子的象辞："君子以申命行事。"有的注解把巽卦当申命来讲，也就是君主发布命令。但这个卦能看出发布命令的只有九五，其他爻看不出。所以，我把命解释为天命，即我们要顺从天命来行事。在这个卦里面，传统的解释把内卦、外卦都当作风来看，风吹过来，要谦卑；但是我现在的看法是，内卦是风，外卦是木。内卦的三根爻，代表潜伏、顺从；外卦三根爻，代表树木生长。这样一结合就是说，既要谦卑，也要能生长、发展，而不是谦卑地停在那里，完全变成自卑了。自卑就不能发展了，所以谦卑地要发展、伸张，要生生不已。

在这个卦里，我把风和木合在一起来讲，也就是我常常强调的转化。这个卦的转化，就是用谦卑来转化，能够使自己发展。谦卑是暂时的，不能永远停留在谦卑，永远谦卑就过分了，要能够转化，能够发展生长，发展才是目的。

兑卦（☱）第五十八

兑和巽正好相反。兑代表悦，快乐。兑卦的悦是指内心的快乐。为什么兑能代表悦呢？八卦的兑代表湖水，湖水很平静，我们面临的湖水，一片安宁，自然产生一种喜悦的感觉，这是从湖水的安宁而感受到内心的喜悦。

兑。亨，利贞。

兑卦卦辞首先是"亨"，说明喜悦需要了解、亨通，不是随便就可以得到的。沟通了解很重要，才能有喜悦。"利贞"，这个卦的主爻是第二爻和第五爻，这两根爻都是阳爻，所以"贞"代表诚，喜悦来自诚，有诚才能喜悦。

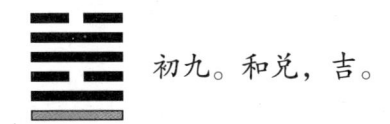

初九。和兑，吉。

初九爻辞是"和兑，吉"，"和"字这里出现于《易经》，这也是中国哲学里面很重要的一个字，不仅是阴阳相和，天人也要和。西方哲学讲追求真理，古代的中国人对真理没有什么兴趣，讲的是社会的和谐，家和万事兴。我们讲人心的和，讲人和宇宙万物的和，所以说"和兑"是我们最重要的一个观念。

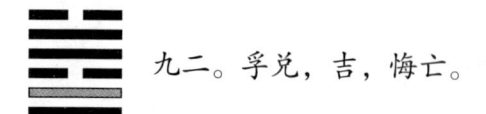

九二。孚兑，吉，悔亡。

九二"孚兑"，"孚"就是诚，有诚的兑，则吉。"悔亡"，没有后悔的事。在初九和九二两爻中，已经说明了兑的基础，一个是和，一个是孚，即诚，这是两个重要的德行。

六三。来兑，凶。

六三由内卦到外卦，多半不好。"来兑，凶"，什么意思？六三在里面，希望外面的快乐来，是把自己的喜悦寄托在外面，这样有凶。喜悦是内在的喜悦，不能靠外在，你的朋友赞美你，你就快乐；你的朋友批评你，你就不快乐。把自己的喜悦寄托在别人身上，毛病就是出在这个"来"。可见，六三向外看，希望悦来，是不好的，不是真正的悦。

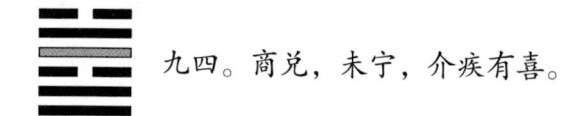

九四。商兑，未宁，介疾有喜。

九四是这个卦第二个不好的爻。"商兑"，"商"就是商量、商议，九四是大臣，面对上面的君主，贡献计策给君主，跟君主商议，希望得到君主的赞美，使他快乐、喜悦。他的喜悦完全寄托在事情的商议上，商议的结果如果很好，当然快乐；商议的结果如果失败，就会有贬抑，即不快乐了。这是寄托在事情的成与不成上，所以"未宁"，他的心不宁，不安。所以靠这种商议得到的喜悦，"未宁"。"介疾有喜"，要了解这种毛病，你就会心中平静、安宁，而有真正的内心喜悦了。

九五。孚于剥，有厉。

九五"孚于剥，有厉"，没有讲喜悦，也就是说君主不谈喜悦。"孚"是诚，君主要以诚于剥，剥就是外在环境的不好，任何外在环境的不好都能诚。"有厉"，即使外在有危险，也要把握诚。这一爻不谈喜悦，只要把握诚。

上六。引兑。

上六"引兑"，"引"就是从上面引过来。兑的快乐，是上面有东西引出来。什么东西引出来？我们看看朱熹的一首诗："半亩方塘一鉴开，天光云影共徘徊。问渠那得清如许？为有源头活水来。"这是一首吟咏湖泽的诗。"半亩方塘"就是湖，"一鉴开"，像镜子一样展开，天上的光和云影就在湖面上反映出来。为什么这么清呢？"为有源头活水来"，源头很重要。上六的源头就是天道，"引兑"就是由天命或天道使你喜悦，把你的悦引出来。也就是说，跟着天道走，就有喜悦。"引"字，就是活水的源头。

我们为本卦做一个简要总纲：

初爻，以和为基。

二爻，须有诚。

三爻，有原则。

四爻，守本分。

五爻，处诚。

上爻，引人来悦。

这个兑卦，孔子在《大象传》称"君子以朋友讲习"，为什么由这个卦得到兑？《论语》首章，孔子说："学而时习之，不亦说乎？有朋自远方来，不亦乐乎？"这两句，就是讲的兑卦。有朋友来，不亦乐乎？朋友是指他的学生是由不同诸侯国的学生组成的，他们来跟孔子学习、讨论，孔子也从这些不同地方的学生口中知道了不同国家的风俗习惯，这是最快乐的事情。这是孔子的"引兑"，是朋友讲习的快乐。所以，兑卦的快乐和豫卦不同，豫是肉体上的快乐，兑是内心的愉悦，就像湖水一样，给人平静、安宁的愉悦，引出我们内心的快乐。最后，提醒大家注意这个卦里面的两个字，一个是初九的"和"，一个就是上六的"引"，要由更高的境界来引出来，没有更高的境界，就没有这种喜悦。

涣卦（䷸）第五十九

"涣"字一看就是和水有关的。看上下两个卦，下面是坎卦，是水；上面是巽卦，是风。风吹在水面，把水波吹散，有涣散的意象。涣散的负面意思，就政治来讲，是人心的涣散、人民的离心，故君主要想办法把涣散的人心再唤回来。这就有了一个"口"字旁的唤，意思是唤起；还有个"火"字旁的代表往上走的"焕"，即焕发。唤和焕，则是把涣当成正面的来发挥。涣是风吹水上，这是一个意象。还有一个就是船在水上，上卦巽除了代表风，还代表木，木就是船，船在水上就可以航行，这就把涣散的意思又转化成为可以航行。

涣。亨，王假有庙，利涉大川，利贞。

卦辞首先是"亨"，在人心涣散的时候，要了解为什么涣散，人民为什么离开你，了解和沟通非常重要。怎么沟通与了解？"王假有庙"，这个又出现了，王要唤回涣散的人心，要靠宗庙，宗庙代表祭祀，祭祀是与天的沟通，与天的沟通要以诚和谦的态度来进行。有诚和谦的德行，才可以把涣散的人心唤回来。"利涉大川"，上卦巽代表木，可以指船，有了船可以涉大川。"利贞"，在这个卦里面，主爻是第二爻和第五爻两根阳爻，"利贞"是利于诚，"王假有庙"也是表示诚，在人心涣散的时候，要以诚来把人心唤起并焕发起来，将人聚回来。

初六。用拯马壮，吉。

初六"用拯马壮"，在人心涣散的时候怎么拯救？靠强壮的马唤回来。但初六是阴柔的，马在第二爻。也就是说，初六需要比于九二，要能借九二的阳刚之气，来转化其阴柔，才能向上发展，这样才会吉。

九二。涣奔其机，悔亡。

九二在涣之后，"奔其机"，这个"机"是指茶几，古代的茶几是很矮的，我们可以靠在茶几上。《庄子·齐物论》中就有"南郭子綦隐机而坐"，就是坐在地上，靠着茶几。也就是说，涣散的时候，你要赶快到那个可以依靠的平台去。"悔亡"代表不会有后悔。九二讲诚，初六的马壮也讲诚，这两个爻都讲诚，就是卦辞说的"王假有庙"。

六三。涣其躬，无悔。

九二"涣其躬"，"躬"就是身体，就是自我。第三爻都是代表自我。我以前也讲过，尤其是跟学心理学的同学讲，第三爻就是你们所说的 ego（自我），自私的自我。"涣其躬"，就是把自我打掉、打散，不要有自我，才能"无悔"。

六四。涣其群，元吉。涣有丘，匪夷所思。

六四"涣其群"的"群"是群体，是结盟，是党派。注意，古代说的党派一般是负面的意思，指的是结党营私。这里说的就是不要结党营私，要打掉你的群，因为古代只有国家，不允许结党营私。打掉你的狐朋狗友，这样的话，"元吉"，动机善则吉。"涣有丘"，在涣散的时候，要"有丘"，"丘"是丘陵，指九五或国家，也就是说，六四不是自我中心，也不是结党营私，而是要以大我、以国家为念，把国家放在心里。"匪夷所思"，一般的解释说是想不到，但这样解释不对。我在《易经处变学》一书中特别讲过，"匪夷所思"即"所思匪夷"，你所想的不是那个夷。"夷"就是平，就是地，是下面。六四和初六是一对，也就是在六四的时候，不要老是想到初六，想到家人，即不要以家为念，要以丘、以国家和君主为念。所以，"匪夷所思"应该是这个意思，后来变成形容想不到，就改变了成语原本的意思了。这里我要强调一下，因为很多注解都把"匪夷所思"当成想不到来解释，变成了现在的成语。其实真正的原意是"所思匪夷"，所思的不是那个初六。因为这一爻讲去掉群和私党，而以国家为念。

九五。涣汗其大号，涣王居，无咎。

九五"涣汗其大号"，君主发号施令了，吹喇叭吹得汗水都出来了。也就是说，发号施令发得内在的热情都通过汗水发出来。"汗其大号"，代表情感、深情、热情。这种"涣"是"王居"，是真正好的君主应该有的。这样才会"无咎"。注意，这里的"汗"字代表内心向外发挥。

上九。涣其血去，逖出，无咎。

上九"涣其血去"，代表把血涣散掉了。血应该是阴爻，但这是上九，不是阴爻，也就是说血出去了。"逖出"，"逖"是远，远远地离开。再次重复。血出，血去，离开得更远，故"无咎"。血代表什么？代表病根，把病根挖掉，挖得越干净越好。诸位注意，我要强调一个"汗"字，一个"血"字。汗，如中医说的发汗，有时候让你出一身汗，病就好了。血，你长个瘤，把它挖破，让脓血流出来，病根就除掉了。这是涣散的涣，有正面的除病根的作用。这个问题，有很深的意思，我们后面再讨论。

现在先对六个爻的意思做个简单总结：
第一爻，要向上求援。
第二爻，要求安定。
第三爻，要去掉小我。

第四爻，去私党。

第五爻，要求通。

第六爻，要断掉病根。

接着我们再讨论一下这个卦。我最近越来越发现这个卦非常重要。涣散、散掉，这是负面的意思。唤起、焕发，是正面的意思。涣散和唤起、焕发，并不是完全独立的两部分，不是涣散后再唤起、焕发，而是一个功夫。涣散的时候，就有焕发的功能。比如流汗，九五的"涣汗其大号"。我记得几十年前，发烧时传统的治疗方法，就是用棉被焐起来，发一身汗，汗出来了，病就好了。这就是散掉了，有正面的意思在内。有一种胃药叫强胃散，就是把胃里面不好的东西散掉，这是散的功能。这也是一套功夫。

中国禅宗的思想用的也是这个"散"字。虽然涣卦出现时，文王不知道有禅宗，但这个涣散运用到人生来讲，是可以和禅宗的思想联系在一起的。这是一种联想。学《易经》，要懂得联想。它是三千年前的东西，有很多方面是可以和后世的学派思想相通的。联想不是附会，而是运用。禅宗讲的就是一个"散"字。有一位居士曾经举例说什么是禅宗的方法，他就讲，如大黄八两浓浓煎，喝了再煎，再喝再煎，意思就是，泻了再泻，把欲望和执着泻掉，这就是散。这不仅是泻掉对我的执着，也泻掉对法的执着，连佛法也要泻掉。所以小乘佛教讲无我，大乘佛教讲无我、无法，对法也不要执着，甚至连求佛的念头也要泻掉。像云门禅师就说，我一辈子最讨厌讲"佛"字，很多人拼命说求佛、求佛，求什么佛？没有佛可求。可见，禅宗连"佛"字也不求，散得干干净净。你看，涣卦的"涣其躬"，是散掉自我的执着；"涣其群"，就是《金刚经》说的"无人相，无众生相"，群就是众生相，要泻掉。还有，为什么初六、九二要讲诚？因为"马"是诚，"奔其机"是诚，有这个诚做基础，然后再打掉自我，打掉自私的群党观念，然后才能转化"涣散"为"焕发"。

"涣"是一个相当有功夫的字，从散当中转化。不吃补药，散里面就是补，除掉了私欲就是诚，没有另外的补药。如果另外的补药进来，那又是一个执着。所以，涣散和焕发是一套功夫，负面和正面是一套功夫，希望大家好好运用。

节卦（䷻）第六十

"节（節）"字，是竹字头，节就是竹节。节很重要，没有节，竹子一直长上去的话，就软掉了。有这个节，才能把竹子撑住。节，在竹子来讲是"竹节"，在人身体上来讲是"关节"，在道德上来讲是"节操"，就外在的自然气候来讲是"节气"，从运用上来讲是"调节"。"节"字我们用得很多，为什么节卦的两个八卦得到"节"这个意思呢？节卦下面兑，代表湖泽，上面坎，代表水。泽里面的水，说明要能够调节，不能让水流乱走。同时，也要有源头活水，水才能清。所以节是调节，使得湖水一直清澈，调节的作用很重要。在我们的道德来讲，节制和规范也很重要。

节。亨。苦节，不可贞。

先看卦辞。"亨"，是了解。要了解，才能调节、节制，且刚刚好。节制经常是讲道德的节制，最重要的是人与人之间的了解与沟通。"苦节不可贞"，"不可贞"就是不可拿来作为正道。"苦节"让我想到了竹笋，我们常常拿来吃，嫩的笋是甜的，老的笋就苦了。苦了，就不可贞。故不能强调苦，要强调甜嫩。苦是负面的字，我常常和同学讨论印度的佛学，印度佛学讲四圣谛——

苦、集、灭、道，就强调苦。中国哲学不讲苦，在《论语》里就不讲苦字，我们会遇到天灾人祸，但不讲人生是苦的。我们认为人生是乐的，天灾人祸是暂时的，我们可以抵抗它、转化它。中国哲学是乐观的，无论儒家、道家，还是禅宗，都是如此，和佛教的苦不一样。"苦"字在节卦出现，是负面的意思。苦不好，人生是快乐的，节也要节得快乐，节得苦的话，道德就没有意义。下面等我讲完这六根爻，我们再说为什么苦不好。

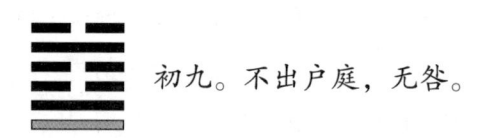

初九。不出户庭，无咎。

初九"不出户庭，无咎"，不要出去，就没有麻烦。也就是说，你要守住本位。节，就是要节制自己，守住自己，所以不要出去。这是第一爻，不能乱动，就无咎。

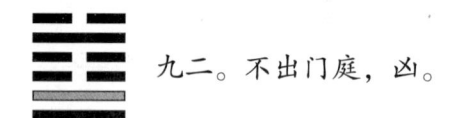

九二。不出门庭，凶。

九二正好相反："不出门庭，凶。""不出门庭"，和前面是一样的意思。前面说不出门，在家里，是好的。是强调修养，要沉潜，"潜龙勿用"。但是，第二爻到地面了，要出去，就像乾卦第二爻的"见龙在田，利见大人"，要到地面上去，见大人。所以，这一爻要出去，不出去的话，反而凶。为什么要出去？出门交友。道德和修养不是关在房间里炼成的，是要出去和人相交，才能运用。不能运用，不能和人相交，道德和修养就没有用出去，就不可以接受道德的考验。这就是第二爻和第一爻不一样的地方。

易经新说

六三。不节若，则嗟若，无咎。

第三爻是条件句："不节若，则嗟若，无咎。"如果你不知道节制，将来就有后悔。"嗟"就是悲叹、后悔。"无咎"的意思就是说，要节制，才不会后悔，才能无咎。

六四。安节，亨。

"安节，亨"，"安"字出现了，这个字也很重要。我记得《书经》一开始讲尧帝的道德，就用了"安安"两个字，内心安，外在安。这是最高的圣人的理想，就是内心自己能够安定，外面能安人心。六四是大臣，大臣要懂得安，所以他的节，他的道德，能使得人民安定。他的节制安于其位，则亨，能够和人家沟通。《中庸》说"素其位而行"，"素"就是安，安于自己的位置而行。

九五。甘节，吉，往有尚。

九五"甘节"，"甘"就是甜，君主的节要有甜味，把甜味给人民，使得人民快乐，则吉。"往有尚"，"尚"就是崇尚、理想。君主去哪里，要有一个理想，即要使得人民能够快乐。"甘"这个字，在个人来讲，我们是不太强调的，但是在君主来说是重要的，因为他要使人民甘。

上六。苦节，贞凶，悔亡。

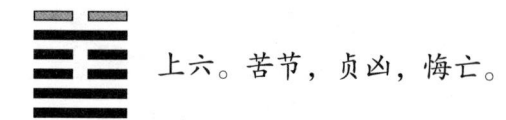

上六的节制，节到最高就苦了，有苦味了。"苦节"不好。要贞于凶，贞是谦虚，面对不好的局面，要把握谦虚之道。"苦节"为什么不好？我们劝人家讲道德，我们自己践行道德，是要快乐的，要甘之如饴。如果践行道德感到很苦，感觉对自己的生活影响很大，这样的道德就没有意义，不是真正的道德。道德是使大家快乐的，如果你用道德来限制别人，要求别人，这个道德就是苦的。道德真正的意思，是快乐的，是甜的。所以这里讲苦，讲得很好。如果讲道德讲得苦，使人觉得苦，就不是道德了。如果把握上六的谦虚，则"悔亡"，不会后悔。

我们常常讲，要严于律己、宽以待人，用道德来规范自己是可以的，但是对他人要宽恕，不能把很多道德的东西加在别人身上。我就想到《论语》中孔子讲的"君子喻于义，小人喻于利"，后来的儒家却把义和利看得太严格，认为讲利就是小人，这不对，这就是苦。因为小人——普通人，讲利有什么错，他是为了生活，为了家，没有错。君子是可以喻于义的，小人讲利，他只要不害人，追求个人的利益，就没有错。所以，把义、利的分别看得太严格，用义来框人家，说人家只讲利是错的，这也是一种苦。

下面给六根爻做个简单总结：
第一爻，守口，慎言。
第二爻，要知道沟通，交友。

第三爻，要知止。

第四爻，要求心安。

第五爻，要甘之如饴。

第六爻，做任何事不能过分。

对于节卦，孔子的《大象传》讲"君子以制数度，议德行"，"数"就是法，制法度，节是用在制法度，法就是一种节。我们中国传统讲礼，礼也就是节。"议德行"，讨论德行。可见，孔子已经理解了节应该怎么用。由此，我想到了周公制礼作乐。周公在制礼作乐的时候，他知道，诸侯根本不懂得什么是礼，现在要制一个礼，对他们的行为进行规范，是一件不容易的事情，如果他们不接受，怎么办？据历史上记载，周公为此沉思了三年，这沉思的三年，不就是初爻"不出户庭"吗？在家里不是睡觉，而是修德行，潜龙勿用。然后他就想，如何使诸侯顺从自己制礼作乐的本意，他就测量人心，对大家说要迁都，从镐京迁都洛邑，希望诸侯能帮忙，结果所有诸侯都来帮忙。他由此发现，这些诸侯在迁都这件事上都能和自己保持一致，那么制礼作乐也应该是一致的看法。这就是第二爻，出门去了解、测量人心。礼最重要的是节制和规范，第三爻就是规范。第四爻，礼使人心能安，使社会能够安定，这是礼的作用。第五爻，礼不只是对君主有用，也是人与人之间的规范，所以强调礼，人与人之间都能得到快乐，都能得到他们所需要的。荀子就讲，礼第一在分，第二在养人之欲，所以不要把礼看得好像是要砍掉人的欲望，而是要通过礼，让每个人的欲都能够得到满足。这就是"甘节"，每个人都能甘。

第六爻，礼太过分的话就不合人心，所以制度要合宜，过分强求，就走偏锋了。这样看的话，周公制礼作乐，跟节卦的思想是一致的。大家如果创办企业，要定什么制度希望员工守规矩，也可以参考节卦，要使他们能安，使他们能甘，不要使他们苦。

节卦，我还想到一点。节卦下面的兑是口，上面是坎是水，代表危险，这就是危险从口出。祸从口出、病从口入，我们要节制自己的讲话，不要祸从口出；吃东西也要节制，不然病从口入。

中孚卦（☲）第六十一

"孚"是诚信，对内讲诚，对外讲信。这一卦专门讲"孚"，还特别加了个"中"字，表示"孚"是内在的。卫礼贤把"孚"字翻译成 truth（真理），指内在的真理，这是西方的思维，中国哲学不讲真理，而是讲修养。孚是代表诚，诚是内在的。内在是指的德，德和道德不一样。节卦是讲道德，中孚是讲德。中孚是内在的德。从中孚卦的两个八卦来看，下卦是兑，是悦乐，上卦是巽，代表顺。所以是悦于中，顺于外；诚于中，行于外，这是第一个象。第二个象，上面是风，下面是泽。风吹于湖面，风的气和湖的气相互感应，这是代表诚，是"天光云影共徘徊"的象。第三个象，上面的巽是木，下面的兑是口，木出于口，就如孔子说"木讷近仁"，一个人很真诚的话，他的话就比较实在而不那么好听。

最后还有一个象很重要，当中两根爻是阴，外面四个爻是阳，"中孚"的"中"就是指中间那两根阴爻，阴本来是代表谦，诚者谦于中，当中是谦虚，虚于中。诚不是很强硬的，人能谦虚才有诚。这两根爻是阴爻，很重要。所以中孚是讲内在的诚。

中孚。豚鱼吉,利涉大川,利贞。

"豚鱼吉",猪很少受到感应,鱼的感应也很浅,也就是说,一个人内在的诚使得猪和鱼都有感应,有那样的诚心则吉。"利涉大川",大川代表危险,如果你诚的话,可以通过任何危险,涉险没有关系。利于贞,这个"贞",就这个卦来讲,传统认为,这个卦里面有四根重要的爻,第二爻、第五爻是阳爻,当然是诚;第三爻、第四爻是阴爻,也是诚。所以,"贞"代表诚,也代表谦。

初九。虞吉,有它不燕。

初九"虞吉,有它不燕","虞"就是思虑,思想、考虑。初九是阳爻,在这个爻上有很多考虑,不是说茫然无知,而是有很多想法、考虑,这样则吉。但是这些考虑要正确,"有它",有私心,"燕"是安居,"不燕",就是不安。说明人一有私心就不安了。也就是说,在这根爻上,你虽然有很多想法与思虑,但不应有私心。

九二。鸣鹤在阴,其子和之,我有好爵,吾与尔靡之。

九二"鸣鹤在阴",小鸟在树荫下面,第三爻是阴,所以是在树荫下面。"其子和之",小鸟和九五这个大鸟,互相唱和,表示有应。"我有好爵,吾与尔靡之",我有好东西,和你分享。这里代表诚，诚就表示我有任何东西都愿和你分享，也就是九二和九五，他们即使不是一阴一阳，但还是很友好，因为他们以诚相交。

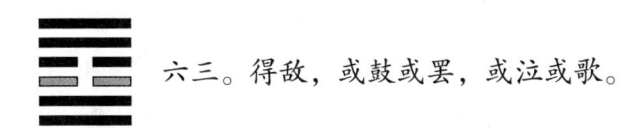

☲☱ 六三。得敌，或鼓或罢，或泣或歌。

六三阴爻，由内到外了，"得敌"，碰到敌人，看到外面好像有敌人，于是打鼓，要宣战了。或击鼓，或不击鼓，或泣，或歌，这都是一些情绪的表达，又哭又歌，又打鼓又不打鼓，打仗了。"得敌"什么意思呢？等一下我们再讲。但是这个地方我们知道，很显然都是情绪。六三，往往是指不好的方面，这里是情绪的作用很大。

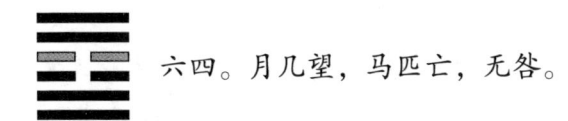

☲☱ 六四。月几望，马匹亡，无咎。

六四"月几望"的"望"就是月圆，"几望"，就是月亮还差一点才圆。因为是阴，所以没有圆。"马匹亡"，没有阳，是阴。为什么"马匹亡"？马匹代表强硬，也就是说它是阴柔，不太强硬。

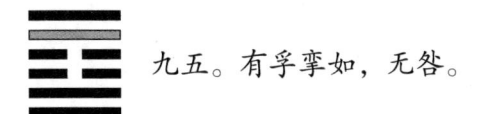

☲☱ 九五。有孚挛如，无咎。

九五是阳爻，代表诚。"有孚挛如"，拳头握紧，把所有人聚在一起，把人心归在一起。他的诚可以感应大家，让大家跟从他，顺从他，故无咎。

上九。翰音登于天，贞凶。

这个卦是以鸟来比喻，和下面的小过卦一样，都是鸟。当中是身体，上面和下面是两个翅膀在飞。上九，鸟飞到上面，"翰音登于天"，如公鸡叫，登于天。"贞凶"，以此为正道则凶。我要特别说明一下"贞凶"，有两种解释，一个是贞于凶，就是把握诚于凶险之境，一个是如果以此为正道，则凶。这两种解释都可以用，传统的解释，这两种都有。"翰音登于天"，用一个成语来讲，就是"声闻过实"，你的声音高过了天，但是你实际上并没有达到那个高度。就像公鸡叫声很高，但是它还在地上。声名过了实际，别人赞美你，你没有这个实际的高度。中孚是要诚，但你没有达到诚，没有达到信，所以有凶。

这让我想到孟子的一句话："有不虞之誉，有求全之毁。"人家赞美你，你想不到，觉得自己没有那么好，但是有求全之毁，你为了人家的赞美，好像接受了，这是一种毁，声闻过实。所以"不虞之誉"，千万要注意。有人这样赞美你，是别有用心，是利用你，很危险。有的人是巴结你奉承你，把你讲得很好，实际上你没有那么好。他们的赞美是他们的，你要有自知之明，如果觉得自己真的那么好，那就完蛋了，这会毁了你。

我们现在看看这六个爻的简单总结：

第一爻，要闲邪，要防邪。

第二爻，求和。

易经新说

第三爻，要懂得转化情绪。
第四爻，以虚待人。
第五爻，君主以诚感人。
第六爻，戒声闻过实。

这是六根爻的教训。现在我要回过头来讲中孚卦。看中孚这个卦，当中的两根爻是很重要的。当中的两根爻，一个是代表情，一个是代表理。我们往往用情不是动人，而是用情去争。你看，打鼓，是争，用情绪去争。第四爻，马是战马，打仗用的，以理去斗。我们会犯的错误就是，以情去跟别人争，以理去跟别人斗。这是我们会犯的错误。现在告诉我们要虚掉，不要以情去争，要以情去感人，不要以理去斗，要以谦虚去感人。这是诚的作用。所以中孚卦的"贞"字的运用，在于六四和六三这两爻，非常重要。

六三一般讲都是不好的，现在我们拿情去转化成好的。在这个地方我非常强调诚，诚不是一个呆板的观念，诚里面是有情的。第三爻有情，这非常重要。儒家说，要存天理，灭人欲，把人欲和天理分成两截，这种观念不切实际。所以，明代的王阳明说，天理就是人欲，二者不能分开。也就是说情里面有天理，情里面有诚。我还记得在五十多年前上大学时，我写了一篇文章叫《佛教的精神在情》，引起了一位老居士的反对。他说，佛教、佛学不讲情，天主教才讲情。我们两个人在《人生》杂志上辩论，辩了一年，那时候年纪轻，好斗。《人生》杂志的编者就是圣严法师。到今天，我对佛教的看法，还是那个情，佛教不是完全无情，只看这个情怎么转化。我过去强调这个情，五十年后，我还是强调，"情"字非常重要。所以我讲佛学，尤其讲禅宗，还是从"情"字进入。

我想起我的一个亲戚，一个年轻的小伙子，他是学科学的。每次他问我中国哲学的问题，我说中国哲学要讲谦，他就说，如果我的能力就是很好，为什么要谦虚？这是美国人的思想，美国人会说为什么要觉得自己不好？有一次他跟我说，自己常常容易发怒，想找到一个怎么使自己不容易发怒的方法。他就在电脑里找，结果西方哲学所讲的道德都是节制。我说，中国哲学不讲节制，讲虚，讲谦，就是中孚的虚，虚掉就不会怒，如果你内心中是实的，认为自己都对，认为自己就是真理的化身，就会跟人斗。所以，中孚卦，情的第三爻，理的第四爻，以西方哲学来说，就是跟人斗，跟人争。但是中国哲学把这个转掉了，把情转掉，去感人；把理转掉，来待人，这是"虚"。可见，中国哲学讲道德，先把自己虚掉，就不会那么容易发脾气了。这是从人生运用的角度，拿中孚卦这两根爻来处理易怒的毛病。

小过卦（䷽）第六十二

"过"就是错误，"小过"就是小错误。"过"也是指过度，"小过"，小有一点过度。这个卦说，这点小过是人生所难免的，孔子说过希望自己能无大过，但没说自己不能无小过。为什么从这组卦里，看到小过呢？我们看，下卦艮是山，止；上卦雷，是动。止其动，也就是说在有小过的时候，要懂得止，不要使小过变为大过。上面是雷，下面是山，雷打在山上，声音就比较小，打在地上声音就很大，所以是小过。小过还有其他哲学意义，我们后面再讲。

> 小过。亨，利贞，可小事，不可大事。飞鸟遗之音，不宜上，宜下，大吉。

人犯小过时要"亨"，即要了解。人生不能没有小过，但是我们要了解，自己的小过不会变成大过，还有，怎么处理这个小过，才能把它转掉。所以"亨"很重要。在这个卦里，第二爻和第五爻都是主爻，都是阴爻，都是谦虚，也就是说，只有你谦虚，才能处理小过。谦虚的话，即使小过，也不会有大害处，所以利于贞，利于谦虚。"可小事，不可大事"，小过只能出现在小事上，不能出现在大事上，像国家大事上不能有差错，比如人造卫星、火箭，不能有一点差错。小事上有小过，无所谓，比如你开会迟到几分钟没有关系，你的衣服做得稍微肥大一点没有关系，我们做事情不免犯有一些小过。所以，可以在小事上有小过，大事上不能有过。"飞鸟遗之音，不宜上，宜下，大吉"，这个卦像鸟，当中两根阳爻是身体，上面和下面的阴爻是翅膀。在鸟飞的时候，鸟的声音不会往上，是往下的。也就是说你做任何事情，小过不能往上，要往下。

初六。飞鸟以凶。

初六"飞鸟以凶"，代表一开始鸟就想高飞。第一爻多半代表脚，现在要飞高，是好高骛远，凶。所以，初爻不能飞，要慢慢来，一飞就有毛病了。

六二。过其祖，遇其妣；不及其君，遇其臣。无咎。

六二和六五是一对，两个都是阴，所以六二要到六五那里去相遇——"过其祖"，因为都是阴，所以碰到的是皇后——"遇其妣"。没有碰到君主，碰到皇后。"不及其君，遇其臣"，这是讲什么呢？我们追求理想，一个非常好的理想，但是达不到的时候，不要灰心丧气，求其次也行，天下事情没有那么十全十美的，有九分美就可以了。小过嘛，差一点，能满足，就很好。所以，这一爻就是说，不能达到那个理想，把标准降低一点，自己容易满足，也不错，这样也无咎。

九三。弗过防之，从或戕之，凶。

九三"弗过"，指不能超过，要"防之"，防自己不能超过。为什么说防呢？这根爻是艮上面的最后一根，代表止的重要作用，所以用"防"字。如果不能防，"从或戕之"，你就会失败，就会被破坏，故凶。

九四。无咎，弗过遇之。往厉必戒，勿用永贞。

九四"无咎"，不要做有咎之事。"弗过"，不要超过；"遇之"，九四和初六是一对，"遇"的意思就是说九四要遇初六，九四不能去到六五，因为九四是大臣，六五是君主。君主是柔弱的，不是很强硬或不是很有智慧，九四要是很强硬、冒进的话，就有危险。所以九四遇到初六，要转化初六的柔弱。九四转化初六的柔弱，使九四也有柔弱的成分，然后再去遇六五，就不会有那么强硬的反应了。所以要"遇之"，遇就是指的初六。"往厉"，你不能贸然往，要吸收初六的柔弱，要是以九四的阳刚去往，就有危险。"必戒"，意思是千万要小心，不要功高震主。"永贞"，要把握你的诚。让九四的阳刚之诚里有谦，这样再去对付六五，就没有危险。

六五。密云不雨，自我西郊，公弋取彼在穴。

六五"密云不雨，自我西郊"，这是文王感觉这个时候还不能发动革命，要等待时机，时机还不到。"公弋取彼在穴"，"公"就是指文王，在山穴里面去礼贤下士，去找贤人。现在时机不到，还不能发动革命，要礼贤下士，多找贤人，来建设国家。

上六。弗遇过之，飞鸟离之，凶，是谓灾眚。

上六"弗遇"，指太高了。"过之"，指超过了，就像"飞鸟离之"，离是遭遇了，就是被网住，掉入网中，就凶。"是谓灾眚"，这就是灾难，因为飞得太高了，没有力气了，便掉到人家的网里。

我先把这六根爻总结一下：

第一爻，谦虚处下。

第二爻，要求其次，不要争第一。

第三爻，要知止。

第四爻，要把握本分。

第五爻，要谦虚。

第六爻，要知返。

关于小过卦，我突然想到了"中庸"，"中庸"和小过有什么关系？朱熹他们对于"中庸"的注解是"无过无不及"。这个观点以前我也用过，我说西方的"中庸"是两个端点中间的那一点，像数学一样；中国的"中庸"是像秤一样，随着秤砣的重量，它可以移动到一个刚刚好的位置上，没有过也没有不及。我突然想到，"中庸"为无过无不及，和《易经》说的小过，这不是有点儿矛盾吗？无过无不及，老实说，太难了。人不是单纯的物体，人生的运用不是可以像秤那样，可以移动秤砣，找到准确的平衡。我们人生的一切行为、事情，很难刚刚好。比如孝敬父母，如何孝是刚刚好，如何是过，如何做又是不及？比如爱情，要无过无不及，刚刚好，怎么是爱得过了，怎么是刚刚好？所以人生的行为上，要没有过和不及，简直是不可能的。所以，孔子才说："国家可均也，爵禄可辞也，白刃可蹈也，中庸不可能也。"这是《中庸》里面的话。在人生行为上，刚刚好，不可能。所以这个卦说，有一点儿小过，是人生所不能免的。很多人一接触"中庸"这个词，只想到不要过与不及，忘了"中庸"真正的精神，《中庸》第一章讲"喜怒哀乐之未发，谓之中；发而皆中节，谓之和。"《中庸》前面先讲和，后面差不多十多章都在讲诚。一个和，一个诚，才是真正的中庸精神，刚刚好，没人可以达到，孔子都说不可能也——"民鲜能久矣"，很少有人能够达到中庸的，或许只有书呆子。所以，只要你能够诚，就是刚刚好。能发而皆中节，喜怒哀乐达到和谐，就是刚刚好。没有一个人能够像秤一样，刚刚好。在《易经》里，前面一个卦是中孚，接下来是小过，中孚就是诚，小过就是有点儿过错没关系，因为有诚。它把诚和小过放在一起，解决了中庸的问题了，提醒了我们中庸中诚的重要，中孚的意涵就是诚。

  这样贯彻起来你就发现，《易经》讲的道理，和几百年之后的《中庸》互相连贯。所以，诸位要讲中庸，不要讲无过与不及，这太难了，太理想了。只要你真的诚，即使有点小过，没有关系。你看孔子在这个卦的《大象传》就说"君子以行过乎恭"，行为有点过于恭敬，过了一点点没有关系，不是太过；"用过乎俭"也没关系，俭是对自己不是对别人，对别人就是苛刻了；"丧过乎哀"，多一点哀，也是难免，一点小过没有关系。在这些事情上，无所谓过与不及，一点点过没有关系，但是要诚。恭就是诚，丧礼要诚，节省也要诚，"诚"字很重要，这是基础。这两个卦放在一起，有代表诚的中孚，然后是人情难免的小过。这是多么有智慧的相配啊！

既济卦（☲☵）第六十三

第六十三卦"既济"，"既"就是已经的意思，"济"是渡河。我们现在讲"经济"，古文里的意思是经国济民，"济"是救济，是完成一件事情。佛家讲"渡"，渡彼岸，"济"就是渡河，"既济"就是已经渡过河，到达对岸。这个卦在六十四卦里面，是最完满的，因为每个爻都当位，每个爻又跟它对应的那个爻相应，又当位又相应，非常完满。坎在上面，离在下面，离是火，坎是水。火往上烧，水往下流，水火相容，两气相交，所以既济，完成了。

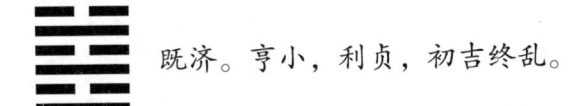

既济。亨小，利贞，初吉终乱。

我们看卦辞。"亨小"，在小事情上，"既济"不是大事情上的，而是小事情上的阶段性完成。"利贞"，主爻是第二爻，第二爻是阴爻，所以说利于谦虚。当你达到既济，即在某一件小事情成功的时候，要谦虚，不要以为了不起，"贞"是代表谦虚。"初吉"，开始吉，成功了。"终乱"，这是《易经》里很少说的，《易经》一般说"无初有终"，有好结果。但是这个卦说到了最后有乱。开始是很好的，最后乱，为什么呢？一件事情你认为成功了，成功后面又有波折，你认为一件事情圆满了，圆满以后又有挫折。

你现在认为是好，是福，下面就可能有祸，所以老子说："福者，祸之所倚。"所以，不是说既济以后就圆满了，要注意"终乱"，要注意最后会出问题。

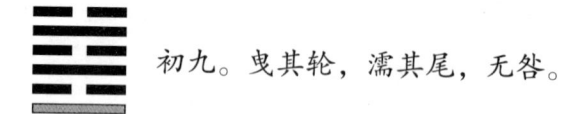

初九。曳其轮，濡其尾，无咎。

初九"曳其轮，濡其尾，无咎"。"曳"就是拖，"轮"就是船，因为"济"是在河里的，所以是拖住船，不让它走得太快。就像狐狸在渡河的时候，把尾巴放在水里，不翘上去，就走得慢。狐狸尾巴在水里面，就像船的舵，舵如果在水里面，船就会慢；舵如果翘开，船就快。大家都知道，龙舟比赛的时候，舵不能离开水面，离开水面是犯规，船就非常快了。舵一定要在水里面。这两句话就是说，快到岸上的时候，你不要太快冲上去，要慢慢地走。不然的话，就功亏一篑，所以要小心。狐狸都是很小心，尤其是老狐狸，非常狡猾。这样的话，"无咎"，不然就有咎。成功时如果太得意的话，一下子就会又失败的。

六二。妇丧其茀，勿逐，七日得。

六二"妇丧其茀"，"茀"就是首饰，珍贵的东西。这个女人，丢了首饰，"勿逐"，不要去追求，失去了没有关系。"七日得"，过一段时间还会回来。也就是说，丢了贵重的东西，让它去吧，过一段时间或许就找到了。为什么《易经》说"七日"？这不是我们现在的一个星期有七天的意思，而是因为六根爻结束后，再过到另外一个卦，就是第七，所以用"七日"来代表一个周期。一个周期之后，自然会发现，现在不要急。可能在成功的时候有所损失，没有关系，不用理会。

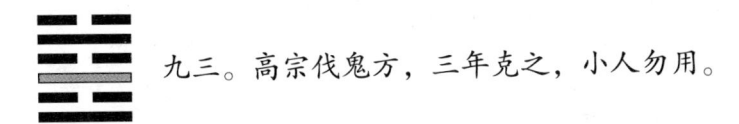

九三。高宗伐鬼方，三年克之，小人勿用。

九三借商朝的"高宗伐鬼方"，"鬼方"就是西戎，大概是现在的贵州一带，高宗讨伐西戎。"三年克之"，"三年"是指代一段时间，就是说高宗讨伐西戎，不是马上就可以成功的。也就是说明，要成功，需要时间，要耐心等待。"小人勿用"，因为九三正好被两个阴爻包围，九三和上六相应，但是被阴爻所阻，小人可能会给你阻碍，妒忌你，所以不要理会小人。

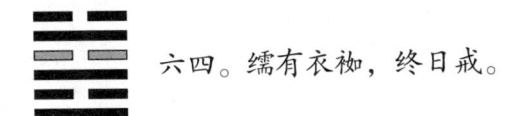

六四。繻有衣袽，终日戒。

用船渡河，船会漏水，"繻"就是船漏水的意思。"有衣袽"，准备些破布，哪个地方漏水马上把它塞住。"终日戒"，每天随时随地都要戒。我们快成功的时候，随时可能出现很多问题，还是要有戒心，要做好准备。

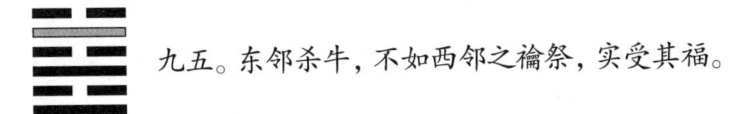

九五。东邻杀牛，不如西邻之禴祭，实受其福。

"东邻杀牛"，如果以文王来讲，就是指商纣杀牛，"不如西邻之禴祭"，"西邻"就是指文王，"禴祭"就是很小的祭祀，不是牛羊猪三牲的大祭祀。东邻虽然杀牛，是大祭祀，但我们的小祭祀，很小的诚意，比他的还好。他杀牛杀猪，不一定代表诚意，只是例行公事而已，我们是有诚意的，就像文王每年都要到岐山去祭祀，表达心意。"实受其福"，你真正有这个心意，虽然是小祭祀，也会得到上天的保佑。

上六。濡其首，厉。

上六是阴爻，下面是阳爻。阴乘阳，多半有问题，因为它多半阻碍了阳，所以"濡其首"，打湿了他的脸。照理说，既济是成功了，但成功时，太高兴了，喝酒，酒弄得满脸都是，醉醺醺的。这时候眼睛就看不到前面了，被遮住了。"厉"指危险。这就是暗喻，当我们成功了而志得意满时，自以为了不起，眼睛就不能很清楚地看到前面的情况，以至于功亏一篑，陷入"厉"的境地。

这个卦就是表达我们达到成功时的态度，心境要如何持守。下面看六根爻的简单总结：

第一爻，要小心，不可功亏一篑。

第二爻，要知道损能复，损失了但还会回来。

第三爻，要能够等待，不是一蹴而就，马上成功的。

第四爻，要警惕，随时警戒。

第五爻，要有诚。

第六爻，骄者必败，要戒骄。

接下来我要谈谈"既济"的心态。就负面来讲,有几种心态:第一种是自以为有成就,自以为成功;第二种是志得意满;第三种是有成就了,就陷于那个成就,不能再突破;第四种是固执己见,自以为是;第五种是看不到未来,只局限于现在的成就,没有宏观视野。这是既济的负面心态。反过来,正面的心态应该如何呢?我用老子的思想来说吧。第一,老子说"为而不恃",意思是这件事我做成了,但不要居功。第二,"功成身退,天之道",要知道退。第三,要以平常心对待,能够回到平常心。第四,孔子在《大象传》说:"君子以思患而豫防之。"成功是好事,但是要思患,成功之后有患,即卦辞所说的"终乱",只是现在后患还没有现出来,所以要预防。因为你一成功,你就变成别人的靶子,就变成别人竞争的目标,有人嫉妒你,想把你替换掉。当然,这里不是说不要成功,而是成功时要思患,不要得意忘形,糊里糊涂的,看不清前方。

讲到既济,我还想到庄子的一句话:"道隐于小成。"隐就是遮盖,大道被小有成就所遮盖。我们在追求大道的过程中,如果小有成就,就觉得了不起,那会遮盖了你追求大道的路。庄子的意思就是说,有了小成之后,要丢掉小成,放弃小成,才能继续往上走。我们的人生是不是如此呢?我举几个例子。我的老师张起钧教授,他在北京的时候,曾任一张报纸的主笔,每天写一篇大概五百字的社论。一般来说,大报社的社论都是主编写的,他能每天写一篇,确实不容易,老师当然很高兴。但是后来他告诉我,他再写任何别的文章,一写就是五百字,写习惯了,要他写两千字或五千字的文章,就很困难了。也就是说,这些五百字的社论，是成就，也是框框，框住了他在文章方面的发展。他意识到不对，就辞去了主笔的位置，一年时间里不再写文章。一年以后，他就可以开始写一些更长的文章了。这就是小成。这个例子一直影响着我。我大二的时候，几乎每一两个礼拜就在报纸上面发表一篇小散文，差不多七八百字，人生啊、婚姻啊、恋爱啊，什么都谈，一个大学二年级的学生，能在那么大的报纸上发表散文，那也是一个成就，所以我编了《人与路》《人与桥》两本书。后来我听了老师的话之后，发现不对，我要是一直写这些小散文，将来就不能写长一点的文章了，所以我也就停下来不写了。后来读硕士、读博士，就开始写书了。我也是受到这个的影响。可见，"既济"只是代表小有成就，一般人认为是很好，是了不起，但是如果你以为小有成就就是成就，那就会变成框框，把你限制住，让你不能有更大的发展。所以庄子说"道隐于小成"，不要隐于"小成"，要打开"小成"，才能往上发展。"既济"的心要打掉，打掉以后，下面就是"未济"。

未济卦（䷿）第六十四

我猜想，文王排列六十四卦的时候，可能最初是把未济卦排在既济卦前面的，既济应该是最后一卦，圆满嘛，再加上位当而相应，而未济是还没有完成的。估计他后来想一下，还是觉得不行，既济后面应该还有发展，所以他把未济放在既济之后。这一放，就可以看出文王整个思想体系的高明，如果把未济放在既济前面，未济就是还没有完成，后面才完成，未济就变成一个尚未成就的东西，变成一个缺陷，因为你看，未济卦虽然相应，但每根爻的位不当。位不当是它的缺陷，不像既济卦六根爻位当又相应，很圆满。但是，将未济卦放到既济卦之后，未济卦就是另外一个境界了，它不是既济卦前面的阶段，而是既济后面的无限开放的路子，境界完全不一样了。我记得在讲《易经》的时候，有一位韩国的学生问，照理说，未济比既济更好、更重要，为什么未济卦的位不当呢？位不当反而更重要？按照《易经》的规则，要位当又相应是最好的，未济卦位不当，而且下面是水，上面是火，火气往上，水气往下走，两气不相交。我说，为什么这个卦位不当但是又很重要呢？位当不当，是在现象界讲问题，就像我们在社会、人生、政治、家庭中的位，但无限的宇宙里不讲位，宇宙里哪个地方都是中心，所以，在宇宙的视角下，没有位当不当，任何地方都是它的位。水可以往下流，火可以往上走，它们都是独立的，讲"位当相应"的时候，它们不是独立的，它们在现象界是相应的关系，而在宇宙界，水火都可以按照它们各自的规则随便流动，很自由，没有阻拦，所以没有位当不当的问题。我这么一讲，那个韩国学生就说，吴老师，你是"鬼才"，能想出这个解释来。我不知道他是捧我还是骂我，但事实上是如此。

未济卦，就卦辞和爻辞来说，因为它是代表现象，所以没有什么石破天惊的地方，还是很普通的，但是在意思上、精神上就不同了。这就像乾、坤两卦，乾是天道，坤是地道，乾是全阳，坤是全阴。在现象界，没有全阳或全阴，这只是理想的状态。但它们的卦辞和爻辞，如"利见大人"等，却是现象界的。所以，我们要注意，未济卦的精神是无限开放的，我们不能限于它的爻辞来理解，因为那只是就现象界来讲的。

未济。亨，小狐汔济，濡其尾，无攸利。

"亨"，代表要了解，要沟通。"小狐汔济"，小狐狸出现了，小狐狸和大狐狸不同，老狐狸是很狡猾的，小狐狸不懂，就像小羊一样，用两个角乱顶乱撞。这里就是说，小狐狸当它快要济的时候，"濡其尾，无攸利"，这如果在既济卦的话，没有问题，快要到岸的时候，它把尾巴放在水里，慢慢地到岸，无咎。但是在未济不一样，未济是无限开放的，它要走，开始动的时候，就要把尾巴翘起来，往上走，不要老是把尾巴放在水里，拖泥带水走

易经新说

不动。所以像小狐狸一样，尾巴举不起来，走不动，"无攸利"。也就是说，要往前走，不要犹豫，不要狐疑。

初六。濡其尾，吝。

初六"濡其尾，吝"。既济的话，要"濡其尾，曳其轮，无咎"，但是在这个卦的第一爻里，告诉我们，不要"濡其尾"，要往前走，要开放，不要犹豫。

九二。曳其轮，贞吉。

九二"曳其轮，贞吉"，"曳"就是拖，拖有两种，一种是拖住它不往前走，另外一种是拖着它往前走。一艘船在江上搁浅了，工人们用绳子拖着它往前走，那也是曳。也就是说，曳有两种意思，一个是往后拖，一个是往前拖。在这个地方是往前拖，让它走，把握正道，九二是阳爻，代表"诚"，所以吉。"曳其轮"，用现代的话来讲就是刹车，刹车是把车子停住，但让车停住只是一种作用，还有一种是运用好刹车，让车子能往前走。一辆车如果没有刹车，你敢开吗？开车的时候随时要注意刹车。所以，刹车有两种作用，一种是停，一种是往前走。"曳"就像刹车一样，是让它更好地往前走。初六、九二都是告诉我们，要往前走，不要犹豫，不要停留。不要停在既济的志得意满阶段。

第二篇　闲谈《易经》六十四卦

六三。未济，征凶，利涉大川。

六三"未济，征凶，利涉大川"，未济到了宇宙无限的空间，就是顺着自然走，不是"征"，不是有目的的讨伐、征服什么，不存在征伐的观念。所以"利涉大川"，还是可以走，危险可以渡过，但是没有战争、征伐的目的性。

九四。贞吉，悔亡，震用伐鬼方，三年有赏于大国。

九四"贞吉"，阳爻能够把握诚，则吉。"悔亡"，代表没有后悔。"震用"，"震"就是动，要能用动，往前走。"伐鬼方"，跟前面一样伐西戎，也是"三年有赏于大国"，需要时间才会有成就。在这无限的空间里，还是会有你的成就，但是要等待，要慢慢走。

六五。贞吉，无悔，君子之光，有孚，吉。

六五又来一个"贞吉"，九四和六五同样是"贞吉"，就诚和谦来讲，大家可以了解，九四讲诚，六五讲谦。"无悔，君子之光"，要"有孚"，要以谦虚来包涵一切。

上九。有孚于饮酒，无咎，濡其首，有孚失是。

上九"有孚于饮酒"，既济是成功后喝酒，但是"濡其首"，

易经新说

未济是饮酒，有诚，不是喝得醉醺醺的，"有孚于饮酒，无咎"，没有问题。但是喝得过分了，"濡其首"，弄到脸上去了，就没有诚了——"有孚失是"。即使喝酒庆功，也要有诚。无诚的话，就会"濡其首"，看不到前面，因为前面还有无限的空间要走。

我们为本卦作一简要总纲：
初爻，不要畏首畏尾。
二爻，往前迈进。
三爻，不可躁进。
四爻，待时而动。
五爻，谦虚有诚。
上爻，继续守诚而进。

未济这个卦，一方面要了解，它是对既济卦的一个超越，未济卦对既济卦来讲，告诉我们不要居于小成，不要太高兴，既济卦是居于小成。这是对小有成就的既济卦来讲的。另一方面，未济卦的思想是无限的开放，就无限的开放来讲，我认为，未济卦给予我们的，超脱了六十四卦卦爻的范围。在未济卦来讲，我认为，就是要不求成，不要有成功的观念，不要有一个成功的目的，不要有得失心，只要无限地发展，一步步往前走。这是给我们一个无限的空间。

在讲完既济卦和未济卦之后，我提一下王阳明的一首诗，专门写《易经》的几个卦。我们看看王阳明这位哲学家，是怎么运用《易经》的。这也是给我们提示，在人生途径中，要如何吸取

《易经》的智慧来处理我们的困境和问题。

囚居亦何事？省愆惧安饱。
瞑坐玩义易，洗心见微奥。
乃知先天翁，画画有至教。
包蒙戒为寇，童牿事宜早；
蹇蹇匪为节，虩虩未违道。
遁四获我心，蛊上庸自保。
俯仰天地间，触目俱浩浩。
箪瓢有余乐，此意良匪矫。
幽哉阳明麓，可以忘吾老。

"囚居亦何事"，在他三十五岁到三十八岁的时候，明武宗相信宦官刘瑾，刘瑾参奏了一本，明武宗就把王阳明贬放到贵州龙场驿，贵州当时是非常穷困的，龙场驿又在群山峻岭之中，是个小驿站。王阳明知道那里很危险，生怕自己什么时候就死了，就给自己做了口棺材，睡在棺材里面。就在这个时候，有一天晚上王阳明大悟。"省愆惧安饱"，他在龙场驿，像关在牢房一样，没有事情做，每天反省自己的错误，担心自己的安危，有时候三餐不继。他每天打坐，"瞑坐玩义易"，复习《易经》六十四卦。他用了"玩"字，我们学《易经》，要玩其辞，不要有太强的目的性，要玩味它的意思。"洗心见微奥"，"洗心"，放空自己，虚掉一切欲望，放下烦恼执着，才能看到微妙的道理。把自己放空，才能看到《易经》这些爻辞里面的道理。"乃知先天翁"，"先天翁"

是指伏羲。下面讲文王的,"画画有至教",有他的道理。"包蒙戒为寇",包蒙不是要我们去做强盗,是要我们去防御强盗。这是教育的目的。"童牿事宜早",这是大畜卦第四爻,不要像童牛一样,我们要早点接受教训,不要盲目乱干。王阳明大概也是想到自己被贬,骂宦官刘瑾,结果被贬。"蹇蹇匪为节",第三十九卦蹇卦的第二爻,尽管前面有困难,但是六二是大臣,大臣要根据你本身的任务做事,不要管困难不困难,那和你没有关系,是事实,不是你的节操有问题。我被贬到龙场驿,不是我的节操有问题。"虩虩未违道",震卦用虩虩两个字,就是不要丧掉你的原则。尽管震的危机来了,但是你不要违反道。"遁四获我心",就是我很欣赏遁卦的第四爻,自己不要锋芒太露。"蛊上庸自保",拿蛊卦的上九的爻辞来自保,上九的爻辞讲"不事王侯,高尚其事",不再跟王侯做事情,我有我自己的事业、理想,君主不用我没有关系,我研究我的易理。"俯仰天地间,触目俱浩浩",睁开眼睛看到的是朗朗乾坤,虽然现在穷得像颜回一样,吃不饱,但是我有余乐。"此意良匪矫",我不是矫情的,我是从《易经》的道理里悟出来的。讲了这些卦之后,我们看看王阳明怎么把这些卦辞爻辞的道理吸收,来处理人生,在危机来的时候不会痛苦烦恼。"幽哉阳明麓",他在他自己的小山巅,"可以忘我老"。

  王阳明这首诗完全把《易经》的道理拿来运用。我们研究《易经》,里面有很多东西,可以拿到人生中来用。本书的最后,我把王阳明的诗献给诸位,就是希望各位能用《易经》一辈子。

第三篇 文王、孔子与《易经》

第一章　闲话周文王与《易经》

1. 文王的代表性

在文王以前，有尧舜禹汤这样的圣王，也有不少像伊尹、傅说等这样的贤相，为什么我在闲话中国哲人时却以周文王为第一人？这不仅是因为周朝奠定了中国文化的基础，周文王的德行与治道也为周朝的始祖，最主要的原因是由于他和《易经》的关系。《易经》不仅是中国哲学的最早的宝典，它吹响了中国哲学的第一声号角，而且《易经》和中国哲学、中国文化，以及中国人的思想、信念、心理、生活息息相关，达到了不可分的地步。为此，我们不能不谈一谈周文王是如何撰写《易经》的了。

2. 文王的身世

虽然文王的远祖可以追溯到尧舜时期，与夏禹共同治水的后稷。后稷之后，每代以农耕为主，从黄河中部，西迁到渭水的北部，传到公刘时，才定居于陕西的邠县附近，再传了九代，到了文王的祖父古公亶父。古公爱护百姓，使人民都能安居，可是他们靠近西北方的戎狄。尽管他们送给戎狄许多皮革、珠宝和马匹，却都不能满足戎狄的欲望，于是他们只好退让，一起西迁。《诗经·緜》便记载了他们西迁的故事，描写古公带着夫人和百姓，沿着河水，来到岐山之下。想不到他们一迁让，反而因祸得福，迁到了这一片肥沃的土地，适于农耕，于是他还用龟甲占卜（可见此时还没有用蓍草问卦的《周易》），果然是吉兆，于是便定居下来，重建他们的家园。

古公有三子，长子太伯、次子虞仲、三子季历。季历仁德爱民，古父传位给季历。季历娶了一位非常贤德的夫人太任，生了昌，由于殷王封他为西伯，又称西伯昌，即后来被尊称的周文王。

3. 文王的德治

文王的以仁德治国，有很多故事：

传说他在都城附近建了一座大的园囿，称为灵台。百姓们都可随意进去钓鱼打猎，时人称他能与民同乐。

在建造灵台时，从地下挖出了一具尸骨，文王便吩咐属下重新予以装殓。有人认为既然是无主尸骨，何必如此隆重，文王回答说："我是一国之主，不仅是生民之主，也是死人之主啊！"他的话传开了，使得诸侯的人民都非常感动。

有一次在周国附近的两个小国，叫虞和芮，他们为了边界的一块田地的归属而争执，不能解决，便相约去请文王公平的裁决。当他们走进周国境内时，看到周国人民走路都互相让路，种田的人也都能让地；男女有别，分工合作；长幼有序，互相敬爱，大

第三篇　文王、孔子与《易经》

家都一团和气。他们两人自觉形丑，于是相约而归，和睦相处，不再争执了。

当时也有附近的一些邻国，如密国、黎国和崇国等国的君主，逞一时的野心，无端挑衅，文王便任姜子牙为军师，打败了这些野心的君主，而该国的百姓却反而欢迎文王的王师。譬如密国的人民便是捆绑了他们的君主来投降的。

文王的仁政，更重视敬贤尊老，他有完善的养老制度，连当时的贤士伯夷、叔齐都极为悦服，曾赞叹说："不如去归顺他吧！"事实上，其他的贤人才士，如太颠、闳夭、散宜生、鬻子、辛甲大夫等人都归顺了他。

由于文王的德政，使天下归心，周国的势力远超过殷朝。但文王仍然低姿态，以诸侯的身份，臣服殷朝。孔子便赞叹说："三分天下有其二，以服事殷，周之德可谓至德也矣！"（《论语·泰伯》）尽管如此，文王仍然受谗遭忌，被纣王拘于羑里，坐了七年的牢。也正因为这场牢狱之灾，反而使他成为中国最重要的一部哲学巨典《易经》的作者。

4. 文王在牢狱中演易

文王这次牢狱之灾的始末，是由于纣王分封的三公，即九侯、鄂侯和西伯昌（即文王）。九侯把自己漂亮的女人献给纣王，反而因这位美女得罪纣王，惹怒纣王，而被剁成肉酱。鄂侯与纣王争论，激怒纣王，而被做成肉脯。文王听到这消息，不敢再说话，只有暗自叹息，却被崇侯虎得知，而密告纣王，因而被纣王囚于羑里。在牢狱中。文王一方面非常低调，表现自己没有智慧，对纣王非常忠心；另一方面，他的臣子闳夭等人到处寻找美女名马、珍奇宝物，通过纣王的宠臣费仲献给纣王，赢得了纣王的欢心，终于把文王释放了出来，但文王在牢狱中已度过了七年悠悠的岁月（《左传·襄公三十一年》）。

这七年虽不算长久，但无所事事，时时在被杀的恐惧中，对文王来说，却是一段漫长的岁月。在这段时间，司马迁的《史记》说文王"益易之八卦为六十四卦"（《史记·周本纪》）。至于如何演法，司马迁只有这一句话，没有详细记录，我们也无法从其他方面得到消息。我们只能凭想象及合情的推理，画出一个轮廓来。这位极有智慧的圣者，在一个空无所有的牢狱中，只有当作床垫的一堆稻草，他把一根根的稻草排在一起，突然他发现这些长短不齐的稻草可排成八卦的图象。这时他早知道八卦的象征。虽然八卦传说为伏羲所画，伏羲的年代不可考，但八卦的出现应该很久了。这八卦是八种游牧民族所用的图像，有代表文字的意义，乾是三根阳爻代表天，坤是三根阴爻代表地。（按：阴阳两字出现很晚，到"十翼"中才产生，此处为了方便，暂以阴阳称之。）震是一阳在下，二阴在上，代表雷。巽是一阴在下，二阳在上，代表风。坎是一阳陷在二阴中，代表水。离是一阴在二阳之中，代表火。艮是一阳在二阴之上，代表山。兑是一阴在二阳之上，代表泽。这本是自然界的八种具体的、最基础的现象。突然文王发现这八卦也是八种气的活动。当时用龟甲占卜也是用火烤龟甲出现裂痕，象征气的变化。于是文王想了好一会儿，希望让这八卦通过什么方式，可以表现更多气的变化。不知想了多久，他发现把八卦中的两卦重叠在一起便得出了六根爻的另一个卦。这一重叠，便自然得出了六十四个重叠之卦，不可能多一个或少一个。如果文王的演易，只是这样的由八卦重叠而自然地得到六十四卦，这并不稀奇，并不神妙，只是偶然间的发现而已，算不上什么智慧之作。

接下来最重要的是这六十四个重叠的卦，如何依前后次序安排在一起，更重要的是每一个卦代表什么。文王在牢狱中的演易，把八卦重叠成六十四卦，不只是把六十四卦混杂地堆在一起，他必须把它们排成次序。今天我们看六十四卦的次序是经过精心设计的，除乾和坤、颐和大过、坎和离、中孚和小过八个卦之外，其余的五十六个卦，每相邻的两个卦互相颠倒。譬如第三卦屯卦是水在上雷在下，而第四卦蒙卦正好是屯卦倒过来，山在上，水在下。因为雷倒过来就是山，水倒过来，仍然是水。其余需卦和讼卦、师卦和比卦等，都是横相颠倒来排列的。这意味，任何事物，从这方面看是一种现象，倒过来，却是另一个相反或相关的现象。至于前面八个卦，倒过来还是同样的卦，没有变动。如乾的六根阳爻，倒过来还是一样的六根阳爻。所以乾和坤不是倒过来排列。而是阳爻变成阴爻，或阴爻变成阳爻，这叫作相错。这样的次序安排，也不是容易可得的，而是经过文王的无数次的尝试排列而得到的。然而在这里我们要试问，文王的演易，是否仅限于这六十四卦的图象的安排而已？绝不是如此的，他一定会赋予每个卦以它的意义和内容。最简单的，就是每个卦给予一个名字。这个卦的命名不是随便可定，而是关涉到整个六十四卦的次序，以及六十四卦的意义与目标。在这点上，是需要极大的智慧、巧思、感应，再加上灵感、直觉，甚至荣格的共时性等。这时文王从牢狱的窗中仰观天象，然后返回在心中默想。不知过了多少的白天，多少的夜晚，他的意识，他的潜意识，他的心智，他的精神力，互相交流、融会，而产生一股力量，使他偶然间突破困境，使他有如顿悟似的发现了真谛。他不是一下子，在几天的工夫，起了六十四卦的名字，而是今天突破一个，过了好几天，突破第二个；有时今天命了名，过了几天，又改了命名。总之，这是整个宇宙、人生、社会的交感、影响及发展的大工程。但他为什么要这样做？他不像西方希腊的哲人一样，只是仰观天象，希望发现宇宙的真理。作为中国哲人的文王，他不是醉心于抽象的思考，他的这套演易有内心深沉的需求，这是文王演易和整部《易经》所以成书的心理基础。如果西方的心理学家说那是作易者的潜意识，那么中国的哲学家却要称之为忧患意识了。

5. 文王的忧患

《易经·系辞传》说："易之兴也，其于中古乎！作易者其有忧患乎！"（下传第七章）这句话虽然没有明言是文王，但却是文王最好的写照。文王在牢狱中，有随时被纣王所杀的可能，当然是非常恐惧的。但这只是对个人生命危险的恐惧而已。他的忧患却比恐惧更深、更远。他想到，如果自己不幸被杀，纣王一定不会放过他的孩子们，他有十个儿子（长子早死）。这时他的孩子们都年幼，无法抵御纣王的大军，因此他所努力经营的国家便会灭亡。一个如此美好、安和乐利的家园就会被暴君所蹂躏。因此他所忧患的不是个人的生死，而是国家的存亡，而是天下百姓的生计。这种忧患意识在他的心中产生如此巨大的精神的力量，贯注到他演释的六十四个卦象中。这时他发现这六十四个卦象不只是一些符号，而是六十四种有生命的气流，灌入了他的心中，和他的心相冲、相感、相通而相融。这种作用不知在他的心中盘旋了多久？然后他再用脑力进去加以分析，加以诠释。所以这六十四卦，乃是文王通过了他的忧患意识和他的精神、智力而形成的整个生命体。

6. 如何准备推翻暴政

文王在牢狱中的演易，我们保守的看法是，他排定了六十四卦的次序，并给予每卦一个标题。单就这些标题的命名，已不是一件简单的工作。因为他不仅了解两个八卦重叠在一起的气的交互作用的意义，还必须了解六爻的整体性的作用。至于每一爻的爻辞，可能要等他出狱之后。在他被释回国之后尚有一段很长的时间，他在位有五十年之久。据《史记》所载，他出狱之后，还做了很多事。在这段时间，他以实际的施政，深观宇宙人生的大道，体察百姓的生活需求，而不断地加以修正。当然这不是撰写普通文字一样的可以凭灵感一蹴可就，而是面对每一卦、每一爻，凭感应、凭智慧，以及不断的实践而得。我们不敢说在他手中已完成了六十四卦的爻辞与以后的《易经》六十四卦的卦爻辞的全文一字不差，因为古代经典的传承都非一成不变的，甚至不是出于一人之手。《周易正义》一书便说爻辞为周公所作。至于用五十根蓍草的占卜方法，应该是在六十四卦的卦爻辞完成之后。这是因为文王即使在心中想过用《易经》创造一种新的占法，但及身并没有用过，武王也没有。尤其在成王时，据楚王问鼎的大小轻重，王孙满的回答中，举了"成王卜世三十，卜年七百"，可见还是用的龟卜。在箕子交给武王的《洪范》一文中虽详述帝王用蓍占，但该文据后人考证，为西周与东周之际的作品，其中是龟卜与蓍占并用，可见正是由龟卜转变到《周易》的阶段。到了东周，在《左传》中便可以看到用《周易》的许多历史事实了。在这里我们仅说明文王理性的六十四卦卦爻辞。后来为什么附上了神秘的蓍草的占卜法？那是由于后代的君王并非都有超人的智慧，并非有兴趣一卦一爻的去读《易经》，而且不一定读了之后能懂能用。所以文王之后，他的后继者设计了这个沟通天人、既神秘且又有理路的蓍草之数的推演法。一般的君王们被它的神秘性所吸引，很简单的在极短时间中，通过占卜进入《易经》的某一卦某一爻，再由有学问、深通易理的史筮之官来解释。所以今天我们用占卜虽有它神秘性，可是进入《易经》的卦爻辞后，却又是理性的，因为我们通过了神秘的占卜的感应，能与作易者的文王及其后继的圣者产生感应，而接触到大智者如文王的，以及他所想到，写在《易经》里的各种问题。这种问题不仅与中国古代国家、社会、家庭、个人的问题是相同的，而且即使现代，即使西方也有相通性、相同性。因为"易与天地准，故能弥纶天地之道"（《系辞上传》第四章），今天我们仍然生活在同一个天地之间，天人之际的一切生生的原理仍然是相同的。文王与我们虽然相距三千多年，但在整个宇宙的天地时空来看，只是一瞬间。

《易经》这部书虽然是三千多年前的作品，但用占卜，通过了占卜，也就通过了时空的间隔，使我们与《易经》的作者文王能面对面的交谈。

了解这点之后，我们可以看看文王在《易经》六十四卦和爻辞中，所要表现的是什么了。他第一个最重要的问题就是，如何保护百姓，推翻暴政？这问题说小了，是文王为了要保全自己的家国，不得不推翻暴君商纣，因为商纣会随时摧毁周国；说大了，就是为了众生的安和，就是《大学》篇所谓的"平天下"。为此文王特别写了一个四十九卦的革卦（上泽下火）。这个"革"字的原义是指把兽皮去掉毛做成皮革的费力过程，但此卦讲革命却有商朝汤武推翻夏朝桀的革命事迹。所以革卦的《彖辞》直接说："天地革而四时成，汤武革命，顺乎天而应乎人。革之时大矣哉！"文王崇拜汤武，以汤武的革命自勉。但真正实际上的革命不是那么简单，一蹴可就的，而是有许多条件和步骤的。他在革卦的卦辞中，便写下了条件：要等待时机，要有诚信，要有正大的动机，要能天人交通。然后说到六根爻的六个步骤：初爻，是在准备时，要有健全的基础；第二爻，要等待时机；第三爻，要三思而行，即具备天时、地利、人和，不可意气行事；第四爻，要没有任何可悔之事，要能以诚信改变自己和人民的命运；第五爻，要能自省，问自己的智慧才能是否足够担当新国家的领袖。他说："未占有孚"即是说自己的诚信足以使人民相信，不必去占卜问了。这里很奇怪，《易经》明明是占卜之书，此处却说"未占"，即不必要占卜。如果我们看看后代，即使很好的君主，比如汉文帝，他半夜宣召年轻的学者贾谊对谈，李商隐犹批评"宣室求贤访逐客，贾生才调更无伦。可怜夜半虚前席，不问苍生问鬼神。"至于后来的汉武帝，一登基，便诏求贤良之士，他给董仲舒和当时学士们的策问试题中，一开始便提出他接受天命为君，有什么征验。这与董仲舒写天人感应的《春秋繁露》，以及武帝始终避免不了方士符咒之祸有关。至于两汉之际，兴起的谶纬迷信，如王莽篡汉等，更是等而下之了。这一对比，我们就发现文王的"未占有孚"是如何的高明、深切，意义远大了。难怪孔子在《论语》中特别叹了一声"不占而已矣"了。第六爻，是指革命之后，不仅所有大夫官吏要能改变新的思维，所有人民的生活都得到了彻底的改善，从此国泰民安，不再有战祸了。这不正是太平的天下吗？

除了革卦写出了文王心中的第一个重要的希望之外，在六十四卦的卦爻辞中，随处可以看出他在这方面的思维和准备工作。一是西南是安全之地：他一再地强调西南，而反对东北。如坤卦卦辞的"西南得朋，东北丧朋"，第九卦小畜卦（上风下天）卦辞的"自我西郊"，第三十九卦蹇卦（上水下山）卦辞的"利西南，不利东北"。他说"利西南"不仅是指他要先保全自己的国家，同时西南属于阴柔之地，也表示在革命之前，要把握谦柔，以低姿态自处，所以到了武王发动革命之前，还是对纣王非常恭顺的。二是时机未到，需储备人才：他在小畜卦卦辞说："密云不雨自我西郊。"密云不雨就是指只有乌云，还没有降雨，就是时机尚未成熟，必须等待，小畜是强调谦柔之德。到了第二十六的大畜卦（上山下天），便是训练从事革命和建设国家的人才。三是选任军事领袖人才：文王遇到姜尚（子牙）时，姜子牙不过是一个在水滨垂钓的老人。文王在和他交谈之后，赏识他的军事领导才能，便立刻封他为统帅，以作将来灭纣之需。文王特别写了一个第七卦的师卦（上地下水），在卦辞中便直说"丈人，吉"。"丈人"就是指年长、有军事经验者。这不正是姜子牙的写照吗？在师卦的爻辞中，还一再强调唯有年长有经验者才能帅军，年轻好战者绝不能取代他的地位。

7. 建国的政策

文王的治绩，前面我们曾从司马迁所叙述的许多故事和史实中得知，他赢得许多小邦的归附，使天下归心，使孔子也大赞他的盛德。现在我们仅从《易经》的六十四个卦中可以看出他在政治上的许多重要政策，下面一一说明。

1）建立新制度

他在革卦之后，紧跟着就写了一个鼎卦（上火下风）。鼎是鼎新，即新制度。鼎在古代有二义：一是夏禹在立国时，因九州而铸造了九鼎，后来鼎便成为朝代的象征，改朝换代，就是鼎迁；另一是鼎作烹饪之用，如鼎食之家，也象征了人民的生计。所以此处鼎的意义是代表新制度的建立，着重人民的生活。但文王在鼎卦除了强调"鼎有实"的人民的生活外，更着重"鼎黄耳""鼎玉铉"的以柔软的方法来推行政策，即儒家所谓的仁政和德治。《左传·宣公三年》，楚王问鼎之大小轻重，王孙满就告诉他，鼎不在大小轻重，而在于德。他说："成王定鼎于郏鄏，卜世三十，卜年七百，天所命也。周德虽衰，天命未改，鼎之轻重，未可问也。"可见鼎是代表一种新的、完善的制度。

2）重视教育

《易经》的第四个卦是蒙卦（上山下水），是指出山泉水清，比喻幼童本是天真的，但蒙昧无知，要启蒙，所以本卦是针对蒙昧无知的救治，是讲教育的问题。文王序卦，把蒙卦放在第四卦，可见他对教育的重视。在该卦中，第二爻本是人臣或人民的位置，第五爻都是君主或领袖的位置，可是该卦的主爻却是第二爻，代表老师，第五爻反而是向第二爻虚心学习的童蒙。这正是后来君王对老师的尊敬，易位而坐。本卦不仅重视幼童的教育，如第一爻的发蒙，即启蒙，更强调君王的教育，如第五爻的童蒙。本卦的教育不只是增加知识，尤其强调知识不是"为寇"，与人争夺，如庄子说的"知也者，争之器也"（《庄子·人间世》）；相反的，却是"御寇"，防止争夺，防御外邪的侵入。也就是说教育的初步是增加知识，最后的目标乃是转知识为智慧、为德性。

3）宗教信仰的需求

文王时的宗教，并不是有组织的宗教教义和团体，如后来的道教、佛教及西方的天主教等。在这时期，我们说宗教信仰，乃是指当时祭祀的两条路线，一是指祭拜天地及过去有伟大功业而被视为神灵者，如黄帝、夏禹等；另一是对祖宗的祭祀，视祖宗为神明。我们对天地和神灵、祖先的祭祀的意义，第一就是饮水思源，不忘根本，这是立德的基础。第二由于这些神灵的丰功伟业使我们受到感召，而顺着他们的路子继续努力，这是立业的基础。我们由祭祀而向他们交流，使他们的精神力量能贯注在我们的心身中，而使我们也产生精神的力量，这是宗教信仰的基础。在《易经》中，强调这种宗教信仰的文字俯拾可得。如乾卦的卦辞"元亨利贞"四字中的"亨"字本来就是祭祀的象征。祭祀的祭天就是与天相通，祭地就是与地交融，所以"亨"是气的向上、向下，向人民万物的交流。在《易经》大半以上的卦辞中，都特别标出这个来自祭祀的"亨"字。说得更明白具体的，如第四十五的萃卦（上泽下地）卦辞"亨，王假有庙"，第五十九卦的涣卦（上风下水）的卦辞，"亨，王假有庙"。萃和涣两卦都是讲在人心动乱和涣散时，如何再召唤他们，归向政府之卦。"假有庙"就是强调通过宗庙的祭祀，使人民能坚定信仰。再如第四十六卦的升卦（上地下木）第四爻说："王用亨于岐山。"第四十七卦的困卦（上泽下水）第五爻说："利用祭祀。"第六十三卦的既济卦（上水下火）第五爻说："东邻之杀牛，不如西邻之禴祭，实受其福。"这些都是强调祭祀之重要。《易经》中还特别有一个观卦（上风下地），卦辞即以宗教的祭祀为例，说"盥而不荐"。祭祀时最先的"盥"礼，即是洗手洁净，再洒酒在干草上燃烧以迎神，这时心念纯净而不杂。接着"荐"礼时，即献上各种祭祀的食品，心念便受食品所影响而分心。所以观是着重内心的纯净。在这一卦中举出各种由内向外的观。由童观的小，窥观的狭，直到观国之光，观人民的生计，这是把宗教的观用到观察国家人民身上，所以孔子"十翼"的《象辞》上一再地强调"圣人以神道设教""观民设教"，可见这是《易经》把宗教信仰和人民的教化接合在一起。

4）确立司法制度

《易经》中讲到司法的，最明显有两卦：一是第六卦的讼卦（上天下水），一是第二十一卦的噬嗑卦（上火下雷）。讼在需卦之后，是指人民在追求需要的物质时，产生纠纷，而诉之于公庭。在讼卦中主要的意义乃是不强调讼事，最好双方能反躬自省，自动和解。司法制度只是不得已的方法，它的目的乃是为了社会的安宁和谐。至于噬嗑卦辞中明言"利用狱"的牢狱制度也是不得已的。在该卦的第三爻爻辞中也明言监狱制度是有毒的、有弊的。本卦的第四爻，常被后人解易作心之贼，是欲望，也指恶人，必须除之，然后才能使社会和谐。所以在这一卦之后是第二十二的贲卦（上山下火），是社会的文明。所以司法制度只是不得已的方法，其目的乃是为了社会的安宁和谐。

5）提出新礼制

我们都知道周公奠定中国文化的基础是制礼作乐。他在制礼时，生怕诸侯不从，深思了三年，还以迁都来探测诸侯对他的忠诚，然后才提出制礼的政策。在他的父亲文王时，虽然人民都能以礼相待，但这只是生活上的谦让，还谈不上制度性的礼制。在《易经》中有三个卦可以联结在一起来看。一是第九卦的小畜卦（上风下天），二是第十卦的履卦（上天下泽），三是第十一卦的泰卦（上地下天）。小畜，我们在前面已说过，是"密云不雨"，时机未到。在这卦中，文王强调."尚德载"和"妇贞"的谦柔之德。这是他治理人民的谦柔，对付商纣的谦卑。到了履卦，传统的解释是"履者，礼也"。我们的行事有如踩虎尾，就像今天的行人在十字路口和驾车在高速公路上，都是在危险的虎口上，只有依照路规而行，才不会有危险。这路规就是礼制。路人的谦让，这是互相尊重、友爱的态度，这种态度飘忽不定，因人而异。但人与人的关系，在政治、伦理及生活上是复杂的。如果这种礼制能确立，使人人知所遵循，才能达到泰卦的和谐相处，太平无争。但文王在这里只是提出这一观念和目标，真正付于具体制度化的，却要等待次子武王平定商纣后，他的四子周公旦了。

6）注重家庭生活

中国文化是以家庭为主要单位。家庭常和国连用，为国家或家国。家庭制度的溯源，有的认为可推到有巢氏，这个巢就是家；有的认为伏羲的八卦也可象征为父母、兄弟、姊妹；有的认为黄帝确立和建全了家庭制度。所以文王的重视家庭也并不特别。不过值得注意的是文王为家庭写了一卦叫家人（上风下火），卦辞上特别说"利女贞"，重视女性，为全卦的中心思想。接着全卦各爻都以女性为主体。除了第一爻提出全家外，第二爻指女性在"中馈"为全家的中心。第三爻以妇子为主。第四爻强调妇女能"富家"，为家庭兴盛的功臣。第五爻是君主之位，本可强调王权父权，但却以"王假有家"的"齐家"思想克制王权父权。第六爻，一般都认为象征父亲，但没有明言父亲，却说"有孚威如"，这话虽可解为要有孚有威，但也可解为以诚信为威信。总之，家人一卦所注重的家庭，是以妇女为中心，齐家为目的，这也正与文王的祖母、母亲及自己的夫人都是最贤德的女性有关。

7）开放选拔人才

这种选拔人才的功夫,来自文王个人的心胸与才具,但也能变成制度,写入《易经》之中。《易经》每卦的第五爻是君主领导之位,我们随处可见文王的这种思想和风格。如坤卦第五爻的"黄裳元吉"的谦虚,讼卦第五爻"元吉"的公正无私,临卦（上地下泽）第五爻"知临,大君之宜"的以智慧观察人民等,不一而足。但真正比较具体涉及选拔人才的有三卦,即第八的比卦（上水下地）,第三十五的晋卦（上火下地）,第四十六的升卦（上地下木）。比卦谈君王能为臣子和人民所亲比归附,是在于第五爻的"显比",即自己的仁心,能召引贤人才士来归。晋卦第三爻的"众允"是指选拔人才不能凭一己的喜好,而要得到大家的认同。升卦第三爻的"升虚邑"是指君主没有任何成见;第五爻的"贞吉,升阶",不仅强调君主的谦虚待士,尤其放下阶梯,让臣民能攀缘而上。这阶梯就是选拔人才的制度化。

8. 人们的心理建设

1）反复的变化

《易经》所讲的变化是在"反复"两字。如二十四卦的复卦（上地下雷）卦辞所谓"反复其道"。虽然本卦此处是指反于以前的阴,而复于此处的阳,所以复卦是一阳复生,大地回春。不过整个《易经》的变化是阴阳相生,正反相成。譬如六十四卦中,每对相邻之卦都是阴阳相错相综的。最明显的是十一卦的泰卦

（上地下天）与十二卦的否卦（上天下地），以及四十一卦的损卦（上山下泽）与四十二卦的益卦（上风下雷），更从宇宙说到人生的变化。不仅泰会变为否，否会变为泰，损会变为益，益会变为损，而且是泰中有否，否中有泰，损中有益，益中有损。了解这个道理，在我们的应变中，还能守泰防否，否中求泰；守益防损，损中求益。《易经》的智慧，就是讲如何于变化中应变和处变的。

2）无心的感应

《易经》讲感应之道。在宇宙来说，是阴阳的感应。阴阳是气，阴阳的相感是气的相感，自然无心。但人却不然，人有心，所以人的感应却有心的加入，是有心的感应。可是此处为什么说无心的感应？因为《易经》三十一卦的咸（上泽下山），本来是感字，却把心去掉，成为无心的咸字。这是《易经》特别为有心之人讲无心的感应。就咸卦的六爻来说，第一爻感应在脚拇趾上，显然离心尚远。第二爻感应在腿上，腿主动，是听心的指使。第三爻在腰上，代表肉欲。第四爻在心上，有所求而心忐忑不安。第五爻在背脊肉上，感觉微弱，却支持了整个身体，这是《易经》咸卦所强调无心之感的主体。最后第六爻感应在口颊上，有好有坏。好的方面是言有序，能沟通；坏的是言不及义，口是心非。总之整个卦强调无心之感是告诉我们要以真情真性去感，不要加入自私的欲念，去有所求。《礼运大同篇》所谓"货恶其弃于地矣，不必存于己；力恶其不出于身矣，不必为己。"这也是一种无心之感。

3）悦乐的精神

人都是要求快乐的，一个好的政府当然是要使人民快乐。可是快乐有两义，一是逸乐，一是悦乐。逸乐是负面的，它会变成人们生活上的放荡荒逸，结果造成整个社会风气的沉沦；而悦乐是正面的，是人民内心的和悦安乐，使整个社会安定和谐。《易经》中有两个卦都是讲的悦乐：一是十六卦的豫（上雷下地），一是五十八的兑卦（上泽下泽），这两个卦都是讲内心的和悦安乐。豫卦的第四爻就是强调身为大臣的人应做到使民和乐。兑卦第一爻便强调内心的和兑，即和悦，而反对第三四两爻把悦乐寄托于外面的事物。老子的"宠辱若惊"，孟子的"收放心"，都是指这种心的向外求快乐，适得其反，不仅得不到真正的快乐，反而成为痛苦的原因。

4）知止而返

在六十四卦的每卦爻位上，第三爻多凶，第六爻多危。为什么？因为第三爻在内卦的最上一爻，又面临内外卦之变，所以有凶象的警惕。第六爻在全卦的最高峰，物极必反，高处多风雨，所以有危象的警告。在爻辞中，这种例子太多了。如乾卦第三爻的"夕惕若厉"，第六爻的"亢龙有悔"。其余太多了，不必枚举。至于应变之道，就在知止而能返。"知止"两字为后来老子所强调，就是悬崖勒马，不要再冒进。"知返"在第三爻上的知反，是反省的反。也就是停在原位，不要乱动，再看清前途，等待外援。如第二十三卦剥卦（上山下地），在剥卦是指阴的剥蚀，都为不好，只有第三爻反而"剥之无咎"，这是因本爻是阴爻，第六爻是唯一的阳爻，它们是一对，阴阳相应，所以无咎。至于第六爻因最高，就现象来看，多为不好，但也有好的一面，是因为第六爻在天位，有天道的象征。因此这时能"知返"，返于天命，就能转危为安。如第二十六卦的大畜卦第六爻的爻辞是"何天之衢，吉"，"天衢"，即天路、天道，也是天命，所以能顺天命，便无所不通了。

5）诚谦二德的转化

在《易经》中有两个和德行有关的卦，一是第十五卦谦卦（上地下山），一是第六十一卦中孚卦（上风下泽）。谦是山在地下，是表示自己虽有很高的地位、学问或财势，却须低姿态，掩盖光芒。"中孚"的"孚"是诚信之意。卦中的三爻四爻是阴虚，代表诚和虚心是相通的。在《易经》各卦的卦爻辞中，表现谦和诚的地方很多。我在《易经与易德》一书中，曾以诚来代表阳爻，谦来代表阴爻，把一般人只求控制阴阳，以把握外在变化的《易经》，转变为内在修养之书。后来我在《易经的处变学》一书中，完全用诚谦二德去谈各爻之间的转化功能与功夫。在这里，我以为《易经》的阴阳或刚柔两爻可通过诚和谦的修养功夫，产生转化的功能。所以我曾直截了当地说，《易经》是一部转化之书。今天西方心理学上用转化两字，常常只限于名词观念的运用，而欠缺具体的修养功夫。《易经》的诚谦两德也许可以提供心理上的正面功能。

9. 方法的运用

1）解困之道

《易经》的应变也是一种解困之道。这正说明了文王在牢狱中，最重要的问题是如何脱困。他被释放后，虽然暂时无生命危险，但暴虐的纣王随时有摧毁他们的家国的可能。所以他在《易经》中写了很多困境及如何解困的卦。在第三卦屯卦（上云下雷）便是写开始时的困难，第三十九卦的蹇卦（上水下山）是写横在前面的困境，第四十七卦的困卦（上泽下水）是写正身处困境之中。综合以上三卦，可以看出解困之道的几个特色。首先是不要乱动，不致消耗掉自己的能量和精神。如困卦第二爻的"征凶"，第六爻的"动悔"。其次等待时机，如屯卦初九的"利居贞"，第二爻的"十年乃字"。第三是希求外援，如屯卦第三爻的"即鹿无虞，惟入于林中"，进入森林时，需要森林官来指导，即需要专家的帮助。最后，必须反回内心，先求心的安静，然后再由心智找出解困之道，如蹇卦各爻一再地说"往蹇来誉"，即是说不要向外追求，要先回到内心求宁静。

2）"渐"字诀

《易经》各卦各爻的向上发展是渐进的，一步一个脚印的。第五十三卦渐卦（上木下山）便是在水滨的鸿鸟，由河岸经大石块、陆地、树顶、山陵，再回返陆地的飞翔过程，这个过程是逐渐的、一步步的。困卦的第三爻讲"来徐徐"，"徐"就是渐的意思。这个"徐"字后来成为老子哲学中处理事务或修养心性最重要的方法，如"静之徐清"，"动之徐生"(《老子》第十五章)。试看六十三卦既济卦（上水下火）表示某件事情办好了，成功了。可是第一爻"濡其尾"正像把舵放在水中，慢慢地行；第二爻的"勿逐，七日得"即不要追得太紧，须等待一期；第三爻的"三年克之"，要等待三年；第四爻的"终日戒"，不要速成，还需时时警惕；第五爻的"东邻杀牛，不如西邻之禴祭"，指不要庆功太早，太张狂，还需低调以处；第六爻的"濡其首，有孚失是"，指即使成功，也要功成身退，不可自以为有得。试看在既济，成功之时，还要"曳其轮"，慢慢地走。在这里须注意，"渐"字诀并不是说做任何事情都是慢半拍，老牛破车似的。其实渐卦真正的重点是在鸿飞的过程中，每一停驻都是最安全的，也就是在每一位置上都扎扎实实，不是贸然地躁进。真正懂得"渐"字诀的人，必须了解"渐"的真谛。能渐必须能渐进，能渐进，才能安全地达到目的。

3）"慎"字诀

这个"慎"字，就《易经》所有的卦爻来说，在每个爻上的行动都要慎。所以前一节特别说"渐"，渐也须以慎为基。但在这里的"慎"是特别就慎始来说，也就是在第一爻上的慎。二十八卦大过卦（上泽下木）的第一爻说："藉用白茅，无咎。"这是因为该卦在第一爻的上面有四阳爻，阳太重了，所以第一爻好像载重物，必须用白茅草铺在底层，这是谨慎小心之意。其余如坤卦第一爻的"履霜坚冰至"，屯卦（上云下雷）第一爻的"利居贞，利建侯"等等，都是要我们谨慎小心，停下来，先打好基础。第一爻的特性是潜，因此每一卦的第一爻都是保守性的说法，不主张大动作，因此常被许多用易的人忽略了。其实第一爻的潜却是在潜中影响其他各爻的发展。宋明理学家常问未画一爻之前的气象。其实画了这一爻便可决定以后的发展。这就同国画和书法，这第一点、第一笔非常重要，是影响整幅画、整个字的关键。这道理，孔子看得很清楚，《系辞传》说："原始反终，故知死生之说。"（上传第四章）这里的"始"在爻位上就是第一爻。他又说："其初难知，其上易知。本末也。初辞拟之，卒成之终。"（《系辞下传》第九章）。"初"就是初爻，"终"就是第六爻，所以在第一爻上的修养作为已可决定了最后的结局。因此在第一爻上必须慎其始，慎始才能善终。

4）"无"字诀

关于这个"无"字的运用，一般学者都把它归于老庄和禅宗。如老子的"无为"、庄子的"无用之用"和禅宗的"无心是道"。其实这个"无"是中国哲学的一大特色，可以溯源到《易经》。一般人常因《易经》是占卜之书，而忽略了这个极有哲学特色的"无"。第三十四卦大壮卦（上雷下天）的第三爻说"小人用壮，君子用罔"，"罔"就是无用，或以无为用。这种思想在《易经》卦爻辞上极为普遍而显见，如乾卦初九的"潜龙勿用"，"勿用"就是无用。同卦用九的"见群龙无首，吉"的"无首"就是无其首。坤卦第四爻的"无成有终"，在修养上就是无求有成。这一点孔子也见到了，他在《系辞传》中说："易无思也，无为也，寂然不动，感而遂通天下之故。"（上传第十章）但在"十翼"中仅那么一句"无思也，无为也"，因此常易为后人所忽视。不过在这里我们要注意《易经》对"无"字诀的运用，不只是不执着自己的成就的骄傲而已，更有向上开放的一面。如第八卦比卦（上水下地）的第五爻的"显比，王用三驱，失前禽，邑人不诫，吉。"这是指商汤狩猎时的网开三面，使强壮的野兽都能逃生。事实上网开三面，就是不用网了。再如第四十八卦井卦（上水下木）的第六爻的"井收勿幕，有孚，元吉"，即井口永远敞开，供人汲取。尤其六十四卦把未济（上火下水）作为最后一卦，更说明了《易经》不以"既济"的成就、成功为结束，而是向宇宙无限的开放。所以这个"无"字诀的运用，不仅是不执着、不自满而已，而是使心开放，使我们能面向无限的宇宙时空。

10. 结语

最后，我要说一说我为什么写这篇文字。

1）本文是闲话，而不是严肃的考证

本文特别称"闲话"，乃是有意避开严肃的考证。我的大学阶段读的大学的国文系偏重考证，而我受先师张起钧教授的影响，自始便爱好哲学思维，避开考证的烦琐研究。虽然在国学和中国哲学的研求上，我也尊重考证工作，而且也采用许多合理的考证成果，但自己始终没有这方面的长才和耐心，所以不愿跨入这一园地。因此特别声明本文只是思想上的推论，而不是严肃的考证之作。

2）因荣格的盛赞《易经》说起

最近申荷永博士写了一篇《荣格与易经》的文字寄给我欣赏。申博士二十年前来美为访问教授时，曾到敝校访问，在我的《易经》《老子》《庄子》等课中旁听，课后互相交谈甚洽。我曾劝他把荣格对《易经》的看法作一较详细的介绍，果然他写了这篇文字，详述荣格对《易经》的信仰（恕我用这两字，因为他对《易经》的崇拜，几同信仰）。以前我只知荣格为卫礼贤的《易经译注》作了一篇长序，由此而影响荣格心理学派的学者和医生，人手一册卫礼贤的《易经译注》，把它视为圣经，甚至用它来治疗病人。读了申博士这篇文字，我才恍然而悟，荣格是把蓍草或三个铜钱的占卜当作共同的潜意识，作为病人和《易经》沟通的桥梁。这蓍草和铜钱的占卜无疑是他所要解析的另一种梦境。可是凭蓍草及铜钱所进入的《易经》本身却不是梦，不是潜意识了。但荣格学派的人士却视之为天书，因为荣格不知《易经》原文及《易经》的本来面目，他只能读卫礼贤的译注。卫氏本人是天主教的传教士，纵使至今天他的译注还是较好的，贡献极大，可是仍不免有许多误译，以及中德、中英文字与宗教心理不同的地方。所以为此我要特别提出文王和《易经》的关系，以说明《易经》的原义不能掩盖在后来的占卜之术中，把《易经》当作无聊的占卜的迷信。胡适与荣格有三四次见面，荣格如此信仰《易经》，而胡适却责《易经》为无知的迷信，当时东西方两位大学者都格格不入，快快不乐而散，今天我们看了此情景，能不亦快快乎？

第三篇 文王、孔子与《易经》

3）还《易经》一个本来面目

今天的《易经》由于包盖在占卜的迷雾中，很多人读易、用易都被占卜所影响，使《易经》反而变成占卜的附庸，成为占卜者的工具而已。我之所以特别提出文王在牢狱中的演易，就是为了说明《易经》的六十四卦及卦辞是完成在文王手中，孔子在《系辞传》中也有这样的想法，而说："易之兴也，其当殷之末世，周之盛德邪？当文王与纣之事耶！"（下传第十一章）这时文王不是为了占卜而写《易经》。至于三百八十四爻的爻辞可能也是文王所写，或后继者添加而成。至少这部分是《易经》的本来面目，是哲学思想的，是理性推衍的。试想一个占卜者，如何写得出蒙卦的教育主旨，革卦的革命意义，豫卦和兑卦的怡悦情操，以及泰否、损益等的人事变迁？所以我要先把《易经》原书与占卜分开，把蓍草的占卜看作后继者为了方便说法，使《易经》能为后代君王所用，使《易经》的哲理也能影响后代君王。占卜也有它的贡献，但只是方法上的运用，而不是《易经》哲理的本身，所以本文之作，就是通过占卜超脱占卜，来看《易经》的本来面目。我这个想法不只是我的创见，在二千五百年前已有人做过，那就是孔子的"十翼"。

4）如果占卜是天书，文王还是《易经》的主要作者

如果，尽管这个"如果"的可能性很低，但我还要说这个如果。如果有人以为六十四卦爻辞和占卜是同时完成的，也就是说这位设计五十根蓍草的占卜者，是为了占卜而写下了六十四卦的

卦爻辞，这位占卜的作者不仅设计五十根蓍草的占卜有如此奇妙的心灵，而且写下体大思精的六十四卦卦爻辞更是有无比伟大的智力和知识，而且他还能推及政治、伦理、教育、司法、家庭等各种非常具体的问题。就这方面的表现来看，实在不亚于老子，甚至使孔子也深佩不已，读易而至韦编三绝，还和学生们撰写了"十翼"。试想除文王之外，自周公成王后，到孔子之前二三百年间（孔子之前的穆姜已用了蓍占，而且非常成熟），如果有如此的人才，能写得出这样伟大的著作，他居然隐姓埋名，而历史也没有记录，这可能吗？这种情形，只有把《易经》看作天书了。正如"河出图，洛出书"（《系辞上传》第十一章）的传说。当然也有人相信天书，但天书不会记载"利西南，不利东北"，"王用亨于岐山"及"箕子"等的历史事实。因此回到我的想法，认为《易经》六十四卦卦爻辞完成得较早，后来的占卜者再把《易经》六十四卦的卦爻辞和蓍草的占卜连接在一起。由于占卜者要保持高度的神秘性，不仅自己隐姓埋名，连文王的演八卦为六十四卦及卦爻辞的作者都一概不提。因为卦爻辞如果是文王所作，文王是人不是神，便没有那么神秘了。连孔子在《系辞传》中描写《易经》作者时，也都泛指圣人，认为是圣人的观天文、察地理和知幽明变化所得，而不具体地明言某人，也是为了高推圣境，把这位圣人神而化之了。这是我们近情的推理，希望能还《易经》一个本来面目，也给文王在牢狱中演易一个公平的地位。

最后，我们引用孔子在匡地受阻时所说的话："文王既没，文不在兹乎？天之将丧斯文也，后死者不得与于斯文也。天之未丧斯文也，匡人其如予何？"（《论语·子罕》）这是孔子在传道时受阻，文王给予他的精神力量。孔子五十以后学易，韦编三绝，正是他周游列国遇到许多阻难之时，《易经》使他知天命，也给予他无比的精神力量。今天我们把文王和《易经》联结在一起，就是希望我们这些后继者，也能接受到这种精神力量的感召，冲破一切困境，跟着他们追求理想的脚步而向前迈进。

第二章　闲话孔子的承先启后与《易经》

1. 为什么说承先启后

如果我们要把"承先启后"四个字赠送给中国文化历史上最伟大的人物，谁都不能否认，只有孔子一人配得上这个头衔了。

我们个人过去的生活都埋葬在时间中，只有凭记忆或日记才能想起一二事迹。至于人类的历史更是如此，即使再辉煌，都逃不了。有谁的记忆能想起它们？除非有文字的记载。中国的历史文化，如果以黄帝算起也有五千年左右，但可靠的文字历史也只从三千年前的周朝开始。夏商的历史，还须靠地下挖出的甲骨上的文字来拼凑，再加以推理的猜测。严谨的考古学家尚能够给予我们许多可靠的断片的资料，而许多标新立异的历史考证家，在他的大胆的假设下，夏禹便变成了大爬虫（日本史学家）了。这样看来，我们在有文字历史以前的年代将是一片漆黑了。幸亏我们的历史上出了这位至圣先师孔子，他以做老师为荣，以传导文化为使命，编定六本教导学生的教科书，诗（《诗经》）、书（《尚书》）、易（《周易》）、礼（《周礼》）、乐（《乐经》，已佚失，或以为是《诗经》文字的诗谱）和《春秋》（孔子所写的鲁国编年史）。

这六经留下来的，只有五经，在这五经中诗、易、礼和《春秋》都记载周朝有了文字历史后的事实，只有《尚书》记录了尧舜禹汤的文告和功业，可见孔子的编五经还是相当保守的依据史实。孔子不是专做考古的历史家，他也没有发掘多少在他以前二千余年的史实。那么为什么我们却称他为"承先"呢？其实他的"承先"并不是发掘了多少在文字以前的史实，即使《尚书》中尧舜禹汤的禅让和治道，也被后代某些史学家认为是儒家的编造，是托古改制。其实那并不是重点。重要的是孔子抓住了中国文化的命脉、中国哲学的灵魂。他所编的五经中，《书经》是中国人的政治理想，《诗经》是中国人的情性生活，《易经》是中国人的天道与人生交流的信仰，《礼经》是中国人实际的生活规范，《春秋》虽是鲁国的编年史，却可作中国人的历史哲学。总之这五本书都写出了中国人之所以为中国人的精神内核。它们的史实虽都以有文字记载的周朝为主，但它们所阐述的这种精神，却可上推至黄帝，甚至更远。我曾在拙著《中国哲学史话》中把孔子譬作在中国文化长流里的中途灯塔，不仅照亮他之后的二千五百年，也照亮了他之前的二千多年。但在这里，我要特别强调"照亮"两字，"照亮"不仅是使我们眼睛看得清楚，使我们得到一些知识而已，更重要的是外在的光亮燃发了我们内在的光明，使我们对过去有认识，对未来有信心，他照亮的是整个中国文化的精神和中国哲人的智慧；使我们能顺着这个长流，更有信心、有理想地航过现在的风浪，航向未来的太平世界。

  这五本经书的编订，虽然是记载孔子以前和当时的思想观念，孔子也谦虚的说他是"述而不作"，其实孔子的"承先"，就是为

易经新说

了"启后"。他当时教导学生去研读这些经书，就是为了要他们能薪火相传地"启后"。事实上，孔子的这种想法在中国历史上是做到了的。在他之后的二千五百年中，这些书都读进了每位知识分子的心中，而影响到中国文化的每个角落。凡是自称中国人或炎黄子孙的人，又有哪个不是多多少少受到它们的影响？可是很不幸的，自二十世纪初，西方的洋枪大炮打垮了我们中国人的自信心。为了全盘西化，有的学者想要舍弃中国文化，甚至要把所有经书丢入茅坑里。虽然当时也有学者提倡读经，但终敌不过物质主义的狂流，使我们宝贵的经书尘封了近一个世纪。直到今天，国内许多人士再燃起读经的热情，似乎在二十一世纪的风浪中，我们又找到中国人之所以为中国人的理想。希望我们再继承孔子的"启后"，安全地航向未来。

2. 孔子一生的奋斗

关于孔子的生平，有太多的文字记载和叙述。在这里，我仅从孔子在《论语》中自述的"吾十有五而志于学，三十而立，四十而不惑，五十而知天命，六十而耳顺，七十而从心所欲，不踰矩"《论语·为政》，去分析在这六个时期的生活中，他是如何奋斗的。

1) 十有五而志于学

"十五"是个整数，"志于学"是泛指。所以这一阶段的"学"，我们必须从他艰苦的身世背景，说到他艰苦为学，直到三十岁以前的奋斗的经历。

　　孔子名丘，字仲尼。鲁国昌平人（今山东曲阜县南八十里）。他的父亲孔纥是位大力士，是位没落的贵族，无显赫身世可言。他晚年续娶了颜氏家的女儿，生了孔子。孔子三岁丧父。孤儿寡母，受人轻视，在这样一个重礼制，又乱用礼制的社会中生活，是多么不容易。有位心理学学者居然说孔子有自卑感，这是西方观念的玩意儿。孔子却不然，他不自卑也不自大，他坚定心志，走得很稳。这就是他所谓"十有五而志于学"的这个"志"。这个"志"字有多重要，后代的儒家们没有一个不效法孔子要立志，要希圣希贤的。孔子这时只有十几岁，这个"志"字也许还没有深意。不过就孔子当时而论，他的"志"不受恶劣环境的影响，他要奋发图强。可是当时他没有贵族朋友或有钱的亲戚，寡母的努力只能做到使他们两人不受冻饿而已。孔子十七岁时，母亲离世，十九岁时结婚，第二年就做了父亲，家庭的负担更重。所以他这时的"学"，不是入太学，不是寻求名师，而是为生计做些低下的工作，如在仓库中记出入账目，在牧场上看牛羊。他就从这些工作上学起，他自谓"多能鄙事"，这些"鄙事"也为他打好了做事的基本能力与知识。后来有一次机会，使他能送牛羊到太庙中去作为祭祀之用。于是他没有放过每一个机会、每一个细节，不厌其烦地去问各种祭品、祭器和祭典的过程，因此后来还有人讥笑他说："谁说这个鄹地的年轻人懂得礼，他入太庙，什么事都要问。"正因为如此，孔子才在基础上建好了他对礼制的了解。在周朝的学制，十五岁以前是小学阶段，是以基本的六艺为主，六艺即礼、乐、射、御、书、数。十五岁以后，入太学，进一步学治国之道，如《乐记篇》中要学经典，以及《大学篇》中要学治国平天下之道。孔子学六艺当然以礼乐为主，其余射御书数是偏于技术性的。至于礼乐则由浅而深，并没有一个确定的范围，也没有止境。所以他从十五岁以前到十五岁以后，直至三十岁以前，都是"志于学"的阶段。在他二十七岁时，郯子到了鲁国，孔子去拜见他，向他学习古代的官制。这是孔子拜师学习的一件重要事情，使孔子的"志于学"有了较具体的目标。

2）三十而立

"三十"也是一个整数，当然不是专指这一年，约莫来说，是在三十岁前几年直到四十岁之时，孔子说这个时期的自己"而立"了。今天我们往往把"三十而立"当作男士的成家，其实孔子十九岁就成家了，所以这里的"而立"不是指成家，而是指的"立业"，立事业。从孔子一生的奋斗来看，有两方面：一是在政治上能得君行道，施行仁政；一是教育上能得英才而教育，以弘扬大道。这两条路线，前者不太理想，仅在五十二岁以后才有成就。在三十到四十之间似乎没有什么值得标榜的，因此孔子的"而立"只有是教育的事业上了。孔子如果在三十岁以前就开始教授学生，那只有少数几位，颜路（颜回之父）与孔子相差六岁，仲由（子路）和孔子相差九岁，他们在孔子三十岁以前来学尚有可能。至于其他见于《论语》的较著名的弟子们都和孔子相差三十岁以上，所以不可能在孔子三十岁以前来学。在孔子三十岁之后，来学的人逐渐增多，这是有两个历史事实的影响：一是在他三十四岁那年，鲁国孟僖子临死时，嘱咐他的两个儿子，孟懿子和南宫敬叔来向孔子求学。这在当时是一件大事，因为孟僖子是当时鲁国三家之一，在政治上非常有权势，而孟懿子又承接了孟氏一家的系统。他和儿子孟武伯都在孔子的学生之列，在《论语》中便有他们两人问孝的故事。南宫敬叔后来还向鲁定公建议，资助孔子到周朝去研究礼制，孔子因而遇见老子而问礼，这是儒道的第一次接触，更是一件大事，容后再谈。另一件事，是在孔子三十五岁时，鲁昭公想灭掉季氏一家，哪料季氏联合其他两家来攻击昭公，使昭公兵败而逃亡到齐国。这时，整个鲁国大乱，孔子也就第一次出国，躲到齐国去了。这是孔子唯有的一次去齐，这时齐景公在位，也是齐景公和孔子的第二次见面。第一次是孔子三十岁那年，齐景公和他的贤相晏婴访问鲁国，听说孔子知礼，便和孔子交谈。他问孔子，秦国地处偏小，秦穆公为什么能霸？孔子回答，秦穆公有大理想，能用人，虽地处偏僻，却能称王（见《孔子家语》）。当时齐景公非常赞赏孔子的话，所以这次又问政于孔子，孔子只回答了八个字，"君君，臣臣，父父，子子"，齐景公大为叫好。其实孔子和齐景公的对谈至少有一二小时，岂有如此简单的对话？《论语》中学生的记录只是要点而已。我们须进一步了解孔子说这话的背景和孔子的所指。当时齐景公的大夫中有陈氏一家，沽名钓誉，示好与民，声势日盛，驾乎齐景公之上，所以君不君，臣不臣。而景公年近六十，嫔妃多，儿子众，却未立太子。各子争宠夺位，所以父不父，子不子。可惜齐景公对孔子的话虽叫好，却优柔寡断，未能采纳实行。不幸传到五代，终为陈氏所篡。

昭公在外逃亡了七年，鲁国季氏专政，孔子照理说不会回国。

他在齐国为景公赏识，景公曾准备以尼溪之田封他，可是为晏婴所排，后来又有齐大夫要害孔子，景公终于脱口说，"我老了，不能用你了。"孔子知道景公话中之意，便不再留恋齐国，决心回鲁。这时鲁国的定公即位（昭公之弟），孔子在政治上并未出仕，可是声望日隆，学生也大为增多，他便以教导学生为他的"而立"之业了。

3）四十而不惑

这里的"四十"大约指四十到五十岁的阶段，这是承接了前面的"而立"之年，在学业和教导学生这方面稍有发展。但"不惑"两字究竟何所指？在过去的年代中，到了四五十岁时，一个人不仅事业已有好的成果，他的经验、阅历也非常丰富，可以说是成熟之年。今天我们用"四十不惑"一词大都指的是心念坚定，不再有困惑的烦恼了。至于孔子的"不惑"可分两方面来说：我们把孔子的四十岁到五十岁之间分成两半，前一半是在四十五岁以前，他承接了前面的"而立"，学业方面更有新的进展，学生也愈益增多。孔子在《论语》中开首的两句话："学而时习之，不亦说（悦）乎；有朋自远方来，不亦乐乎？"（《论语·学而》）正可作为此时他的心境的写照。因为以前他的所学，都是书本上的、知识性的，但自此以后，他是以教学相长的。由于教学生，他必须讲求能"用"的"习"，而且学生们学了之后，在生活上的践行，也等于孔子自己的知识的一种"习"。至于"有朋自远方来"，不是指孔子的老朋友，因为孔子这时在鲁国，他的老朋友都在鲁国，哪有远方可言。所以这里的朋友是指学生们，不限于鲁国人，还有卫国人（子贡是卫人）、齐国人，也就是说四方来的学生逐渐增多，学生们带来不同地方的消息、习俗，也增加了孔子知的范围。孔子说"智者不惑"，所不惑的是指他在这方面的成熟，而达到不惑之境。这话好像孔子有点自满或骄傲，这个猜测也许不过分。因为孔子在四十六岁之后，有了另一个转变。

这个转变在孔子的心路历程上是一个非常重要的关键。那就是他的学生南宫敬叔向鲁君定公建议，送给孔子一笔资助费，让孔子到周朝去考察。《史记》的记载是鲁君给他一乘车、两匹马、一个童仆，当时南宫敬叔也同行，可能行头便壮大了许多。这时孔子四十六岁，正好处于"四十而不惑"之年的一半。孔子此次访周，明言考察周制礼乐，实际上最重要的是去向老子问礼。《孔子家语》中记载了此事本末："孔子谓南宫敬叔曰：'吾闻老聃博古知今，通礼乐之原，明道德之归，则吾师也。今特往矣。'"接着敬叔去向鲁君禀报说："今孔子将适周，观先王之遗制，考礼乐之所极，斯大业也。君盍以乘资之？臣请与往。"后来孔子到了周朝之后，也许先到庙堂考古制，观文武周公成王的气象。但到了太祖后稷的庙堂内，却发现一段铭文，全是老子的思想，现谨录于下：

古之慎言人也。戒之哉！戒之哉！无多言，多言多败。无多事，多事多患。安乐必戒，无行所悔。勿谓何伤，其祸将长。勿谓何害，其祸将大。勿谓无残，其祸将然。勿谓莫闻，天妖伺人。荧荧不灭，炎炎奈何？涓涓不壅，将为江河。绵绵不绝，将成网罗。青青不札，将寻斧柯。诚不能慎之，福之根也。曰是何伤，祸之门也。强梁者不得其死，好胜者必遇其敌。盗怨主人，民害其贵。君子知天下之不可盖也，故后下之，使人慕之。执雌持下，人莫能与之争者。人皆趋彼，我独守此。众人惑惑，我独不从。内藏我知，不与人论技。我虽尊贵，人莫我害。夫江河长百谷者，以其卑下也。天道无亲，常与善人，戒之哉！戒之哉！

孔子看了这铭文，大为赞叹，便吩咐南宫敬叔等人记下来。接着他便去拜访老子，问老子为什么他和君主们讲道，他们都不能接受，老子便说："夫说者流于辩，听者乱于辞。如此二者，则道不可以忘也。"这里，孔子和老子所指的道是否有所不同，实值得我们推敲。以上是《孔子家语》中的记载。另外《史记》也有两段关于孔子问老子的记录，如下：

盖见老子云。辞去，而老子送之曰："吾闻富贵者送人以财，仁人者送人以言。吾不能富贵，窃仁人之号，送子以言，曰：'聪明深察而近于死者，好议人者也。博辩广大危其身者，发人之恶者也。为人子者毋以有己，为人臣者毋以有己。'"孔子自周反于鲁，弟子稍益进焉。

孔子适周，将问礼于老子。老子曰："子所言者，其人与骨皆已朽矣，独其言在耳。且君子得其时则驾，不得其时则蓬累而行。吾闻之，良贾深藏若虚，君子盛德容貌若愚。去子之骄气与多欲，态色与淫志，是皆无益于子之身。吾所以告子，若是而已。"孔子去，谓弟子曰："鸟，吾知其能飞；鱼，

第三篇 文王、孔子与《易经》

吾知其能游；兽，吾知其能走。走者可以为罔，游者可以为纶，飞者可以为矰。至于龙，吾不能知其乘风而上天。吾今日见老子，其犹龙邪！"

我之所以不厌其烦地抄录了《孔子家语》和《史记》的三段孔子和老子的对话，因为孔子好不容易去周问礼于老子，来回也有一二年之久。他拜访老子绝不只是一两次，也绝非仅为书中记录的几句赠言而已。但史书缺乏详载，我们也不能凭空臆测，所以只能就仅有的文字去推想了。这时孔子早已"而立"，又是鲁国知名的老师，信心满满，自然会有盛气之态，可是却被老子浇了一大盆冷水。因为孔子问礼所问的是他以前没有看过的礼制，而老子是周守藏史，当然会知道许多秘密的、失传的资料。可是老子告诉他的不是死的制度，而是活在心中的礼的精神。这一点可能是孔子始料不及的。所以自孔子见了老子之后的"不惑"，不是他在四十六岁以前对知识的不惑，而是转向内心，做到心中无欲无求的不惑。日本禅学大师铃木大拙说孔子的不惑是一种"悟"。铃木的禅悟和孔子的不惑，事实上是两种心境。禅悟是见自家本来面目，而孔子的不惑却是能清楚地体认到天道，这就是他接着要说的知天命了。

4）五十而知天命

这里的"五十"也非确数，可以提早到孔子四十七八岁自周回鲁之后，直到六十岁左右，在周游列国之始。为什么要在他自周回鲁之后呢？这时发生了一件事，可能比孔子问礼于老子还重要，却在历史上没有记载，我只能以一个哲学学者的观点来加以推想。孔子拜访老子，而老子是周守藏史，即国家藏书馆的馆长。孔子到周朝不只是看看太庙，观观文物而已，岂能不到国家藏书馆中去看看以前不知或看不到的珍藏秘本？如果这个说法合情合理的话，孔子终于看到了一本影响到他后半辈子的珍本，那就是文王和后继者，或周公等人所作的《周易》六十四卦的卦爻辞。《周易》在孔子之前本来就是周朝的瑰宝，藏之秘府，一般人是看不到的，只有君主才能用它，只有史筮之官才能讲解它。正好老子是周守藏史，他又有资格读《周易》，他的思想，甚至后来的《老子》一书受《周易》影响极深。所以在孔子参观周朝藏书馆时，老子告诉了孔子这本书的重要。孔子访周，当然最重要的安排是去周朝藏书馆，不止一次地去抄写在鲁国见不到的书，而《周易》正是文王周公留下来的最重要的治国资料，所以在孔子抄写的书中，这是最重要的一本。我们在孔子五十岁以前的治学过程中看不到他碰过《周易》，所以他才说："加吾数年，五十以学易，可以无大过矣！"（《论语·述而》）。这不正说明了他在五十岁以前的数年，或二三年，也即他四十七八岁时，得到了《周易》这部书？由《周易》的思想，他接上了文王的天命，所以才说五十而知天命。

孔子这里的"天命"是指的什么？由于在《论语》中，只出现过这仅有的一次。而他的学生子贡说"夫子之言性与天道，不可得而闻也。"（《论语·公冶长》）又说"子罕言利，与命，与仁。"（《论语·子罕》）但我们看"天命"两字在《书经》中常常用到，都是作天的命令或天的赋予解，如："天命殛之"（《汤誓》），

第三篇 文王、孔子与《易经》

"天命有德"(《皋陶谟》),"天既孚命正厥德"(《高宗肜日》)。由于这个"天命"与德有关,到了孔子之孙子思的《中庸》上就说"天命之谓性。"因此我们分析,"天命"可能有两种意义:就天的命令来说,这个天有点似人格神,有其权威性;就天与德性的关系来说,天既然赋予我们这个德和性,我们就必须发展它,完成它,所以这个天命就有天赋予我使命的意思,天命就成了我本然的责任。就孔子的"知天命"来说,兼有这两义,而且是由第一义逐渐过渡到第二义。在孔子五十到六十期间,五十二岁开始,他出任中都宰、司空,最后是司寇,这是他踏上政治舞台的时期。他参加鲁国与齐国于夹谷的会盟,史称"夹谷之会"。齐王用莱夷的兵士来要挟鲁君,孔子却早有防备,以预设的武士击退莱夷兵士,并义正词严地感服齐景公,归还了汶阳的土地。接着他助鲁定公削弱孟孙、叔孙和季孙三家的势力,甚至逼他们拆去防御的城池,史称"堕三都"。但结果只拆掉了二都,却得罪了三家,于是季孙找了机会逼孔子辞职。这时孔子五十四岁。终于孔子在五十五岁那年,很不情愿地离开鲁国,进行了十四年漫长的周游列国。

在这段时间,孔子生命的波动极大。五十二到五十四的三年间跃上政治的高峰,得君行道,不仅在外交上立下了漂亮的功业,同时在国内的治绩也可圈可点,满以为可实现他平生的理想。可是突然间他又被排斥而离国,虽然他的离国是自愿的,但却是义愤填膺的,他说"是可忍,孰不可忍"。用现在话来说,他好像忽热忽冷地洗了个三温暖。回到主题"知天命"来说,他的得君行道是天给他的命令,使他为鲁国做了许多工作;而他的离开政治,离开祖国,也是他的天命,但这个天命却不纯是天的命令,而是通于他的德性,是他另有任务,另有责任。因为孔子的"知天命"是,他知道他必须从天对他的政治上的任命,转到他的自愿从事更大的文化上的使命了。

不过在最初几年,孔子在政务之余,也接触到《周易》,但那时他所读的《周易》仍包围在占卜之中,直到周游列国之时,才逐渐深入到《周易》的精神层次中,《周易》伴随他走过这段波动的岁月,给予他很多启示。这时,他通过《周易》和文王相会、交谈。他在"旅"卦中学到了如何逆旅;"困"卦"蹇"卦中,学到了如何处困解困;"井"卦中学到如何反躬自省的君子之德,"既济"和"未济"两卦中学到了如何放弃小成,走向更广大的未来。所以,《周易》的思想成为他周游列国时流浪生涯的心理指导。

5）六十而耳顺

这里的"六十"可指从他离开鲁国到六十八岁时回国的十四年间。这段时间有两个特色:一是他周游列国本是为了寻求一位能理解他抱负的君主,以实践他推行仁政的理想,但这一想法是落空的。我们可说孔子的这段路途是失落的。另一特色是他的学生中,除了子路外,和他相差三十到四十岁的学生,如冉雍、冉求、颜回、原宪、子贡、子夏、子张、言偃等都前后纷纷出现,他们是孔子学生的中坚,也都是《论语》一书的主要成员,他们的跟随,使孔子在前面一条政治路线失落后,却开出了一条教育文化、传承千古的大业。但这两条路线的一失一得和孔子的"耳顺"又有什么关系呢?就前一条路线来说,他到各国去求政治的发展时，曾受到许多大夫的妒忌、奚落和排斥，甚至迫害，孔子的"耳顺"就是由"不惑"而来，他不以为意，不受影响。如《论语》开首第三句的"人不知而不愠，不亦君子乎！"在第二条路线上，他有不同的学生，来自不同的地方，有的富有的贫，有的聪敏有的鲁直，有的年长有的年轻，有的习武有的斯文，总之学生的成员非常不同，而作为老师的孔子和他们生活在一起，必须有"耳顺"的功夫。我们可以想象得出这些聪明的学生，都各有看法，常有冲突。在《论语》中虽记载不多，但实际生活上，却是层出不穷的。孔子不但要做一个会"讲"者，而且要做一个善"听"者。用今天的话来说，就是多元化。孔子在与学生的相处中能"耳顺"，这也使他学会对各种不同理论观念的"耳顺"。"耳顺"本是指入在耳上的听觉能畅顺，就是说听到许多自己不喜欢听的话，不会立刻关起耳朵，拒绝这些话入于耳中。"耳顺"只是第一道关口，须开放，广纳众言，不一定是忠言逆耳，即使不是忠言，也要先听听再说。"耳顺"不一定是"心顺"，入耳之后，心中还有它的原则，它可以采纳，可以反对，也可以融化和转化。所以这里孔子说"耳顺"，不把这个"耳"字去掉，只说一个"顺"字，那样便成了心顺，便成了无条件的"顺"，这是很危险的。即使"道法自然"的老庄也不说这样的"顺"。如庄子的"就不欲入"（《庄子·人间世》），即迁就对方是为了和，而不是为对方控制进而同流合污。以前解释"耳顺"都是就字面来看的，其实"耳顺"还有深一层的意义。孔子周游列国时所遇到的许多逆境，逆耳之言只是其中一小部分。"耳顺"就是先听听、先看看，心情、思虑和原则不会立刻受到影响。这种功夫，才是孔子在周游列国的逆境困难中所锻炼出来的。

现在，我们先看看他在第一条路线上的"耳顺"。如果把他周游列国的十四年做一个简单的回顾：他出国的第一站是卫国，住了十个月，因被逸而不见用，准备去陈国，不幸经匡地时，被人误以为他是阳虎，加以追杀，受困了五天。于是又转回卫国，这时他见了南子，耽搁了几个月，没有发展，便经曹国到了宋国。宋司马桓魋要害孔子，所以只停了几天，便到了陈国，在陈国住了三年，没有进展，便又第三度回到卫国。这时晋国派人邀请孔子，孔子整装走到黄河边时，突闻晋有内乱，便又望洋兴叹，折回卫国，这时卫灵公召见他，问到军旅之事，和孔子的思想格格不入，因此又不见用。住了一年，便转往陈国和蔡国，在蔡国也待了二年多。这时楚昭王听闻孔子的大名，就派了专使来请孔子，孔子也有意去看看这个崛起的国家，于是离开陈蔡。而在离开陈蔡的途中，陈蔡两国的大夫们生怕孔子为楚所用，说他们的坏话，便发动了民夫如匪党，加以阻挡，而有陈蔡之困。于是孔子又第五度折回卫国，这次卫灵公已死，出公主政。孔子的很多弟子都出仕朝政，所以孔子也就能停得久了，一停就是六年。在孔子六十八岁时，由于孔子弟子子贡和冉有解除了齐的侵伐，救鲁有功，而鲁哀公和季康子又相信孔子，便在这一年风风光光地迎孔子回国。孔子离鲁回鲁，前后凡十四年。

孔子离国的当天晚上，子路在城门口便遇到了管城门的人，那人问子路是从哪里来的。子路回答说他是孔子的学生，这个守城门的人便冲口而出："是知其不可而为之者与？"（《论语·宪问》）这位城门守也不是简单的人物，他居然一语道出孔子的精

第三篇　文王、孔子与《易经》

神与天命，也一语道破了孔子这次周游列国的坎坷的命运。

　　孔子和学生们周游的第一站就是离鲁国较近的卫国。到了卫国境内，看到卫国的田地肥沃，孔子赞叹说："庶矣哉！"在旁的冉有便问："既庶矣，又何加焉？"孔子回答："富之"。冉有再问："既富矣，又何加焉？"孔子回答："教之。"（《论语·子路》）在这段话中，孔子的"富之"是使人民富足，"教之"是教化人民。这两点是孔子治国的理想，却不是当时卫灵公的第一要务，他关心的乃是军事。后来孔子第四次到卫国时，卫灵公即问军旅之事，孔子和他谈仁政，他却看天上雁飞，心不在焉。

　　在孔子第一次到卫国时，那时卫国的国防部长王孙贾便故意试探孔子说："'与其媚于奥，宁媚于灶'何谓也？"（《论语·八佾》）这句话是当时的俗语，"奥"是家宅之神，指他是重臣，而"灶"是指厨房之神，虽管饮食却非正神，这是指另一位佞臣弥子瑕，虽为卫灵公的近侍，但比不上王孙贾主掌军国大事的重要。当时，弥子瑕的妻与子路的妻是姊妹，弥子瑕曾劝孔子说，如果投靠他，必可位至公卿。所以公孙贾的话就是探测孔子究竟想投靠谁？可是孔子讨厌这种恶劣的政局，两不投靠，而说："不然，获罪于天，无所祷也。"（《论语·八佾》）既然这条路线孔子不愿走，那么还有条路线，就是卫灵公的宠妃南子。在他第二次回卫时，南子倾慕孔子的声望，要附会风雅而召见了孔子。孔子虽辞谢，但不好一意拒绝（《史记·孔子世家》），于是便去见南子。这事令子路大为不悦，急得孔子直说："予所否者，天厌之！天厌之！"（《论语·雍也》）后来卫灵公出游，他和南子坐第一辆车，孔子坐第二辆车，街旁的人们纷纷指指点点，孔子自觉不是味道，便又离了卫国。南子是女人，弥子瑕等是小人，这也种下了孔子说"唯女人与小人为难养也"（《论语·阳货》）的话。总之，这都是"逆耳"之言。

在孔子第一次离开卫国，经过匡地时，曾被匡地的人误以为他是阳虎。因为阳虎以前烧掠淫杀匡地的人，匡人恨之入骨。这件史实，《史记》《庄子》《孔子家语》都有记载，只是详简稍有不同。当时子路很生气，要和匡人拼斗，孔子却劝阻子路，派人去解释，也无结果，于是孔子改而弹琴，让子路歌唱，自己唱和。这样，匡地的人才发觉不是阳虎，而是孔子。这是孔子能"耳顺"的又一证。在《论语》中，孔子还说了这样的话："文王既没，文不在兹乎？天之将丧斯文也，后死者不得与于斯文也。天之未丧斯文也，匡人其如予何？"（《论语·子罕》）在这里可见孔子对逆境之来，不直接以情绪作反应，不慌不忙，而想出解困的方法。他虽在表面上"耳顺"，在心中却自有安定的良方。这就是他承接前面的"知天命"，使他心中以承接文王的文化事业为己任。文王的演易中，说明了多少解困之道？孔子这时读易不辍，《易经》的忧患精神也支持他身处逆境而能顺利过关。

接着我们再看看他在学生的教育和学术思想上的"耳顺"。在学生中，和他经常唱反调的是子路。子路和他只差九岁，是最早期的老学生，几乎一辈子都和他相处，但子路是山东大汉，又是武士，所以常直言顶撞他。譬如孔子见南子，他便非常不满，甚至还啰嗦不已。尤其在困于陈蔡时，《论语》上记载："明日遂行。在陈绝粮，从者病，莫能兴。子路愠见曰：'君子亦有穷乎？'子曰：'君子固穷，小人穷斯滥矣。'"（《论语·卫灵公》）孔子和学生们一大队人，没有得到陈蔡大夫们的支助，粮食有限，再加以似盗匪的民夫拦阻，进退不得，有七八天之久，所以粮食不够，年轻的小伙子们都饿倒了，病倒了，这时直性子的子路，居然怨起君子来了，对孔子当然逆耳。在《论语》中只记载了孔子回答的两句话，其实当时的情形哪有如此简单，是孔子发现了许多学生情绪不稳，尤其子路的直言不逊，他便先把子路招来问他说："《诗经》中描写'我不是麋鹿犀牛，也不是老虎，为什么却流落在旷野中呢？'难道我讲的道理有什么不对吗？"子路就直率地回答说："想必是我们的仁德不够吧，使别人不信任；或我们的智慧不足，人家不放我们通行。"孔子回答说："假使有仁德的人就能使人信任，那么伯夷叔齐为什么饿死在首阳山上；假使有智慧的人就能够通行无阻，那么王子比干为什么被纣王剖心呢？"子路退出后，孔子又以同样的问题问子贡，子贡回答说："老师的道太高明了，所以天下人反而不能容纳老师。老师何不稍微降低一点，迁就他们。"孔子回答说："好农夫虽然善于耕种，却不一定有好的收成；好工匠虽有优良的技艺，所做的成品不一定能全合人意。君子修治他的道术，就像治丝结网一样，先建好基本的纲绪，再依序去结扎，但也不一定能附合当世。现在你不先修治自己的道术，却降格苟合于世俗，你的眼光也太狭小了。"子贡出去后，孔子又召了颜回，问同样的问题，颜回即说："你讲的道太大了，所以天下人不能容纳。虽然如此，老师能推而行之，不容，又有何妨？反而不容，才能见君子。道的不被人修行，不是我们的不好。如果我们已修道，而不能见用，这是为国者的羞耻啊！不容又有什么关系？不容才能显现我们是君子呢！"孔子听了这

易经新说

话，笑着说:"颜回啊！如果你有很多钱财，我就做你的管账吧！"从这段孔子和学生的对话中，可以看出孔子面对逆境时，能开放去听不同的意见，最后再把握自己的原则来处理它们。

孔子最后一次到卫国的六年中，卫灵公已死，传位给只有七八岁的幼孙，称为出公。出公的父亲蒯聩曾被逐流亡在外，这时赵简子要送蒯聩回国。卫国大夫有两派，一派主张父亲回来接位，一派反对。反对派的当然是当权派，势力较大。所以父亲的回国受阻，形成父子争夺王位的局面。这时正好孔子回国，子路是孔悝的家臣，是当权派的，不主张父亲回国。子路便问孔子，如果卫君任用他，第一件要务是什么？孔子回答说:"必也正名乎！"子路便说:"有是哉，子之迂也！奚其正？"子路也许猜到孔子的意思就是"君君，臣臣，父父，子子"，就是要让父亲回来，儿子退让。但子路认为此事已成定局，何必再造成变动？所以居然说孔子迂，"要正个什么？"但孔子却严辞说:"野哉由也！君子于其不知，盖阙如也。名不正，则言不顺；言不顺，则事不成；事不成，则礼乐不兴；礼乐不兴，则刑罚不中；刑罚不中，则民无所措手足。故君子名之必可言也，言之必可行也。君子于其言，无所苟而已矣！"(《论语·子路》)这一番大道理，孔子是从本源上来说的。《论语》的记载仍然是简要的，可是孔子和子路的对话至少有一段时间也会牵涉到实际的政局，我们就不得而知了。总之子路仍然做当权派孔悝的家臣，后来蒯聩偷进卫国，挟持孔悝，当时子路在城外，城门已关，他却乘机而入，为了保护孔悝和出公而死于政变，被乱刀剁杀，死时，犹端正儒冠，虽不能正名，也能"正冠"。这时孔子已是七十二岁了。孔子叹道:

"自从我有了仲由的服侍，恶言恶语再也听不到了。"(《史记·仲尼弟子列传》)在这里可见孔子和子路相交几十年，意见时有不同，但有深切的理解，如同兄弟。

孔子在陈蔡两国间周游时，也到了楚国边境，这已是属于南方之地。中国南北地域的不同，也影响着人们的生活习惯、思想观念，表现在学术上，就是北方的儒家（也包含法家），南方的道家。所以孔子的周游，到了南方便遇到许多隐士的批评和嘲笑，这些隐士可说是道家老庄思想的前身，也是如杨朱之流。在《论语·微子》中，便有楚狂接舆、长沮、桀溺和荷蓧丈人的讽喻孔子。楚狂接舆歌唱道："凤兮凤兮！何德之衰？往者不可谏，来者犹可追。已而已而！今之从政者殆而。"(《论语·微子》)孔子要去向他请教时，他却避开了。后来子路问河的渡口于长沮、桀溺时，桀溺却说："滔滔者天下皆是也，而谁以易之？且而与其从辟人之士也，岂若从辟世之士哉？"当子路把这话转告给孔子听时，孔子却很难过地叹息说："鸟兽不可与同群，吾非斯人之徒与而谁与？天下有道，丘不与易也。"(《论语·微子》)孔子这话感慨很深，认为这些隐士们可以避世而与鸟兽同处，但他带领那么多学生，生活在人群中，如何能避世？当然，如果天下有道的话，也不需要他出来提倡改革了。接着子路又遇到一位拿着杖子的老者，子路问他知道孔子吗？他回答："四体不勤，五谷不分，孰为夫子？"说罢，便自顾自地耕耘，子路还是很恭敬地站在一旁，他便招呼子路回家，杀鸡招待，并介绍两个儿子来拜见。子路回去禀告孔子，孔子说："隐者也。"子路再回去造访时，丈人已出门。子路便向两个儿子啰唆了一番，说："不仕无义，长幼之节，不可废也。君臣之义，如之何其废之？欲洁其身而乱大伦。君子之仕也，行其义也。道之不行，已知之矣！"这话即是指他们的父亲不做官，不拘于义，但仍重视孩子们的人伦。君臣是人间的大伦，怎么可以不管。今日之世，道德被弃，我们不是不知啊！从这三段故事中来看，这是孔子遇到思想观念上的不同，被隐士们所讽喻和批评，孔子也"耳顺"，愿意听听，不以为忤。只是在心中他仍然忘不了他的天命，他的继文武周公的使命感。

最后我们可以为孔子的"耳顺"作一理论性的说明。他曾有句非常重要、又被解释得模糊不清的话，即"攻乎异端，斯害也已"（《论语·为政》）。这句话，后人的解释，有的把"攻"当作治学（朱熹）；有的说"攻"是攻人之恶，使其害乃止，如孟子的距杨墨（孙奕《示儿编》）；有的认为"攻"是切错的意思（焦循《论语补疏》）；有的认为"四书言端者，凡数见，一曰：'执其两端'，一曰：'我叩其两端'，一即'攻乎异端'，盖端必有两，若攻其异之一端，则有害。还须求其同之一端，则诸子百家皆有同之一端。"（马一浮）。我以为马氏之说较合义理，只是孔子当时尚无诸子百家之同异。在孔子当时除政治上的见解外，学术上也只有在《论语》中的隐者之流。孔子告诉学生的"异端"，只是说和自己见解不同的另一端。如果我们对和自己见解不同的一方，一味地批评攻击，反而使自己失去客观的看法，因此"耳顺"是要先听听别人的说法，看看他们理论的要点在哪里，放在自己的心中，去衡量、分析。如果只知攻击别人，反而有害自己的见解。对于别人的见解和自己的不同，有时不见得别人就错，尽管你自己也不错。于此，孔子又说："道不同，不相为谋。"（《论语·卫灵公》）

孔子这里的"道",并不是指战国时期诸子百家之道。在《易经》爻辞中早有"道"字的出现,如"复自道"(小畜卦),"履道坦坦"(履卦)等都是指的行道而言,所以此处孔子的意思是指每个人所行之道各有不同,不必逼人就己或曲己顺人。所以在"六十而耳顺"这段时间,他的"耳顺"是代表他思想的开放,这和他以前的"四十而不惑"是大不相同的。这时,除了他在政治上的挫折,在教学上和学生的对谈之外,另有一个重要的因素就是他的醉心读《周易》了。

《周易》对他的影响,是使他知道阴阳不是对立的,是相和的。在《论语》中为什么只引他对恒卦的看法?如果我们就恒卦的六爻来看,第一爻"浚恒,贞凶,无攸利"。第二爻"悔亡"。第三爻"不恒其德,或承之羞,贞吝"。第四爻"田无禽"。第五爻"恒其德,贞,妇人吉,夫子凶"。第六爻"振恒,凶"。这六爻,爻爻打在孔子的内心深处,也许荣格心理学家说是潜意识。为什么?因为在孔子潜意识中有一个他终生不忘的阴影,那就是做了司寇七日就斩杀少正卯。这件事不见于《论语》,而载在《孔子家语》中,全文如下:

> 孔子为鲁司寇,摄行相事,有喜色。仲由问曰:"由闻君子祸至不惧,福至不喜。今夫子得位而喜,何也?"孔子曰:"然!有是言也。不曰乐以贵下人乎?"于是朝政,七日而诛乱政大夫少正卯。戮之两观之下,尸于朝。三日子贡进曰:"夫少正卯,鲁之闻人也。今夫子为政,而始诛之,或者为失乎?"孔子曰:"居!吾语汝以其故。天下有大恶者五,

而窃盗不与焉。一曰心逆而险，二曰行辟而坚，三曰言伪而辩，四曰记丑而博，五曰顺非而泽。此五者有一于人，则不免君子之诛。而少正卯皆兼有之。其居处足以撮徒成党，其谈说足以饰褒荣众，其强御足以反是独立，此乃人之奸雄者也，不可以不除。夫殷汤诛尹谐，文王诛潘正、周公诛管蔡、太公诛华士，管仲诛付乙，子产诛史何，凡此七子皆异世而同诛者，以七子异世而同恶，故不可赦也。诗云：'忧心悄悄，愠于群小。'小人成群，所足忧矣！"

以上是孔子诛少正卯的全文，以及他说的理由。站在司寇一职的地位，兼及奉行周礼制度的理由上，孔子可以杀少正卯，那是在孔子五十三岁的盛年。可是等他五十四岁卸了司寇一职，离开鲁国后，一边读《周易》，他却发现了自己的憾事。就以恒卦的六爻来说，第一爻的"浚恒"，"浚"是指挖水之深，就是指开始时不能挖得太深，做得太严，否则便不能持之以恒，这正点破了他的"七日"诛少正卯，是太快了一些。第二爻的"悔亡"，是指此事必须没有后悔的原因。第三爻的"不恒其德"是考量在德上，司法之严还须配合德之仁。第四爻的"田无禽"，是指心中无欲。第五爻的"妇人吉，夫子凶"，就是强调妇人的柔德，而不主张夫子的严苛。第六爻的"振恒，凶"，是指恒要保持平稳，才能长远，过分激动，便不能持久。这六爻针针见血地刺在孔子心中，尤其"悔亡"两字，更使他感叹"加我数年，五十以学易，可以无大过矣！"也就是说如果五十三四岁已读通《易经》，便不会七日就诛少正卯，而可以无大过了。检阅孔子平生，没有犯大过之事，除了见南子的小过外（其实那也是不得已的），在他心中的大过，为他所后悔的，而且在这里注明和"五十"有关的，我们猜想，也许请荣格来分析，可能也只有是诛少正卯这件大事了。另外再补充一点，如果按照《周易》蓍草卜卦的程序来看，如果孔子只举恒卦第三爻的一爻变，那么当时恒卦是原卦，它的变卦便是解卦了。很有趣、也很巧合的是，解卦的第三阴爻是"负且乘，致寇至，贞吝"，而第六爻的阴爻是"公用射隼于高墉之上，获之，无不利"。就解卦的卦理来说，第三爻是麻烦的制造者，是寇盗，而第六爻的公侯必须射杀他，才能使社会安定。这不正是影射了孔子诛杀少正卯这件事吗？太巧了，只能在此存而不论了。

就以上的事实再进一步来说，孔子在五十以后，勤读《周易》，当然《周易》陪伴他度过十四年的周游列国的奔波岁月，《周易》使他"耳顺"，能兼听各种不同的言论，处理许多大小的逆境。他的"耳顺"使他心通，所以接着他说"七十而从心所欲"了。

6）七十而从心所欲，不踰矩

这里的"七十"也非确数，但孔子说"七十"，必然他已届七十岁。如果我们把七十扩充一点，可指他六十八岁回鲁后，六十九岁到他七十三岁逝世这几年。在这几年中，孔子虽忙于编书，忙于传易，忙于应答哀公的问题，看来很充实，但他个人的实际生活却是凄凉的。在七十到七十三岁几年间，他的儿子鲤，学生宰予、颜回和子路相继过世，尤其七十岁时颜回的中年夭折。在《论语·先进篇》关于颜回的死一连录了四章，其中，孔子痛哭失声说:"天丧予!天丧予!"颜回是孔子最得意的学生,最有德性和智慧,在各弟子中,他的人缘也最好,所以孔子把传道的理想寄托给他。颜回的死,无疑是对孔子的天命信念的一大打击,所以他才满怀情绪地喊着:"天要亡我了!"接着七十二岁时,又听到子路的死,虽然他已料到子路一定会死于卫国的政争。他对子路的死,只是悲痛一个几十年相随相伴的老友的离去。这时他也病痛在身,知道自己也不久于人世了。果然第二年,子贡来探病时,他唱着:"泰山坏乎!梁柱摧乎!哲人萎乎!"过了七天,他便结束了天命之旅,永离人间了。

可见孔子七十是凄凉的晚年,为什么他却说"七十而从心所欲,不踰矩"呢?这时,一切生离死别,人间的悲剧都冲他而来,他还能从心所欲吗?这话,我们可以换一个角度来说。所谓"矩"说浅了,是一切规矩礼法,说深了就是天理。无论是浅是深,我们能"从心所欲,不踰矩"的,只有心中无欲了。这时孔子的心境实在已达无欲之境,他再也不会对政治有任何希求了,所以好久没有梦见周公。同时,他也梦不到麒麟、凤鸟了。也就是说对于大道的追求,他认为所做的,他都尽力而为、人事已尽,只有听天命了。这就是他的无欲的从心所欲,当然不涉人间的规矩礼法,而是纯任天理了。

3.《论语》是孔子的成就,也成就了孔子

《论语》一书是孔子一生最主要的思想,也是历来学者公认的研究孔子学说的第一手资料。虽然《孔子家语》的记载比《论

语》还多，但复杂不纯，为后人所编，虽然也可参考，只能当旁证。至于《孟子》《中庸》和《易经十翼》等书也引证了孔子的话，但都是就某一方面的专题来论，不能构成一个整体性的孔子思想，只有《论语》一书可以说把孔子最主要的思想言论，都包括进去了。所以《论语》一书可说是记录了孔子一生奋斗的历史，也呈现了孔子一生的成就。不只如此，这本书还编入了十三经，后来宋代的朱熹更把它和《孟子》《大学》《中庸》合编成"四书"，而成为以后所有学生进修的教科书，几乎所有科举考试的题目都来自"四书"，启蒙的小学生都朗诵这部书。而"四书"中，最主要的就是《论语》，它是其他三书的源头。由于《论语》的普及，走入每个学子的心中，孔子也就因《论语》而活在每个中国人的心中了。所以说《论语》也成就了孔子。《论语》之所以有如此大的力量，不只是国君推崇、学者强调、等而下之的考试必备外，实在是由于它本身有以下的六点不朽的特色和功能。

1）与读者共感

这里"共感"的"感"字来自《易经》，当然也为西方心理学家荣格所用，即是产生感应作用。《易经》的感应作用是占卜者得到某一二爻时，发现爻辞好像有神灵，和他的心息息相应，但《易经》由于通过占卜，具有不可知的神秘性。《论语》与读者的共感却不是神秘的，而是《论语》本身具有这种感性。这种感性来自生命。由于《论语》是一本有生命的书，所以能和读者产生共感。普通文学的作品具有感性，能和读者产生共感。哲学的作品大都诉诸思考，常常是冷冰冰，缺乏热情。但《论语》虽讲哲理，却是例外。有生命，就有情感，即有情有感。中国人讲情感，常讲"七情"（喜、怒、哀、乐、好、恶、欲），《论语》中这七情全有，如：

"学而时习之，不亦说（悦）乎！有朋自远方来，不亦乐乎！"（《学而》）这是喜和乐。

季氏富于周公，而求也，为之聚敛而附益之。子曰"非吾徒也。小子鸣鼓而攻之可也。"（《先进》）这是怒。

颜回死，子曰："噫！天丧予！天丧予！"（《先进》）这是哀。

子曰："十室之邑，必有忠信如丘者焉，不如丘之好学也。"（《公冶长》）这是好。

子曰："恶紫之夺朱也，恶郑声之乱雅乐也，恶利口之覆邦家者。"（《阳货》）这是恶。

子曰："富而可求也，虽执鞭之士，吾亦为之。如不可求，从吾所好。"（《述而》）这是欲。

以上只是很多例子中的一部分，可以看到孔子教学生不是冷冰冰的，而是充满了情感。我们读《论语》，都会和它们产生共鸣。而且是当前就可以感受到的。

2）与读者同在

《论语》一书是孔子和学生对话及学生记录孔子谈话的书。其中最大部分都是学生和君主政要问的问题和孔子答复的记录。

第三篇　文王、孔子与《易经》

这些谈话非常生动，我们读《论语》，有如置身其中，把自己也视为孔子学生的一员，倾听他们的提问和孔子的回答。譬如有一次孔子和他的学生子路、曾皙、冉有、公西华谈论各人的志趣，每个人都畅所欲言，轮到曾皙时，他正在弹瑟，慢慢地他停了鼓瑟，而说：在三月间，穿了较单薄的春服，和五六个年轻人，六七个孩子在沂水边，乘着凉风而游，唱着歌回家。孔子听了，便说，我也希望有你这样的情景。看了这段对话，我们如亲临其境。如果我们多读几遍《论语》，我们会非常熟悉这些孔门弟子的个性，有如我们的同班同学。子路是位典型的山东大汉，孔武有力、直率坦真，常会顶撞夫子。颜回文质彬彬，温文儒雅，一片和气。子贡反应敏捷，善于措辞。宰予调皮活泼，喜爱时髦。这些人物好像和我们生活在一起似的那么熟悉，那么亲切。

3）言简而意深

《论语》一书架构于孔子和学生及许多政要的对话，这些对话都是非常直截而简短的，如樊迟问仁，子路问死，孟懿子问孝，齐景公问政等等，孔子都以非常简短而清楚的言辞答复，虽然简短却意义深长。譬如孟懿子问孝，子曰："无违。"孟懿子哪里有兴趣去研究孝道？他的问孝，是由于他的儿子孟武伯不听他的话。孔子回答"无违"一语双关：一是指他的儿子不应该违背他；另一方面却是暗指孟懿子自己也应遵守礼制。孟懿子当时是否明白，不得而知。等孟懿子走后，孔子马上问替他驾车的年轻学生樊迟是否知道"无违"的意思，樊迟也不知道。于是孔子便说："生事之以礼，死葬之以礼，祭之以礼。"（《论语·为政》）这是孔子以

"无违"两字告诫孟懿子的深意。后来孟懿子的儿子孟武伯知道了这件事，怀疑父亲在孔子面前说他的坏话，以及孔子对他父亲说了不利于他的话，便急忙去孔子处，也问孝，看看孔子究竟是怎么说的。而孔子却针对他说："父母唯其疾之忧。"(《论语·为政》)这句话也是一语双关：一方面孔子告诉武伯，你的父亲没有说你的坏话，而是关心你的健康；另一方面是告诉武伯应注意自己的身体，免得父母担心，这才是真正的孝道。其实孟武伯年轻气盛，好勇斗狠，孔子的话对武伯也是对症下药的。由这两段故事，可以看出孔子的回答是如何的简短，它的意义在于不仅解决了孟氏父子之间的问题，而且对"孝道"也有极深切的诠释。

4）日常生活上的指导

整部《论语》几乎都是讨论生活上的各种事情，有的是有关道德修养的，如孝的能养、须敬、色难及"父母唯其疾之忧"(《论语·为政》)，还有"吾日三省吾身"(《论语·学而》)，"主忠信，无友不如己者"(《论语·学而》)，以及为学、交友、安贫、慎思、力行等等，不胜枚举。有的是有关于处理问题的，如齐景公、季康子、叶公、子贡、子张、子路等的问政，针对不同的对象身份，孔子告诉他们的为政之道也就大不相同。有的是有关于个人行为的，如记录在《先进》篇中的一段故事：

子路问："闻斯行诸？"子曰："有父兄在，如之何其闻斯行之？"冉有问："闻斯行诸？"子曰："闻斯行之。"公西华曰："由也问闻斯行诸，子曰'有父兄在'；求也问闻斯行诸，子曰'闻斯行之'。赤也惑，敢问。"子曰："求也退，故进之。由也兼人，故退之。"

由这段对话，可见孔子正像一位心理治疗大师，虽然是同样的问题，但对方个性的不同，所以告诉他们处理问题的方法也就不同了。从以上所述看来，《论语》无疑是一本生活指导的书，我们有很多问题，可以在《论语》一书中得到解决的答案。我曾提过，学佛的人都知道原始佛教中的八正道，即正见、正思维、正语、正业、正命、正精进、正念、正定，学佛的人都知道这八正道的意义。可是在生活中要如何实践呢？却没有具体的内容。一来是佛学经典复杂，二是印度文化和中国文化不同，所以很难在我们的生活上运用出来。今天有许多大法师，把《论语》或"四书"也选为他们寺内僧徒的必读经典，这是非常高明的做法。因为《论语》一书在中国历史上，已为中国人所运用，和中国人的生活、思想已融成一片，今天《论语》一书中的许多道德教言、生活典范，正可提供实践八正道的许多生活的资源。所以《论语》一书对我们生活的指导，不论在过去还是在今天，不论儒家还是佛家，都是适用的，也就是说它对我们日常生活的指导是普世的。

5）人生价值的正面肯定

《论语》一书对人生价值的看法是正面的、乐观的、积极的。关于人生的价值，也许我们可以先看各种学说对人的源头的看法。在西方有两条路线：一是在宗教上，把人看成神所创造的成品，因此人自然的矮了一截；另一条路线，把人看成从猿猴进化而来，这显然又把人看矮了一截。但人自从能站立后，他的大脑发达，因此有才智，于是能控制外物，成为万物的主宰，这样人又变得骄傲自大了。至于印度哲学和佛学，又把人放在无明业识中流转，所以也易流为苦观，偏于消极的思想。在这里我们不论上面的看法的是是非非，我们只就《论语》一书中对人的价值的观点来看。《论语》中讲道，在孔子五十七岁周游列国时，经过宋国边境。他和弟子们，还有一些弟子的侍从们，人数不少，都围在大树下休息。孔子乘机讲解和演习礼仪。这时宋国的国防部长桓魋误传有大队人员侵境，便派兵防御，虽然后来发现是误会，但仍然不愿孔子一帮人入境，便派人拔掉大树以警告孔子等速离。孔子的学生们都有点恐惧，劝孔子速离，孔子却说："天生德于予，桓魋其如予何？"（《述而》）这里孔子强调了"天生德于予"，这与前一年在匡地，孔子说"天之未丧斯文"都是同出一辙的，是他"五十而知天命"的天命思想。这种天命予人以德的说法在《书经》一书中早已强调，而孔子此处再加以申述，是孔子认为天命所给予他的德是天给予他的使命，他去完成这种使命就是他的责任，这种责任就是他所谓的"弘道"。他说："人能弘道，非道弘人。"（《卫灵公》）这句话用白话来说，就是只有人才能使道伟大，不是道能使人伟大。孔子把这个"弘道"的责任完全交给了人。人是宇宙万物生化发育的中心，这不是人的自大要做主宰，而是人自愿地扛起了这个责任。就像父母之于家庭，不是父母要做家庭的权威者，而是为了养育子女，不得不任劳任怨地扛起这个责任。正由于这个"责任感"，所以孔子对人的期许是为了完成人的责任，我们不能不正面的、乐观的、积极奋斗到底。

第三篇　文王、孔子与《易经》

6）自我的转化与提升

很多人研究中西文化的比较，常会说西方强调个人主义，中国人没有个人主义，这话大致不差。可是接着推论中国人没有个人主义，是由于中国人没有自我观念，因为中国人把这个"自我"放在伦理之中，"我"是父之子，子之父，所以没有一个"自我"的存在。这话表面上好像有理，可是实际上却不然，相反的，中国人在正面的地对付这个自我。我在撰写《我与心：整体生命心理学》一书中，曾详列八十多种儒、道、禅的修养功夫，每一种都是针对这个"自我"，也就是说中国哲学的修养都是为了"自我"，但不是设法除掉"自我"，如佛学的"无我"，而是转化"自我"，提升"自我"。首先看看《论语》中孔子便提到自我而说"毋我"，"子绝四：毋意、毋必、毋固、毋我。"（《子罕》）在这里的"毋我"和佛学的"无我"是不同的。佛学的"无我"乃是因为这个"我"为因缘聚合而成，本不存在，所以说"无我"。而孔子的"毋我"是承接前面的"毋意、毋必、毋固"而来，是指观念的执着，所以"毋我"乃是不自以为是。但这个"我"并没有被取消掉，相反的，还须加以充实、修养，才能有力量去"毋我"，这就是在本节标题上所谓的"转化"。什么是转化？就是先把自我的私欲转掉，譬如"季康子患盗，问于孔子。孔子对曰：'苟子之不欲，虽赏之不窃。'"（《颜渊》）这就是先把自己的私欲转掉。这个"转"的作用，在孔子思想中就是一个"恕"字。"子贡问曰：'有一言可以终身行之者乎？'子曰：'其恕乎！己所不欲，勿施于人。'"（《卫灵公》）己有欲，这是人人都有的"自我"，是非常自然的，正如孔子也说"富与贵，是人之所欲也。"(《里仁》)由己之所欲，想到己之所不欲，其实"不欲"也是"欲"的另一种说法，如我欲富贵，我就不欲贫贱。因此从想到己所欲的，也希望别人拥有，这是西方的金律；想到己所不欲，也不把这种不欲加给别人，这就是恕。孔子用这个"恕"的转化，就把自我的私欲转化掉，但这个"我"还在，这个"我"才是有修养的"我"，这个"我"才是由自我转化之后的提升的"自我"。

4. 孔子思想的启后

以上讲《论语》的六个特色中，前两个是《论语》的结构，第三、四个是《论语》的内容，只有后两个是孔子的精神，是影响后代思想极深之处，所以在这里我们再发挥这两点来说启后。

1）仁的思想的建立

这个"仁"字在孔子之前就用过，《书经》一次，《诗经》两次，都是泛指人或保民之意，并无深义。到了孔子才给予"仁"以哲学的特质，成为他和儒家的中心思想。对于"仁"字，前哲研究很多，《论语》中也讨论得很多。宋儒程伊川分析"仁"，有专言之仁和偏言之仁。专言之仁是指广义的，统括一切的德行；偏言之仁，是指狭义的，是与诸德同列的一种行为。但本文不愿从这方面做哲学观念和道德行为的分析。本文从人生的价值来看"仁"的特殊意义。我们在前节第五点已说过，除了宗教外，一般的历史研究都认为人是从动物中慢慢进化而来的，因此人性根本上还有多多少少的兽性。但孔子却予人以肯定的价值意义，就是孔子把这个"仁"字赋予了人。这个"仁"是"天生德于予"的"德"，也是《中庸》"天命之谓性"的"性"。也就是说"仁"是人本具的德性，也是人之所以为人的特质。如后来孟子直接说："仁者，人也。"（《孟子·尽心下》）。在《论语》中，学生们问"仁"的地方很多，其实他们问"仁"不是问这个"仁"字本身，而是问如何做，才能合于仁德，所以孔子针对学生个性的不同，一一回答了他们行为做事的原则，其实并没有触及这个"仁"的本质。所以有个聪明的学生记录说："子罕言利，与命，与仁。"（《子罕》）孔子所以罕言"仁"，乃是这个"仁"是人之所以为人的根本，它不是道德观念或语言文字，可以拿来分析的。孔子把这个"仁"赋予了人，其实也是天所赋予的，因此我们身为人，才有尊严，才有价值，才有意义，才有责任去完成自己。所以"仁"是人的本质，"为仁"就是完成自己。至于如何去完成自己，便是下面我们要谈的，孔子为什么特别强调"君子"了。

2）自我提升为君子

在《论语》中提到过圣人、仁人和君子。照一般的理解，圣人和仁人都是最高的境界。关于圣人与仁人之间的高下，还有一段故事。《雍也》篇记载："子贡曰：'如有博施于民而能济众，何如？可谓仁乎？'子曰：'何事于仁，必也圣乎！尧舜其犹病诸。夫仁者，己欲立而立人，己欲达而达人。能近取譬，可谓仁之方也已。'"这段话指博施济众是古代圣主的功业。至于仁人却是从自己能推到别人，即是前面所谓能转化自我的"恕"。此即孔子说"吾道一以贯之",曾子即与同学们直接说明,"夫子之道,忠恕而已矣!"(《里仁》)因为"仁"是全人格的表现,是人之所以为人,所以说它有很高的理境,也有很低的基础,人人都可以去做,所以是"能近取譬"的;由于它也很低,是人人都可为的,所以它又和最基础的君子连成一线。就圣人和君子来说,《论语》中讲圣人之处不多,可是到处是讲君子的地方。可见圣人虽比君子高,但不是人人可及,而君子却是人人都可做到,这也就是君子的重要性。只要是人,一念为善,一心向德,就是君子。君子是成仁的基础。在《论语》中谈君子的地方很多,现概括重要的意义,有如以下各章:

  君子周而不比;小人比而不周。(《为政》)

  君子怀德;小人怀土。(《里仁》)

  君子喻于义;小人喻于利。(《里仁》)

  女为君子儒;毋为小人儒。(《雍也》)

  君子坦荡荡;小人长戚戚。(《述而》)

  君子之德风;小人之德草。(《颜渊》)

  君子泰而不骄;小人骄而不泰。(《子路》)

  君子上达;小人下达。(《宪问》)

  君子固穷;小人穷斯滥矣!(《卫灵公》)

  君子求诸己;小人求诸人。(《卫灵公》)

从以上君子和小人的对比中,小人只是普通的人,并非完全无德,只是眼光狭小,以自利为先,很容易向下滑落。而君子之所以不同，是他们能转化自私的我、多欲的我，为向上人格的提升开了一条路，即所谓"上达"。孔子对后代的重要影响，就是他告诉我们每个人不仅可以为君子，而且都是君子。只要我们一念为君子，就是君子。所以孔子之学，一言以蔽之，即君子之学。

5. 孔子与《易经》

1）孔子读易的事实

除了前面我们在《论语》中看到孔子自言"五十以学易"和引证《易经》恒卦之外，在《孔子家语》中也记载了两段孔子读易的故事。如下：

> 孔子常自筮其卦，得贲焉，愀然，有不平之状。子张进曰："师（子张之名）闻卜者得贲卦，吉也。而夫子之色有不平，何也？"孔子对曰："以其离耶，在周易，山下有火谓之贲。非正色之卦也。夫质也，黑白宜正焉。今得贲，非吾兆也。吾闻丹漆不文，白玉不雕，何也？质有余，不受饰故也。"

这段话如果是史实，第一，子张和孔子相差四十八岁，是孔子晚年的学生，这与《史记》说他晚年喜易相合；第二，孔子对易理的了解已超过一般卜者只在卦爻辞上讲吉凶，而是在思想上和作者（文王）契合，自有他深度的领悟。

孔子读易至于损益，喟然而叹。子夏避席问曰："夫子何叹焉？"孔子曰："夫自损者必有益之，自益者必有决之。吾是以叹也。"子夏曰："然则学者不可以益乎？"子曰："非道益之谓也。道弥益而身弥损。夫学者损其自多，以虚受人，故能成其满博也。天道成而必变，凡持满而能久者，未尝有也。故曰：自贤者，天下之善言不得闻于耳矣！昔尧治天下之位，犹允恭以持之，克让以接下，是以千岁而益盛，迄今而逾彰。夏桀昆吾，自满无极，亢意而不节，斩刈黎民如草芥焉，天下讨之，如诛匹夫。是以千载而恶着，迄今而不灭。满也。如在舆遇三人则下之，遇二人则式之，调其盈虚，不令自满，所以能久也。"子夏曰："商请志之，终身奉行焉。"

由这段对话中，可以看出：第一，子夏和孔子相差四十四岁，和子张一样都是孔子晚年最年轻的学生。而且子夏传易，史书明载，还写有《易传》一书。第二，孔子这段话中讲"损益"部分和《老子》中的"损"及"持满"的观念完全相同，是因为孔老两人都得自《易经》的思想的一证。第三，文中说"天下之善言不得闻于耳矣！"这里"闻于耳"正可作为孔子"耳顺"的又一补证。

由这些事实，我们可以说孔子晚年或六十岁以后和《周易》有非常深切的关系，这是毋庸置疑的了。

2)《系辞传》中许多写明"子曰"的话

在《系辞传》中很多"子曰"正说明了是孔子学生记录孔子对《周易》的言论。这些"子曰"应和《论语》《孟子》《大学》《中庸》等书的"子曰"同一性质，同样可靠，所以我们先看看这些孔子对易理的言论，以直接了解孔子对《周易》的看法。

（1）对《周易》本身结构和内容的诠释

子曰："圣人立象以尽意，设卦以尽情伪，系辞焉以尽其言，变而通之以尽利，鼓之舞之以尽神。"（《系辞上传》第十二章）

子曰："乾坤其易之门邪！乾阳物也，坤阴物也。阴阳合德，而刚柔有体，以体天地之撰，以通神明之德。"（《系辞下传》第六章）

（2）说明易理的作用

子曰："夫易何为者也？夫易开物成务，冒天下之道，如斯而已者也。是故圣人以通天下之志，以定天下之业，以断天下之疑。是故蓍之德圆而神，卦之德方以知。六爻之义，易以贡。"（《系辞上传》第十一章）

子曰："易其至矣乎！夫易，圣人所以崇德而广业也。知崇礼卑。崇效天，卑法地。天地设位，而易行乎其中矣！"（《系辞上传》第七章）

（3）强调在德行上的修养

子曰："君子居其室，出其言善，则千里之外应之，况其迹者乎？居其室，出其言不善，则千里之外违之，况其迩者乎？言出乎身，加乎民，行发乎迩，见乎远。言行君子之枢机。枢机之发，荣辱之主也。言行，君子之所以动天地也，可不慎乎？"（《系辞上传》第八章）

子曰："劳而不伐，有功而不德，厚之至也。"（《系辞上传》第八章）

子曰："贵而无位，高而无民，贤人在下位而无辅，是以动而有悔也。"（《系辞上传》第八章）

子曰："小人不耻不仁，不畏不义，不见利不劝，不威不惩。小惩而大诫，此小人之福也。"（《系辞下传》第五章）

子曰："颜氏之子，其殆庶几乎！有不善未尝不知，知之未尝复行也。"（《系辞下传》第四章）

子曰："君子安其身而后动，易其心而后语，定其交而后求。君子修此三者，故全也。"（《系辞下传》第五章）

以上只是摘录《系辞传》中有关"子曰"的一部分而已。其中前面两节仅是孔子对《周易》本身的诠释和说明。而第三节却非常重要，乃是孔子读许多卦的爻辞，把占卜的爻辞转成自己对德行的实践。譬如有关"颜氏之子"一段，显然是指的颜回，本也可放在《论语》中，只是记录《论语》的子弟们漏列了而已。

3）孔子对周易的贡献

（1）敞开天人交流的管道

我们常讲天人合一，这是就本体来说，但在作用上或修养上，如何才能合一？要做到天人合一，必须先能天人交流，但问题又跟着来了，要如何才能天人交流？也许有人说，我们可以在心上做功夫或求之于禅定静坐。但这都是个人的功夫，别人则无迹可寻。《周易》却不然，它是有一套具体的方法的，可是传统《周易》包围在神秘性的占卜中，人们不易察觉。孔子在"十翼"中却把这条路子打开来，让大家都看得见，人人都可行。这条路子就是孔子为天人交流所开。一般的占卜者和占卜之书，都不会告诉卜者在卜辞背后是什么，都当作神谕，只能信，不能知。可是孔子却为《周易》的卦爻辞的上面开了一个天窗，让我们知道那不是神谕，而是天道。这个天道虽然也高深莫测，孔子在《论语》中便说："朝闻道，夕死可矣！"（《里仁》）但天道通过天命可以和人连接，天道也就在人道之中，只要我们尽人道，也就能顺天道。这即是他说的"人能弘道"。譬如他在《乾卦彖辞》上说："大哉乾元，万物资始，乃统天。云行雨施，品物流形。大明终始，六位时成。时乘六龙以御天。乾道变化，各正性命，保合太和，乃利贞。"这是天道的形成万物，也赋予我们性命，因此我们的性命来自天，和天相连。接着，他在《乾象传》中说："天行健，君子以自强不息。""天行健"是天道，而"君子以自强不息"，则是人道。所以他敞开的天人交流的管道，就是强调我们在行为上所做的一切，如能上达，就可通于天道。这条敞开的管道是大路，人人可行。正如孔子说："我欲仁，斯仁至矣！"（《述而》）

（2）建立阴阳感应的系统

阴阳两字的哲学意义，不见于六十四卦的卦爻辞中。仅六十一卦中孚卦（风上泽下）的第二爻有一个阴字："鸣鹤在阴，其子和之。"但此处"阴"只是荫之意。可是《系辞传》中，却大论阴阳之道，如：

一阴一阳之谓道。继之者，善也。成之者，性也。(《系辞上传》第五章)

阴阳不测之谓神。(《系辞上传》第五章)

阴阳之义，配日月。(《系辞上传》第六章)

就这三段话来看，这套系统首先是来自日月的交替，即自然现象，也就是说阴阳是讲自然界的现象。其次阴阳的背后是不测之神，也即是道。所以宋儒说不是一阴一阳是道，而是所以一阴一阳的是道（程伊川）。再其次继之者，即阴阳能发展，阴阳能相和，即是善，这个善不是道德的，相对的善，而是生生的善。这个善的生，在于万物和人来说，就是性。所以阴阳的生物，即赋予万以各自的性。这是就阴阳相和的形而上方面来说的，至于在现象界上来说，即是感应的作用，如：

易，无思也，无为也，寂然不动。感而遂通天下之故。非天下之至神，其孰能与于此。(《系辞上传》第十章)

"无思，无为，寂然不动"，是指易的本体，即天道的本真。"感而遂通"，却是阴阳在现象界的感应作用了。就六爻来说都各有刚柔，也各有阴阳。爻与爻之间互相感应，我们占卦，进入每

第三篇 文王、孔子与《易经》

一爻中,也就进入了感应之网中了。所以孔子这套阴阳感应的系统,从宇宙自然到卦爻辞,再从卦爻辞到我们的人生行事、日常生活,都息息相关,而建成了一个整体的感应之网。

(3) 发挥生生不已的功能

孔子读易,不是在爻辞上,望文生解,逐字推敲,而是一下子就抓住了"易"的精神。前儒解这个"易"字有三义,即变易、不易和简易。孔子却把这三义整个化成一个字,就是"生"。"生"是统括了变易、不易和简易的三义。他说:

天地之大德曰生。(《系辞下传》第一章)
生生之谓易。(《系辞上传》第五章)

孔子先从宇宙和自然界观察,其中有一个不变的原则,就是生命的相承,此起彼落,彼落此起,永不停歇,这就是他看到的"天行健"。这个"不息"的"生",是道或天道。孔子更亲切地称呼它就是"大德"。但这个天地的"生"毕竟是自然的,到了《周易》,与人产生了关系,所以这个"生"不是纯然的生物,而是如何继承这个"生",所以孔子就"易"来说,却加了一个"生",而说"生生"。"生生"的第一个"生"是天的生物的"生";而第二个"生"乃是人参与天地之中,维系天地的"生物",而为人的参天地化育的"生"。这第二个"生"就是孔子读易之后,加上他得自"天命"赋予的德,而负起的使天地不息的生化功能。

(4) 强调开物成务的事业

这个人参与天地之生的生化功能,就是孔子说的"开物成务"。就文王写《周易》卦爻辞来说，他是为了建国立业。我们在《闲话周文王与〈易经〉》一章中已一再强调过。可是不幸《周易》自从变成占卜之书后，卜者借筮占的过程，只能看到一二爻的爻辞和卦辞，只在爻辞或卦辞上片面求解，而忽略了《周易》全书，以及文王写《周易》的精神，这是只见树叶不见树木，更遑论见到森林了。只有孔子看到森林的全貌和《周易》的本来面目，他的"开物成务"不仅是直追文王，而且还在文王的《周易》之外另开了一条大道，我们试看他所说的"开物成务"的内容：

> 古者，包牺氏之王天下也，仰则观象于天，俯则观法于地，观鸟兽之文与地之宜，近取诸身，远取诸物，于是始作八卦，以通神明之德，以类万物之情。作结绳而为网罟，以佃以渔，盖取诸离。包牺氏没，神农氏作，斫木为耜，揉木为耒，耒耨之利，以教天下，盖取诸益。日中为市，致天下之民，聚天下之货，交易而退，各得其所，盖取诸噬嗑。神农氏没，黄帝尧舜氏作，通其变，使民不倦，神而化之，使民宜之。易穷则变，变则通，通则久，是以自天佑之，吉无不利。黄帝尧舜垂衣裳而天下治，盖取诸乾坤。(《系辞下传》第二章)

这段话很长，我们不便全录，但从以上的摘录，我们已可看到几个特点：第一，这里诉说了前人的开物，即一部中国初期文化的物质发展史。我们中国历史上，常只重视精神文化，而忽略了物质文明。在这段话中，我们看到了孔子在《周易》中的物质文明的发展。第二，虽然把这些物质归为易卦的"离""益""噬嗑""乾坤"等是否切合，值得讨论，但反过来看，也可以说这所有的卦，也可用在我们实际的生活中，甚至物质生活的改进上。第三，到了黄帝尧舜的垂衣裳，一方面是物质的制作，如衣服；一方面也是精神的生活，如礼制。所以易一方面能开物，即物质的发明；另一方面须成务，也是精神的建设。

6. 结语

纵观孔子一生奋斗的历史，我们可以得到以下的几点启示：

第一，孔子一生奋斗的动力，就是天命给他的鼓舞。他自己说"五十而知天命"。但在五十以前他的"志于学""而立"和"不惑"的一切努力，事实上都与他的"天命"的任务有关，但他只是不自觉而已。直到五十岁，他才"知天命"，也就是自觉的以"天命"为他努力奋斗的目标。这时，他对"天命"的奋斗有两条路线：一是在政治上，希望能得君行道以救世；二是从教育上希望能弘扬文化以提升人们的精神生命。但自孔子五十五岁以后的周游列国，在政治路线上显然没有走通。可是在教育文化的路线上，他却留下了不朽的功业。

第二，孔子到了七十岁时遭受到很多痛苦的打击，如儿子的死，颜回和子路的相继而亡，以及自己的病痛。他仍说，"从心所欲，不踰矩"。前面我们已解释过他的这句话，因为他此时已达无欲之境，自然能"不踰矩"。但这句话我们还可以作正面的另一种解释。孔子说："富而可求也，虽执鞭之士，吾亦为之。如不可求，从吾所好。"(《论语·述而》)"从吾所好"即孔子的"从心所欲"。因为孔子所好、所欲的，就是道，就是德。此时，孔子对于道德的追求已纯然不杂，当然不再会踰矩违理了。就孔子此时而论，他的生命已届终结，他接受的天命对他个体生命来说，已到终止之点，所以对颜回之死，他才会说"天丧予"，对子贡来探他临终的病时，他叹着说，"哲人其萎"。但个体生命的终结并不代表他追求天命的终结。他追求的"天命"是超脱他的肉体而无限延续，生生不已的。有一次，也可能是他晚年时，"子在川上，曰：'逝者如斯夫，不舍昼夜。'"(《论语·子罕》)有的学者认为孔子是在感叹光阴的消失(钱穆)；有的学者认为是孔子赞道的不息(朱熹等宋儒)。依我的看法，孔子是在讲生命的行健，如川流的不息；个人的生命虽有终结，会逝去，但精神的生命却自强不息，不舍昼夜。

今天我们读孔子的《论语》《易系辞》，必能感应到他那生生不息的生命仍然在跳动着。我们在他开辟的这条中国文化生命的大川中，尽管我们渺小得有如一粒细沙，但很幸运的，我们都是中国人，血脉中都有中国文化的生命。我们随着大川的波涛汹涌，也滔滔不绝地、不舍昼夜地向前奔流。

第三篇 文王、孔子与《易经》

·读懂中华文化　构建中国心灵·
──────道善元国学馆新经典丛书──────

毓老师说论语（修订版）	爱新觉罗·毓鋆	讲述
毓老师说中庸	爱新觉罗·毓鋆	讲述
毓老师说庄子	爱新觉罗·毓鋆	讲述
毓老师说大学	爱新觉罗·毓鋆	讲述
毓老师说老子	爱新觉罗·毓鋆	讲述
毓老师说易经（全三卷）	爱新觉罗·毓鋆	讲述
毓老师说（礼元录）	爱新觉罗·毓鋆	讲述
毓老师说吴起太公兵法	爱新觉罗·毓鋆	讲述
毓老师说公羊	爱新觉罗·毓鋆	讲述
毓老师说春秋繁露（上、下册）	爱新觉罗·毓鋆	讲述
毓老师说管子	爱新觉罗·毓鋆	讲述
毓老师说孙子兵法（修订版）	爱新觉罗·毓鋆	讲述
毓老师说易传（修订版）	爱新觉罗·毓鋆	讲述
毓老师说人物志（修订版）	爱新觉罗·毓鋆	讲述
忧患：刘君祖讲易经忧患九卦	刘君祖	
乾坤：刘君祖讲乾坤大智慧	刘君祖	
刘君祖完全破解易经密码（全六册）	刘君祖	
一代大儒爱新觉罗·毓鋆	许仁图	
说孟子	许仁图	
哲人孔子传	许仁图	
毓老师讲学记	许仁图	
子曰论语（上下册）	许仁图	

刘君祖经典讲堂（全十卷）	刘君祖
中国哲学史话	张起钧　吴怡
禅与老庄	吴怡
逍遥的庄子	吴怡
易经应该这样用	吴怡
易经新说——我在美国讲易经	吴怡
老子新说——我在美国讲老子	吴怡
庄子新说——我在美国讲庄子	吴怡
中国哲学关键词50讲（汉英对照）	吴怡
易经哲学精讲	高怀民
易经与中医学	黄绍祖
论语故事	（日）下村湖人

更多名家音视频课程，敬请关注我们的公众号
在这里，彻底学懂中国传统文化